"十四五"普通高等教育本科部委级规划教材

新工科系列教材

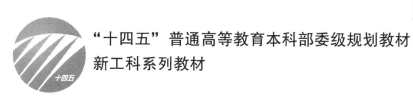

可持续纺织服装

杨旭红　主编

中国纺织出版社有限公司

内 容 提 要

本书以纺织服装工业的可持续发展为背景，介绍了纺织服装供应链中所涉及的各类纤维，包括天然纤维、再生纤维和生物基合成纤维的可持续生产加工及可持续性评估，纺织服装生产过程中的可持续设计和加工技术，纺织服装的生态标签，以及与纺织服装相关的知名商家所采取的可持续措施。使读者对纺织服装生产中的可持续性问题有基本认知，从而在设计、生产和消费纺织品或服装时更符合环保理念。

本书可作为纤维科学、纺织和服装等相关专业的本科生教材，也可作为相关专业教师和企业技术人员的学习参考用书。

图书在版编目（CIP）数据

可持续纺织服装 / 杨旭红主编. --北京：中国纺织出版社有限公司，2024.3

"十四五"普通高等教育本科部委级规划教材　新工科系列教材

ISBN 978-7-5229-1247-9

Ⅰ.①可…　Ⅱ.①杨…　Ⅲ.①服装工业—可持续性发展—高等学校—教材　Ⅳ.①F407.86

中国国家版本馆 CIP 数据核字（2023）第 237895 号

责任编辑：朱利锋　孔会云　　特约编辑：贺　蓉
责任校对：高　涵　　　　　　　责任印制：王艳丽

中国纺织出版社有限公司出版发行
地址：北京市朝阳区百子湾东里 A407 号楼　邮政编码：100124
销售电话：010—67004422　传真：010—87155801
http://www.c-textilep.com
中国纺织出版社天猫旗舰店
官方微博 http://weibo.com/2119887771
三河市宏盛印务有限公司印刷　各地新华书店经销
2024 年 3 月第 1 版第 1 次印刷
开本：787×1092　1/16　印张：19.25
字数：430 千字　定价：68.00 元

纺织服装产品是全球需求和消费量非常高的日常生活必需品，纺织服装产业也是我国具有国际竞争优势的支柱产业。不断增长的全球人口正在对自然资源的生产和消费产生直接影响，可持续消费和生产仍然是纺织价值链中存在的问题。在过去的几十年里，越来越多的环境问题迫使纺织工业寻找提高生产效率的替代工艺，同时降低生产成本、资源消耗和废物产生。在当前国家"双碳"战略目标的驱动下，纺织服装行业向绿色低碳转型已成为大势所趋，可持续纺织服装应该在不损害自然和环境的情况下满足人们的需求。纺织服装供应链是所有工业产品中最长、最复杂的供应链之一，了解纺织服装产业链中各个环节对环境的影响，并在生产和消费阶段减少对生态环境造成的负面影响，可以为地球的可持续发展做出积极贡献。

本书通过纺织服装供应链对可持续性进行审视。全书共分10章。第1章为绪论，介绍纺织服装供应链及相关可持续性问题；第2~4章为纤维原料部分，讨论各种纤维的可持续性以及这些纤维的加工如何在未来可持续发展；第5和第6章主要介绍纺织服装的可持续设计和加工；第7~10章为纺织服装的使用、评价、相关措施和技术研究案例，侧重于纺织品的循环利用、生态标签、商家采取的措施和一些可持续性技术案例。

本书由杨旭红为主编，刘宇清为副主编。全书章节架构由杨旭红确定，并完成全书的统稿。各章节编写分工如下：第1~3章由杨旭红编写；第4章4.1节由杨旭红编写，4.2节由高颖俊编写，4.3节由赵荟菁编写，4.4节由程丝编写，4.5节由徐玉康编写；第5章5.1节由杨旭红编写，5.2节和5.3节由王萍、张岩编写；5.4节由洪岩编写，5.5节由王萍、张岩编写；第6章由王萍、张岩编写；第7章由杨旭红编写；第8章由刘宇清编写；第9章由刘金鑫编写；第10章10.1节由刘帅编写，10.2节由丁远蓉编写，10.3节由朱新生编写。

由于笔者水平有限，且纺织服装可持续性生产、加工、评价等技术和方法也在不断发展，书中难免存在不足或不妥之处，诚挚地欢迎读者批评指正。

编者

2023年8月

目 录

第1章 绪论

随着世界各地对制成品的消费不断增加，产品制造系统对环境的影响受到了密切关注。在过去60多年里，自然资源的消耗急剧增加，几乎没有考虑到由此造成的环境退化，特别是在迅速工业化的国家。直到最近，人类才意识到这种对自然环境毫不在意的态度所带来的严重后果。由于化石燃料等自然资源枯竭，有毒废物排放，农业和工业造成的空气、水和土壤污染而导致的全球变暖等问题在全球范围内越来越严重，需要国际社会采取一致行动来解决这些问题。在这种情况下，每一个人都有责任积极参与，共同解决这些问题。每一个工业部门及企业也必须对人类健康和自然环境负责。

纺织业是许多国家经济的重要贡献者。就其产出或生产和就业而言，纺织业是世界上最大的工业之一。"道德"消费者对可持续服装的需求，监管机构在环境法规执行方面的显著改进，以及制造商更好地遵守法规，这些都清楚地表明，越来越多的人认识到纺织服装行业朝着更可持续模式发展的重要性。服装业是劳动密集型产业，在发达国家和发展中国家为非熟练劳动力提供了基本工作岗位。与此同时，纺织和服装（及时装）行业拥有高附加值的细分领域，其中设计、研究和开发是重要的竞争因素。

1.1 纺织服装供应链

纺织服装工业是满足人们基本需求的基础工业之一，因此成为人类生活中不可或缺的一部分。纺织服装工业的可持续性是一个巨大的主题，可持续性有助于各行业改善其供应链的生态、金融和社会表现。可持续性和可持续发展对不同的人有着不同的含义。就整个供应链而言，必须研究纺织品和服装的整个供应链的可持续性，评估并进一步改善整个供应链各个阶段的社会、环境和经济影响。

纺织服装终端产品在生产过程中涉及许多流程（图1-1），其中有许多合作伙伴扮演着关键角色。新的消费市场的增长、现代零售业务的全球扩张、空中和海上运输的繁荣、纺织及相关生产技术的发展，都推动着全球纺织业的长期增长。自1995年以来，中国一直是世界上最大的纺织品和服装出口国。

纺织服装供应链的主要参与者包括跨国品牌所有者、原材料供应商、纺织和服装生产商、金融机构、零售商和客户，如图1-2所示（图中未包含品牌所有者）。企业有时要对供应链中的一个以上环节负责。例如，品牌所有者和零售商可能是同一家公司，或者品牌所有者可能有自己的内部生产链。供应链的复杂性不可避免地导致产品制造过程中所涉及的各个步骤及其对环境的潜在影响缺乏透明度。

纺织服装高度复杂和庞大的供应链进一步加剧了问题的复杂性，如图1-3所示。其中输

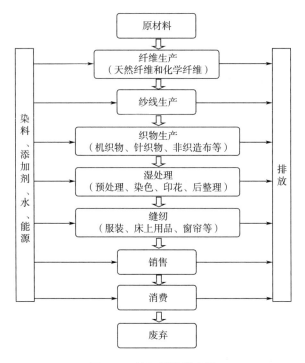

图 1-1　纺织服装供应链

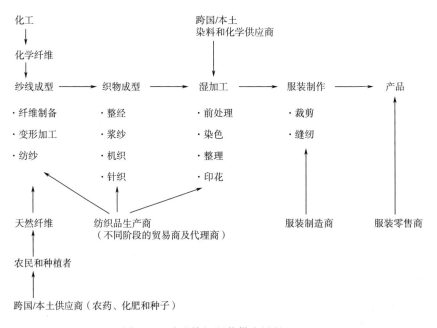

图 1-2　涉及纺织服装供应链的企业

入是指原材料、能源、水、化学品、辅助设备，甚至是人的输入（劳动）。输出是指成品、排放（对空气、水和土地）、废水和固体废物等的输出。

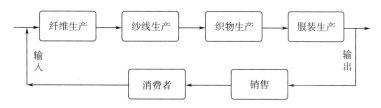

图 1-3 纺织服装供应链的关键操作和参与者

纺织业是服装业的主要输入端，在两者之间建立了垂直联系。事实上，服装行业的零售商越来越多地管理服装和纺织行业的供应链。

纺织服装业，尤其是在服装业，供应链是极其复杂的。例如，为制作一件印花 T 恤，需要好几个供应链步骤，而这些步骤通常发生在不同的地点。对大多数服装制造商来说，追踪服装产品的整个供应链是不可能的。此外，还有从一个地点到另一个地点运输物品的公司、生产配件如纽扣或拉链的公司以及生产品牌标签的公司等。只有当一家公司成功地追踪到供应链的每一个步骤以及所有出现的可持续发展问题时，消费者才能完全透明地了解他所购买的产品。图 1-4 阐明了发生在不同地点的各种生产过程以及在每个生产步骤中可能出现的可持续性问题。

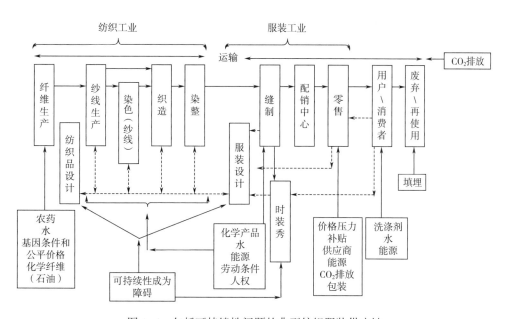

图 1-4 包括可持续性问题的典型纺织服装供应链

1.2 纺织服装工业生命周期评估及其对环境的影响

1.2.1 纺织品生产过程

（1）原材料的获取和加工，即纺织纤维的制备和生产。纺织纤维包括天然纤维和化学纤维两大类。

（2）纱线和织物的生产。

（3）为纺织品提供消费者需要的视觉、物理和美学性能而进行的后整理加工，如漂白、印花、染色和涂层。

（4）纺织品转变为服装。

纺织品生产过程是一个很长的工序，消耗大量资源，如水、燃料和各种化学品，产生大量废物。与纺织业有关的主要环境问题通常是经处理的废水排放造成的水体污染以及废气排放，特别是挥发性有机化合物（VOCs，volatile organic compounds），另外还有过度的噪声或气味，以及工作场所安全。

一件服装在它生命的每一个阶段都对社会、环境和经济产生影响。

1.2.2 纺织服装工业生命周期评估

1.2.2.1 生命周期评估的概念

确定地球上生产的各种产品所产生的环境影响是减少这些影响的关键。在研究产品所造成的环境影响的各种技术中，生命周期评估（LCA）是应用最广泛和最流行的技术之一。LCA 是一种分析工具，它帮助我们了解从原材料的获取到最终处置的环境影响。也就是说，LCA 检查产品并量化产品从最初生产（摇篮）到最后阶段（坟墓）的整个生命周期中所产生的环境影响。

根据环境毒理学与化学学会（SETAC，The Society of Environmental Toxicology and Chemistry）的定义，LCA 是一个迭代过程，用于评估与产品、过程或活动相关的环境负担。它的工作方式是确定和量化所使用的能源和材料以及排放到环境中的废物，以便评估它们对环境的影响，并确定和评价改善环境的方法。评估包括产品、过程或活动的整个生命周期，包括原材料的获取和加工，制造、运输和分销，使用、再利用、维护、回收和最终处置。

1.2.2.2 纺织产品的生命周期评估模型

这里介绍一个为纺织公司设计的简化 LCA 模型，它以所使用的能源和化学品为依据，不包括运输在内。首先选择纤维类型，如果一个产品中使用了一种以上的纤维，模型必须针对每种纤维分别运行，并考虑它们的相对数量进行最终计算。对特定产品的各种单元操作，如纺纱、变形、机织/针织、化学处理过程（前处理、染色、印花、整理）、物品制造（服装）、单独清洗步骤（如果有的话）和废物管理进行识别。

在该模型的数据库中可找到默认值和数据从何处获得以及数据在什么条件下有效的描述；对于不同的单元操作，可获得下列基本的现金流数据：

（1）原油、煤炭、天然气、水、化石燃料、水、耕地、林地等资源利用。

（2）空气中 CO_2、CH_4、SO_x、NO_x、NH_3、VOC 和空气动力直径小于 $10\mu m$ 的颗粒物的排放。

（3）含生物需氧量（BOD）、化学需氧量（COD）、总磷、总氮的水体排放量（模型中未提及硫酸盐）。

（4）成本。

该模型包括清单数据的汇总、全球变暖、酸化、富营养化和光氧化剂产生潜力的表征以及生态效率的解释（环境影响和效益之间的关系）。将运输包括在模型中可能很重要，例如在评估以低效方式运输的服装时。包装材料对于需要大量包装的产品来说是很重要的。当需要评估对水体的化学排放时，将废水处理厂包括在模型中也比较重要。该模型还可以补充对环境有负面影响的化学品的数据。

图 1-5 显示了一件棉 T 恤的生命周期。产品可以通过其生命周期的各个阶段进行评估，即：原料的提取或获取（主要是棉纤维），生产和加工（纱线制造、织物制造、前处理和染色），包装（纸张、塑料等），产品的运输和分销，使用和重复使用，再循环，废弃。

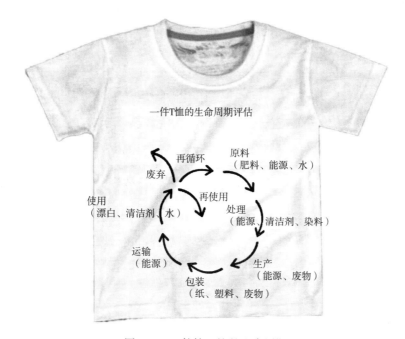

图 1-5　一件棉 T 恤的生命周期

在每一阶段，确定材料的投入和评估所需能源；测量有用产品的产出和废物的排放。确定最佳改进点，并估计生态效率。

1.2.3　纺织服装工业对环境的影响

任何工业活动都会以这样或那样的形式产生污染，具有复杂供应链的纺织服装工业也必然会向环境释放大量的污染物。表 1-1 概述了纺织生产过程中产生的废物数量。

表 1-1　纺织生产过程中产生的废物数量

工艺	排放	废水	固废
纤维制备	少或无	少或无	废纤维和包装废物

工艺	排放	废水	固废
纺纱	少或无	少或无	包装废物、浆纱、废纤维、清理和处理废物
上浆	VOCs	BOD、COD、金属	纤维屑、废纱、包装废物、清理废物、未使用的淀粉基浆料
机织	少或无	少或无	包装废物、纱线和织物残屑、不合格的织物、用过的油
针织	少或无	少或无	包装废物、纱线和织物残屑、不合格的织物
簇绒	少或无	少或无	包装废物、纱线和织物残屑、不合格的织物
退浆	来自乙二醇醚的VOCs	来自润滑剂、杀虫剂、防静电化合物的BOD	包装废物、纤维屑、废纱、清理和护理材料
精练	来自乙二醇醚和精练剂的VOCs	消毒剂、杀虫剂残留物、NaOH、洗涤剂、油、针织润滑剂、纺丝油剂、废溶剂	少或无；即使少，影响也可能是相当大的
漂白	少或无	H_2O_2、稳定剂，高pH	少或无
烧毛	燃烧器排出的少量废气	少或无	少或无
丝光	少或无	高pH；NaOH	少或无
热定形	合成纤维生产中纺丝油剂的挥发	少或无	少或无
染色	VOCs	金属、盐、表面活性剂、有机加工助剂、阳离子材料、染料、BOD、COD、硫化物、酸性/碱性试剂、废溶剂	少或无
印花	溶剂、干燥烘焙箱排放的醋酸；气体	悬浮固体、尿素、溶剂、染料、金属；热；BOD、泡沫	少或无
整理	VOCs；购买的化学品中含有的污染物；甲醛挥发；烟气	COD、悬浮固体、有毒物质、沾污溶剂	织物残屑和剪屑、包装废物

任何纺织产品对环境的全部影响可分解为与生产、使用和最终处置有关的影响。生产问题包括原料的可再生性以及生产和加工过程中释放的化学品（农作物处理、化学副产品、溶剂）的毒性。有关使用的问题主要是在产品的生命周期中用于洗涤或干洗的化学品的质量和性质。处置问题包括产品的可回收性和/或生物降解性。

今天，人们日益认识到与这些问题有关的环境影响程度、复杂性和微妙性。这些担忧促使制造商重新审视他们的生产过程，使用"3R"（reduce，reuse，recycle）作为指导方针。因此，许多制造商声称他们的产品是"对环境负责的"。几乎所有的纺织产品都以这样或那样的方式对环境产生负面影响。尽管目前纺织企业对日益增长的环境关注做出了越来越多的回应，但政府、行业和消费者之间的合作对于创造有效的环境问题解决方案是很重要的。环境问题是影响人类的重大问题，虽然复杂，但必须加以解决。采用环保和/或回收材料的产品可以被认为是好的产品，但这只是问题的一部分。纺织品制造商在设计产品时还必须考虑纤维生产、产品制造过程以及纺织品使用寿命期间和使用寿命之后的情况。

1.3　纺织服装工业的可持续性问题

纺织业曾经被认为是世界上对生态最有害的行业之一，而水污染是其中一个主要问题。纺织生产中使用的大部分化学物质发生在"湿加工"过程中。水在染整、洗涤、印花和织物整理方面都很重要。

尽管许多用于纺织生产的化学品是无害的，只有相对较小的一部分具有潜在危险，然而，就绝对数量而言，纺织生产中使用了相当多的危险化学品。

在纺织服装生命周期中影响可持续性的主要有以下方面：有毒化学品的使用、水消耗、能源消耗、废物的产生、气体排放、运输、包装材料。

1.3.1　有毒化学品的使用

全球化学品生产的大约 25% 用于纺织业。纺织加工中使用多达 2000 种不同的化学品，特别是纺织湿加工，其中许多已知对人类（和动物）健康有害。这些化学物质有些蒸发了，有些溶解在水中排放到环境中，还有一些保留在织物中。美国国家环境健康科学研究所（隶属于美国卫生和人类服务部）公布了一份最常见的化学物质清单，其中一些与织物生产和人类健康问题有关。

当释放到环境中时，引起特别关注的化学物质显示下列一种或多种特性：持久性（在环境中不易分解）、生物积累（它们可以在生物体中积累，甚至当它们沿着食物链向上时，浓度会增加）、毒性。

这样的化学物质被称为 PBTs（persistent，bio-accumulative，and toxic substances），这样的有机化学品有时被称为 POPs（persistent organic pollutants）。

挥发性化学物质会造成特殊的问题，因为它们会蒸发到空气中，或被食物吸收，或通过皮肤吸收。有些化学物质是致癌的，而有些化学物质则可能引发一些人的过敏反应。

降解缓慢的表面活性剂会引起急性和慢性毒性作用。据估计，在纺织加工中使用的非离子表面活性剂有500多种，而这些化合物的环境数据非常缺乏。

大量被用于湿加工的纺织化学品是由表面活性剂、软化剂、溶剂、螯合剂和水性聚合物组成的复杂混合物。这些产品大多是为纺织品的前处理、染色或后整理等特定用途而设计的混合物。由于这些产品中使用的化学物质种类繁多，浓度也不尽相同，要确定这些混合物的成分非常困难，而生产商又将这些成分作为商业机密，这个问题就更复杂了。如何确定这些产品对环境的相对影响，使纺织行业的最终用户能够选择更环保的产品，改善纺织工厂排放的水的环境质量，是一个悬而未决的问题。

1.3.2　水消耗

洁净的水对地球的生态系统和人类的福祉至关重要。河流和湖泊等水道为社区提供了重要的资源，包括饮用水、作物灌溉用水及鱼类和贝类等食物。这些水道也作为工业活动的支持系统，为许多生产和冷却过程提供水。然而，这种工业活动会影响水质，从而危及河流和湖泊提供的其他资源。清洁的水是一种日益稀缺的有限资源，它在纺织湿加工过程的每一个步骤中都被用来将化学物质输送到物料中，并在下一步开始前将其冲洗掉。如果不经处理就排放到水体中，就会污染环境。

1.3.3　能源消耗

纺织行业规模巨大，是耗能大户。热能在纺织加工中占主导地位，主要用于水的加热和纺织材料的干燥，而在纺纱和织造中，电能占主导地位。纺织工业的能源使用数据容易获得，然而，由于纺织业是一个以中小企业为主的分散和异构行业，相关 CO_2 排放的能量来源（煤炭、电力、天然气或其他来源）的估算却十分复杂。

能源是纺织工业的主要成本因素之一。特别是在能源价格高度波动的情况下，提高能源效率应是纺织厂首要关心的问题。纺织业在制造业能源消耗总量中所占的份额取决于该国制造业部门的结构。例如，在我国，纺织业占制造业最终能源消耗的4%左右，而在美国这一比例不到2%。

电力是纺织工业消耗的主要能源，用于驱动机械、冷却、温度控制、照明和办公设备。纺纱消耗的电能最多，其次是织造（包括织造准备）；而湿加工前处理（退浆、漂白）和后整理一起消耗的热能最多。

纺织工业中可通过改进或优化工艺来提高能源效率。在纺织工业中可再生能源有多种使用可能性，如：生产厂房屋顶安装风力涡轮通风机、利用太阳能直接干燥纤维、利用太阳能加热水、太阳能发电等。

1.3.4　废物的产生

与任何其他工业一样，纺织工业产生各种工业废物。出于环保考虑，不可再生的废物需要回收利用；可再生的废物如果不能回收利用则需要堆肥处理。从纺织废料中可以回收各种有用的材料。

例如，通过加热浓缩溶液，可以从丝光液中回收氢氧化钠等化学物质，采用该方法可回收90%的氢氧化钠。纺织品染色过程中的真空抽吸系统可回收热碱性过氧化氢、添加剂和化学整理剂。这种设备用于从织物中吸取多余的化学溶液，然后将其转移到一个储槽中进行化学回收和循环利用。

聚乙烯醇（PVA）是纺织厂中退浆废水的一级氧化处理（POTW，primary oxygenation treatment of water）操作过程中化学需氧量（COD，chemical oxygen demand）的主要污染源。由于生物惰性，它对环境构成威胁。迫切需要采用一种既节能又环保的新技术对 PVA 浆料进行回收和循环利用。真空闪蒸（VFE，vacuum flash evaporation）技术是一种从脱气废水中回收聚乙烯醇的新工艺，该工艺已被用于各种其他行业，但未见在纺织工业中用于浆料回收。

纺织生产产生的工业固体废物包括：灰烬和污泥；纸板箱，打包包装膜，或不可回收的脏织物；含有化工原料的塑料袋；不可重复使用的纸锥和纸管；来自不可回收处理的废弃织物、纱线和纤维。未经处理的固体废物很可能被倾倒在垃圾填埋场。

1.3.5 气体排放

燃烧矿物燃料会导致二氧化碳的排放，这是温室效应的主要原因。纺织制造也会产生下列排放：

（1）氮氧化物和硫氧化物（来自加热矿物燃料的锅炉），它们在自然环境（淡水湖、河流、森林和土壤）中产生酸性，导致金属和建筑结构的退化。它们还会导致城市雾霾的形成。

（2）在溶剂型涂料操作过程中溶剂从干燥炉中逸出到空气中。

（3）在清洗活动中释放的溶剂（一般设备的清洗和维护，印花丝网的清洗）。

（4）挥发性碳氢化合物的排放，包括非甲烷碳氢化合物（NMHCs，non-methane hydro-carbons）和氧化 NMHCs（如醇、醛和有机酸）。

1.3.6 运输

成品从劳动力成本低的国家的工厂运到发达国家的消费者处需要长途运输，从而增加了不可再生燃料的总消耗量。

1.3.7 包装材料

包装是一种科学、艺术和技术，将产品包装起来以保护其流通、储存、销售和使用。包装也指包装的设计、评价和生产过程。包装可以被描述为运输、仓储、物流、销售和最终使用准备货物的协调系统。包装包含保护、保存、运输、信息告知和销售。

对于消费者包装，用于在商店展示产品的包装，经常使用的材料有塑料、纸张、金属、铝、棉、麻和可生物降解的材料。企业实施环保行为是通过使用更多的回收材料，并越来越多地将它们重新用于其他目的或产品包装组件来减少它们的碳足迹。并使用回收材料（如纸、棉花、黄麻、大麻、木材）、生物可降解材料、在种植过程中没有使用杀虫剂或人工化肥的天然产品，以及可重复使用的材料（如棉或麻袋）。减少包装浪费是减少环境影响的最好方法之一。欧盟指令94/62/EC规定了一些与包装和包装废物有关的要求，它还设定了具体的回收目标和重金属的最高水平。可持续包装是包装的未来发展和使用方向，在设计的最后阶段，它涉及对包装、包装产品（内容）、包装过程和物流系统的材料和能量的投入和输出。

生活在一个有环保意识的时代，消费者在很多方面都有很高的要求。意识到环境问题，现在消费者都在寻求环保产品。今天，人们开始到处寻找"绿色产品"。在纺织产品方面，消费者的购买决定以前是基于舒适性、款式、审美情趣等，而现在更多的是基于产品的环保性。许多服装企业已经开始提供环保面料的服装，对这些绿色产品的需求正在不断增长。判断任何材料是否"环境友好"的标准是可再生性、资源的生态足迹，以及生产加工产品使之投入使用过程中任何化学物质的使用。采用废水再利用和循环利用等友好的做法，是实现这些目标的良好开端。

全球纺织品品牌所有者通过对供应商的选择、产品的设计以及对生产过程中化学品的使用和最终产品的控制，最有可能改变纺织品和服装的生产。

1.4 纺织服装企业社会责任

企业社会责任（CSR，corporate social responsibility）是当今产业的重要方面之一，每个工厂和行业都应该实施这一措施。企业社会责任已经成为商业活动的一部分，所有相关人员都需要它，包括利益相关者、客户和买家。

纺织服装行业CSR路线如图1-6所示。它确定了实施企业社会责任实践的驱动因素、机制和结果。发起企业社会责任的公司应该确定引导可持续行为和期望结果的各种驱动力。这为公司确定所采用的最合适的实践活动提供了基础。可能需要的实践类型分为以下四类：内部的、自然环境的、自由裁量的和关系的。内部实践注重为员工提供一个健康和安全的环境和适当的职业规划，并保证生产出高质量的产品。自然环境实践包括环境管理体系（EMS，environmental management system），这可以被认为是减少和控制环境影响的道德和法律必要性。自由裁量实践包括发展以当地社区为重点的社会项目。关系实践包括开发和维护与利益相关者的关系。图1-6包含了广泛的驱动因素、期望的结果，以及可以包含在公司CSR中的各种实践。然而，在执行企业社会责任的过程中，公司必须在各种可能性中解决优先事项，并随着时间的推移制定最合适的资源分配的实施计划。

纺织服装行业高度竞争的本质将决定一个公司实施企业社会责任的问题。许多公司会觉得很难将稀缺资源用于那些被视为极不寻常的投资。然而，道德、绿色或生态营销所带来的机遇为反对这种观点提供了论据。当市场上其他人正面临困难或受到道德或社会问题的威胁时，能为市场提供有竞争力的产品的企业就有了机会。企业可以通过基于企业社会责任的促

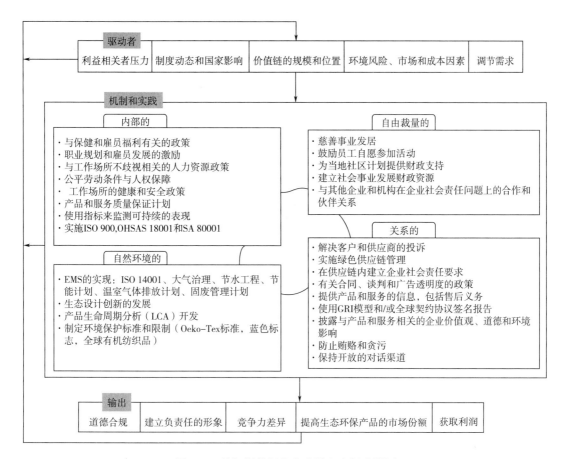

图 1-6 纺织服装行业企业社会责任路线图

进来成功占领市场份额。道德责任感和降低成本的潜力——特别是与生产材料、废物处理和/或责任相关的成本——可以被认为是在纺织服装行业引入企业社会责任的另一个理由。

越来越多的人认识到，企业社会责任与稳定和运转良好的监管体系相配合是最有效的。因此，促进可持续发展的举措需要与各级政策制定相协调，以加快纺织和服装行业的转型。一般来说，决策者可以使用各种工具来影响企业的可持续性政策和做法，例如提高认识、税收激励或公共采购。有学者建议，政策制定者应该对时尚产品设定最低要求；监管标准应确保服装公司向消费者提供更多可持续的产品。最低要求可包括诸如耐久性、可水洗性和衣服洗后保持形状的能力等。这些最低要求应提高产品质量，保护环境，并确保工人和消费者的健康。一般来说，公司应力求在法律允许的情况下尽可能做到透明，而不造成无法预见的后果。拥有国际标准认证的管理体系，在国际市场上几乎是强制性的。

企业社会责任方法可以发展为包括使用全球报告倡议（GRI，global reporting initiative）模型进行报告、签署全球契约协议以及使用指标监测可持续绩效。改善环境绩效可以通过提高成本效率和销售来提高盈利能力。EMS可以优化生产流程，减少包装、原材料、能源和水的消耗，以及向环境释放的毒素。应监测污染水平，并在必要时采取纠正措施。当应用于纺织和服装行业时，EMS 的有效实施应是提高织物、材料、水和能源的利用。在某些情况下，纺织公司可以获得新的环境技术，例如用于处理印染厂废水的絮凝技术。主流纺织和服装行业取决于主导消费者价值观、态度和行为的变化。虽然消费者往往对社会和环境友好型产品有积极的看法，但这些态度很少转化为具体的购买和消费行为。此外，由于供应链不透明，消费者往往不知道他们购买行为的后果，因此，不愿意为可持续产品支付溢价。与消费者的沟通必须考虑到国家和文化的差异，因为可持续性的认知差异很大。

参考文献

［1］ Think and act sustainably：the Lenzing way［EB/OL］.［2023-06-08］.

［2］ ROY CHOUDHURY A K. Environmental impacts of the textile industry and its assessment through life cycle assessment［M］//MUTHU S. Roadmap to Sustainable Textiles and Clothing. Singapore：Springer，2014：1-39.

［3］ DE ABREU M C S. Perspectives，drivers，and a roadmap for corporate social responsibility in the textile and clothing industry［M］//MUTHU S. Roadmap to Sustainable Textiles and Clothing. Singapore：Springer，2015：1-21.

［4］ RAJ A，CHOWDHURY A，ALI S W. Green chemistry：Its opportunities and challenges in colouration and chemical finishing of textiles［J］. Sustainable Chemistry and Pharmacy，2022，27：100689.

［5］ 牛艺诺，唐颖. 我国纺织服装领域可持续课题的学术研究分析：基于 2011—2021 年 CNKI 论文［J］. 化纤与纺织技术，2022，51(1)：1-4，14.

第2章　天然纤维的可持续生产加工和应用

人类最基本的需求之一是穿衣。为了满足这一需求，世界各地每天生产成千上万吨的纺织产品。世界纤维产量稳步增长，其中合成纤维产量的增长最为显著。大多数化学纤维是由不可生物降解的合成聚合物生产的，需要在一定程度上回收和重复使用。在它们的生命周期结束时，这些物质会在陆地或水中被处理，并将作为废物永远存在。随着时间的推移，不可生物降解的材料释放出有毒污染物，可能对生活在土壤或水中的有机体构成严重威胁。

天然纤维，如棉、麻、丝、毛等，与合成纤维相比，具有来源丰富、可再生、环保和可生物降解性等优点，并且制作成服装具有极佳的舒适性，因此，在服装领域非常受欢迎并得到广泛使用。由于其轻质、高比强度和其他吸引人的性能，在各种工业部门，如休闲、汽车、医疗和建筑工业中也有大量使用。

天然纤维通常被认为比合成纤维更环保，而且更具可持续性。其原因是，天然纤维是由可再生资源生产，不像合成纤维的生产会导致自然资源的损耗；天然植物种植消耗的能量比聚合物的合成和纤维的生产更少；植物的生长可减少大气中的 CO_2；此外，在生命周期的最后，天然植物纤维是可生物降解的。然而，天然植物纤维的种植和加工需要消耗更多的水、可能会使用合成肥料和杀虫剂，并在某些加工阶段导致温室气体的排放。对于天然纤维来说，这些都是非常重要的环境因素，因此应该进行彻底的调查，以便正确地理解它们的可持续性问题，并与合成纤维进行比较。

本章旨在全面介绍棉、麻、丝、毛等天然纤维的生产、性能及其作为可持续产品的市场前景。

2.1　棉纤维

2.1.1　棉纤维的用途和对环境的影响

2.1.1.1　棉纤维的用途和生产概况

棉纤维是从天然来源获得的纤维素纤维，是一种柔软蓬松的短纤维，主要应用于服装、家居用品和其他工业用途。棉纤维在医疗和卫生方面也有特殊用途，如吸水棉球、纱布绷带、卫生棉条或卫生巾、棉签等。生产棉纤维的国家和地区主要是美国、印度、中国、埃及、巴基斯坦、苏丹和东欧。

棉纤维的等级、颜色、长度和特性对棉纤维的质量影响很大。外观、亮度和颜色是判断棉纤维等级的重要标准。原棉的颜色通常为白色或灰色，但也有其他颜色的品种，如红色、岩色和茶色等。棉纤维的长度是棉纤维质量的重要指标。棉纤维分为两大类：长度大于

28mm 的长纤维和长度小于 28mm 的短纤维。海岛棉、吉萨棉、皮马棉等都是长纤维，而亚洲国家通常种植的棉花品种都是短纤维。具有良好强度特性的棉纤维被认为是一种优质的实用棉。棉纤维是世界上最重要的服装用纤维之一。

棉花在全球范围内的社会和经济重要性不言而喻。棉花主要是被用作纺织原料的纤维而生产的。过去几十年来，全球棉花生产区域发生了变化。澳大利亚、中国、非洲法语国家和南亚的棉花种植面积显著增加，而巴西和美国的棉花种植面积却减少了。新的生产技术和更好的管理实践的出现使全球平均棉花产量显著增加。虽然全球土地使用稳定和主要棉花产区产量增加表明整个部门的效率有所提高，但在棉花生产投入方面，例如能源、水、化肥和杀虫剂，仍然是一种投入密集的农业商品。

为解决传统棉花在生产投入方面的问题，人们研究了转基因棉和有机棉的生产。转基因棉花是基因被改造过的棉花，它的免疫系统能抵抗对棉花最危险的一种害虫——棉铃虫，种植这类棉花使用的肥料和杀虫剂较少，而且对水资源的影响也比较小。这些基因的变化可能会对农作物的毒性和过敏性存在负面影响，而对作物产量和环境影响一般是未知的。

有机棉（organic cotton）是指通过有机认证、从选种到种植到纺织全部采用有机方式的棉花。有机棉从种子、土地到农产品都以有机肥、生物防治病虫害和自然耕作管理为主，不允许使用化学制品，全天然无污染生产，在生产纺织过程中也要求无污染。经过认证的有机棉花收获后在储存过程中不使用灭鼠剂或杀菌剂。

新的生产实践和技术将为改善全球棉花生产的环境和社会影响提供切实可行的措施。

2.1.1.2 棉纤维对环境的影响

棉纤维是一种天然纤维素纤维，来自可再生资源，本质上是可生物降解的。因此，许多消费者认为它是一种对环境负责任的产品。事实上，棉花很容易受到某些昆虫和真菌的攻击。棉花是世界上使用农药最多的作物，这些农药严重危害人体健康。农业生产中使用的除草剂和化学脱叶剂（有时用于帮助机械收获棉花）也增加了对环境和人类健康的损害。这些化学物质通常会留在织物中，并在服装的使用中释放出来。

在纤维被加工成纺织品之前，棉纤维表面的蜡状外层必须通过洗涤过程溶解在氢氧化钠溶液中，这样染料才能渗透进去。氢氧化钠也用于棉纤维的丝光处理，以改善其性能。此外，大部分棉纤维在染色或印花前要经过漂白，以获得更好的颜色。在棉织物的抗皱整理中使用甲醛或相关产品，以提高织物的折皱回复率。甲醛的致癌特性一直是棉纤维整理的一个主要问题。尽管棉花生产给人以"自然"的印象，但它日益与严重的环境和社会影响联系在一起。棉花生产对环境的影响包括化学品的使用和废物的产生。

人们正在努力寻找纺织加工中使用的有毒化学物质的替代品，以减少棉纤维在种植、加工和使用过程中对环境的污染。

2.1.2 棉纤维生命周期评估

生命周期评估（LCA，life cycle assessment）是研究纺织纤维可持续性的重要工具。棉纤维生命周期的主要阶段包括：纤维生产→织物制造→使用→废弃。穆鲁盖苏·巴布

（Murugesh Babu）等利用 LCA 研究了棉纤维对环境的影响，以调查种植常规棉纤维和有机棉纤维对环境的影响。在该研究中，一个功能单元被定义为收获 1kg 常规棉纤维和有机棉纤维所需的生产成本及对环境的影响，研究范围从种植到收获棉纤维的全过程，包括肥料和杀虫剂的生产和运输、灌溉用水及用电等所有生产阶段。

研究结果表明，常规棉栽培对环境的影响比有机棉高。对于常规棉的种植而言，使用植物保护剂（如杀虫剂、除草剂和合成肥料）和灌溉是对环境影响较大的原因。

此外，该研究使用 LCA 对棉纤维与涤纶的可持续性进行了比较。纤维的生命周期包括纤维生产、织物成型、产品使用和处理等不同阶段。在各个阶段涉及的因素见表 2-1。

表 2-1　棉和涤纶生命周期中涉及的因素

阶段	涉及因素	涤纶	棉
纤维生产 （每 kg 纤维）	能源消耗（MJ）	97	60
	油或气消耗（kg）	1.5	—
	化肥消耗（g）	—	457
	农药消耗（g）	—	16
	水消耗（L）	17.0	22.2
	CO_2 排放（kg）	2.3	3.0
	大约成本（£）	0.78	1.13
织物织造 （每 kg 织物）	能源消耗（MJ）	33	40
	水消耗（L）	1.291	3.9
	CO_2 排放（kg）	1.5	2.3
产品使用 （每使用 1kg 织物）	每洗一次消耗能源（MJ）	3.4	3.4
	每干燥一次消耗能源（MJ）	不能用烘干机烘干	12.6
	收缩率（洗涤 100 次）（%）	4	7
	强力损失（洗涤 100 次）（%）	8	17
	每次洗涤用水（L）	49	49
产品废弃处置	从焚烧中回收能源（MJ）	33	7
	可生物降解性	否	是
	填埋产生的 CO_2（kg）	—	5.5
	可回收性	是	是

表 2-2 显示了 1kg 棉和涤纶织物在两年的使用周期（包括 12 次洗涤）中的表现。

表 2-2　1kg 棉和涤纶织物在两年使用周期的表现

项目	棉	涤纶	比较
能源消耗（MJ）	140.1	171.5	棉优
油或气消耗（kg）	自然生长	1.53	棉优
化肥/农药消耗（g）	457/16 （如果是有机棉则不使用化学品，但这不是很常规）	无	涤纶优
排放（kg）	5.3（CO_2），4（SO_2）	3.8（CO_2），0.2（SO_2）	涤纶优
水消耗（L）	26700	1900	涤纶优

根据表 2-2 所提供的数据，可以总结出棉纤维和涤纶的可持续性方面的情况。可以看到，棉纤维生产比涤纶生产能耗低 40% 左右。与涤纶相比，棉织物的生产和使用消耗更少的能源和自然资源，如石油和天然气。然而，棉花种植需要大量的水，1kg 棉纤维的灌溉量从 7t 到 29t 不等；传统棉花种植中使用的杀虫剂和化肥具有生态毒性效应。化肥和杀虫剂的使用、CO_2 和 SO_2 的排放以及水的使用是影响棉纤维可持续性的主要因素。

2.1.3　提高棉纤维可持续性的方法

棉纤维生产是纺织生产中一个可持续性的"热点"，这涉及纤维生产的一般特性（如土地利用、水足迹），以及具体的栽培方法（如杀虫剂使用）。棉花的整体生产与可持续发展面临的许多挑战有关，包括由于盐碱化和侵蚀造成的土地退化；土壤和地表水的过度使用；砍伐森林和筑坝造成的自然栖息地减少；地表水富营养化；农药污染野生动物（昆虫、鱼类、哺乳动物、鸟类）；由农场工人直接摄入农药造成的人类健康危害。

棉花种植的主要问题通常有两方面，一方面是土地和水的使用，另一方面是合成杀虫剂的使用对人类、其他物种和自然环境的相关毒性影响。农药的残留甚至会影响到消费者（例如，那些有过敏反应的人）。全球 10%~16% 的农药（杀啮齿目动物和昆虫）和 25% 的杀虫剂（杀昆虫）用于常规棉花生产，而棉花生产用地只占全球农业用地的 2%~4%。为了解决这些问题，转基因植物的数量一直在增加；然而，这也带来了严重的负面影响，如丧失农民收集自己种子的权利（由于专利），严重依赖（有时是垄断）种子公司，增加种子成本，对替代作物和野生植物种群产生负面影响（如异花授粉）。原料特别是纤维的价格压力进一步加剧了农业生产系统及其对环境的负面影响。近年来，一些非传统品种的棉花在更环保的条件下种植，并以天然彩棉和有机棉的名义进行销售。

有两种方法可用来替代传统棉花：采用替代种植系统或采用替代纤维。

2.1.3.1　采用替代种植系统

以可持续发展为导向的改进措施首先是考虑替代农业系统，如综合生产或有机生产。

（1）综合生产。综合生产或综合虫害管理旨在为天然纤维提供更可持续的生产系统。综合生产系统是一种有效措施，通过减少使用杀虫剂和杀菌剂、化肥和水来减少对环境的影响。这种生产生态改良棉的综合生产常常因标准不明确和缺乏认证体系而受到批评，有很多不确定性。一些研究人员和从业人员还将转基因纤维视为解决过量使用杀虫剂从而为可持续发展做出贡献的一种方案。然而，在缺乏长期效果以及许多生态、社会和道德风险相关的新技术等知识背景下，必须强调预防原则，并质疑基因工程植物对可持续性的作用，直到这些怀疑都被合理解决。

（2）有机生产。与综合生产系统相比，有机生产系统是一种一致性方法，它的目标是生产与自然环境相和谐的棉花。这是通过轮作和使用天然肥料（通常来自畜牧业）和天然杀虫剂来实现的，因此它代表了农业部门的循环经济。有机生产禁止使用化学（也称为合成）杀虫剂和化肥。基于有机作物和常规作物（包括棉花）生命周期的比较分析，有机农产品有时被认为是不环保的，因为与有机生产有关的环境效益被低产量抵消了，导致出现了"有机生产不一定比现有常规棉花生产更环保或更不环保"这样的说法。然而，这种类型的 LCA 研究通常不会考虑所有的直接和间接影响，例如使用杀虫剂对人体的毒理学/生物多样性的影响，以及传统工业化农业的其他间接影响。此外，在 LCA 研究中，往往没有充分考虑水足迹。虽然人们普遍认为，在传统农业中大量使用化肥和杀虫剂通常会提高生产率（即产量增加），但人们往往忽视，有机农业也可以通过使用化肥和杀虫剂来提高产量。尽管有机生产系统没有包含任何关于用水的规定，但有机棉主要依靠雨水灌溉（60%），因此耗水少。虽然有机棉生产由于对手工劳动的更高需求而使成本增加，但这在财务上通常被有机棉的价格溢价所抵消，甚至过度补偿。有机棉已经成为服装行业的一个重要趋势，特别是在欧洲和美国。

国际上有两种主要的有机棉认证体系：有机交换标准（organic exchange standard，OE 100；OE 混合）仅控制有机成分，而国际天然纺织品工业协会认证（IVN-certified BEST）和全球有机纺织品标准（GOTS，global organic textile standard）为整个纺织供应链额外定义了生态和社会标准（IVN-certified BEST 被认为是行业中最严格的生态标准；它从 GOTS 衍生而来，但一些标准比 GOTS 更严格）。

对三种棉花种植业系统对环境的影响进行比较（表 2-3）。一般来说，土地和水资源的使用在各种农业系统之间的差别并不是很大，然而，在实际生产中有机农场通常因为大多数农场旱作而具有更好的水足迹。农业系统的主要区别在于杀虫剂和化肥的使用，有机农场系统中禁止使用杀虫剂和化肥，从而消除了对人类、其他物种和自然环境的有害影响。与此同时，有机棉往往与每公顷生产力（产量）的下降相关联，这取决于地区。然而，从长期来看，有机农业可以在无限个时期内保持生产力，而传统的集约化农业则长期受到土壤退化和生产力下降的影响。

表 2-3　有机棉、综合生产棉和常规棉种植系统特性

项目	有机棉	综合生产棉	常规棉
合成/有机肥料使用	有机	合成/有机	合成/有机

项目	有机棉	综合生产棉	常规棉
合成/有机农药使用	天然	合成/天然	合成/天然
灌溉用水	是（但常用雨水）	是	是
平均产量	相对低（根据地区而定）	相对高	变化
土壤退化	低	中	高
单一种植/混作系统	单一/混作	单一/混作	单一/混作
连续种植	否	否/是	否/是
允许烧荒	是	是	是
燃烧有机物（种子、植物等）	否	是	是
机械劳动	是	是	是
世界产量份额（%）	1	20	79

虽然有机棉由于没有使用合成肥料和杀虫剂，对环境是有益的，但由于有机棉目前的产量很少，还不能被认为是常规棉的全球替代品。

2.1.3.2 采用替代纤维

替代纤维，包括天然的和人造的，以及回收纤维。人们提出了各种替代棉纤维的方法，比如用大麻或亚麻等其他天然纤维素纤维代替棉纤维、用来自可再生资源的人造纤维来替代天然纤维、对棉织物进行纤维回收利用等。尽管所提出的所有方法都可以在促进可持续性方面发挥作用，但天然纤维——尤其是棉——被认为是最受欢迎的纤维，就其在服装中的使用而言，它们具有良好的纤维特性。因此，至少在不久的将来，棉纤维不太可能被普遍取代。因此，考虑棉花的可持续发展战略是非常重要的。

（1）天然彩棉的优点。

①自然着色，无须额外染色，该过程被认为是环保和可持续的。

②一些品种天生对昆虫和疾病有抵抗力，因此在种植过程中需要较少的杀虫剂。

③具有耐旱、耐盐特性。

④天然彩棉面料具有良好的防紫外线和防晒性能。

⑤彩棉纤维具有良好的抗菌性能。

⑥种植者通常因种植而获得更高的价格。

（2）天然彩棉的缺点。

①由于纤维长度较短，纤维纺纱具有挑战性，因此通常与白棉混纺。这种混纺纱线被李维斯（Levi's）、里昂比恩（L. L. Bean）、艾琳费雪（Eileen Fisher）和菲德克瑞斯（Fieldcrest）等品牌用于制作服装（如卡其裤）。

②它需要在隔离的农场种植，以避免任何白色棉花污染。

③耐光性差，耐洗性差。

④种植彩棉比传统白棉的成本高、强度低。

历史上由于彩棉产量小、纤维短而不适应纺织工业的要求，所以生产上很难直接利用。21 世纪环境保护成为全人类关注的主题，世界棉花生产大国纷纷加紧了对彩色棉花的研究开发，我国新疆天彩科技股份有限公司采用现代生物工程技术培育出了具有世界领先水平的彩棉新品种——"新彩棉 1 号""新彩棉 2 号"，该品种被新疆农作物品种审定委员会审定命名，是国内首次通过审定命名的彩棉新品种。该品种已大面积推广种植，其彩棉品质达到甚至超过常规陆地棉，有助于打破发达国家"绿色贸易壁垒"，为我国的纺织业出口开辟一条"绿色通道"。

2.1.3.3　棉纤维的可持续性参数

棉纤维被认为是可持续的，因为它在整个生命周期内是可再生、可生物降解和环境友好的。棉纤维生产中涉及的重要可持续性参数包括土壤、水、土地、空气质量和能源，总结如下。

（1）棉纤维种植可能会影响土壤。因为整地，以及由于使用了各种化学物质，如农药和杀虫剂，导致土壤侵蚀。然而，通过种植冬季或覆盖作物，使用保护性耕作的棉花种植新技术，可避免土壤的混合，减少对土壤的干扰程度，从而防止土壤侵蚀。此外，目前棉花种植使用的农药和杀虫剂数量比以往要少得多（根据美国农业部的数据，每英亩❶棉花使用 1.2 磅❷农药和 2.1 磅杀虫剂）。有机棉花的生产不使用杀虫剂和合成肥料，因此与传统棉花相比，对环境的影响要小得多。

（2）棉花植株能忍受干燥和高温，不需要大量的水。在世界许多地区，来自自然资源的水（如降雨）足够种植棉花，因此对环境的影响很小。

（3）通过使用现代农业技术，棉花种植的土地使用大大减少。如今，利用这些现代技术，在同一块土地上生产的棉花比 40 年前多出 50%。

（4）空气污染是棉纤维生产和轧棉过程中的一个重要参数。由于采用了减少耕作等现代技术，田间的粉尘排放已经减少了。此外，为了减少轧棉过程中的粉尘排放，还采取了许多质量控制措施。除了减少粉尘的排放，这些现代技术也大大减少了 CO_2 的排放。

（5）在现代社会，通过从棉花种子中生产生物燃料，棉花生产的能源需求得以平衡。

2.1.4　发展趋势

全球的棉花生产系统各不相同，从非洲和亚洲的劳动密集型系统到澳大利亚、巴西和美国的高度机械化系统。棉花和棉纺织工业是发达国家和发展中国家经济增长的中心。自 18 世纪以来，棉花在工业发展中发挥了重要作用，今天仍作为主要收入来源在发展中国家发挥着核心作用。

---

❶　1 英亩≈6.07 亩≈4046.86m^2。

❷　1 磅≈453.59g。

亚洲是世界上纤维生产和棉花消费总量最突出、增长最快的地区。自2000年以来，全球对棉纤维的需求以每年超过3%的速度持续增长，达到近4.3亿包。表2-4列出了2015/2016至2019/2020年度世界主要棉花生产国的棉花产量。

根据美国农业部提供的信息，2019/2020年度全球棉花产量的增长主要来自美国和印度，而澳大利亚和巴基斯坦的产量总体下降。该年度美国三角洲和东南部地区的产量增长了近10%。印度在该年产量最高，超过中国成为世界上最大的棉花生产国。中国是世界第二大棉花生产国，2019/2020年度无论是种植面积还是产量都比前一年略有下降。新疆恶劣的天气是棉花减产的主要原因。由于严重干旱，2019/2020年度澳大利亚棉花产量降至12年来最低。

表 2-4　世界棉花产量（千包[①]）

国家	2015/2016	2016/2017	2017/2018	2018/2019	2019/2020
印度	25900	27000	29000	25800	29500
中国	22000	22750	27500	27750	27250
美国	12888	17170	20923	18367	19800
巴西	59200	7020	9220	13000	13000
巴基斯坦	7000	7700	8200	7600	6600
乌兹别克斯坦	3800	3725	3860	3275	3500
土耳其	2650	3200	4000	3700	3400
其他	16005	18112	21076	19117	18542
总计	96163	106677	123779	118609	121592

①美国棉花的单位为标准包（bales），每包约是体积0.48m³及重量226.8kg。

我国在世界棉花产量和纺织厂使用量中所占的份额保持在1/4左右。然而，随着棉纺厂的使用持续迁移到纱线生产成本低的地区，棉纤维贸易的来源地和目的地可能会随着时间的推移而发生变化。

尽管市场上已经引进了几种环境友好的棉花，但传统的白色棉花仍然占棉花产品的大多数。

为提高棉花农场的生产力和盈利能力，从而提高其可持续能力，人们提出一套最佳管理实践（BMPs，best management practices），以进行多种活动的最佳协调。多年的农业实践和研究表明，在制定棉花种植的BMPs时，可持续性的三大支柱，即社会责任、环境完整性和经济可行性应被重点考察。制定这些BMPs是考虑到高产量农业的财务要求以及对环境和社会的关注，其目标还包括在生产棉纤维过程中尽量减少用水量和农药的使用。制定这些BMPs，应充分分析棉花种植面临的优势、劣势、机会和威胁。棉花是一种经济作物，它需要生产者了解详尽的耕种要求，如植物与植物之间的间距、行距、耕作时间、在营养物质和作物保护化学品方面的投入、回报等。投入物的不合理使用不仅可能增加生产成本，还有可能减少收入，并导致害虫的死灰复燃和生态危害。世界自然基金会提出了在棉花种植中引入 BMPs 的概念。通过采用这些 BMPs，有助于在增加棉纤维产量的同时平衡投入。棉花种植者通过在各自的棉花种植区实施这些 BMPs 而获益。这些最佳管理模式比较环保，重点是利用当地现有资源，目标是提高投入物的使用效率。为了充分理解 BMPs 的概念，这些实践可以被分为以下四个领域：土壤肥力和供水，病虫害控制，更好的收获和储存技术，作物残余物和下一季的准备。

生物入侵、气候变化、害虫抗性和水资源短缺是当今棉花生产者面临的重大挑战。目前的棉花作物管理普遍需要一种有影响力的创新文化，以获得高产量和高质量的棉花。随着知识和技术的迅速普及，通过高技能的劳动力，以及企业和政府合作伙伴对研究的长期支持，这是可以实现的。

2.2　麻纤维

2.2.1　麻纤维的种类、用途和对环境的影响
2.2.1.1　麻纤维的种类和用途

麻纤维是指从各种麻类植物中取得的纤维。其品种繁多，包括一年生或多年生草本双子叶植物皮层的韧皮纤维和单子叶植物的叶纤维。韧皮纤维作物主要有苎麻、黄麻、青麻、大麻（汉麻）、亚麻、罗布麻和槿麻等。其中苎麻、亚麻、罗布麻等纤维较长，可作纺织原料，纯纺或与棉、毛、丝、化纤等混纺，织成各种织物；黄麻、槿麻等纤维胞壁木质化，纤维短，只适宜纺制绳索和包装用麻袋等。叶纤维比韧皮纤维粗硬，只能制作绳索等。苎麻和亚麻可分离成单纤维。黄麻纤维短，只能分离成适当大小的纤维束即工艺纤维进行纺纱。在纺织用的麻纤维中，胶质和其他纤维素伴生物较多，使用时须除去胶质，使纤维分离，称脱胶。精练后，苎麻纤维的纤维素含量和棉接近（在 95% 以上），亚麻纤维素含量比苎麻稍低，黄麻和叶纤维等纤维素含量只有 70% 左右或更少。

（1）苎麻。苎麻是一种重要的韧皮纤维作物，是中国历史上最为重要的植物之一。中国早在公元前 4000 年前的新石器时代已采用苎麻作纺织原料。苎麻的茎秆剥皮之后，可以用来纺纱织布制作服装，或制作麻绳。苎麻为中国古代的五种麻之一，其茎部韧皮经过脱胶加工处理后得到的苎麻纤维洁白有光泽，易染色。其独有的纤维空腔结构可以使吸入的汗液渗透到空腔内并快速导出，使其具备优越的透气性和导热性，吸水多而散湿快，其织物透气凉爽，在古代被称为夏布，即夏天所用的布。同时苎麻纤维内部特殊的超细微孔结构使其具有强大的吸附能力，能吸附空气中甲醛、苯、甲苯和氨等有害物质，消除不良气味。经过日晒后，可以将吸附的有害物质挥发掉，使其吸附功能自动再生。苎麻纤维长度长，比棉纤维长数倍；强度高，伸长率小，而且不易受霉菌腐蚀和虫蛀。因而适合做服装、枕套、凉席等面料，广泛应用于家纺、飞行降落伞和保险绳等领域。

（2）亚麻。亚麻是用于纺织和食品的最古老的种植作物之一。埃及人利用亚麻纤维已有8000年历史。纵观历史，亚麻的各种品质因各种不同的目的而受到重视。作为一种材料，它在织物阶层中享有很高的声誉，因为它的纤维可以手工制成坚牢的、装饰性的、蛛丝般的机织亚麻布和蕾丝花边，优于其他纤维，古代被特权阶层所享有。毫无疑问，这是一种古老的奢侈纤维。高质量的亚麻布在现代工业时代之前就可以实现了，因为亚麻的茎秆中含有长达1m的细长纤维束。在沤麻的过程中，当外层的髓鞘被去除时，这些坚固的纤维就会裸露出来。

高质量的亚麻主要生长在欧洲国家和中国。亚麻可以在大多数土壤上生长，与棉花等其他纤维不同，亚麻的天然生产不需要杀虫剂、人工灌溉或化肥，因此是一种真正的有机纤维。亚麻还可用于生产许多副产品，从食品、药品到肥皂、纸张和染料。亚麻植物的种子被称为亚麻籽，用来生产食用油，即亚麻籽油。亚麻作为食物和保健品有着悠久的历史。在纺织领域，抗过敏特性及良好的吸湿性、透气性、力学性能使亚麻纤维广泛用于床上用品和浴室织物（如桌布、洗碗布、床单等），家庭和商业家具用品（墙纸/墙纸、室内装饰、窗户处理等），服装（西装、连衣裙、裙子、衬衫等），工业产品（箱包、帆布、缝纫线等）。亚麻手帕可用来装饰男装。亚麻与棉纤维混纺，用于牛仔布，可以改善牛仔布在湿热天气中的舒适感。

（3）黄麻。黄麻纤维广泛应用于家用纺织品、建筑材料、结构复合材料、汽车和防护纺织品等。黄麻纤维可用于医疗、家纺、建筑等领域。经过抗菌整理的黄麻非织造布，可用于医疗穿着和其他无菌场合，由于家用纺织品（包括床单、靠垫、桌布、餐具、地毯和墙纸等），也可用于特殊防火、防油和防水表面处理的围裙和手套。黄麻可用于生产刨花板和其他复合材料，作为建筑材料用于建筑施工，用作顶棚、镶板、隔墙、门窗、家具、预制棚屋等，作为工程部件用作刹车片、成型材料等；黄麻毡可用于汽车内饰的座椅靠背和汽车地毯衬垫等；此外，黄麻纤维还可用于提高建筑物的绝缘性能。

（4）大麻。大麻纤维主要用途：生产不同抗拉强度的绳索、耐久服装；与亚麻、棉或绢丝混纺用于服装和家具；用于非织造产品和其他工业应用，如覆盖物、动物窝；工业用途包括造纸、纺织品、服装、可生物降解塑料、建筑等；大麻纤维也常用于制作帆布。

2.2.1.2 麻纤维对环境的影响

麻纤维被认为是可持续的，因为它是由一种可再生资源生产的，单位面积产量非常高，可以在不使用化肥的情况下生产；麻在种植过程中使用非常少（或不使用）农药，可肥沃土壤，减少土壤侵蚀，净化土壤，具有非常高的生产率，可大量吸收二氧化碳等，这些都是麻纤维的可持续性因素。与麻生产有关的主要环境问题是沤麻过程中产生的甲烷气体，使用现代沤麻技术，如带状沤麻、湿润沤麻等，可以显著抑制甲烷气体的产生。此外，采用温水沤麻可显著降低能量需求。

2.2.1.2.1 黄麻纤维生产中与可持续性有关的因素

（1）黄麻纤维由每年可再生资源生产，单位面积产量高（每公顷可生产40t干茎）。黄麻植物比木材具有更高的生产效率，使用黄麻代替木材，可大大降低造纸成本。

（2）黄麻可以在不使用化肥的情况下自然生长。黄麻在生长季节脱落的叶子和剩余的作物废料转化为有机物，从而使土壤营养丰富。因此，土壤的肥力水平得以维持。

（3）研究表明，黄麻的 CO_2 吸收率比其他树木高几倍，黄麻纤维运输和碾磨过程中的 CO_2 排放是 PP 纤维制造过程中排放量的 1/6。

（4）黄麻纤维生产过程中会产生各种有机化学品和气体，如丙酮、乙醇、丁醇、甲烷、二氧化碳、硫化氢等，其中二氧化碳和甲烷是导致全球变暖的主要物质。在黄麻沤制过程中排放的甲烷作为一种消耗臭氧的物质，它比二氧化碳更有害。黄麻带状沤制可以显著抑制甲烷气体的产生，因此，黄麻带状沤制的大规模采用将提高黄麻纤维的可持续性。此外，我国开发的另一种湿润沤制新方法，在减少水污染、减少用水和减少甲烷排放方面有很大的帮助。

（5）当黄麻植物与其他作物轮作时，黄麻种植可以改善这些作物的健康状况，并减少害虫攻击和疾病侵扰的风险。

2.2.1.2.2　大麻纤维生产中与可持续性有关的因素

（1）在现代大麻基产品中使用的大麻坚果不含杀虫剂和除草剂。

（2）大麻植物不像许多经济作物一样导致土壤耗竭。由于大麻植物在整个生长季节掉入土壤的落叶可成为成熟的堆肥，使土壤营养化，并保持土壤水分，使大麻只需要其他农业作物用水量的 50%。

（3）大麻植物的深根在地下至少 94.4cm，有助于保持坚固的土壤结构，避免土壤流失。

（4）大麻种植可以去除土壤中的重金属，从而净化土壤。

（5）由于能吸收二氧化碳，大麻可作为碳汇。

（6）大麻纤维单位面积产量较高，每英亩可获得比棉花多 250%、比亚麻多 600% 的纤维。

（7）大麻有多种应用，包括纸张、纺织品、生物可降解塑料、建筑（即有助于隔离二氧化碳的大麻混凝土、绝缘材料、嵌板等）、天然食品、燃料、医疗用途、汽车门板、身体护理产品、家庭产品（即清洁剂、油墨、清漆等）、动物饲料、动物窝及作为碳氢化合物吸收剂。

2.2.2　麻纤维生命周期评估

2.2.2.1　亚麻纤维生命周期评估

对亚麻纤维进行的 LCA 研究，包括从农场到工厂的所有阶段（图 2-1）。考虑了化肥（N，P，K）和农药的使用，而没有考虑机械/设备的建设、种子的生产、运输、储存和人力。只有长纤维被看作是高经济价值的产品，而各种副产品，如短纤维、碎屑、粉尘和粗植物残留物，除了抵消它们从纤维中分离出来的加工成本，被认为不具有任何经济价值。因此，不包括这些副产品的处理费用。

（1）作物生产。作物生产包括所有的农业操作，如犁、耙、耕、施化肥、喷杀虫剂和收获。耕作技术类型是亚麻纤维生产的重要可持续性因素，常规耕作、保护性耕作和免耕三种不同的耕作方式对能量的需求不同。在这些耕作方式中，免耕对能量的需求是最少的，而传

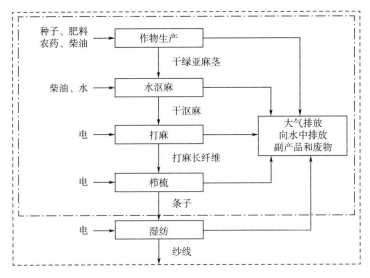

图 2-1 亚麻条和纱生产系统边界

统耕作方式消耗的能量最大。在最小限度或较浅的耕作情况下，所需的能量要比传统耕作方式少得多，这在坡地尤其有利，因为土壤侵蚀或土壤沉积物的流失较少。与此相反，传统的耕作方式对土壤结构有害，会导致自然团聚体的分解，覆盖前茬作物的残留物。这会导致更多的土壤侵蚀。

（2）纤维加工操作。纤维收获之后通常是打麻（去皮），然后是栉梳和梳理成条。沤制过程是影响亚麻纤维可持续性的一个重要参数。三种不同的沤制技术，如温水沤制、生物沤制和露水沤制，对能量的需求不同。比较这些沤制技术和随后的打麻过程所消耗的能量，很明显，生物反应过程中消耗的能量最高。温水沤麻可以显著降低亚麻纤维生产过程中的能耗。最耗能的沤麻技术是生物沤麻，包括收获后的田间作业、清污、漂洗、干燥和机械软化。尽管在各种沤制技术中，温水沤制消耗的能量最少，但它导致大量废水（使用水量的94%）。

不同作物生产和纤维加工方式所消耗的能量有显著差别。生产1t亚麻条和纱线，在免耕和水沤的情况下，总能量需求分别为 59.3GJ 和 85.4GJ，而在传统耕作方式和生物沤麻的情况下，总能量需求分别为 199GJ 和 231GJ。表 2-5 列出了以最低能耗耕作和沤制方法生产 1t 亚麻纱的投入和产出数据。

表 2-5　使用免耕方式和温水沤麻生产 1t 亚麻纤维纱的数据清单

输入材料		输出材料		
种子（kg/t 纱）	497	副产物（kg/t 纱）	短纤维	4497
石灰（kg/t 纱）	2445		碎屑	7104
硝酸铵（N）（kg/t 纱）	445		粉尘	2824
三重过磷酸钙（P）（kg/t 纱）	238		粗糙的植物残渣	2304

续表

输入材料		输出材料	
氯化钾（K）（kg/t 纱）	368	CO₂	9334
农药（kg/t 纱）	9.4	NH₃	68
柴油（kg/t 纱）	9.49	N₂O	14
电（GJ/t 纱）	35.52	NOₓ	6
		SO₂	3
	直接排放（kg/t 纱）	NO	2
		NO₃	0.1
		NMVOC	0.002

（3）环境影响。LCA 研究评估了 8 种类型的环境影响，即全球变暖潜势（GWP）、人类毒性潜势（HTP）、酸化潜势（AP）、富营养化潜势（EP）、水生生物毒性潜势（ATP）、不可再生/非生物资源消耗潜势（NRADP）、臭氧消耗潜势（ODP）、光化学氧化剂产生潜势（POCP）。表 2-6 计算了四种可能的耕作和沤麻工艺对生产 1t 亚麻条和纱线的环境影响。

表 2-6　每生产 1t 亚麻纱/条的 LCA 结果（kg）

产品	工艺	GWP	AP	EP	HTP	POCP	ODP	ATP[①]	NRADP		
									油	煤	气
生产 1t 纱	免耕+水沤麻	15873	146	123	22	1.2×10^{-5}	8×10^{-5}	1067	1200	5.6	3.3×10^{6}
	保护耕作+露水沤麻	22586	276	203	35	2.6×10^{-5}	1.8×10^{-5}	2067	2600	6.2	3.3×10^{6}
	常规耕作+生物沤麻	26576	129	90	20	1.3×10^{-5}	9×10^{-5}	941	1500	17	9.9×10^{6}
	免耕+生物沤麻	26557	129	90	20	1.0×10^{-5}	7×10^{-5}	942	1200	17	9.9×10^{6}
生产 1t 条子	免耕+水沤麻	11062	141	102	22	1.1×10^{-5}	8×10^{-5}	1027	1100	1.8	1.0×10^{6}
	保护耕作+露水沤麻	17889	265	195	34	2.5×10^{-5}	1.8×10^{-5}	1986	2500	2.3	1.3×10^{6}
	常规耕作+生物沤麻	18570	121	89	15	1.2×10^{-5}	9×10^{-5}	905	1400	13	7.3×10^{6}
	免耕+生物沤麻	18549	121	99	15	1.0×10^{-5}	7×10^{-5}	905	1100	13	7.3×10^{6}

①ATP 的单位是 $\times 10^{12} m^{3}/t$ 纱。

与其他生产策略相比，亚麻纱生产中的免耕+水沤技术对全球变暖和富营养化的影响较小。尽管与传统耕作+生物沤麻和免耕+生物沤麻相比，保护性耕作技术+露水沤麻对全球变暖的影响相对较低，但对所有其他类型的环境影响都很高，原因是这种组合工艺在露水沤麻过程中使用了除草剂。生物沤麻工艺在除全球变暖潜势外的其他所有影响类别中表现都比露水沤麻好。

2.2.2.2　黄麻纤维生命周期评估

一些研究人员使用 LCA 工具调查了黄麻纤维不同阶段（如种植和沤制阶段、生产阶段和产品处理阶段等）对环境的影响。研究中考虑了黄麻产品焚烧用于能源生产以取代化石燃料利用的积分，也考虑了仅 50% 的甲烷排放和通过垃圾填埋处理黄麻产品过程中剩余 50% 的甲烷排放。研究结果表明，栽培和沤制阶段的总体温室气体排放效应为负。这意味着黄麻种植过程起到了碳汇的作用。虽然在沤制过程中甲烷的排放增加了温室气体的影响，但这一影响被绿色黄麻植物在其农业期间的碳封存所平衡。由于使用基于化石燃料的能源生产、购买电力和货运所产生的二氧化碳排放，制造阶段加剧了温室气体效应。另外，在未经管理的垃圾填埋场处理黄麻产品会导致甲烷排放造成的温室气体效应。但是，如果通过焚烧处理黄麻产品来产生能源以取代化石燃料为基础的能源，这种影响就可大大减少。

另一项研究调查了黄麻纤维生产对环境的影响，估计了输入和输出的养分及其对土壤的排放。根据这项研究，在每公顷土壤中排出 1200kg 牛粪，其中 N 排放量为 9.15kg/hm^2，P$_2$O$_5$ 排放量为 8.0kg/hm^2，K$_2$O 排放量为 12.75kg/hm^2。尿素、三倍过磷酸钾和氯化钾向土壤中释放的 N、P$_2$O$_5$ 和 K$_2$O 分别为 50%、25% 和 50%。这些排放的物质对环境有重大影响，如富营养化、气候变化、酸化等。还有研究人员调查了孟加拉国黄麻纤维生产对环境的影响，该研究报告称，每年黄麻植物从空气中平均吸收的二氧化碳为 73023.8kt，排放的 O$_2$ 为 53099.1kt。此外，黄麻植物每年平均产生 9563.8kt 的叶子和 423.4kt 的根，这些叶子和根与土壤混合，通过排放尿素、总悬浮颗粒物（TSP）、磷酸三聚氰胺（MP）、紫砂石、白云石、硫酸亚铁、硫酸镁和硫酸锌增加土地的肥力。

2.2.2.3　大麻纤维生命周期评估

研究人员对大麻纤维进行了 LCA 分析，以调查其对可持续性问题的影响，并与其他主要作物如小麦、甜菜等进行了环境影响比较。

与小麦和甜菜相比，大麻纤维需要的投入更低，甜菜的投入是最高的。除了土地利用以外，所有比较类别中大麻的影响最低，而甜菜的影响最高，小麦的影响水平中等。

从大麻作物生产的总体影响来看，大麻纤维的生产对土地利用（101%）和富营养化（53%）有着非常重要的贡献，对能源使用（7%）、酸化（12%）和气候变化（16%）的贡献中等，对陆地生态毒性（1.6%）的贡献较小。其中贡献率的计算方法是将 1hm^2 大麻的影响除以年平均影响。排放的物质和资源对作物生产有着不同影响，如作物富营养化的主要原因是 NO$_3$（75%~89%）；而影响气候变化的主要是 N$_2$O（56%~59%）和 CO$_2$（40%~43%）的排放；NH$_3$、SO$_2$ 和 NO$_2$ 的排放是酸化的主要原因；Ni（66%~70%）和 Cd（26%~29%）的排放是陆地生态毒性的主要原因；原油（44%~46%）和天然气（32%~36%）对能源使用的贡献最大。

从作物投入生产、柴油的生产和使用以及农田排放的情况来看，农田排放是富营养化的主要原因（90%~95%）；气候变化主要是农田排放（38%~41%）、氮肥生产（25%~34%）、柴油生产和使用（11%）、CaO 生产（6%~13%）的结果；农田排放（33%~38%）、柴油生产和使用（22%~26%）、氮肥生产（12%~14%）、磷肥生产（11%）和机械生产（11%~13%）导致酸化；能源利用主要由氮肥生产（28%~36%）、柴油生产和利用（26%~29%）、机械生产（18%~21%）贡献。

通过对大麻生产情景对环境冲击的影响研究，人们发现，使用低成本猪粪代替矿物质肥料导致气候变化减少 24%，能源消耗减少 32%，但富营养化增加 16%，酸化增加 140%，陆地生态毒性增加 1720%。减少耕作对农民来说是有利的，因为它减少了土壤侵蚀，降低了生产成本和劳动力需求，从而导致气候变化减少 6%，酸化减少 13%，能源消耗减少 16%。通过减少收获时土壤中残留的硝酸盐，缩短收获与下一茬作物之间的时间，减少这一阶段由降水带来的影响，可以减少与作物相关的硝酸盐溶出量。减少硝酸盐溶出的农业实践可以帮助减少 43% 的富营养化和 10% 的气候变化。

另有学者进行了类似的研究，将大麻传统温水沤麻工艺（HW）与生物沤麻工艺（HB）（麻青先打麻后水沤）、幼麻工艺（早熟麻沤麻，BH）和亚麻露珠沤麻工艺（FD）进行比较，通过 LCA 分析比较了三种大麻纱生产情景和一种亚麻纱生产情景对环境的影响（表 2-7）。结果表明，似乎没有一种备选方案在所有方面都比传统的基于温水沤麻的处理方式更好。亚麻的露珠沤麻对环境的影响与传统的大麻生产情况类似。然而，传统的大麻生产方案比亚麻生产方案消耗更多的水，但亚麻生产使用更多的农药。表 2-8 列出了欧洲生产 100kg 纱线对环境影响的相对贡献。从表中可以清楚地看出，通过减少纤维加工和纱线生产阶段的能源消耗以及减少作物生产阶段的富营养化，可以减少大麻纤维生产造成的环境影响。此外，在不增加投入的情况下，通过增加每个加工步骤的产量可以降低每公斤最终产品的影响。特别是长纤维得率，目前不足 30%，应通过优化工艺步骤提高长纤维得率。此外，考虑到欧洲的劳动力成本，大麻生物处理可能是一种有效的生产方案，其劳动力需求低，环境令人满意。

表 2-7　四种场景生产 100kg 纱线的环境影响

影响类型	大麻			FD
	HW	HB	BH	
富营养化（kg PO_4^{3-}-eq）	3.04	3.02	4.94	2.61
气候变化（kg CO_2-eq）	1350	1810	1460	1360
酸化（kg SO_2-eq）	7.38	9.01	8.02	8.16
不可再生能源使用（MJ）	25500	35800	26500	26100
土地占用（m^2·年）	11600	1260	2410	1150

续表

影响类型	大麻			FD
	HW	HB	BH	
农药使用（kg）	0	0	0.874	0.296
水使用（m³）	19.9	22.1	7.63	7.23

表 2-8　欧洲生产 100kg 纱线对环境的影响

影响类型	标准化值	贡献率（%）			
		HW	HB	BH	FD
富营养化（kg PO$_4^{3-}$-eq）	38.4	7.9	7.9	12.9	6.8
气候变化（kg CO$_2$-eq）	14600	9.2	12.4	10.0	9.3
酸化（kg SO$_2$-eq）	84.2	8.8	10.7	9.5	9.7
不可再生能源使用（MJ）	154000	16.6	23.2	17.2	16.9
土地占用（m²·年）	10100	11.5	12.5	23.9	11.4

2.2.3　发展趋势

各种麻纤维的生产以及它们应用在服装、家具和工业纺织品中都可以被认为是可持续的。麻纤维是可回收和可生物降解的，而且是"正碳"的，这意味着植物在生长阶段吸收的二氧化碳比它们在加工过程中释放得要多。

在宠物寝具用品或造纸生产中使用短纤维和木屑等副产品，以及将打麻和梳理过程中产生的粉尘作为生物质燃料，也可以提高麻纤维的可持续性。

采用生物酶脱胶技术，可降低生产成本，提高资源利用率。有研究显示，使用一种生物酶技术可以在 6h 内就脱去原苎麻中超过 90% 的胶质。快速脱胶工艺不仅适合从不同等级的原材料中提取苎麻纤维并保留纤维固有的形态结构和纺织属性，与传统的化学脱胶工艺相比，还可以使生产成本降低 20.5%，资源利用率提高 50% 以上，污染费用降低 80% 以上。采用 Ca²⁺ 活性复合酶（果胶酶/半纤维素酶/漆酶）对苎麻纤维进行脱胶。胶质、半纤维素和木质素都能被有效地去除，处理后的纤维具有典型的纤维素 I 型结构，适合直接纺织和其他应用。纤维线密度、断裂强度、白度、残胶均有明显改善。亚麻纤维也可以用这种环保技术脱胶。

亚麻纤维曾作为奢侈品被特权阶层所享用，但随着易于打理的人造纤维全球贸易的快速发展，亚麻开始失去其在奢侈品阶层的地位。然而，曾经被称为奢华的"尼罗河黄金"的亚麻，由于其积极的环境认证，近年来其价值在设计、科学和工程界又重新被发现。虽然麻纤维是"正碳"的可持续纤维，但其目前占世界纤维产量的比例并不高，例如亚麻纤维仅占世界纤维产量的 0.7%，也就是说麻纤维的价值尚未得到充分开发。同时，麻等绿色纤维植物还可提供有价值的副产品，如种子、蜡、香料和色素等，这些可以用作食品、饲料、制药、化妆品和身体护理品等。特别重要的是亚麻籽/大麻籽，它们含有人类大脑和神经系统必不可少的物质，以及抗硬化/抗角质木酚素和不饱和脂肪酸。以亚麻、黄麻、大麻等天然纤维为基础的生物复合材料，具有轻质、强韧、耐腐蚀、吸声吸湿性好等优点，因此麻产品在生物复合材料、建筑材料、车辆、飞机和家具以及医疗产品领域中都大有用武之地。

2.3　毛纤维

毛纤维是一种重要的天然纤维，可从不同的动物身上获得，主要有绵羊毛、山羊绒、马海毛、兔毛、骆驼绒、牦牛绒等，但从绵羊身上获取的羊毛是目前最常用的蛋白质纤维。从历史上看，羊毛是人类最古老的纤维之一，因其天然的保暖性和防水性而受到重视。早期的绵羊毛质量很差，通常粗糙且不均匀，尽管有一些较细的纤维适合纺纱。在接下来的几千年里，人们通过选择性繁殖，提高了可纺纤维的比例，这促进了制衣业的发展。羊毛由于纤维长度较长且有残蜡，比植物纤维更容易纺纱，也更容易染色。受羊毛纤维在国际贸易中的价值推动，选择性选育绵羊以提高羊毛价值的过程一直持续到现在。羊毛和棉花是推动 18 世纪英国工业革命的重要原材料。

1800 年左右，各种品种的羊从西班牙和其他欧洲国家出口到各国，后来成为主要羊毛生产国的国家有澳大利亚、新西兰、南非、中国、乌拉圭和阿根廷。绵羊能够在粗糙、贫瘠和干旱地区，或在其他动物无法生存的高海拔或高温地区茁壮成长。绵羊可以利用其他动物不吃的杂草和植被，它们可以忍受饮用水中相当高的盐浓度。世界上大约有 40 种不同的绵羊品种，生产大约 200 种不同规格和最终用途的羊毛。

2.3.1　羊毛纤维的结构特点、用途和对环境的影响

羊毛纤维的结构复杂，主要由三种组织组成：角质、皮质和髓质。

角质层是由鳞片状薄细胞组成的羊毛的最外层，主要负责如润湿性、毡缩性和触觉行为等重要性能。角质层进一步由两个不同的层组成：最外层被称为外角质层，其下最内层被称为内角质层。外角质层和内角质层的差别主要在于半胱氨酸的比例。外表皮中高半胱氨酸含量是对生物和化学攻击具有高抗性的原因；内角质层的抵抗力稍弱。羊毛纤维的 90% 属于皮质层。皮质层由长而密集的细胞组成。羊毛的拉伸强度、弹性和天然颜色主要由皮质细胞的性质决定。羊毛髓质是第三种类型的细胞，通常是空心管。

原毛可能含有许多杂质，包括羊毛脂肪、汗液、灰尘和植物物质（如芒刺和种子等）。羊毛脂肪是一种黄色的蜡状物质，由脂肪酸和一种复杂的一元醇——胆固醇（$C_{27}H_{45}OH$）或异胆固醇（其异构体）衍生而来。羊干汗（干燥的羊毛汗液）主要由油酸（$C_{18}H_{34}O_2$）和硬脂酸（$C_{18}H_{36}O_2$）等脂肪酸钾盐和一些硫酸盐、磷酸盐和含氮物质组成。污垢包括矿质土壤、风尘、粪便、皮屑、废角质层细胞和光氧化脆性尖端断裂的纤维碎片。洗毛是一种用于去除

羊毛中的脂肪、汗液和污垢的工艺。

以毛纤维为原料生产的服装多属高档服装，其产品种类繁多，主要可归纳为两大类：

（1）精纺呢绒。经轻缩绒整理，产品的主要特征为质地细腻，表面光洁平整，透气吸湿，布面露地，织纹清晰。

（2）粗纺呢绒。经重缩绒整理，产品的主要特征为质地丰厚，保暖性强，坚牢耐磨，布面不露织纹，表面由纤维毛羽覆盖。

毛纤维是一种可再生资源，并具有可生物降解性。虽然生产羊毛不像生产棉花那样需要使用化肥或除草剂，但羊毛的生产也会对环境产生一些负面影响。例如，如果控制不当，羊的过度放牧会导致土壤侵蚀。另外，过量的羊粪会造成污染。羊毛的加工需要使用肥皂和碱性溶液来清洁纤维，去除油脂和杂质。羊毛织物在防缩、机可洗、抗虫蛀和防污整理时会使用化学品。

羊绒因其独特的精细质地、坚牢、超轻、柔软而备受青睐。它提供了优越的绝热功能，纤维适应性强，易于纺纱。人们对靓丽柔软的羊绒面料日益增长的渴望促使了山羊的大量繁殖，在过去的一个世纪里，羊绒的生产增长到了不可持续的程度，并对环境造成了威胁。曾经美丽的、未受破坏的草原现在变成了沙漠，这对地球的生态平衡造成了毁灭性的影响。

绵羊可以被视为双重用途的动物，这使得羊毛生产的环境评估复杂化，因为环境投入（土地、水、燃料、化肥）和环境产出（甲烷、尿液、粪便）需要在动物产品（肉、毛、皮）之间进行分配。

2.3.2　羊毛纤维生命周期评估

2006 年，联邦科学与研究组织（CSIRO）和澳大利亚羊毛行业开始了一个小型项目，对澳大利亚羊毛进行初步的 LCA。其他产羊毛国家也在进行部分研究。澳大利亚羊毛可用于生产许多类型的服装，在许多的国家进行加工。为了简化研究并识别主要的环境压力点，研究人员选择了三个生产常见服装产品的典型澳大利亚羊毛供应链：

（1）由专业生产商在多雨气候下生产的细羊毛，在意大利加工成轻薄的贴身针织服装。

（2）在混合企业农场生产的中等粗细的羊毛，在亚洲加工成男装。

（3）稍粗的羊毛，产自澳大利亚干旱的牧区，在亚洲加工成一种外套针织面料。

所有的服装都被假设是在欧洲销售和使用。该研究涵盖了服装生产、运输、加工、护理和处理的全部过程。该项目采用 ISO 14040 作为构架，主要环境影响集中在水、化石燃料的使用和温室气体的排放。该项目是为了鉴别主要的环境挑战并对其进行排序——主要的温室气体排放和水的使用与农场纤维生产（羊的甲烷排放、卡车和拖拉机的二氧化碳排放、化肥的 N_2O 排放）是否有关，与运输、加工或服装护理是否有关。

该项研究使用 SimaPro 软件包进行总体计算，并通过其相关数据库提供背景 LCA 数据。

2.3.2.1　羊毛纤维的农场生产

在澳大利亚，水是一种稀缺资源，水资源的获取面临着激烈的竞争。这与欧洲农业中水通常是充足的且土壤通常是湿润的不同。这对动物尿液中一氧化二氮（N_2O）的排放和氮肥的使用等因素有影响。在这项研究中，研究人员只考虑了从可竞争的水源提供给羊的饮用水，如大坝（储存在雨季从土地上收集的径流，防止排到水道）和地下水，以及相关的管理费用（蒸发和运输损失）。雨水在土地上降落（植物/饲料生产的重要资源）和露水凝结没有被考虑，植物体内和植物上的水是绵羊的重要水资源。土壤中的水分是植物生产和保持土壤中碳和氮的宝贵资源，在可能的情况下应积极管理这种资源。饮水量的估计取决于气候（主要是温度）、食物摄入量（质量和数量）、动物体型、到水源的距离和哺乳等因素。绵羊是非常耐寒的动物，在温带气候下，它们仅靠露水和植物水分就能存活很长时间。然而，这项研究假设有充足的饮用水供应，因此，估计的用水量可能误差偏高。根据尿液到达土壤时产生的 N_2O，以及尿液（含营养物质）留在农场并促进植物生长，将尿液返回土壤的体积从总耗水量中减去。绵羊呼吸大量的水分，但这无法在农场中捕获，因此被认为是流失的。

农场排放的碳中有一小部分是作为二氧化碳本身产生的，来自农业设备的使用、电力、运输，以及用于化肥的生产和运输。

农场碳排放的很大一部分来自强效温室气体甲烷和 N_2O 的产生。以质量为基础，两者的效力都是 CO_2 本身的许多倍。温室气体的总排放通常表示为 CO_2 当量（或 CO_2-eq），其中其他气体的排放根据其全球变暖潜势乘上一个因子。绵羊生产过程中甲烷的主要排放来自肠道消化过程。从粪便中产生甲烷是可能的，但在澳大利亚干旱的农田条件下，这被认为是微不足道的。绵羊释放的甲烷量取决于动物的体型、饮食（不良饮食产生更多甲烷）、泌乳和许多其他因素。N_2O 的主要来源是沉积在土壤上的尿液（以及其他营养物质），以及在作物生产中使用的氮肥。一般来说，过磷酸钙是澳大利亚高降雨牧场用于集约化绵羊生产的唯一肥料，而在干旱的牧区不使用肥料。在牧场上，氮肥因太贵而并不直接用于养羊，但在混合农业企业中，氮肥被用于种植谷物，而且一旦谷物收获，农场动物可以吃秸秆。

同样，氮肥排放的 N_2O 取决于降雨。在澳大利亚用于小麦生产的旱地农场，温室气体排放量低于欧洲和其他潮湿气候地区。在该研究中，根据残粮和残茬中的蛋白质含量，将粮食生产过程中产生的部分 N_2O 排放分配给绵羊。在干旱时期，氮肥通常用于生产补充喂养绵羊的饲料，同时根据农场在饲料上的支出以及用于生产化肥的运输和能量，将相关的 N_2O 分配给绵羊。

一般来说，对绵羊的环境投入和排放的分配是基于总体农业支出和收入的经济因素进行的，因为是经济回报决定了土地是用于动物生产还是用于种植。最初的经济分配是基于所有农产品的农场总收入，以获得"每只羊"的投入和影响份额。许多其他环境投入和产出（如饮用水和甲烷排放）已经以"每只羊"为基础。第二种经济分配是基于羊肉和羊毛的农场收入，将"每只羊"投入在肉类和羊毛产品之间进行分配。同样，是经济回报决定了羊的生产是为了羊毛还是肉。尽管 ISO 14040 认为经济分配是一个糟糕的选择，但对于羊毛这样的产品，每公斤羊毛的价格因羊毛线密度不同而有十倍以上的差异。杂交绵羊通常是为了它们的肉而饲养的，通常寿命很短，长着细毛的羊通常会被保留好几年，到那时肉的价值就相对较低了。只有经济分配才能反映出这些差异。

2. 3. 2. 2　羊毛纤维的初加工

与棉纤维和合成纤维相比，羊毛要经过几个加工阶段才能有效地被纺织厂用来梳理、成条以纺成纱线。羊毛是手工从羊身上剪下来的，然后从羊的背部、两侧和胸部分离出主要的毛被毛，从羊的背部和腹部去除染色和被毛刺污染的羊毛。这种较差的羊毛在羊毛供应链中仍有重要用途。在羊毛被打包并运送到仓库之前，需进行分类（使线密度、纤维长度、外观和风格都相近），然后进行抽样和客观评价（产量、线密度、植物性物质等），因为这些因素决定了销售货物中的净羊毛的数量、价值和可加工特性。

羊毛在运输时可能会被高度压缩，以增加海运集装箱的包装密度。这样可减少运输集装箱和羊毛的能源开销。

羊毛的洗涤是在60~70℃的连续逆流操作中进行的。在典型的洗涤操作中，使用非离子洗涤剂，每公斤含油脂的羊毛大约需要10L水。最节能的洗涤方法是使用有盖的洗涤槽，使用直接燃气燃烧加热水，并从排放的液体中回收热量；然而，各国实际情况大相径庭。蒸汽是一种效率较低的加热介质，但不幸的是，在一些国家，燃煤锅炉很普遍，许多锅炉的运行效率低于设计效率。

洗毛操作的目的是去除羊毛上的污染物。典型的澳大利亚羊毛可能只含有65%的羊毛，其余的是羊毛蜡（其中约30%从洗涤中回收，并出售以提炼成羊毛脂）、灰尘、羊汗盐和其他皮肤污染物。因此，洗毛的废水被高度污染。有一些高能量的方法，如蒸发，可以用来清洁这些排放物；也有一些低能量的选择，可以清除大部分污染物，并回收有价值的副产品（比如可堆肥的有机物质，钾肥等）。在任何供应链中，都会有环保良好的经营者，也会有环保不良的经营者，这使一般纺织供应链的比较变得复杂。

羊毛加工分粗纺和精纺两条主线。粗纺系统使用短的羊毛纤维，经梳理后将纤维网分裂成"头道粗纱"，然后在几乎没有进一步牵伸的情况下纺成纱。这些纱线通常粗而多毛，用于粗纺毛织物和手工编织用纱线。精纺系统用于生产精细的机织和针织物，采用长度较长的洗净羊毛纤维。不幸的是，洗毛过程中会缠住一些羊毛，使精梳毛中有明显的纤维断裂，这就减少了纤维的平均长度。从梳毛机出来的纤维网再用钢梳进行四到五个阶段的并合和梳理，使排列整齐的羊毛中断裂的短纤维被除去，大部分的植物性物质也被清除。这一过程将长纤维和短的断裂纤维（落绵）分开，落绵可能占喂入羊毛的6%~8%。这种落绵纤维在精纺过程中损耗，但可以在粗纺系统中得到充分利用。

这些初加工阶段在功能上相当于合成纤维的挤出（初级纺丝）过程。与合成纤维一样，此阶段需在纤维上添加各种润滑油，以减少机械加工过程中纤维的断裂。虽然粗纺和精纺加工工序的操作是复杂和专门的，但纤维产量很高，即使考虑到农场能源和运输，每公斤纤维所需的能量一般也低于合成纤维。

2. 3. 2. 3　羊毛织物生产

所有的纺织纤维，一旦以清洁的、平行排列的纤维条形式进入工厂，通常经过纺纱、机织或针织、染色、整理，再制成服装。所有纤维在这些流程中都有环境相似性。

工厂之间的差异可能比纤维之间的差异更大。有的现代化工厂，使用最先进的、高效的、低浴比的设备；有的工厂会使用更多的资源。

例如，芬兰的一项研究发现，六家大型纺织厂在染色和整理（主要是合成纤维和棉纤维织物）中的用水量在每公斤织物 140~370L；能量消耗 55~124MJ/kg 不等。用水最多的工厂消耗的能源也最多。COD 的排放（化学需氧量，衡量水中氧气消耗的一种方法）为 61~393g/kg 纤维。一般来说，区分不同纤维的环境足迹的主要因素是在生产平行排列的纤维条时能源、水和资源的使用。

有一些研究会为处理操作提供处理数据（能源和水的使用），但大多数研究表明，工厂之间的资源使用在很大范围内存在差异。由于单个处理阶段的高度可变性，很难将这些数据组合成一个连贯的处理序列。例如，英国纺织技术集团（BTTG，british textile technology group）列举了绳状染色的能源消耗量为 5.7~16.9MJ/kg，用水量为 28~293L/kg。此外，通常很难确切地知道可用数据中包含和排除了哪些内容。例如，用于空调或污水处理的能源是否包括在工厂运作中？英国玛莎百货（Marks and Spencer）集团为选定的棉质和涤纶服装进行了流线型的 LCA，通过在每个阶段使用最佳环境数据，假定所有加工阶段都在最佳环境下实践，有效地解决了数据范围问题。

2.3.2.4　使用和处置对环境的影响

LCA 研究表明，清洗和保养一件衣服所需的水和能源可能超过最初生产衣服所需的资源。

事实上，对于涤纶长裤和男式棉质三角裤来说，服装洗涤和护理阶段分别消耗了服装生命周期中总能量的 76% 和 80%。高温洗涤、服装烘干和熨烫是消耗能源的主要原因。

羊毛有很好的吸收气味的特性，这减少了洗涤的频率。同时，羊毛是一种相对昂贵的纤维，在日本和英国已经开发了回收纤维的方案。在玛莎百货的项目研究中，假设 40% 的羊毛服装被回收再循环（略高于其他纤维服装），另外 7% 被焚烧，53% 被填埋。研究采用了产品及活动生命周期分析工具 SimaPro，以模拟这些羊毛服装的寿命结束行为。

事实上，报废处理对这些羊毛服装的整体情况影响很小。回收/再循环纤维及成衣被假定为对环境是中立的，因为无法证明用回收纤维取代由未加工纤维制造的新成衣带来的环境影响。

2.3.2.5　整体结果

图 2-2 显示了 SimaPro 计算的三种羊毛生产和使用场景中 CO_2 排放的相对比例。这些排放是按每公斤服装计算的，因此要考虑到加工环节的质量损失。对于每条供应链来说，生产 1kg 服装大约需要 2kg 含油脂的羊毛，这明显增加了农场的排放量。主要的质量损失是在从羊毛中洗去羊毛蜡、污垢和羊汗盐的洗涤过程中。

在这个简单的模型中，加工过程中的损失被认为是特定供应链的损失，但事实上，织物损失，例如梳毛时的落绵损失以及在西服制造和裁剪成衣中织物边角的损失，通常是有价值的清洁纤维，是生产其他羊毛产品的原料。

农场排放的 CO_2 当量约占总排放的一半，其中包括生物成因的甲烷（贡献最大）和来自尿液的 N_2O，对于绵羊/小麦区农场来说，还有来自作物施用氮肥的 N_2O 排放。土地、肥料（用于高降雨区和羊/小麦区农场）和饲料的生产和运输所使用的能源也包括在内。

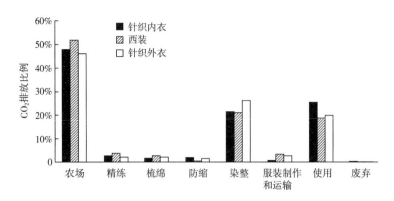

图 2-2 羊毛服装生命周期中 CO_2 当量的排放

CO_2 排放的其他主要阶段是在染整和服装护理（洗涤和干洗）阶段。对所有纤维织物来说，染色和整理产生的排放大致相似，但模型中针织羊毛服装的洗衣操作是低能耗的（暖洗、风干）。对于其他纤维，服装护理产生的 CO_2 排放可能会更高。海洋和陆地运输的排放相对较低。

为了更清楚地显示燃料、电力和化肥生产中与动物相关的排放的相对贡献，SimaPro 可通过供应链估计化石燃料的使用情况。图 2-3 显示，与染色、整理和服装护理所使用的化石燃料相比，在农场和纤维制备的早期阶段所使用的能源较低。在混合农业场景中，西装场景的农场能耗较高，这在很大程度上与用于作物的氮肥生产（澳大利亚）有关。同样地，陆路运输是化石燃料使用的一个次要组成部分。

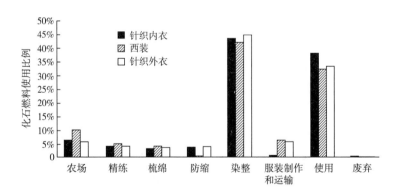

图 2-3 羊毛服装生命周期中化石燃料的使用

这项研究清楚地显示了肠道甲烷对澳大利亚羊毛碳足迹的贡献的相对重要性。这个问题不是羊独有的，而是包括牛在内的所有反刍动物都存在的问题。

在减少牲畜排放方面还有很大的空间，世界各国都在进行相关研究。例如，人们已经发现，不同品种的牛在排放量上存在着巨大的差异，这与饮食无关。

图 2-4 显示了三个羊毛生产和加工供应链的相对用水量。主要的用水是在洗衣阶段。虽

然西装是干洗的，但需要用水来发电。为西装场景提供整体数据的工厂用水量相对较高，很大程度上是因为用于完成高质量机织羊毛织物的多道工序可能需要大量的水。

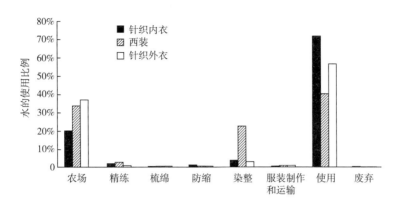

图2-4 羊毛服装生命周期中水的使用

2.3.2.6 能源使用和碳足迹

羊毛在其生命周期中虽然能源使用少，但温室气体排放量高，因此考虑能源和碳排放之间的关系很重要。对于纺织加工来说，能源使用的数据相对容易获得。而复杂的是，不同国家在生产这些能源（无论是煤、电、天然气等）过程中产生的相关 CO_2 排放的估计。在当前的研究中，允许 SimaPro 软件根据能源来源使用区域数据计算 CO_2 排放量。众所周知，CO_2 的排放在很大程度上取决于能源的来源。与直接使用热能相比，使用电力存在固有的低效率。此外，即使都是热能，在工厂里，蒸汽的效率也低于直接燃烧燃气加热的能源的效率。在一个加工过程中，电力的来源将对碳足迹有重要的影响。风能、太阳能和核能发电的碳排放因子较低，而褐煤由于水分含量高，碳排放因子较高。这意味着一个特定的加工过程将有不同的碳排放，这取决于它所处的位置。

维斯曼（Wiseman）于1981年报告的羊毛生产能耗为38MJ/kg，而新西兰美利奴羊毛研究所2006年计算出生产羊毛的能耗为46MJ/kg，其中一半在农场。新西兰美利奴羊毛研究所计算出生产主要羊毛的排放量为每千克羊毛排放 2.2kg CO_2（相当于50g CO_2/MJ 的能量），其中忽略了肠道甲烷和 N_2O 的排放。

商品的碳足迹受到人们越来越多的关注，它已开始对市场准入产生影响。欧洲也建议在纺织品上使用能源生态标签。农民可以通过植树以抵消他们在农场的碳排放，努力为市场提供零二氧化碳羊毛以寻求碳中和产品。

2.3.3 发展趋势

羊毛和棉花工业引领了工业革命，而现代纺织业是最早采用全球化的行业之一。全球对纺织品的消费量很大，人们越来越意识到，所有的制成品都对环境有影响，而纺织业的影响尤为严重。环境问题不仅与纺织品最初生产所使用的资源有关，而且还与清洁和处理服装所使用的资源有关。

从目前对羊毛产品不同生产方案的研究中，可得到一些总体结论。

（1）生物成因甲烷是碳足迹的主要贡献者。一些国家行业正在集中开发减少肠道排放的技术。比如，选择性育种，继续发展适应新的气候和条件的动物，并优化纤维和肉的产量和质量。

（2）羊毛制品在染色、整理和服装护理时消耗了大部分的水，以及大量的能源（热水和电烘干）。通过选择性育种，可以从具有天然色素的绵羊身上获得彩色羊毛。使用有色羊毛可以免去给纤维染色。然而，与传统羊毛相比，彩色羊毛的使用量仍然很小。同时需要进行更多的研究，以解决我们环境知识背景方面的差距，特别是电力和能源生产方面。对生产环境采取科学保障措施，厉行节能减排措施，实现企业与环境的和谐发展是必经之路。

（3）任何供应链中不同潜在参与者的环境绩效差异很大。通过选择供应链中的参与者，有机会优化特定产品的环境绩效。目前有很多企业开始注重严格管理和创新技术，建设和完善废水废气处理设施，严格执行相关标准，循环利用生产资源，在为羊毛带来健康高品质的同时，确保环境亲和友好，支持生态环境可持续发展。

另外，培育出全身纤维直径一致的绵羊也是一个重要的培育项目，这样所有的羊毛都能被统一收获和加工，提高生产效率。

由于羊毛是一种相对昂贵的纤维，对于将废弃的羊毛服装和加工废料卖给专门的公司，用于纤维回收生产纱线或织物的趋势也很明显。回收来料可以按类型和颜色分类，尽量减少重新染色。材料被粉碎成"次生"纤维，根据纱线的最终用途，在纺纱前，选择其他纤维与"次生"纤维混纺。再生产品可以是衣服、毛毡和毯子等。

羊毛产品因自然健康为人们所推崇，然而应积极倡导和践行绿色环保羊毛理念。由全球变暖、水资源短缺、石油峰值以及有环保意识的零售商和消费者主导的未来，健康和可持续的生活方式正成为一种大众趋势。

2.4 蚕丝

蚕丝是另一种常见的天然蛋白质纤维。蚕丝是熟蚕吐丝结茧时所分泌的丝液凝固而成的连续长丝纤维，也称天然丝。它与羊毛一样，是人类最早利用的动物纤维之一，根据食物的不同，可分桑蚕、柞蚕、木薯蚕、樟蚕、柳蚕和天蚕等。能够连续制成长丝纱的有桑蚕丝（也称生丝）和柞蚕丝。

蚕丝纤维由α氨基酸组成，富含两种蛋白质：丝素蛋白和丝胶蛋白。丝素蛋白是蚕丝的主体，外面由丝胶蛋白包覆。蚕丝的结构与羊毛相似，但含有比羊毛中侧基更小的氨基酸，结构更简单，因此可以形成折叠的片状结构，而不是螺旋状结构。蚕丝作为生物材料有着悠久的历史和独特的特性。

2.4.1　蚕丝的用途、消费趋势和对环境的影响

从单个蚕茧抽出的丝称为茧丝；通过缫丝工艺将几个蚕茧的茧丝借丝胶黏合在一起而成的丝条，称为生丝。除去丝胶的蚕丝，称为精练丝或熟丝。

以蚕丝为原料，可通过机织或针织等方法加工成各类绸缎和针织品，主要用于服装，也可用于工业、国防和医药等领域。蚕丝中用量最大的是桑蚕丝，桑蚕是以桑叶为主食的家养蚕种，其丝质轻而细长，色泽洁白明亮，手感细腻滑爽，织物光泽明亮，穿着舒适。其次是柞蚕丝，由柞蚕茧抽出。柞蚕属于野蚕，主要生活在我国北方地区，由人工放养在野外柞林中，以柞叶为食。和桑蚕丝相比，柞蚕丝的颜色较深，纤维较粗。

桑蚕丝是丝绸面料最重要的原料，富含 18 种氨基酸。丝织物根据织物组织、经纬线组合、加工工艺和外观特征通常分为纺、绸、缎、绢、纱、罗、绡、绫、绉、葛、绨、绒、呢和锦十四大类，具体品种如电力纺、双绉、乔其纱、塔夫绸、织锦缎等，有的飘逸轻薄，有的丰满厚实，有的亮丽高贵，有的古色古香，各有特点。蚕丝织物主要用作夏季衬衫、睡衣、连衣裙及丝巾等。丝织物是高级定制服装的宠儿，其光泽明亮柔和优雅，手感柔软，具有奢华的外观和良好的悬垂性。蚕丝也是制作蚕丝被的极佳原料，蚕丝被具有柔软亲肤、保暖透气等优良特性。

以蛋白质为主要成分的蚕丝，除了在衣料领域发挥其优质的纤维功能外，还可通过各种化学或物理方法处理，开发出各种新的功能性材料，拓宽蚕丝的新用途。如将桑蚕丝脱胶、溶解、透析提纯后，制成治疗烧伤或其他皮伤的创面保护膜；开发血液检查用器材或抗血栓性材料、骨科治疗上的"接骨材料"、人工肌腱或人工韧带等应用于医疗领域；将蚕丝加工成微粒应用于化妆品等；也可作为添加剂制作高级涂料等应用于工业领域。

中国是桑蚕的原产地，是世界丝绸大国，素有"东方丝国"的美称。近年来，随着居民收入的提高，消费升级需求持续推进，加上个性化消费、绿色消费、文化消费等理念的引领，国内市场对丝绸产品的需求逐步释放，丝绸产品国内销售形势良好。居民收入水平的提高及城镇化步伐的持续推进，为中国丝绸产品消费市场的持续增长奠定了坚实基础。

图 2-5 中数据显示，近十年来我国蚕丝及交织（含蚕丝≥50%）机织物年产量主要集中在 5 亿~7 亿米，市场供应较为充足。但在丝绸产品国内销售稳步上升的同时，受国际经济环境、贸易政策等多方面的影响，近年来真丝绸产品出口回落，外销下滑（图 2-6）。整体来看，

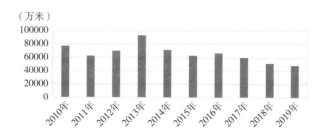

图 2-5　2010~2019 年我国蚕丝及交织（含蚕丝≥50%）机织物产量情况

我国茧丝绸行业运行平稳，尽管有所下滑，但 2019 年我国丝织物出口金额仍达 597.44 百万美元。

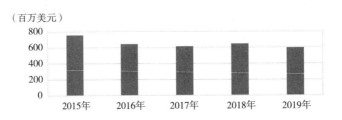

（百万美元）

图 2-6　2015~2019 年我国丝织物出口金额统计

2.4.2　蚕丝生命周期评估

蚕丝是一种由丝蛋白组成的天然纤维，在纺织品中使用了至少 5000 年。超过 90% 的商业蚕丝是由家蚕吐丝而成的。家蚕是一种单食性昆虫，其食物仅限于桑树的叶子，因此也称为桑蚕。世界上共有 50 多个国家饲育桑蚕、生产桑蚕茧，主要是中国、印度、朝鲜、越南和巴西等。中国产量最高，印度次之，分别占世界总产量的 51% 和 15%。国内主要产区有广西、浙江、江苏、重庆、四川、广东等地区。蚕在结茧前要经历 5 个龄期，这个过程大约需要 28 天。在蚕完成吐丝结茧后，飞蛾出现之前，蚕茧就立刻被卖给缫丝厂。在温带地区，一般一年只收获两季，蚕茧在进一步加工前必须先烘干储存，以防蛾的羽化。正确的干燥可以提高丝的产量和质量。缫丝是将蚕茧经过煮茧、索绪和理绪后将几个蚕茧的游离丝端连接在缫丝机上并卷绕成型，由此得到的固结纤维束就是生丝。生丝是一种国际贸易商品，其进一步加工步骤与其他纺织品大致相似。缫丝时产生的副产品是下脚丝、丝胶和蚕蛹。

关于蚕丝生产对环境的影响，有学者采用 LCA 方法对印度蚕丝进行了综合分析。

该研究中采用 LCA 方法，根据 ISO 14040/44，构建桑、蚕、缫丝三种养殖模式。使用来自同行评议出版物和政府报告及指南的文献数据，对产生的生命周期清单进行参数化。根据公布的指导方针和观察到的农场实践，提出了两组结果。桑树生产假定在灌溉条件下进行，用缫丝机缫丝。研究了以下影响评估类别：累积能源需求（CED），分为可再生能源（CED R）和不可再生能源（CED NR）；促成全球变暖潜势超过 100 年（GWP100）；通过 USEtox 生态毒性；城市和农业土地占用（ULO 和 ALO）；淡水富营养化（FE）。蓝水足迹（BWF）是根据 Hoekstra 等的文献采用 Simapro v 8.0.2 软件计算得到。

这项研究的内容包括桑树种植、鸡蛋生产、养蚕、投入物运输和缫丝（图 2-7）。系统边界内包括桑树田的建立和资本货物；对土壤、空气和水的排放，以及直接的蓝水足迹；桑树中融入的太阳能和生丝中绑定的碳也包括在内。

生命周期分析中具体实践基于政府指导方针。由于夏季不产桑蚕，过剩的桑葚被认为用作牲畜饲料。假定灌溉、田间作业和饲养消毒做法都遵循建议的准则。

在蚕茧生产中，常规的农场做法和政府推荐做法是有差异的，见表 2-9。

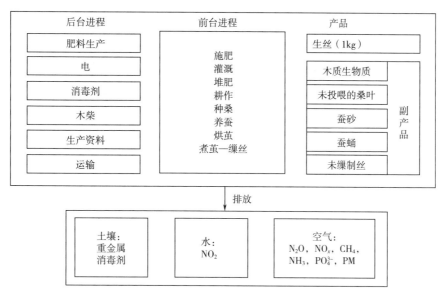

图 2-7　生丝生产中的系统边界

表 2-9　主要产茧参数（推荐做法和农场做法）

指标	推荐做法	农场做法
肥料用量（kg/hm²）（N，P_2O_5，K_2O）	300 : 120 : 120	100 : 43 : 43
化肥和农药（t/hm²）	20	50
桑叶（t/hm²）	50	35
茧产量（kg/100 无病产卵）	58	59
茧产量（kg/hm²）	1810	1055
饲料需求量（kg 叶/kg 茧）	26.2	26.2
利用能力（饲育用桑葚%）	95	78
灌溉用电（kW·h/m³）	0.25	0.48
灌溉需水量（m³/hm²）	8590	
养殖要求（每100DFL[①]）	每年耕作 5 次（收获后），福尔马林 51 次，漂白粉 6.2kg，洗衣粉 5g，床用消毒剂 5kg，报纸 3.5kg	
农药	敌敌畏 2.96kg/（hm²·年）	
运输	每 100 无病产卵 30km（长途汽车）	

①DFL：disease free layings，无病产卵。

表 2-10 总结了蚕丝和 Ecoinvent 数据库中其他纤维的生产对环境影响评估模型的结果。

结果表明，蚕桑养殖对环境的大部分影响与产茧有关。桑叶和蚕茧加工过程中使用的木材所蕴含的能量占可再生能源绝大部分。干燥和冲洗蚕茧用电是不可再生能源的主要来源。大多数 GWP100 与施肥和堆肥养殖废弃物排放有关。大多数生态毒性影响是由农药的使用造成的。然而，该项研究中的 USEtox 生态毒性没有将化肥释放到土壤中的重金属或柴火燃烧产生的库存排放纳入表征因子，因此对这些结果的解释应谨慎。与农业土地占用相比，城市土地占用可以忽略不计。在桑树生产中，几乎所有的蓝水足迹都是灌溉作用的结果。淡水富营养化潜势的主要来源是田间排放（50%）和磷肥生产（18%）。值得注意的是，所采用的影响评估方法仅考虑磷是富营养化的因素，并没有为缫丝废水排放的 NO_3 提供表征因子。

表 2-10　蚕丝生产对环境的影响（与其他纤维相比）

分类	GWP100 （kg CO_2-eq/kg）	CED R. （MJ/kg）	CED NR. （MJ/kg）	生态毒性 （CTU/kg）	ALO （m^2·年/kg）	ULO （m^2·年/kg）	BWF （m^3/kg）	FE （g P-eq/kg）
农场做法	80.9	1613.6	244.4	1043.1	35.6	1.37	54.0	7.0
推荐做法[①]	52.5	1350.6	116.7	522.9	19.8	1.13	26.7	4.8
棉纤维 （中国）[②]	3.4	19.7	0.1	71.2	7.8	0.02	7.0	0.8
锦纶66[②]	8.0	1.3	$7×10^{-4}$	$6×10^{-4}$	$2×10^{-4}$	$4×10^{-4}$	0.2	0.3
农场羊毛 （美国）	18.5	81.7	0.1	3.4	53.5	0.36	0.2	0.5

①本研究。

②Ecoinvent 数据库。

表 2-10 比较了推荐做法和农场做法对环境的影响。从中可看出，农场做法的 ALO、BWF 和生态毒性数值较高，均接近或超过推荐做法的两倍，这是由于农场做法的每公顷桑树产量较低。

该研究还采用敏感性分析探讨了与蚕生产和茧特性相关的哪些变量对最终结果的影响最大。由于副产物的数值较低，将茧转化为生丝的效率高低对结果具有非常大的影响。ALO 对副产品的利用非常敏感，特别是在桑树生产中。桑树具有非常高的生物产量并适合作为动物饲料，当较大份额被用作动物饲料时，ALO 会大幅减少。

从桑叶向生丝转化的总干物质转化率不到 5%。桑树生产的副产品包括不适宜养蚕的叶、桑枝和可堆肥的养殖废弃物等。在农场中，副产品最常见的用途是饲料、燃料和堆肥。缫丝的主要副产品是不可缫丝的废丝、废蛹和丝胶。副产品中的废丝有市场，但蚕蛹和丝胶在有些国家暂没有发挥重大商业价值。

通过副产物的利用，环境影响显著降低。由于桑田的木质生物质产量高于其他生物质种植园，木柴的协同生产显著减少了土地占用面积。

由于并非所有研究都遵循相同的方法或具有相似的范围，因此不同研究得到的 LCA 结果应谨慎进行比较。还应该指出的是，蚕丝是一种比其他天然纤维价值高得多的纺织材料，具有特殊的力学性能。然而，该项研究结果显示，与棉花、锦纶 66 和羊毛相比，在大多数评估类别中，丝绸对环境的影响更大（表 2-10）。蚕丝对环境的部分影响可以归因于农业基础设施的低效，特别是电力供应和灌溉。动物纤维和畜牧业通常需要比植物生产投入更高的成本，并产生更多的副产物。蚕丝是唯一的天然长丝纤维，与其他动物纤维（如羊毛）相比，非农加工是复杂的。如果这些副产品利用不足，则总体影响几乎完全归咎于缫丝。

我国和印度加起来占全球丝绸产量的 90% 以上。在印度，除了木柴和不可缫丝的茧丝之外，蚕业的副产品价值很低。蛹和丝胶占成品干重的 50% 以上，目前在研究领域中还没有很好地被开发利用。与印度相比，我国在一些方面有差异：由于我国桑树生长季节较短，因而桑树产量较低，而推荐的施氮量较高；我国是利用自动缫丝装置对离开农场的蚕茧进行工业规模的烘茧和缫丝；副产品管理与印度也有很大的不同，而且得到了更好的优化。

2.4.3　发展趋势

2.4.3.1　改进措施

大多数蚕丝的 GWP100 与高水平的肥料和 FYM 使用有关。基于土壤测试的施肥可以减少对环境的影响；利用蠕虫堆肥或厌氧消化，可以更有效地在农场处理可生物降解的废物，例如用于生产沼气；由于在农场中使用了大量的 FYM，适当的肥料管理可以有效地减少环境负担，提高生产率；通过适当的技术，有机肥料可以减少对合成肥料的需求。重要的是，考虑到土壤有机碳，施肥措施的变化可能会影响蚕丝 GWP100。最终，考虑到直接环境影响因素、土地利用/土地覆盖变化（LUC）和可用土地的机会成本，可以利用 LCA 探索土地占用与 GWP100 之间的权衡。这在人口密度高的地区尤其重要，比如中国或印度的产丝地区。

使用太阳能可以减少与干燥相关的负担。目前已开发出用于蚕茧的太阳能干燥器，与电干燥器相比，电力需求降低到 10%。太阳能干燥器可能是蚕丝质量和价值的一种技术选择，其对环境影响很小。

滴灌可以节约大量的能源和水，在不影响桑树产量的情况下可以节约 66% 的水；生态毒性与杀虫剂的使用有关，可通过使用替代农药和尽可能使用危害性较小的消毒材料来降低毒理学风险。

副产物的使用对环境影响很大。中国蚕丝的质量平衡表明，桑树生物合成的干物质中丝素只占 3.1%，而桑枝为 41.3%，蛹为 6.3%，蚕废弃物为 26.1%。我国的研究表明，修剪下来的桑树枝超过了家庭对薪材的需求，其年平均产量可与热带速生树相媲美。事实上，印度正在研究桑树作为生物能源作物的可能性。蚕蛹在我国通常与养鱼结合，而目前在印度是废弃掉的。虽然丝胶蛋白目前在化妆品工业中有一定的应用，但大部分是在后期脱胶过程中提取的。如果对农场沼气的需求足够，从可堆肥废物中生产沼气，这可能是减少环境影响的一种替代方法。最后，培育具有改良特性的单一二化性蚕茧（MBV）将减少对环境的影响。

即使按照上述推荐做法，在大多数影响类别中，蚕丝对环境的大规模影响也高于其他天然纤维。减少蚕丝生产过程中的排放将取决于技术和经济因素，例如在保持高质量茧生产的同时减少大量养分投入的可行性。在过去的几十年里，桑树和桑蚕新品种的开发主要集中在提高产量上，重视资源利用效率将是一个值得研究的新方向。

有效使用输入端和副产品似乎是提高丝绸环境可持续性的关键，而且可能对其未来的经济可行性很重要。

近年来，丝绸行业基础研究领域不断深化，在包括蚕桑新品种选育、家蚕品种结构优化、蚕桑病虫害防控、桑园综合开发利用模式、生态桑和果桑试验研究、生产加工工艺研究等方面都取得了长足发展。在环保压力持续加大的背景下，丝绸产业更加注重科技的创新和工艺技术的改造，促进信息化和工业生产的深度结合，提高企业生产效率、运行效益和产品质量。

2.4.3.2　有机丝和天然彩茧的使用

丝绸一直是奢侈品，家蚕的饲养和野蚕的生活本质上是可持续的。但素食主义者和善待动物组织的成员认为，为了人类的利益而牺牲了生产丝的昆虫；同时丝绸的染色也消耗了大量的水，造成了相当程度的污染。尽管有这些不利，但蚕丝仍然在可持续发展的道路上占有一席之地，因为它的强韧性、耐用性和各种优良性能，阻止不了人们使用它。在这方面，人们也进行了一些探索，尽可能使蚕丝生产更经济，减少污染和废物产生。

（1）有机丝。有机丝生产是更加环保和可持续的蚕丝养殖实践。生丝不使用任何化学物质进行生产或处理，且易于生物降解。有机蚕丝是一种高度可持续的作物，当蚕长到35天左右时就会结茧。蚕继续它的自然循环，变成蛾。然后产卵，5天后自然死亡。有机蚕养殖的效果还包括促进桑树的可持续性。桑树是蚕的食物来源，1棵桑树可以养大约100只蚕。1英亩（4047m²）可再生的桑树供养的蚕，可以生产30~35磅（13.6~15.9kg）生丝。这些树木又为当地生产篮子、家具等提供了宝贵的可再生资源。

（2）和平蚕丝。丝绸生产在环保主义者和动物权益保护者中引发了一场有趣的辩论。一个茧由一根大约一千多米长的茧丝构成，但是当蚕蛹从茧中变成蛾飞出时，蚕茧就被打破了，也就破坏了茧丝的连续性。在传统的蚕丝生产中会先将蚕蛹杀死，以免它们出茧时刺破和损坏茧。在丝绸生产过程中这方面遭受到抗议之后，不伤害蛾的"和平蚕丝"的概念被推出。和平蚕丝的生产方法允许蚕蛹出茧，不伤害或杀死蚕蛹，蚕丝是在蚕完成蜕变并从茧中变成蛾后抽取的。因为蚕丝已经断裂，就不再是通过缫丝的方法制成长丝纱，而是脱胶后像棉、麻等短纤维一样通过纺纱制成纱线。这种蚕丝在蛾分泌的碱性溶液的作用下会稍微变色。对于设计者来说，和平蚕丝不那么强韧，而且与传统的桑蚕丝在外观和手感上也略有不同，它具有柔软的手感和珍珠般的自然外观。这种丝绸生产过程完全保留了生态友好的织物质量。

但也有观点认为，和平蚕丝的概念只是一种吸引消费者的营销策略。因为蛾的撕咬会导致茧中的丝断裂，只能利用大约16%的丝，而常规的缫丝过程可以利用茧中80%的丝，因此和平蚕丝比传统蚕丝更耗时更昂贵。从经济角度来看，和平蚕丝的价格大约是普通丝绸价格的两倍，并且需要等待10天才能等到蛹变成蛾并孵化。所有这些都是为了避免暴力而付出的代价，其本质上更接近奢侈品。

（3）天然彩茧。由于天然彩色蚕茧不仅不需要经过人工染色，而且茧丝含有类胡萝卜素、类黄酮、叶黄素等功能性物质，具有很好的抗氧化和抗菌等性能，其生产过程和产品符合绿色环保的理念，其制品深受消费者喜爱，农民饲养彩色茧蚕品种收入也明显增加。

彩色蚕茧属自然界原生品种，人类早已尝试对其开发利用，但面临两大难题，一是产量低，二是色泽不均匀，色彩不牢固，按常规方法加工成丝，均呈花斑状。国际上，日本群马县在技术上突破了彩茧造丝的色彩障碍，但其产量不详，而且技术严格对外封锁。在国内，早期的彩茧是通过给蚕饲料添加色素来获得，蚕被喂食含有色素的特殊食物，这样它们的蚕丝腺体就会吸收这些色素，自然地吐出彩色的丝。但严格意义上来说这并非天然彩茧。苏州大学于 2003 年育成了天然彩茧蚕种，它是通过基因重组法，将国内外原始品种优良彩色茧基因转移到高产优质的白色茧品种上，选育出高产彩色茧蚕品种。所结彩茧色泽鲜艳、色素稳定、产量高，其色泽和产量达到了普通蚕茧水平，而且选育出的彩色茧蚕易饲养。目前已有淡绿、橘黄、浅红、金黄等多个品种。这可大大消除传统染色过程中产生的有毒染料废水对环境的影响。

环境意识促使许多工业考虑更可持续的经营方式。人类日益认识到必须更好地利用宝贵的自然资源。今天，随着人们对环境问题认识和环保面料需求的增加，天然纤维由于它们极其重要的"绿色"性和健康保护属性得到了大量的关注，并广泛应用于许多领域，如纺织工业和日常生活。棉、毛、丝、麻四大天然纤维的传统资源毕竟是有限的。因此，近年来开发了许多新型植物纤维，如大麻纤维、罗布麻纤维、桑皮纤维、菠萝叶纤维、香蕉纤维、竹纤维、木棉纤维等。新兴的生物材料提供了新的设计考虑，充分参与 21 世纪的可持续性挑战。

参考文献

［1］RANA S, PICHANDI S, PARVEEN S, et al. Biodegradation studies of textiles and clothing products［M］// MUTHU S. Roadmap to Sustainable Textiles and Clothing. Singapore：Springer, 2014：83-123.

［2］RANA S, PICHANDI S, PARVEEN S, et al. Natural plant fibers：Production, processing, properties and their sustainability parameters［M］//MUTHU S. Roadmap to Sustainable Textiles and Clothing. Singapore：Springer, 2014：1-35.

［3］龚秋林, 晏文武, 陈欠林, 等. 越南苎麻产业发展现状、存在问题及优势［J］. 中国麻业科学, 2021, 43 (1)：45-48.

［4］LIU Z C, DUAN S W, SUN Q X, et al. A rapid process of ramie bio-degumming by Pectobacterium sp. CXJZU-120［J］. Textile Research Journal, 2012, 82(15)：1553-1559.

［5］2021 年中国丝绸市场现状及发展趋势预测分析［EB/OL］. ［2023-06-08］.

［6］何恩洁, 张鹏博, 黄世荣, 等. 不同彩色茧新品种在永康试养初报［J］. 蚕桑通报, 2021, 52(1)：24-26.

第3章 再生纤维的可持续生产加工和应用

人口的增长、一次性商品和"快时尚"的趋势导致人类目前的需求处于历史最高水平，不可再生原料的消耗和天然纤维的生产也面临压力。世界资源承受着巨大的压力。这在纺织行业尤其明显。

天然纤维和合成纤维在不同的生命周期阶段（加工、清洁、洗涤）不受控制地释放微纤维，这是一个日益令人关注的问题：塑料微纤维占进入公海的所有塑料的1/3以上，目前在所有生态系统中普遍存在，对地球生物化学过程、物种和人类健康的危害可能比其他塑料废物更大。最近的一些研究表明，约80%的微纤维是后整理过的纤维素纤维，其影响尚不清楚。我们正处于生态和环境危机之中，这迫切需要为纺织服装行业找到新的可持续的方法。

循环设计原则的实施可以为这个难题提供一种解决方案。循环经济是一种通过设计实现再生的工业系统，一个产品生命周期的结束成为另一个产品生命周期的开始。在循环经济中，可以通过转向使用可再生能源、停止使用有毒化学品以及通过设计新材料、产品和系统来减少浪费。循环设计的核心概念之一是废物可以作为原料，通过将旧产品转化为新产品，消除生命终结的概念。在这样的背景下，再生纤维获得了新的机会。

由于耕地的减少和石油资源的日益枯竭，天然纤维和合成纤维的产量将会受到越来越多的制约；当今纺织品在生产和消费过程中的环保性能越来越受到重视，人们对再生纤维的价值也进行了重新认识和发掘。

虽然没有国际标准来描述"生态友好"，但由可再生原材料制成的纤维，使用环境友好和商业上可行的工艺，并具有生物降解性（即在处理后的堆肥情况下是可生物降解的）或回收能力，可以被认为是生态友好的（图3-1）。

对这类生态友好产品的渴望导致了如大麻这样一些纤维的复兴，并将非传统纤维（如竹子）用于服装。人们正在尝试使用木质纤维素农业副产品，如玉米皮、玉米秸秆和菠萝叶作为纤维素

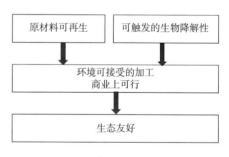

图3-1 生态友好纤维的概念

纤维的替代来源，有多种再生纤维素产品正在商业化生产，如兰精莫代尔（Lenzing Modal），它是从山毛榉木材中生产的，其工艺符合可持续发展的原则。

其他值得考虑的生物材料是农业衍生蛋白。合成纤维的回收再生利用同样值得关注。

本章将讨论与再生纤维素纤维、再生蛋白质纤维和再生合成纤维生产有关的各种可持续性问题，并评估其环境影响。

3.1 黏胶法再生纤维素纤维

再生纤维素纤维是以天然纤维素（树木、棉短绒、竹子等）为原料，不改变其化学结构，通过人工加工方法得到的纤维。其结构性能与棉相似，可自然生物降解。纤维素分子上存在活泼的羟基，使再生纤维素纤维生产中的各个环节可与许多其他分子接枝共聚，进行结合改性，为各种高新技术在再生纤维素纤维上的发展提供广阔空间。

历史上，再生纤维素纤维有两种生产方法：黏胶法和铜氨法。传统的黏胶纤维生产会对环境构成威胁。将木浆加工成纤维并在挤压后进行清洗过程中使用了大量的有害化学物质，会造成水和空气污染。一些生产商一直在努力回收和循环利用所使用的化学品，以减少污染物排放。

在各种再生纤维素纤维中，用于纺织工业的主要是黏胶纤维，约占再生纤维素纤维总产量的 90%。这种纤维的原料是木材、竹子、棉短绒等天然材料。黏胶纤维可以是长丝或短纤维，其中 90% 为短纤维。21 世纪以来，由于高劳动力成本和严格的环境法规，黏胶纤维生产从欧洲、北美洲等发达地区转移到亚太地区。

3.1.1 基本性能和应用

3.1.1.1 普通黏胶纤维

普通黏胶纤维简称黍胶纤维。1891 年，英国科学家克罗斯（Cross）和比文（Bevan）发现了黏胶纤维。黏胶纤维以前被称为人造丝、木丝或黏胶丝。普通黏胶纤维的纵向表面和横截面形态如图 3-2 所示。

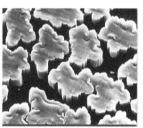

图 3-2　普通黏胶纤维的纵向表面和横截面形态

黏胶纤维具有与蚕丝纤维一样优良的美学性能、手感和悬垂性。由于其结构中存在纤维素主链，黏胶纤维与棉花或其他纤维素纤维具有相似的性质，如良好的透气性、柔软性、舒适性和易染性。黏胶纤维比棉纤维具有更高的吸湿性。然而，黏胶纤维强度较低，弹性差，织物抗皱性差，耐热性略低于棉纤维。黏胶经常与其他纤维混合使用以降低成本或改善光泽、柔软性、吸湿性和舒适性等性能。

黏胶纤维耐酸碱性适中，对漂白剂和有机溶剂表现出良好的耐受性；燃烧特性与其他纤维素纤维相似。

普通黏胶纤维的物理和化学性能见表3-1。

表3-1 普通黏胶纤维的物理和化学性能

物理性能			化学性能	
强度（cN/dtex）	干态	2.2~2.6	耐酸性	受强酸破坏，受弱酸影响中等
	湿态	1.2~1.8		
断裂伸长率（%）	干态	16~24	耐碱性	耐弱碱性好，强碱条件下有损伤
	湿态	21~29		
弹性回复率（2%伸长）（%）		85，差	耐漂白剂	强氧化剂会破坏黏胶纤维
横截面		锯齿形	耐有机溶剂	好
回潮率（%）		11~14	防霉性	不好
密度（g/cm³）		1.50	防虫蛀性	不好

黏胶纤维主要应用于以下方面：

（1）服装：配饰、衬衫、连衣裙、夹克、内衣、衬里、女帽、宽松长裤、运动服、西装、领带、工作服。

（2）家纺产品：床罩、毯子、窗帘、床单、沙发套、台布、室内装潢。

（3）工业用途：工业制品、医用外科产品、无纺布制品、轮胎帘子线。

（4）其他用途：女性卫生用品。

3.1.1.2 竹黏胶纤维

竹黏胶纤维（简称竹纤维）是由竹子的浆粕中提取的纤维素制成的。河北吉藁化纤有限责任公司是我国生产竹纤维的主要厂家。有机作物改良协会（OCIA，organic crop improvement association）已认证竹纤维为有机纤维。竹纤维是从自然资源中获得的100%纤维素纤维，在微生物和阳光的作用下，在土壤中能完全降解，不会对环境造成任何有害影响。图3-3为竹纤维的纵向表面和横截面形态。

竹纤维在其横截面上存在大量的微细间隙和孔洞，具有良好的吸湿透气性和凉爽性。竹纤维的物理性能见表3-2。

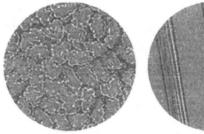

图3-3 竹纤维的纵向表面和横截面形态

表 3-2　竹纤维的物理性能

物理性能		指标
强度（cN/dtex）	干态	2.2~2.5
	湿态	1.3~1.7
干态断裂伸长率（%）		14~18
横截面		锯齿形，带有微隙和孔洞
吸水率（%）		90~120
回潮率（%）		13
密度（g/cm³）		1.32

竹纤维的主要应用如下：

（1）贴身衣物。用于汗衫、睡衣等，因其手感舒适，有特殊的光泽，颜色鲜艳，吸水性好；由于具有抗菌作用，它被应用于内衣、紧身衣、T 恤和袜子中；由于其抗紫外线的特性，用于夏季服装，尤其用于保护孕妇和幼儿免受紫外线辐射的伤害。

（2）卫生材料。因其抗菌抑菌性，可用于卫生巾、口罩、吸水垫、绷带、手术服、护士服、床垫等卫生材料。

（3）卫浴系列。因吸湿性好、手感柔软、抗菌等特点，用于毛巾、浴袍等。

（4）装饰系列。用于墙纸、窗帘等，可吸收各种波长的紫外线，对人体危害小。也用于电视套、沙发套等。

3.1.1.3　莫代尔纤维

莫代尔（Modal）纤维是由山毛榉纯木浆中提取的纤维素再生而成。不同于由其他树木的木浆制成的黏胶纤维，从山毛榉木材中获得的木浆是生产莫代尔纤维的唯一纤维素来源。因此，莫代尔纤维是黏胶纤维的一种。这种纤维具有高强度和高湿模量。图 3-4 显示了莫代尔纤维的纵向表面和横截面形态。莫代尔纤维与普通黏胶纤维相比，由于其较高的聚合度而具有较高的湿模量和较低的伸长率。这种纤维具有丝绸般的质地（有光泽、闪亮）和比丝光棉更光滑的表面。

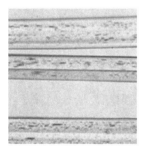

图 3-4　莫代尔纤维的纵向表面和横截面形态

莫代尔纤维的物理性能及其与普通黏胶纤维的比较见表3-3。

表3-3　莫代尔纤维与普通黏胶纤维的性能对比

物理性能		莫代尔纤维	普通黏胶纤维
强度（cN/dtex）	干态	1.9~3.5	1.1~2.6
	湿态	3.4~4.4	0.4~0.7
断裂伸长率（%）	干态	7.0	15~30
	湿态	8.5	30
回潮率（%）		11.8	12.5
密度（g/cm³）		1.53	1.51

莫代尔纤维的主要应用如下：

（1）服装：外套、运动服、休闲服、内衣、袜子。

（2）家用纺织品：桌布、毛巾、床上用品、浴袍、室内装潢和家居陈设。

（3）兰精公司的莫代尔纤维专用于柔软的上衣和内衣，专用于针织品市场的高端服装/非服装产品。

（4）技术应用：轮胎帘布、研磨地面织物、橡胶布和其他涂层支撑。

（5）可用于与棉、羊毛和其他合成纤维（如氨纶等）混纺。

3.1.2　生产工艺及其对环境可持续性的影响

3.1.2.1　普通黏胶纤维和竹黏胶纤维

3.1.2.1.1　黏胶纤维生产工艺

从云杉、松树和铁杉等多种树木中提取的纤维素是生产黏胶纤维的原料。普通黏胶纤维的生产步骤如下。

（1）纤维素提纯。即从树木中提取的纤维素被提纯。为此，先将树皮切成小块，用亚硫酸氢钙溶液在蒸汽压力下处理约14h。这样可去除木质素，将它转化为水溶性磺化物，而不影响木材的纤维素部分。用水清洗后得到纯化纤维素，然后用次氯酸钠漂白纯化纤维素，制成木浆片，用于生产黏胶纤维。

（2）木浆的调湿。将纯化后的木浆置于通风良好、温度保持在30℃的空调室内，使木浆吸湿。

（3）浸渍。处理后的木浆接下来进行浸渍处理，即用17.5%的氢氧化钠溶液处理，使纤维素转化为碱纤维素。将木浆片浸泡1~14h，直到颜色变成深棕色。然后压滤木浆片以除去多余的NaOH溶液。

（4）粉碎。使用碎纸机将湿软的碱纤维素切成小块，再将其粉碎成碎屑。

（5）老化。接下来碱纤维素遭受老化过程，使碱纤维素的聚合度从1000降低到300。这是通过将碱纤维素在 28℃的镀锌桶中储存约 48h 来完成的。聚合度降低是由于桶内空气中含有氧气。

（6）磺化。在密封的六边形搅拌机中，以 2r/min 的速度旋转 3h，用二硫化碳（木浆屑重量的 10%）处理碱纤维素得到纤维素磺酸钠。这一过程后，产品的颜色由白色变为红橙色。

（7）混合或溶解。将纤维素磺酸钠与烧碱混合，在溶解器中搅拌 4~5h，再进行冷却。纤维素磺酸钠溶解后，形成一种像蜂蜜一样的透明棕色浓液，称为黏胶液，含有大约 6.5%的烧碱和 7.5%的纤维素。

（8）熟成。在熟成过程中，黏胶溶液在 10~18℃下保存 4~5d，黏度开始下降，随后回升到初始值。在纺丝之前，将熟成的黏胶溶液进行过滤。

（9）纺丝。将黏胶溶液通过喷丝板的细孔（直径为 0.05~0.1mm），喷丝板浸泡在含有以下化学物质的凝固浴中：硫酸 10%，硫酸钠 18%，硫酸锌 1%，葡萄糖 2%，水 69%。

纺丝溶液温度保持在 40~45℃。由于在凝固浴中存在硫酸钠，溶解的纤维素磺酸钠沉淀出来，硫酸将纤维素磺酸钠转化为纤维素、二硫化碳和硫酸钠。葡萄糖在凝固浴中的作用是提供柔韧的长丝，而硫酸锌则赋予纤维额外的强度。

竹纤维是由竹材中的纤维素经黏胶法生产工艺生产而成的再生纤维素纤维，其生产工艺与普通黏胶纤维类似。

3.1.2.1.2　普通黏胶纤维和竹黏胶纤维的可持续性表现

（1）普通黏胶纤维。黏胶纤维是再生纤维素纤维家族中开发的第一种纤维。黏胶纤维的重要可持续性表现在以下方面。

①用于黏胶纤维原料的树木是可再生的。这些树通常凭借雨水灌溉生长，因此不需要任何其他类型的水供应。用于这些森林的土地是特定的，它们的使用不会造成任何环境影响。

②从木浆纺丝成黏胶纤维使用许多化学物质，如氢氧化钠、二硫化碳、硫酸、硫酸钠和硫酸锌。黏胶纤维加工过程中使用了大量的烧碱，副产品硫酸钠也随之产生。目前，CS_2 的回收率可达 70%，剩余的 30%可转化为硫酸，也可通过一定工艺进行回收。纤维生产阶段主要的可持续性问题是能源的消耗和石化燃料的使用，以及各种化学物质的产生。黏胶纤维的生命周期如图 3-5 所示。与影响醋酸纤维素纤维、铜氨纤维和莫代尔纤维可持续性的因素大致相同。

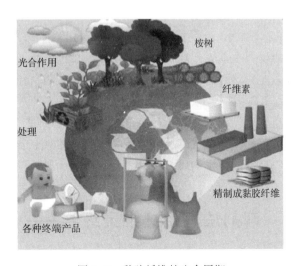

图 3-5　黏胶纤维的生命周期

（2）竹黏胶纤维。

①竹子的生长不需要杀虫剂或化肥。

②竹子的生长依靠雨水，不需要灌溉。

③很少需要重新种植竹子。

④竹子生长迅速，3~5 年即可采伐。

⑤与同等的树木相比，竹子的产氧量多 35%，因此，竹子在平衡大气中的氧气和二氧化碳方面非常重要。

⑥竹子能很好地防止水土流失。竹黏胶的生产大多采用闭环系统，纺丝过程中使用的 NaOH 全部回收，CS_2 的回收率为 74%。根据全球有机纺织品标准（GOTS）规定，在纺织品中使用烧碱是准许的，因为如果使用和处理得当，这种化学物质不会造成任何伤害。

3.1.2.2 莫代尔纤维

3.1.2.2.1 莫代尔纤维的生产工艺

莫代尔纤维采用湿法纺丝工艺。由于在纺丝过程中使用了许多化学物质，这种纤维可以被称为生物基纤维而不是天然纤维。除以下几个步骤外，其生产工艺与黏胶纤维相似。

（1）浸压。在浸渍过程中，纤维素纸浆用 17% NaOH 水溶液处理，使纤维素膨胀并转化为碱纤维素。然后通过挤压从碱纤维素悬浮液中除去多余的氢氧化钠。

（2）粉碎。碱纤维素含有 30%~36% 纤维素和 13%~17% 碳酸钠。碱纤维素悬浮液通过粉碎工艺分散，以促进 O_2 和 CS_2 在随后的丝光和磺化反应中渗透。

（3）老化。在粉碎后，对纤维素进行氧化或辐照解聚，以降低聚合度。

（4）磺化。在真空条件下，老化的碱纤维素与 CS_2 蒸汽进行反应，生成纤维素磺酸钠。然后将纤维素磺酸钠溶于稀 NaOH 溶液中，得到纺丝原液。

（5）过滤除氧。在纺丝前，要清除纺丝液中的杂质，以防止喷丝孔堵塞。采用自动机械过滤的烧结金属丝网自动反冲洗是一种常用的方法。随后，真空去除任何分散的气泡。

（6）纺丝。在莫代尔纤维纺丝中，不像黏胶纤维中那样在凝固浴中使用锌，而只在低温低酸低盐浴中进行短时间的凝固。

（7）凝固。在莫代尔工艺中，凝固和牵伸在再生前同时进行，这样可形成湿模量非常高的纤维。再生前，长丝被牵伸为纺丝长度的三倍，形成纤维状结构。莫代尔纤维非常高的干、湿模量是由这种牵伸过程引起的，牵伸过程将纤维素分子取向到非常高的程度。

3.1.2.2.2 莫代尔纤维的可持续性表现

莫代尔纤维的生产也涉及许多化学反应步骤和化学品的使用，影响其可持续性的因素与黏胶纤维相似。莫代尔纤维的原料来自软木树，虽然原料作物是可生物降解的，但将其转化为织物所需的化学物质，包括二硫化碳等，是不安全的。

3.2 溶剂法再生纤维素纤维——Lyocell 纤维

莱赛尔（Lyocell）纤维是另一种由木浆制成的再生纤维素纤维。这种纤维首次生产于

1984 年，并于 1988 年实现工业化生产。它在 20 世纪 90 年代初首次被引入市场，被认为是一种没有负面环境影响的再生纤维素纤维。Lyocell 纤维是第一个使用溶剂纺丝技术的新一代纤维素纤维。对可再生原料生产纤维的环保工艺的需求促进了 Lyocell 纤维生产技术的发展。

3.2.1 基本性能和应用

3.2.1.1 Lyocell 纤维的基本性能

Lyocell 纤维是完全可生物降解的，具有良好的吸湿性。与黏胶纤维不同，Lyocell 纤维在潮湿和干燥条件下都具有高强度。这种纤维可以很容易地与亚麻、羊毛和棉等其他纤维混纺。纤维在湿状态下被摩擦时会发生原纤化，导致表面原纤的形成。这些表面原纤沿着纤维纵向剥离，但仍然附着在纤维上，产生引人注目的美学外观，称为"绒效应"。Lyocell 纤维的纵向表面和横截面形态如图 3-6 所示。

图 3-6 Lyocell 纤维的纵向
表面和横截面形态

Lyocell 纤维制成的织物具有良好的抗皱性（由于高模量）和洗涤尺寸稳定性，各种鲜艳颜色效果和纹理的可染性，以及良好的悬垂性。Lyocell 纤维的基本物理性能及其与其他纺织纤维的比较见表 3-4。

表 3-4 Lyocell 纤维的物理性能及其与其他纺织纤维的比较

性能	Lyocell 纤维	黏胶纤维	棉纤维	涤纶
纤维细度（dtex）	1.7	1.7	—	1.7
干强（cN/dtex）	3.8~4.2	2.2~2.6	2.0~2.4	5.5~6.0
湿强（cN/dtex）	3.4~3.8	1.0~1.5	2.6~3.0	5.4~5.8
干伸长率（%）	14~16	20~25	7~9	25~30
湿伸长率（%）	16~18	25~30	12~14	25~30

3.2.1.2 Lyocell 纤维的应用

（1）用于生产家纺产品。这种纤维用于制作床垫、床罩和亚麻布等睡眠用品，也被用来制作植物床。

（2）短纤维用于生产各种服装，如牛仔服、内衣、休闲服等。

（3）长丝用于制作外观像丝的服装，如女装和男装衬衫。

（4）用于传送带、特种纸张和医用敷料。

3.2.2 生产工艺及其对环境可持续性的影响

3.2.2.1 Lyocell 纤维的生产工艺

在 Lyocell 纤维生产过程中，由于纤维素和极性 NMMO（N-甲基吗啉-N-氧化物）之间形成氢键，纤维素溶解在热 NMMO 水溶液中。随后 NMMO 的加入和水分的去除，可使纤维素的最大浓度约为 23%。由此产生的溶液具有很高的黏性。

纺丝原液在高温下通过喷丝板挤出，高温可降低纺丝原液的黏度使其易于挤出。挤出的细丝在水中凝固成型。然后将得到的纤维彻底清洗以去除 NMMO 并烘干。纺丝后 NMMO 的回收率可达 99.6%。Lyocell 纤维纺丝工艺在所有再生纤维素纤维纺丝工艺中溶剂回收率最高。

3.2.2.2 生产工艺对可持续性的影响

（1）Lyocell 纤维的可持续性表现。显著的环境效益和可持续性是 Lyocell 纤维的重要优势。Lyocell 纤维可持续性表现在以下方面。

①Lyocell 纤维使用可再生的原料生产，提取纤维素浆粕的树木能得到补充。

②Lyocell 纤维生产过程中使用的溶剂可完全回收（几乎没有损失）。

③Lyocell 纤维是可生物降解的。

（2）Lyocell 纤维的生命周期。Lyocell 纤维从原料到产品处置阶段的简化生命周期如图 3-7 所示。

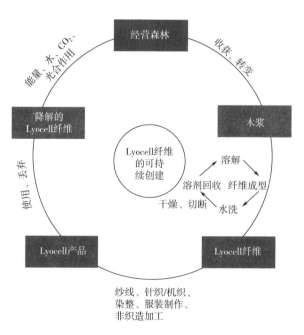

图 3-7　Lyocell 的生命周期

3.3　其他再生纤维素纤维——铜氨纤维和醋酯纤维

铜氨纤维是由溶解在铜氨溶液中的木质纤维素再生而成，也是一种再生纤维素纤维。

醋酯纤维，也称醋酸纤维素纤维，是由纤维素与醋酐发生反应，生成纤维素的衍生物——纤维素醋酸酯，经纺丝而成的纤维。

3.3.1　基本性能和应用

3.3.1.1　铜氨纤维

铜氨纤维可承受高度拉伸，制得非常细的纤维，通常单纤维在 1.33dtex 以下，可细至 0.44dtex，而普通黏胶纤维约为 2.5dtex。所以铜氨纤维手感柔软，光泽柔和，有真丝感。由于纤维细软，光泽适宜，特别适用于纯纺或与羊毛、合成纤维等混纺，用作高档丝织或针织物。铜氨纤维的吸湿性与黏胶纤维接近，其标准回潮率为 11%。在相同的染色条件下，铜氨纤维的染色亲和力较黏胶纤维大，上色较深。铜氨纤维的拉伸强度在干态为 1.5~2.2cN/dtex，湿态为 0.8~2.0cN/dtex，干燥断裂伸长率为 10%~17%。其干强与黏胶纤维接近，但湿强高于黏胶纤维，耐磨性也优于黏胶纤维。铜氨纤维的燃烧特性类似于黏胶纤维，在 180℃ 下可迅速燃烧；纤维着火后产生的灰中含有铜。在有氧的情况下暴露在阳光和水中会发生降解和弱化。

纤维的横截面圆而光滑，有时略呈椭圆形，无皮芯结构。其纵向形态和横截面形态如图 3-8 所示。

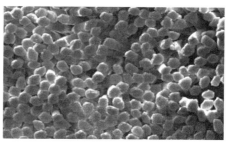

图 3-8　铜氨纤维的纵向形态和横截面形态

铜氨纤维比较昂贵，其用途与黏胶纤维大体相似，但因其单纤维比黏胶纤维更细，其产品的服用性能极佳，性能近似于丝绸，悬垂性极好。加上其具有较好的抗静电性能，即使在干燥的地区穿着也具有良好的触感，因此非常适合做内衣里布。目前铜氨纤维主要应用于以下方面：

（1）用于服装，如衬衫、内衣、连衣裙、女袜、风衣、裤子、外套、配饰、围巾等。

（2）用于家具和床上用品，如窗帘、被套、床单等。

（3）其他用途，如包装用布、雨伞等。

3.3.1.2 醋酯纤维

醋酯纤维具有良好的光泽、手感（柔软、光滑、干爽、有弹性）和舒适性（透气、芯吸、快干、没有静电黏附）。由醋酯纤维制成的织物也具有很好的手感，而且易于染色、色彩明亮，有类似于蚕丝的优良性质。二醋酯纤维的干强为 1.3~1.5cN/dtex，湿强为 0.8~1.0cN/dtex；干态伸长率为 25%，湿态伸长率为 35%。三醋酯纤维一般制成短纤维，可用作人造毛。

图 3-9 为醋酯纤维的纵向表面和横截面形态，其物理和化学性能见表 3-5。

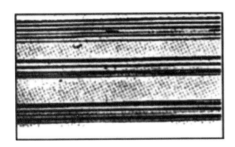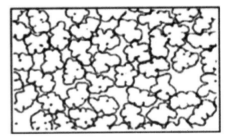

图 3-9　醋酯纤维的纵向表面和横截面形态

表 3-5　醋酯纤维的物理和化学性能

物理性能		化学性能	
强度（cN/dtex）	0.8~1.2	酸	可溶
断裂伸长率（%）	很大	碱	强碱中遭受破坏，弱碱中也有轻微损伤
弹性和回弹性	不好	漂白剂	强氧化剂中会遭受破坏，但对弱氧化剂和还原剂有很强的抵抗能力
回潮率（%）	6	有机溶剂	溶于丙酮，干洗剂对其没有影响
密度（g/cm³）	1.32	抗霉性	好
熔点（℃）	230	抗虫蛀性	好
耐磨性	中等		
光泽	明亮		

醋酯纤维可用于生产不同类型的服装，如礼服、外套、连衣裙、衬衫、围巾等，也可用于生产家纺产品，如毯子、床上用品、窗帘等。另外，醋酯纤维还可用于制作雨伞面料和香烟过滤嘴等。

3.3.2　生产工艺及其对环境可持续性的影响

3.3.2.1　铜氨纤维

与其他再生纤维素纤维类似，铜氨纤维也是以棉短绒为原料。棉短绒首先使用物理和化学方法进行纯化。其工艺流程如下。

（1）棉短绒的物理处理。将物理附着和松散结合的杂质如灰尘、砂子、种子残渣等开松并清除。

（2）棉短绒的化学处理。化学处理时，在棉短绒中加入 2% 的纯碱溶液和少量的稀烧碱，在压力下煮沸数小时。棉短绒中的脂肪酸与纯碱反应后转化为可溶性物质并被去除。

（3）纤维素的溶解。在此过程中，将 300~400L 的水与水合硫酸铜溶液、少量糖、氢氧化钠溶液在室温下搅拌混合。混合液中氧化铜是由硫酸铜和氢氧化钠反应生成的。然后通过向上述混合物中添加粉碎的棉短绒形成铜纤维素，并过滤以除去液体。然后将铜纤维素溶解在氨的水溶液中。

（4）纺丝液制备。在铜氨溶液中加入少量化合物，如甘油、葡萄糖、酒石酸、柠檬酸、草酸、蔗糖等，制备适合纺丝工艺的纺丝液。

（5）湿纺。纺丝液通过喷丝孔挤出到含 H_2SO_4 的凝固浴中，形成较粗的长丝，随后长丝被拉伸成细纤维。

铜氨纤维以棉短绒（或木材）为原料，在加工过程中没有采用有毒的化学原料，因此不会破坏自然环境，燃烧时不会释放出有毒性气体，生产过程中产生的废弃物容易被分解处理，符合企业生产对绿色环保的要求。纤维很容易被细菌分解，可自然降解，符合当今环保趋势。

3.3.2.2　醋酯纤维

（1）醋酯纤维的生产工艺。醋酯纤维不同于纯的再生纤维素纤维（如黏胶纤维和铜氨纤维），它是一种改性的再生纤维。根据纤维素乙酰化程度的不同可分为一醋酯纤维素、二醋酯纤维素和三醋酯纤维素等。其中，二醋酯纤维素的羟基取代度在 74%~92%，能溶于丙酮和浓盐酸；而三醋酯纤维素的羟基取代度在 92% 以上，主要溶剂为二氯甲烷等氯化烃类。这些差别决定了二醋酯纤维素纤维和三醋酯纤维素纤维的纺丝工艺和溶剂选择上会有所区别。以二醋酯纤维为例，其工艺流程如下。

①乙酰化过程。经过提纯的纤维素浆粕置于一金属槽（乙酰化器）中，用冰乙酸、醋酸酐和少量浓硫酸的混合物处理。将 100kg 棉短绒用 300kg 冰醋酸、500kg 醋酸酐和 8~10kg 浓硫酸在 25~30℃ 下处理 7~8h，搅拌均匀。由于乙酰化反应是放热反应，通过冷却水循环来散热有利于乙酰化反应。乙酰化过程导致三醋酯以悬浮形式形成，称为酸性原液。然后将酸性原液储存在装有硫酸、醋酸和水的罐子中 10~20h，进行熟成。这一过程部分地将醋酯纤维素的硫酸酯基团转化为羟基。然后，在加水和持续搅拌作用下，醋酯纤维素的白色薄片析出。将多余的水分离心后，将醋酯纤维素薄片干燥。

②纺丝液制备。干燥的醋酯纤维素片在封闭的罐中经过 24h 的剧烈搅拌，慢慢溶解到丙酮中（醋酯纤维素与丙酮的比例为 1:3）。得到一种黏稠的透明纺丝原液，然后过滤和除氧。

③纺丝。醋酯纤维采用干法纺丝工艺，纺丝液从喷丝板出来后，由于溶剂的挥发而形成长丝。然后以远高于纺丝速度的速度进行卷绕，以达到一定程度的牵伸作用。

（2）醋酯纤维的可持续性表现。

①醋酯纤维的原料为木浆，其来源为经过可持续监管链认证的松树和桉树林场，从而保证林场的生态可持续性。

②生产醋酯纤维的干法纺丝工艺为闭环控制，使用的溶剂丙酮可以被回收到系统中循环使用，回收率可以达到95%~99%，几乎不会被排放到环境中；所有生产用水经净化达标后可排入水源地，符合相关生态环保检测要求。

③以美国伊士曼化工有限公司的 Naia™ 醋酯纤维为例，其生物基含量为59%，可在淡水中生物降解，其生命周期评估结果符合 ISO 14044 标准，是 Standard 100 Oeko-Tex 一级认证产品。

因此，从原材料选取、生产、使用直至废弃的整个生命周期中，醋酯纤维都具有环保可持续的绿色属性。

3.4 再生纤维素纤维的可持续性研究——环境影响评估

一些研究人员使用生命周期评价（LCA）工具对再生纤维素纤维的环境影响进行了评估，以调查再生纤维素纤维对可持续性的影响。其中一项重要研究是2010年文献报道的来自荷兰乌得勒支大学的研究，该研究以占世界再生纤维素纤维总产量1/5的兰精公司生产的再生纤维素纤维为对象，利用 LCA 研究了这些纤维对环境的影响，并与常用的天然纤维和合成纤维进行比较。用于 LCA 研究的纤维的详细信息见表3-6。

表3-6 用于 LCA 研究的再生纤维素纤维、棉、PET 和 PP 纤维信息

再生纤维素纤维					
使用的纤维	商品名（纤维类型）	木材	浆粕	纤维产地	加工能量
黏胶纤维（亚洲）	Lenzing 黏胶	桉树	市场浆粕	亚洲	当地电、煤、气、石油
黏胶纤维（奥地利）	Lenzing 黏胶	欧洲山毛榉	奥地利综合纸浆和纤维生产	奥地利	生物质、从城市生活垃圾焚烧中回收的能量
莫代尔纤维	Modal 纤维（Modal）	山毛榉	—		
Tencel 纤维	Tencel 纤维（Lyocell）	桉树和山毛榉	Lenzing 浆与市场浆的混合		70%气、30%生物质
Tencel 纤维（2012）	Tencel 纤维（Lyocell）	桉树和山毛榉	—		100%从城市生活垃圾焚烧中回收的能量

续表

对照商业化纤维			
使用的纤维	类型	地理范围	数据来源
棉	天然纤维	美国和中国	参考文献 [3]
PET	聚酯纤维	西欧	
PP	聚烯烃纤维	西欧	

3.4.1 可持续性评估参数

各种可持续性因素包括能源、土地和水的使用以及环境影响因素，如全球变暖潜势、非生物损耗、臭氧层损耗、人类毒性、淡水水生生态毒性和陆地生态毒性、酸化、光化学氧化剂的形成和富营养化等。

在评估能源使用时，考虑了累积能源需求（CED）、不可再生能源使用（NREU）和可再生能源使用（REU）。CED 是从摇篮到工厂的一次能源，即以原始或自然形式发现的能源，是 NREU（如石油/天然气/煤和铀的核能）和 REU（如生物质能、太阳能、水电和风能）的总和。

在土地利用方面，只考虑了生物量生产（农业和森林），没有考虑其他形式的土地利用，如基础设施（纤维厂或纺纱厂）和运输。

在用水方面，考虑的是以工艺用水、冷却水和灌溉用水的形式消耗的原始天然淡水的总和。这三种水有不同的能源需求和环境影响。研究结果被归一化，以确定所选择的产品系统对该地区一年内总环境负荷影响的相对贡献。

3.4.2 可持续性评估

3.4.2.1 能源、水和土地利用

（1）能源。纤维的能量需求如图 3-10 所示。可见，所有纤维素基纤维的 NREU 均低于 PET 和 PP 纤维。

其中黏胶纤维（奥地利）的 NREU 最低，而 PET 纤维的 NREU 最高。在纤维素纤维中，黏胶纤维（亚洲）的能量需要量比棉花高 70%，Tencel 纤维的 NREU 也略高。相反，莫代尔纤维、Tencel 纤维（2012）和黏胶纤维（奥地利）分别比棉花少消耗 30%、40% 和 50% 的能量。

与棉花和再生纤维素纤维相比，黏胶纤维（亚洲）需要更高的 NREU，因为使用的能源是相对低效的煤基热和电力。纤维生产中石化燃料的使用是影响各种纤维能量需求的最重要因素。再生纤维素纤维生产过程中所用化学品的生产能耗也是一个重要因素。对于黏胶纤维（奥地利）和莫代尔纤维，来自石化燃料的能量使用不像烧碱生产所需的能量那样有显著的影响，烧碱生产所需的能量占 NREU 的一半以上。其他化学品如硫磺、CS_2 和次氯酸钠的生

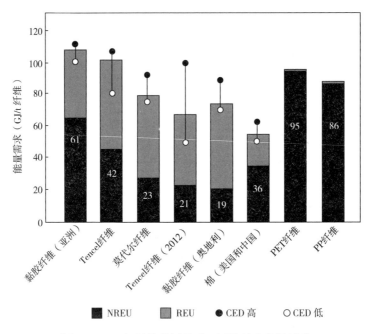

图 3-10　1t 短纤维从摇篮到工厂的基本能量需求

产也对能源的使用有重大贡献。然而，与黏胶纤维相比，Lyocell 纤维工艺涉及的化学品使用量要低得多。目前 Tencel 纤维的总 NREU 中，天然气占 70% 以上。然而，Tencel 纤维（2012）的 NREU 减少了一半（从 42GJ/t 降至 21GJ/t），这是由于将城市生活垃圾焚烧（MSWI）中回收的能量用于提供生产所需能量。另外，由于可再生原料的使用，以及生产中使用了大量的生物质能源，再生纤维素纤维的 NREU 显著高于棉花、PET 纤维和 PP 纤维。

（2）土地。研究表明，以欧洲木材为原料生产的纤维素纤维的土地需求高于以生长在温暖地区的桉木为原料生产的纤维素纤维。这是因为欧洲的林业生物产量远低于温暖地区。Tencel 纤维（2012）采用城市生活垃圾焚烧能源而不是采用生物质作为过程热源，因此该纤维的土地使用低于 Tencel 纤维。在所研究的纤维中，棉花的土地使用最多，主要是农业用地。

（3）用水。从表 3-7 可以清楚地看出，对于纤维素纤维，总用水量的 90%~95% 是冷却水。处理水包括软化水、去离子水、脱碳水和自来水，占其余的 5%~10%。棉花的用水量明显高于再生纤维素纤维。如果不考虑冷却水，棉花的耗水量比再生纤维素纤维多 100~500倍；如果考虑冷却水，棉花的耗水量多 10~20 倍。水主要用于棉花灌溉，中美两国平均棉花灌溉用水约 70% 由地下水提供，其余 30% 由地表水提供。

表 3-7　1t 短纤维所使用的基于自然水源的水量

类型	纤维品种	加工用水（m³/t 纤维）	冷却用水（m³/t 纤维）	灌溉用水（m³/t 纤维）
石化纤维	PP 纤维（西欧）	<2	74	
	PET 纤维（西欧）	<5	125	

续表

类型	纤维品种	加工用水（m³/t 纤维）	冷却用水（m³/t 纤维）	灌溉用水（m³/t 纤维）
再生纤维素纤维	黏胶纤维（亚洲）	11	308	
	Tencel 纤维（2012）	20	243	
	Tencel 纤维	20	243	
	黏胶纤维（奥地利）	42	403	
	莫代尔纤维	43	429	
棉	棉（美国和中国）	<5	37	5690（4300/6860）①

①低值代表美国棉的平均值，高值代表中国棉的平均值。

在不同的用水形式中，灌溉用水对环境的影响很大，可能导致淡水资源枯竭、土壤盐碱化和河流下游缺水。

3.4.2.2　全球变暖潜势（GWP）

研究表明，所有再生纤维素纤维的全球变暖潜势都低于聚酯纤维。莫代尔纤维和 Tencel 纤维（2012）的 GWP 几乎为零，黏胶纤维（奥地利）的 GWP 为负。黏胶纤维（奥地利）的负 GWP 表明它从环境中吸收的二氧化碳比它排放的二氧化碳多。

对于黏胶纤维（亚洲）来说，造成其总碳排放的因素是用于纤维生产的商品浆、加工用热和电力，以及烧碱和其他化学品的生产；而对于黏胶纤维（奥地利）和莫代尔纤维，烧碱的生产是最重要的因素，占石化碳排放的 50% 以上。对于莫代尔纤维来说，避免了副产物（尤其是 Na_2SO_4 和乙酸）的石化碳排放是其 GWP 低的主要原因。对于 Tencel 纤维，为加工用热而燃烧的天然气占石化碳排放的 50% 以上。与使用天然气生产的 Tencel 纤维相比，使用替代能源生产的 Tencel 纤维（2012）的 GWP 降低了 90%。

3.4.2.3　非生物耗竭

由表 3-8 可知，在再生纤维素纤维中，对非生物耗竭影响最大的是黏胶纤维（亚洲），而 Tencel 纤维（2012）的影响最小。合成 PET 纤维和 PP 纤维的影响高于棉花和再生纤维素纤维。煤炭、商品浆和烧碱占了近 60% 的非生物耗竭影响。对于使用黏胶工艺生产的纤维来说，烧碱、CS_2 和硫的生产是仅次于加工能源使用的最重要因素。对于基于 Lyocell 工艺的纤维来说，加工能耗和商品浆是最重要的因素，而材料消耗则不那么关键。

表 3-8　1t 短纤维从摇篮到工厂大门的环境影响评价

项目	棉	PET 纤维	PP 纤维	黏胶纤维（亚洲）	黏胶纤维（奥地利）	莫代尔纤维	Tencel 纤维	Tencel 纤维（2012）
非生物消耗（kg Sb-eq/t）	17	45	42	40	14	18	20	7
臭氧层耗损（×10⁻⁴kg CFC11-eq①）	2.0	0.7	0.7	2.8	0.3	0.4	1.1	0.7

续表

项目	棉	PET 纤维	PP 纤维	黏胶纤维（亚洲）	黏胶纤维（奥地利）	莫代尔纤维	Tencel 纤维	Tencel 纤维（2012）
人体毒性（kg 1,4 DB-eq/t）	1700	4393	369	1490	630	765	470	660
淡水水生生态毒性（kg 1,4 DB-eq/t）	17310	58	53	160	74	93	85	75
陆地生态毒性（kg 1,4 DB-eq/t）	1568	12	12	16	11	16	5	5
光化学氧化剂生成（kg C_2H_4-eq/t）	0.7	1.0	0.6	1.8	0.5	0.5	0.6	0.4
酸化（kg SO_2-eq/t）	41	21	11	45	14	15	17	13
富营养化（kg PO_4^{3-}-eq/t）	22.0	1.2	1.0	2.3	1.2	1.3	1.8	1.9

①氯氟烃（chlorofluorocarbons，CFCs），商品名氟利昂，主要有氟利昂11、氟利昂12。

3.4.2.4 臭氧层损耗

在需要石油作为生产能源的过程中，由于原油生产中排放的哈龙（Halon），臭氧层损耗的影响相对较高。哈龙用于灭火系统，特别是在中东、俄罗斯和非洲等地。在所有被研究的纤维中，黏胶纤维（亚洲）对臭氧层损耗的影响最大。

黏胶纤维（亚洲）大约95%的影响与运输、加工燃料和电网电力生产的石油消耗有关。

3.4.2.5 人体毒性、淡水水生生态毒性和陆地生态毒性

对于黏胶纤维的人体毒性，最重要的因素是烧碱和商品浆的生产以及外部电力的使用。这三个因素占黏胶纤维（亚洲）对人类总毒性影响的70%以上。这些因素对Tencel纤维的影响很小或没有影响。Tencel纤维（2012）的人体毒性略高于Tencel纤维，这是因为来自垃圾焚烧厂的排放。对纤维素纤维而言，制浆和烧碱生产是造成淡水生态毒性和陆地生态毒性的最重要因素。

3.4.2.6 光化学氧化剂的生成

对于再生纤维的生产，SO_2排放是光化学氧化剂形成的主要因素。SO_2排放的主要原因是纸浆生产过程中SO_2的使用和能源生产过程中SO_2的排放。在黏胶纤维（亚洲）中观察到光化学氧化剂的生成率最高，这是由于纤维厂在能源生产过程中产生较高的SO_2排放。

3.4.2.7 酸化

与光化学氧化剂的形成类似，SO_2的排放是酸化的主要原因。在再生纤维素纤维中，黏胶纤维（亚洲）的SO_2排放和酸化影响最高，与棉纤维相当。黏胶纤维（奥地利）、莫代尔纤维、Tencel纤维和Tencel纤维（2012）对酸化的影响相对较低，主要是由于纸浆厂产生SO_2造成的。

3.4.2.8　富营养化

对于再生纤维素纤维而言，纸浆和烧碱的生产是导致富营养化的重要加工过程，约占黏胶纤维（亚洲）总影响的 50%。导致富营养化的另一个重要因素是氮氧化物的排放。Tencel 纤维（2012）由于从 MSWI 中回收能量而对富营养化有重要贡献。

3.4.3　关于可持续性评估的其他研究

关于再生纤维素纤维的可持续性，除了上述研究外，一项研究比较了包括黏胶纤维在内的各种纺织纤维的可持续性。该研究将能源、水消耗和温室气体排放量纳入生命周期清单，并采用生命周期影响评估方法，评估对人类健康产生有害影响的影响类别以及与生态系统质量和资源相关的影响类别。利用这些主要影响生态可持续性的因素来建立一个评分系统，用于推导环境影响指数（EI）。利用 EI 值测定不同纤维的生态可持续性指数（ESI）。

研究表明，黏胶纤维的 EI 低于石油基纤维如聚酰胺纤维、聚酯纤维、PP 纤维、聚丙烯腈纤维等，因此黏胶纤维的 ESI 优于这些纤维。然而，黏胶纤维对环境的影响高于天然纤维，如棉花（传统的和有机的）、羊毛和亚麻。在这些纤维中，丙烯酸纤维对环境的影响最高，而有机棉纤维的影响最低，ESI 最高。在所有研究纤维中，亚麻需要的能量最少，用水量也比棉花少，因此 EI 很低，ESI 值很高。就有机棉花而言，不使用合成农药和化肥的情况下 EI 最低，ESI 最高。尽管黏胶纤维使用的水比传统棉花少，但其 EI 比天然纤维更高，其原因是在黏胶纤维生产过程中使用了许多化学品和更多的能源，吸收二氧化碳的能力也低于植物，因此对人类健康和生态系统质量的损害更大。

另外还有一项研究，将再生纤维素纤维的不可再生能源使用（NREU）和温室气体（GHG）排放与石化 PET 纤维、生物基 PET 纤维、PLA 纤维、再生 PET 纤维和再生生物基 PET 纤维进行了比较。与其他研究中观察到的一样，石化 PET 纤维的 GHG 排放最高。在所有被研究的纤维中，观察到最低的温室气体排放是将人造纤维的生产与植物种植相融合。在再生纤维中，莫代尔纤维和 Tencel 纤维的 NREU 和 GHG 排放量均低于黏胶纤维。

3.4.4　再生纤维素纤维可持续性总结

对再生纤维素纤维的生产、性能、应用和可持续性问题说，总体而言，黏胶纤维是一种应用广泛的再生纤维素纤维。黏胶纤维是由可再生资源（如松树、山毛榉等）生产的，这些树木生长使用雨水，森林使用的土地是特定的，因此这些树木的生长不会造成任何重大的环境影响。然而，这种纤维的一个重要的影响可持续性的因素是在纺丝过程中使用了许多化学物质，如氢氧化钠、二硫化碳、硫酸、硫酸钠和硫酸锌。如今，通过回收和再利用高达 70%的 CS_2，并将剩下的 30%转化为硫酸，硫酸也在工艺流程中被回收，这个问题已经被最小化。目前对黏胶纤维可持续发展的主要关注点是纤维生产中能源的消耗，以及各种化学品的生产，包括烧碱、硫磺和次氯酸钠。

竹黏胶纤维是利用竹浆经黏胶纤维生产工艺生产的再生纤维素纤维。竹子的种植是可持续的，因为竹子生长时不使用杀虫剂或化肥，不需要灌溉，很少需要重新种植，生长迅速，产生的氧气比同等面积的树木多35%，能平衡大气中的氧气和二氧化碳，是一种优良的土壤侵蚀抑制剂。然而，由于竹黏胶纤维的生产工艺与黏胶纤维相似，竹黏胶纤维的生产也涉及类似的影响其可持续性的因素。其他再生纤维如莫代尔纤维、铜氨纤维和醋酯纤维的生产也涉及许多化学反应步骤和许多化学品的使用，影响其可持续性的因素也相似。

在各种再生纤维中，Lyocell 纤维具有显著的环境效益。除了使用可再生资源和完全可生物降解的材料，纤维使用的溶剂几乎可以完全回收。对这些纤维进行的 LCA 研究表明，Lyocell 纤维生产（特别是基于使用 MSWI 作为加工能量来源进行的生产）优于其他再生纤维素纤维。由于其对能源、水、土地的低需求，以及较低的全球变暖潜势、非生物耗竭、臭氧层损耗、人类毒性、淡水水生生态毒性和陆地生态毒性、酸化、光化学氧化剂的形成和富营养化。

与棉花和石化纤维相比，再生纤维在臭氧层损耗、光化学氧化剂形成、人体毒性、淡水水生生态毒性和富营养化方面没有显著影响。尽管黏胶纤维与石化纤维相比具有更高的可持续性，但与棉纤维相比，它对环境的影响更大，因此不如棉纤维的可持续性好。

3.5 再生蛋白质纤维

3.5.1 再生蛋白质纤维的发展背景

随着"快时尚"和其他消费主义运动的出现，产生了大量的垃圾，现代世界正在与过度行为作斗争，这意味着更多的研究正着眼于如何处理这些废物。有效利用食品生产等导致的垃圾，可为环境和国民经济带来巨大的好处。

英国一家非营利性公司 WRAP 在 2020 年的一份报告中强调，英国乳业每年生产约 140 亿升牛奶，生产过程中产生的废物约为 55.5 万吨，这些废物要么被焚烧，要么散布在土地上。制作奶酪的主要副产品是乳清（约占 20%）和酪蛋白（约占 80%）。乳清已经被用于膳食补充剂行业，但酪蛋白的用途较少，因此从食物垃圾中提取的酪蛋白可能为再生蛋白质纤维提供了一个有吸引力的机会。自 20 世纪 50 年代以来，农业副产品已成为新的蛋白质来源，并伴随大规模生产的基础设施。其中羽毛中的角蛋白和小麦中的谷蛋白尤其令人感兴趣。此外，其他一些废弃蛋白质来源也为再生蛋白质纤维提供了很大的资源潜力，如用于食用油的花生在提取油脂后产生的副产品蛋白质含量约为 50%；玉米的产量超过 8.85 亿吨/年，其中 25% 用于乙醇生产，主要副产品是蛋白质（高达 40% 的玉米蛋白）；大豆产量超过 2.62 亿吨/年，加工产生的副产物约为 1270 万吨/年，其中干重的 27.4% 为蛋白质。

出于对环境和消费者需求的担忧，人们正在推动对环保纤维的研究，以取代每年生产的 3800 万吨合成纤维中的一部分。虽然目前很多研究都集中在纤维素纤维上，但必须强调的是，从废弃物或副产品来源再生的蛋白质纤维也应该被考虑。动物毛发或羽毛角蛋白和小麦谷蛋白可能都是合适的原料来源。它们每年可再生，商业储量丰富，质量稳定，供应有保证。以前商业化生产的再生蛋白质纤维湿强度较差，而当代纳米粒子和交联技术有可能克服这一问题，使商业生产得以恢复。这将汇集两条现有的大型生产和加工流水线，即农业蛋白生产和纺织加工，将潜在的废物流转化为有用的产品。

再生蛋白质纤维的商业化生产始于 20 世纪 30~50 年代。按照今天的标准，它们被认为是天然的、可持续的、可再生的和可生物降解的。英国考陶尔兹公司（Courtaulds）利用牛奶中的酪蛋白生产纤维蛋白，意大利 Snia 公司利用牛奶中的酪蛋白生产拉妮塔（Lanital）；帝国化学工业（ICI）利用花生蛋白制备阿笛尔（Ardil），由维吉尼亚-卡罗莱纳化学公司从玉米蛋白中提取维卡拉；福特汽车公司开发出大豆蛋白纤维。

再生蛋白质纤维具有羊毛和蚕丝等的柔软、悬垂性和吸湿性等好特性。它们可以在传统的纺织机械上加工，用传统的染料染色。在某些方面优于羊毛，比如它们没有刺痒感，不会起球或毡缩。

由于蛋白质大分子之间的链间氢键，干纤维强度是可接受的；然而，在湿态下，纤维强度变弱（表 3-9），因为纤维倾向于与水分子发生氢键作用，而且链间共价交联的密度不足以赋予其足够的强度。

表 3-9　商用再生蛋白质纤维与天然纤维和合成纤维的性能比较

纤维	干态			湿态		
	强度（cN/dtex）	初始模量（cN/dtex）	断裂伸长率（%）	强度（cN/dtex）	初始模量（cN/dtex）	断裂伸长率（%）
菲帛罗兰（英国制的一种酪蛋白短纤维）	1.0	35.3	63	0.4	1.8	60
阿笛尔（花生蛋白纤维）	0.7~0.9	26.5	10~110	0.3	0.4	90
维卡拉（玉米蛋白纤维）	0.9	44.1	28	0.5	13.2	28
大豆纤维（Drachett 公司）	0.5	35.3	40	0.1	3.5	40
美利奴羊毛	1.4	22.1	43	1.0	8.8	57
棉	3.2	26.5	9	3.5	8.8	10
桑蚕丝	3.3	105.8	16	3.0	26.5	26
聚酯纤维（Terylene 45/24）	4.7	105.8	15	4.7	105.8	15
锦纶 6（Grilon 30/7）	4.8	16.8	31	4.1	16.8	26
丙纶（Ulstron）	6.5	70.6	17	6.5	70.6	17

要制造一种满足市场要求的再生蛋白质纤维，就需要解决湿强度问题。为此，自 20 世纪 50 年代以来，交联技术和纳米颗粒增强剂的使用取得的研究进展，为提高抗拉强度提供了潜力，但它们尚未应用于再生蛋白质纤维的生产。

随着新技术的进步和新的蛋白质来源的出现，再生蛋白质纤维有望作为生态友好纤维再次受到人们关注。

3.5.2　形成再生蛋白质纤维的物质基础

3.5.2.1　纺织纤维的性能要求

用一种单独的特性来决定纤维的价值是很少见的。技术和商业上的成功将取决于综合属性。对于常规纺织应用，应具有以下几方面性能要求。

（1）可接受的抗拉强度，约 4.4cN/dtex（574MPa）。

（2）可接受的断裂伸长率（10% 以上）。

（3）在 5% 应变范围内伸长可回复。

（4）弹性模量在 27~53cN/dtex（3443~6887MPa），且湿态条件下不下降太多。

（5）吸湿率 2%~5%。

（6）可染性、舒适性、易保养性和耐磨性（尽管这相当程度上与织物结构有关，而且不总是重要的）。

（7）在高达 100℃ 的水和中等强酸、碱及常规溶剂中具有较强的抗溶解性和抗溶胀性。

（8）不容易着火或助燃。

3.5.2.2　纤维性能的调控因素

纤维是由线性大分子定向组合而成的。通过选择聚合物、交联和结晶度，以及加入增强填料或纳米颗粒，可以改善组装体的性能。

（1）聚合物。一般来说，分子量为 10k~50kDa 的聚合物可以生产优良的纤维。来自合成纤维的经验表明，最佳分子量随聚合物的不同而不同。

对于蛋白质来说，增加分子量被认为会增加链之间的接触面积，但超过最佳分子量对改善纤维性能几乎没有作用。分子量非常高的蛋白质链可能来回缠绕，反而会限制纤维的强度。链长均匀性被认为是一个潜在的优势。

分子应该是线性的，并且由没有大侧基的残基组成，因为大侧基残基会阻止链的紧密堆积并降低结晶度。为了缩短共价交联距离，也需要紧密排列。能够形成链间交联的氨基酸是可取的。

（2）交联和结晶度。交联和结晶度影响蛋白质纤维的抗拉强度等性能。其影响程度受蛋白质的氨基酸组成和加工条件的影响较大。在纤维纺丝之前，溶解的蛋白质链必须变成伸展的、松散的形式（非共价链间键被破坏）。对纺丝纤维进行牵伸，以最大限度地使链对齐，使链紧密排列，并生成结晶区域。在玻璃化温度（T_g）以上进行牵伸，而在此温度以下变形能力受到抑制。分子链对齐可使机械强度显著提高。

（3）填充剂和纳米颗粒。在聚合物体系中加入少量的纳米颗粒，已被证明可显著提高材料的拉伸性能。性能的变化取决于许多因素，如纳米颗粒大小、长径比、比表面积和聚合物/填料相容性。

黏土对蛋白质有很高的亲和力，因此在再生蛋白质中使用纳米黏土填料获得良好的结果并不奇怪。有研究表明，与未改性对照组相比，在大豆蛋白薄片中添加 20% 的蒙脱土纳米黏土，其杨氏模量从 180MPa 增加到 587MPa，拉伸强度从 8.8MPa 增加到 15.4MPa。12%~16% 的累托石纳米黏土或 4% 的纳米 SiO_2 都可显著提高大豆蛋白薄片的拉伸强度和杨氏模量。使用 6% 的木质素和戊二醛（交联）可将蛋白质材料的杨氏模量从 8.4MPa 提高到 23.1MPa，玻璃化温度从 62.5℃ 提高到 70.4℃。

碳纳米管（CNTs）掺杂为提高复合材料力学性能提供了相当大的潜力。碳纳米管增强蛋白质复合材料的强度取决于蛋白质/基质界面将应力传递给碳纳米管的程度。添加 0.25% 直径为 10~15nm 的 CNTs 使复合材料的杨氏模量从小于 120MPa 增加到约 250MPa，拉伸强度从小于 8MPa 提高到约 12MPa。可以认为，表面功能化的 CNTs 可能与蛋白质相互作用更强，并产生更大的作用。尽管如此，碳纳米管在一段时间内仍可能由于过于昂贵而无法用作大宗商品填料。

纤维素晶须可作为增强微纤维来制备性能优异的纳米复合材料。木质纤维素纤维来自可再生资源，并在可再生方面提供环境效益。力学性能的提高与纳米纤维的长径比、结晶度、加工方法和基体结构有关。原生纤维素完美晶体的模量估计为 150GPa，而高度结晶的细菌纤维素纳米纤维的杨氏模量为（78±17）GPa。纤维素纳米纤维具有相对活性的表面，使它们易于形成共价键。

3.5.2.3　适合制备再生纤维的蛋白质的来源

用于再生纤维生产的蛋白质必须具有适当的聚合物特性和必要的生态友好特性。这里介绍符合要求的两种蛋白质：来自鸡羽毛的角蛋白和来自小麦的面筋蛋白。

（1）羽毛角蛋白。鸡毛可能是自然界中最丰富的角质物质。据估计，每年生产鸡肉会产生成百上千万吨废物。它们的处理是家禽养殖业面临的一个重大问题，其中一些被用于低等级动物饲料，其余的被送往垃圾填埋场，因此运输成为原材料的主要成本。

整个羽毛和羽毛纤维（羽枝）由于其固有的强度和耐化学性质而被广泛研究。羽毛纤维的强度和模量分别为 1.2cN/dtex 和 31.4cN/dtex（分别为 161MPa 和 4086MPa），与羊毛相似，它们常用于与低密度聚乙烯（LDPE）、高密度聚乙烯（HDPE）和聚丙烯（PP）挤出制成复合纤维，与木材—中密度纤维板（MDF）复合制成复合材料，与聚甲基丙烯酸甲酯复合制成复合材料，用于模压成型的 HDPE 中，还用于生物基复合材料生产中。

溶解得到的羽毛角蛋白作为一种生物聚合物的来源正得到越来越广泛的研究，主要用于薄膜，包括可食用薄膜或涂层、可堆肥降解包装，或用于复合材料中。有学者研究了可降解和"可呼吸"的食品包装膜，由溶解提取的角蛋白制成。另有学者研究了角蛋白与甘油、水和亚硫酸钠混合后在低温（120℃）挤压制成的角蛋白纤维。

目前对再生羽毛角蛋白材料的研究还没有延伸到纤维中，尽管交联位点、疏水残基和均匀分子量的存在表明该材料应该能形成坚固的纤维。主要缺点是溶解困难和分子量低，这可能使纤维生产更困难。

（2）小麦面筋蛋白。面筋是从小麦和其他一些谷物中分离出来的主要蛋白质部分。它是可生物降解、含量丰富和可再生的。随着工业用小麦的增加，例如欧盟和加拿大的生物燃料生产，小麦的供应可能会增加。

小麦谷物含有约12%的蛋白质，其中75%~85%是面筋蛋白。面筋是小麦面团被洗去淀粉颗粒时留下的物质，但实际上它指的是蛋白质。工业制备的面筋中其他成分是脂质（3.5%~6.8%）、矿物质（0.5%~0.9%）和碳水化合物（7%~16%）。面筋蛋白含有数百种成分，分子量范围很广，初级蛋白链分子量20k~90kDa不等。它们又被细分为麦胶蛋白和麦谷蛋白。根据其在醇—水溶液（如60%乙醇）中的溶解度可分离出两组大致相等比例的醇溶蛋白和不溶性谷蛋白。

由于谷蛋白的易获得性、良好的成膜性能、可食用包装的潜力和环保性能，已成为生产食品包装膜的研究对象。它的主要缺点是对水敏感，水作为增塑剂导致较差的湿强度和降低阻隔性能。

表3-10中总结了形成蛋白质纤维所需的蛋白质性能，并与羽毛角蛋白和小麦面筋蛋白进行了比较。

表3-10　形成纤维所需的蛋白质特性及其与羽毛角蛋白和小麦面筋蛋白的特性比较

性能	用于纤维生产的最优	羽毛角蛋白	小麦面筋蛋白
分子量（kDa）	10~50	10	20~90
分子量范围	窄	窄	宽
结晶度	期望的	原材料有微晶	非晶的
交联位点	期望的	半胱氨酸	半胱氨酸，酪氨酸
线性分子	期望的	是	通常不是
疏水基团	期望的	是	通常不是
原材料可获得性	可靠供应，可靠质量	每年500万吨	潜在性很大
环保资质	环境友好	副产品：低使用价值或填埋	副产品：用于人类消化的食物
生物毒性	无毒	无毒	无毒

各种蛋白质可以混合在一起，通过用一种蛋白质稀释另一种蛋白质来改变它们的性质或最大限度地利用它们。当被混合的蛋白质含有半胱氨酸残基时，它们也有望在不同的蛋白质之间形成链间二硫交联。研究人员发现，羽毛角蛋白与面筋、羽毛角蛋白与含半胱氨酸的乳清蛋白共混物之间存在密切的相互作用和交联。混合不同类型的蛋白质是改变蛋白质性质的一种方便的方法。通过等量混合角蛋白和谷蛋白，热加工的角蛋白膜的"韧性"得到了提高，但代价是降低了膜的强度和刚度。同样，角蛋白和乳清蛋白共混膜的性质也取决于每种蛋白质在共混膜中的比例。研究人员得出结论，膜的力学性能是各蛋白质之间的折中。

相比之下，另有一项以羊毛角蛋白和酪蛋白为原料的研究显示，再生蛋白纤维的力学性能与生产中使用的蛋白共混物的组成之间的相关性很小；纤维线密度对纤维韧性的影响大于蛋白质比例。这表明，虽然共混可能是一种修改蛋白质特性的方便方法，也可能是使蛋白质利用率最大化的方法，但需要根据经验寻找最佳的蛋白质共混物及其比例，并考虑到纤维加工条件。

3.5.3　生产工艺及其对环境可持续性的影响

3.5.3.1　生产工艺

再生蛋白质纤维生产的第一步是溶解蛋白质。由于 20 世纪 30~50 年代再生蛋白纤维采用球状蛋白，稀碱溶液足以使蛋白膨胀溶解，然后，纤维可以通过注射到酸溶液中来生产。羽毛角蛋白和小麦面筋的情况则较为复杂，因为它们含有分子间共价键（半胱氨酸残基之间的二硫交联），对二硫键进行裂解的同时必须保留初级蛋白链共价键，否则短链段会对纤维强度产生不利影响。

裂解二硫键可以通过还原、氧化、亚砜分解或氧化亚砜分解来实现。还原反应通常使用硫醇进行，通常需要大量过量的硫醇。该反应是可逆的，通过两个亲核置换反应进行。二硫键的氧化可以用过氧化氢进行。这种反应形成半胱氨酸，而且不可逆。因此这种方法用于蛋白质溶解的吸引力较小。

面筋蛋白似乎比羽毛角蛋白更容易溶解。有研究人员用 1% 的亚硫酸钠作还原剂，8mol/L 尿素作溶胀剂，将其溶解。

角蛋白通常用 2-巯基乙醇和尿素溶解，反应可以切断交联而不破坏蛋白质主链。然而，这些试剂的成本限制了它们用于商业纤维生产。使用廉价且相对丰富的硫化钠是另一种方法。

硫化钠与角蛋白的反应非常复杂。硫化钠在水中分解形成硫醇和氢氧根离子，硫化氢阴离子使二硫键减少。在现实中，会存在半胱氨酸硫醇和过硫半胱氨酸这两种产物的质子化和去质子化形式的混合物。这两种产物的活性都很高。高 pH 不仅破坏氢键，使蛋白质解体，而且氢氧根离子也可以通过 β-消除与二硫键反应形成脱氢丙氨酸。

脱氢丙氨酸残基很容易与半胱氨酸和赖氨酸的氨基酸侧链反应形成交联，形成硫化双丙氨酸（lanthionine）和赖氨酸丙氨酸（lysinoalanine）。

这些反应有可能为纤维形成后的蛋白质交联提供一种机制，从而改善它们的物理性能。然而，硫化钠产生的强还原条件有可能破坏蛋白质的主链。琼斯（Jones）和米哈姆（Meecham）提供了一些证据，表明他们成功地切断了交联，而没有对蛋白质链造成实质性的破坏。

一旦蛋白质链被溶解、解聚和拉长，就可通过湿纺技术将其纺成纤维（图 3-11）。蛋白质在有效溶剂中溶解为纺丝液，通过细喷丝头泵入含有不良溶剂（通常是浓的盐溶液）的凝固浴，使蛋白质脱水并从溶液中出来形成长丝。然后对长丝进行牵伸，以增加链的排列和结晶度，并减少潜在交联位点之间的距离。

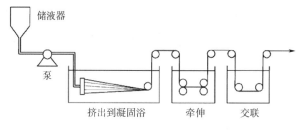

图 3-11 湿纺过程

再生蛋白质纤维的生产将连接现有的蛋白质生产管线和纺织生产、销售和分销管线（图 3-12），因为蛋白质纤维可进入现有的纺织工艺。

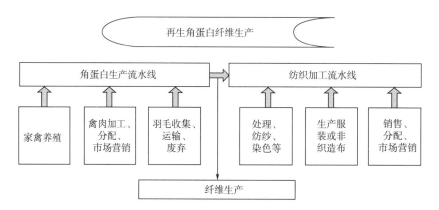

图 3-12 连接两条现有生产管线的再生角蛋白质纤维的生产

3.5.3.2 生产工艺对可持续性的影响

在 20 世纪 30~50 年代，人们对蛋白质的选择是基于其经济性而不是其结构。今天，在环境可接受性、可用性和纤维成型性能之间可能会有类似的选择。

羽毛角蛋白、小麦面筋和其他蛋白质来源（例如，从用于生物乙醇生产的玉米中提取的玉米蛋白）是环保的，因为它们是可再生的副产品，作为一种资源尚未得到充分利用，丰富的蛋白质来源使得蛋白质纤维的制造具有很大潜力。

纳米黏土、纤维素纳米纤维或其他纳米颗粒能提高再生纤维的力学性能。纳米颗粒还可以提高生物降解能力，而且，至少就纤维素纳米纤维而言，它们本身是可再生的。结合交联技术，有望生产出强度满足要求的纤维。这样再生蛋白纤维在满足环境可持续要求的同时也能满足性能要求。

随着消费者对环保产品需求的日益增长，再生蛋白纤维迎来了市场机会。虽然有机纤维可以满足消费者对环保纤维的部分需求，但它们不太可能大量生产。有机纤维还有其他的问题，比如有机棉花的产量比传统棉花低 50%，因此需要更多的土地和水来生产相同的纤维。杂草的防治通常是通过耕作的方法，这对土壤保持是有害的。再生蛋白纤维具有环境可持续性、可再生和可生物降解的潜力，与有机纤维和其他环保纤维相比可能具有竞争优势，其原因在于环保服装生产以及技术和工业应用。

3.6　再生合成纤维

服装工业在其供应链中有着重要的环境和社会足迹，因此材料成为可持续服装讨论的中心。材料和材料来源是决定一件衣服是否被认为是"可持续"的关键因素。尽管一些材料如聚酯纤维的来源是石油化工，但它们仍具有较高的可持续性。最近，全球一些具有开创性的公司开始在生产的各个环节采用创新工艺，以减少服装行业对环境的影响。例如，合成纤维公司正在利用回收的服装、纺织品消费后和工业应用后的废物来制成新的纤维。先进的合成纤维技术，如纤维到纤维的回收，可以在建立服装可持续性的新愿景方面发挥重要作用，同时仍然保持产品的时尚风格水平。

纺织品和服装的生产是制造业中产业链最长、最复杂的行业之一。在纺织品生产中，聚酯纤维是消费量最大的纤维品种。聚酯纤维被用于制作数以百万计的快速消费服装，这些服装的生命周期通常很短，最终被送往垃圾填埋场。

在饮料包装领域，塑料垃圾的处理也已经成为一个被广泛讨论的问题，因为垃圾处理不当会对环境造成潜在的影响。2021 年，聚对苯二甲酸乙二醇酯（PET）包装占美国单杯饮料包装的 44.7%，占全球固体垃圾的 12%。因此需要一个战略性的解决方案来管理塑料包装固体废物。

随着消费水平的提高，回收聚酯的机会越来越多。聚酯是一种石油基产品，是一种含有酯基的长链合成聚合物。与原生聚酯纤维相比，将现有的聚酯纤维服装回收成为新的聚酯纤维再用于服装，这对环境的负面影响较小。有社会责任感的纺织企业都不会忽视可持续发展这一核心原则。例如 Ganesha Ecosphere 是一家从事回收消费后 PET 瓶废的公司，该公司从1994 年开始，每年回收 5000 吨 PET 废料，将其制成再生涤纶短纤维和纱线，今天已经发展到每年高达 1.58 万吨。

与玻璃相比，PET 瓶很轻，在生产和运输中碳足迹更低。随着消费后回收 PET（rPET 或PCR）回收过程中去污染处理技术的进步，它已成为一种安全的材料，可重复制成纤维或饮料瓶使用。

本节以 PET 为例，介绍合成纤维的回收再生，为寻求推进可持续发展的目标提供指导。

3.6.1　回收 PET 概述

塑料包装占消费品市场的 70%。PET 是一种聚酯塑料，是应用最广泛的饮料包装材料之一。由于其优异的透明度、重量轻、防气防水性能、抗冲击强度、抗紫外线性能以及不易破碎（与玻璃瓶相比），用于饮料包装的 PET 瓶的生产和使用在全球范围内持续增加。PET 是一种可回收的塑料，具有其他包装（如玻璃瓶、铝罐、纸板纸箱和其他塑料）所不具备的性能优势。根据欧睿国际（英国伦敦）提取的数据，在饮料行业中，PET 瓶在水、碳酸饮料、能量饮料、茶和咖啡等的包装市场份额中占 67%。对于一次性饮料瓶（< 1L），2021 年 PET 占美国一次性饮料瓶包装的 44.7%。相比之下，铝罐占 39%，玻璃罐占 11%，高密度聚乙烯（HDPE）占 3.4%。

和大多数塑料一样，PET 是一种基于石油的聚合物，当通过塑料垃圾泄漏释放到地球环境中时，它不容易分解。2015 年，全球产生的塑料垃圾约为 1.41 亿吨。埋在垃圾填埋场的包装垃圾仍然会造成空气、水和土壤污染。此外，塑料填埋到垃圾填埋场会消耗可用的垃圾填埋空间。必须注意的是，垃圾填埋区塑料按体积计算的百分比高于按重量计算的百分比。焚烧塑料包装垃圾避免了垃圾填埋空间的消耗，产生了能源，但也有产生排放和污染空气的弊端。因此，塑料垃圾造成的污染已被公认为一个主要的全球环境问题。

根据美国环境保护署（EPA）2018 年的数据，美国共产生 3570 万吨塑料垃圾，占城市固体废物（MSW）总量的 12.2%。除了 PET 瓶垃圾，这些塑料垃圾还包括聚烯烃和聚酯袋、包装纸、瓶子和罐子。大约有 2700 万吨塑料（占美国塑料垃圾的 75.6%）被丢弃到垃圾填埋场，只有 4.5% 的塑料包装被回收。根据 2019 年欧洲经济区的数据，平均每个欧盟居民产生 34.4kg/年的塑料包装垃圾。欧盟的平均回收率为 41%（每个居民 14.1kg）。在全球范围内，PET 占固体废物总量的 12%。欧盟环境委员会已经设想了成员国可以显著减少塑料垃圾的途径。这些途径包括鼓励改变消费者行为的概念，改善涉及废物收集、废物分类和回收的废物管理，以及限制垃圾填埋场接受的废物。

消费后回收（PCR）材料可以用作食品接触应用的主要包装材料或再生纤维。因此，PET 瓶的回收进入聚合酶链反应的情况一直在稳步增加。PET 回收技术已经被广泛实施和推进了五十多年。随着回收和转化为 PCR 微球的方法的改进，这些推进也在继续。考虑到瓶到瓶和瓶到纺织材料的综合应用，PET 已经成为最成功的回收塑料材料之一。

制造 100% 回收的聚酯纤维或纱线有两种主要的回收形式，一种是机械回收，另一种是化学回收。制造回收聚酯纤维的机械方法，如美国 Unifi 公司的 Repreve 循环再生品牌纤维，是收集利用消费后的垃圾（如 PET 瓶）和消费前的垃圾来制造新的纤维。化学回收是纤维到纤维的回收过程中使用的一种方法，它是从使用过的聚酯产品或服装开始，生产出堪比原生纤维质量的聚酯纤维。许多公司开始使用再生聚酯面料来生产服装。2010 年 2 月，耐克宣布其面料供应商将从日本和中国台湾的垃圾填埋场采购废弃的塑料（PET）瓶，用来生产纱线和面料用于他们的国家队球衣。巴西、荷兰、葡萄牙、美国、韩国、新西兰、塞尔维亚和斯洛文尼亚的球衣首次完全由回收聚酯纤维制成。该项目使用的工艺节省了原材料，估计比原始聚酯生产节省高达 30% 的能源消耗。据估计，仅该项目就避免了多达 1300 万个塑料瓶（约 254t 聚酯废料）进入垃圾填埋场。如果将用于制作球衣的回收瓶从头到尾排列起来，将超过 3000km，相当于整个南非的海岸线。两种回收方式各有优点，但纤维到纤维的回收更有利于减少环境足迹。日本帝人（Teijin）公司对聚酯制品的闭环回收系统，被称为"Eco Circle"，可改变废旧衣物被填埋的命运，并可永续回收利用。由这些纤维生产的面料质量上乘，可用于男女成衣市场。这个闭环回收系统的全球参与公司从 2002 年的 3 家发展到 2009 年 2 月的

100 家。在美国，Eco Circle 也是大众市场用于聚酯服装的闭环回收项目。

目前，许多公司使用的是改进的 Eco Circle 纤维到纤维的聚酯回收系统。这些公司中约有 60% 从事制服（包括运动服）相关业务，其余生产服装（10%）、室内用品（10%）和包装材料（20%）。美国的巴塔哥尼亚（Patagonia）是在 2005 年签署该计划的制造商。该公司称这个项目为"通用纱线回收计划"（common threads recycling program），最初只针对聚酯纤维，但现在也包括棉质服装。这个独特的项目从收集废旧的聚酯服装开始。然后，这些废旧服装被制成再生聚酯，用于制造质量可与原生涤纶相媲美的长丝纤维。

3.6.2　PET 及其消费后回收过程

PET 是一种线性热塑性聚酯，由乙二醇（EG）和对苯二甲酸（PTA）缩合反应制成，也称为纯化对苯二甲酸（PTA）。EG 和 TPA 都是从石油原料中提取的。PET 也可以通过对苯二甲酸二甲酯（DMT）与 EG 的酯交换反应生成对苯二甲酸双羟乙酯（BHET），然后 BHET 与伸展的 PET 链反应（释放 EG）。

由于缩合反应，PET 的主链上有非碳原子。主链上的苯组分赋予聚合物刚度。根据加工和热处理的不同，PET 可以以非晶态和半晶态聚合物的形式存在。在热处理过程中，还会另外形成 BHET 和低聚物。PET 的玻璃化温度介于 67℃（非晶态 PET）和 81℃（结晶 PET）之间，熔点为 256~260℃。下面的塑料包装生命周期概括显示了 PET 瓶的生命周期（图 3-13）。

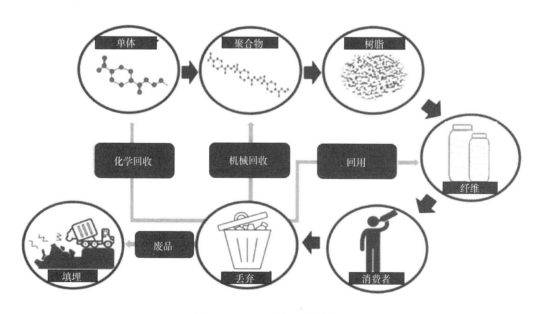

图 3-13　PET 瓶的生命周期

3.6.3　PET 的价值回收

回收技术已经发展成为一种替代传统垃圾填埋的方法。PET 的回收主要有三种方法：机械回收、化学回收和能量回收。每一种方法在成本、质量和环境足迹方面都有各自的优缺点。

（1）机械回收。机械回收是一种传统的回收方法。PET 废品经过分类，与相关污染物分离，并清洗和干燥后，被研磨、熔融，再通过挤压加工成纤维。这一过程并不会改变聚合物材料的化学性质。然而，物理回收确实会影响回收 PET 的分子量。在高温条件下（例如熔体挤压），PET 与水的反应导致其降解，平均分子量（MW）降低。分子量的降低会影响聚合物材料的力学性能、熔体黏度和抗冲击性能。为了缓解这一问题，消费后回收（PCR）制造商通过固态聚合来增加 PET 的分子量。在固态聚合中，聚合物被加热到玻璃化温度以上、熔点以下，以去除冷凝副产物，产生分子量更高的聚合物。这一过程提高了特性黏度（IV），并消除挥发性有机化合物（VOC）。

（2）化学回收。化学回收是指将 PET 聚合物解聚成其原始组分，再聚合成新的齐聚物，或采用溶剂将聚合物溶解，用于后续纯化的过程。因此，聚合物链或被部分分解成较小的齐聚物，或被完全分解成单体、液体和气体。化学回收适用于异质材料或被污染的塑料，它对塑料废物的预处理要求很低。因为所涉及的材料被分解成小得多的分子，所以有可能使用更细的过滤器，从而实现比机械回收更好的材料净化。这种方法可用于回收 PET 和其他聚合物，如多胺、聚氨酯和聚乙烯。近年来，PET 的化学回收研究非常活跃。PET 可以通过五种不同的方式进行化学回收：甲醇解、糖酵解、水解、氨解。然而，只有甲醇水解和糖酵解主要应用于商业规模。

化学回收工艺的组合可用于加强解聚过程，并更有效地从废弃 PET 中去除初始污染。组合化学方法包括糖酵解—水解、甲醇解—水解、糖酵解—甲醇解、糖酵解—氨解。回收 PET（rPET）的高纯度潜力使该产品对商业应用极具吸引力。

PET 废物回收能力的提高，减少了人类对自然资源的消耗。化学回收为减少 PET 生产所需的额外环境附加费和资源提供了途径。化学回收可能是一种昂贵的 PET 回收方法。为了增加人们对化学回收的兴趣和采用，可能需要制定相关法规，如二氧化碳排放惩罚或与环境影响监管相关的其他形式的税收。

（3）能量回收。塑料转化为能量是通过在炉中焚烧来完成的，在此过程中化学能被转化为热能。当其他分离和回收方法因污染严重而不适合时，这种工艺是适用的。焚烧产生的能量可以转化为电能，焚烧炉产生的残渣可以安全地在垃圾填埋场处置。这种有空气存在的受控燃烧将废物转化为二氧化碳和水。但焚化炉不可能实现零排放。在美国，焚烧炉排放的颗粒物、一氧化碳、二噁英、呋喃、二氧化硫、氮氧化物、氯化氢、铅、汞和镉在联邦层面受到《清洁空气法》的监管。

3.6.4 再生合成纤维的可持续性评估

合成纤维或塑料瓶废回收再生的好处是，降低了石油的高生态和社会成本（包括勘探和开采），减少石化污染，减少生产排放，包括对环境有害的化学物质，如钴盐、锰盐、溴化钠、氧化锑（一种已知的致癌物）和二氧化钛。

纤维到纤维的闭环回收还有很多额外好处，如进一步减少制造产品所需的燃料、进一步减少二氧化碳排放、永续回收的潜力、从一些混合物中提取合成物等。

纤维（或塑料瓶废）到纤维的回收大大减轻了环境负担。以美国巴塔哥尼亚（Patagonia）公司为例，该公司与获得工艺专利的日本纤维公司合作，开始使用纤维到纤维的回收系统，以防止二手服装产品进入废物流和垃圾焚化炉。这是一项革命性的服装回收项目。该计划依赖于顾客通过邮寄或在全国任何一家零售商店将他们的废旧棉衣退还给公司。回收的产品会直接运到日本的工厂。目前，消费者每年使用的约 4000 万吨服装中约有 1 万吨被回收再利用。该工厂可接受整件服装，其中其他纤维含量可达 10%~20%。从回收服装和织物中生产的纤维与直接从石油中提取的原始聚酯纤维生产的纤维具有相同的质量。该工艺将织物分解成单体聚合物，然后制造出一种新的聚酯原料。回收聚酯不含重金属，从该工艺中得到的DMT（用于 PET 生产的对苯二甲酸二甲酯）与原始 DMT 质量相同。因此，回收项目减少了生产聚酯所需的燃料投入。与原始材料生产的原材料相比，从旧服装中回收和再加工制造新的聚酯原料可以省 76% 的能源，减少 71% 的二氧化碳排放。采用最新技术对日本国内产品进行回收和再加工，与石油生产相比，能源消耗和二氧化碳排放可以减少 80%。该计划在实施两年后的 2007 年，基层服装的回收量超过 50%。

然而，这个过程并不完美。客户参与是自愿的，单靠回收并不能解决环境挑战，而是需要更多的回收工厂，以及更靠近收集设施的再生工厂，这有利于节约实际回收过程中的成本。同时需要能源和物流的替代方法来减少运输过程对环境的影响。令人惊讶的是，从美国到日本的旧服装的国际运输并没有产生很大的负面影响，而将旧服装从客户的衣柜运到美国收集中心所需要的运输却产生了很大的负面影响。纤维的不同制造方案对环境的影响见表 3-11。

表 3-11　生产 1 吨 DMT 的能耗和 CO_2 排放

项目		方案 A	方案 B	方案 C
距离（m）		—	—	7000
运输用燃料（cal*）		—	—	38
能耗（MJ）	生产	72422	11962	17733
	运输	—	—	5771
	总量	72422	11962	23504
CO_2 排放（t）	生产	4.18	0.98	0.98
	运输	—	—	0.22
	总量	4.18	0.98	1.20

注　方案 A：日本帝人公司不进行回收的原生纤维；方案 B：废旧服装在日本本土的回收再生；方案 C：美国废旧服装运往日本回收再生。

＊1cal＝4.184J。

除了对新技术的不断需求，更多的设计师和行业专业人士可以将这些面料和工艺融入他们的合成生产线和系列。随着闭环回收系统的扩大，可以实现更多的效益。日本的一些制服公司目前能够全面实施闭环纤维到纤维回收过程。

在过去的十年中，由于收集和回收技术的进步，回收再生 PET 的使用有了巨大的增长。展望 PET 回收的未来，最重要的发展领域之一是化学回收技术的商业化，聚合酶链反应可以使再生 PET 纤维恢复到原始性能。实验室规模的技术正在迅速扩大到试验和生产设施。作为先进回收的一个例子，研究人员开发了一种基于酶的技术，用来催化 PET 水解为 PTA 和 EG。2021 年，他们宣布成功启动他们的工业示范工厂，并在 2025 年之前建成商业制造设施。

纤维到纤维闭环回收也会受到一些因素的限制，其中包括：客户自愿参与；需要更多、更紧密的回收工厂；服装回收和旧服装跨洲运输增加了与运输有关的环境影响；需要替代能源以减少回收过程的影响；饰件和配件必须与服装分开的要求；其他纤维含量最高可达 10%～20%；由于规模生产效率低下，潜在的生产成本增加。

回收聚酯纤维只是材料生产中有助于促进时尚行业可持续发展的一个方面。尽管聚酯纤维的发展和合成纤维的回收都取得了进展，但它肯定不能解决所有的环境挑战。随着服装需求的增长，时尚行业的专业人士必须识别和瞄准生产链中的任何领域，并实施更可持续的过程或实践，以减少负面影响。尽管存在一定的局限性，但纤维到纤维的闭环是一个突破性的项目，企业可以参与其中，以减少纺织服装生产对环境的负面影响。

参考文献

［1］STENTON M, HOUGHTON J A, KAPSALI V, et al. The potential for regenerated protein fibres within a circular economy：Lessons from the past can inform sustainable innovation in the textiles industry［J］. Sustainability, 2021, 13(4)：2328.

［2］韩俊霞, 王新力. Naia™ 醋酯纤维素纤维产品开发方向分析[J]. 纺织导报, 2019(9)：22-25.

［3］SHEN L, WORRELL E, PATEL M K. Environmental impact assessment of man-made cellulose fibres［J］. Resources, Conservation and Recycling, 2010, 55(2)：260-274.

［4］SHEN L, WORRELL E, PATEL M K. Comparing life cycle energy and GHG emissions of bio-based PET, recycled PET, PLA, and man-made cellulosics［J］. Biofuels, Bioproducts and Biorefining, 2012, 6(6)：625-639.

［5］MUTHU S S, LI Y, HU J Y, et al. Quantification of environmental impact and ecological sustainability for textile fibres ［J］. Ecological Indicators, 2012, 13(1)：66-74.

［6］ZHAO X Y, CHEN J, DU F L. Potential use of peanut by-products in food processing：A review ［J］. Journal of Food Science and Technology, 2012, 49(5)：521-529.

［7］SHUKLA R, CHERYAN M. Zein：The industrial protein from corn ［J］. Industrial Crops and Products, 2001, 13(3)：171-192.

［8］POOLE A J, CHURCH J S, HUSON M G. Environmentally sustainable fibers from regenerated protein ［J］. Biomacromolecules, 2009, 10(1)：1-8.

［9］HAYES L L, UNIVERSITY D. Synthetic textile innovations：Polyester fiber-to-fiber recycling for the advancement of sustainability [J]. AATCC Review：International Magazine for Textile Professionals，2011，11（4）：37－40.

［10］ BENYATHIAR P，KUMAR P，CARPENTER G，et al. Polyethylene terephthalate（PET）bottle-to-bottle recycling for the beverage industry：A review[J]. Polymers，2022，14（12）：2366.

第4章　新型生物基纤维的可持续生产加工和应用

生物基纤维来源于生物聚合物，是一种集技术潜力和可持续性于一体的新型材料，具有广阔的发展前景。生物聚合物是由生物来源的原材料衍生而来的聚合材料。其中一些聚合物可以直接由生物系统生产，如多糖、蛋白质等，或间接使用生物系统，如聚乳酸（PLA）、聚对苯二甲酸丙二醇酯（PTT）。生物聚合物不同于可生物降解和绿色聚合物。生物可降解聚合物是由于细菌和其他微生物的作用而分解成更小的碎片的聚合物。另外，绿色聚合物是指那些使用绿色（或可持续）化学生产的聚合物，这个术语出现在 20 世纪 90 年代。根据国际纯粹与应用化学联盟（International Union of Pure and Applied Chemistry，IUPAC）的定义，绿色化学涉及"设计化学产品和工艺，以减少或消除对人类、动物、植物和环境有害物质的使用或产生"。

本章旨在介绍新兴的生物源提取或合成的生物基聚合物纤维，包括海藻酸、甲壳素、壳聚糖、聚乳酸（PLA）、聚对苯二甲酸己二酸丁二醇酯（PBAT）等。这些纤维将对未来的可持续纺织品产生巨大的影响。

4.1　生物基纤维概述

4.1.1　当前天然/合成聚合物对环境的影响和对替代材料的需求

随着绿色经济和可持续理念的加速发展，对可再生原材料的需求正在稳步增长。不断升级的环境问题和消费者态度的改变使得以石油为基础的产品在当今世界愈发昂贵和不受欢迎。生物基聚合物纤维，由生物或生物衍生聚合物制成，与合成纤维相比，属于非石油来源的纤维，通过减少对化石燃料的依赖以及碳足迹而对纺织业具有重大积极影响。

在过去的十多年里，可持续性在所有行业都得到了发展，纺织服装行业也不例外。可持续发展意味着尽量减少对空气、水和其他自然元素的不利影响，以维持生态系统的完整性。

纺织服装行业涉及多种多样的过程，涵盖广泛的活动，如获取原材料、纱线和织物的生产、后整理，以及将织物制成服装。原材料采购是制造可持续纺织品的第一步或关键步骤。纺织品中广泛使用的原料包括植物纤维（如棉花）、动物纤维（如羊毛、蚕丝）和合成纤维（如涤纶纤维、芳纶、腈纶、尼龙、氨纶、碳纤维等）。棉是传统种植方式下使用最多的天然纤维，需要大量的农药和水，加工和染色需要大量的化学品。黏胶纤维等再生纤维素纤维是由树木中的纤维素制成的，但它们需要经过化学处理才能成为有用的聚合物。其他合成纤维，如聚酯纤维、聚酰胺纤维、丙烯酸纤维等，都依赖于不可再生的石油资源来生产。主要的天然纤维和合成纤维对环境影响的综合分析见表 4-1。因此，这类聚合物对环境产生了重大影响，包括化石燃料的消耗、垃圾填埋量的增加、海洋垃圾的倾倒、二氧化碳排放的增加、有毒排放物造成的污染、回收塑料可能导致生态系统的负平衡，更重要的是，增加了全球变暖。从经济角度来看，可能会推高油价、暴涨的能源成本等普遍存在。因此，纺织服装业对可持续的原材料有着强烈的需求，正经历着从石油化学到绿色化学的范式转变，并有一个推力主要指向生物基材料的发展。

表 4-1　主要的天然和合成纤维对环境的影响

纺织纤维	获取、加工和制造过程中有无污染	由可再生资源制成	是否完全可生物降解	可再用/可回收情况
棉	化肥、除草剂、杀虫剂、染料和使用的整理化学品会污染空气、水和土壤	棉来自可再生的棉花织物	是	很难从消费后的产品中回收棉
羊毛	无	羊毛来自绵羊，是可再生的羊毛	是	可回收
黏胶纤维	用于处理木浆的强烈化学物质，以及染料和整理剂，会导致污染	用于制造黏胶纤维的木浆来自成熟森林	是	可回收
Tencel 纤维	用于染整的化学物质会导致污染	用于生产 Tencel 纤维的树木可重栽	是	纤维没有回收
涤纶	用于染整的化学物质会污染空气和水	石油资源不可再生	否	可 100%回收
锦纶	用于染整的化学物质会污染空气和水	石油资源不可再生	否	可 100%回收

目前可用的天然纤维和合成纤维的这些缺陷促进生物聚合物/生物可降解聚合物/绿色聚合物的发展，它们是存在于具有特定生物功能的生物体中的聚合物，或由可再生资源或可被微生物分解的聚合物制成的塑料，或在其生命周期中促进环境可持续性的聚合物。生物聚合物通过减少对化石燃料的依赖和减少二氧化碳排放，提供显著的积极影响。

4.1.2　生物聚合物分类

生物聚合物是一种集技术潜力和可持续性于一体的新型材料，具有广阔的发展前景。生物聚合物是由生物来源的原材料衍生而来的聚合材料。其中一些聚合物可以直接由生物系统生产，如多糖、蛋白质等，或间接使用生物系统，如聚乳酸、聚对苯二甲酸丙二醇酯。生物聚合物不同于生物可降解和绿色聚合物。生物可降解聚合物是由于细菌和其他微生物的作用而分解成更小的碎片的聚合物。绿色聚合物是指那些使用绿色（或可持续）化学工艺生产的聚合物。

生物聚合物是来自可再生资源的材料。第一代生物聚合物来源于农业原料，如玉米、土豆和其他碳水化合物。近年来，由于生物技术的重大突破，人们已将注意力从粮食基资源转移到其他方面。生物聚合物可以通过细菌发酵过程来生产，方法是从可再生资源（包括纤维素生物质、脂肪酸和有机废物）中合成基础材料。因此，生物聚合物可以根据化学成分、合成方法、加工方法等分为以下几类（图4-1）。

（1）直接从纤维素、淀粉、木质素、蛋白质和脂类等天然来源提取的聚合物。

（2）由生物基单体经发酵/常规化学反应，然后聚合得到的聚合物，例如聚乳酸、聚丁二酸丁二醇酯和聚乙烯。

（3）由微生物产生或由细菌遗传转化而成的聚合物，如聚羟基脂肪酸酯（PHA）。

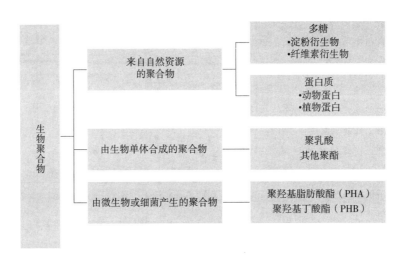

图4-1　生物聚合物分类

多糖和蛋白质都是天然资源中的生物聚合物。其中多糖是自然界中最丰富的大分子，是由植物和动物中的结构元素构成的复杂碳水化合物。可以合成生物聚合物的各种多糖如从小麦、玉米、土豆中提取的淀粉；在节肢动物外骨骼或真菌和酵母的细胞壁中形成结构成分的甲壳质和壳聚糖；果胶。

蛋白质是由氨基酸缩聚而成的多肽基聚合物，分植物蛋白和动物蛋白。胶原蛋白、酪蛋白、丝素蛋白和角蛋白是重要的动物蛋白。蛋白质在许多复杂的具有层级结构的生物材料中扮演着重要的角色。

PLA和PTT是利用生物技术从自然资源中获取的生物基聚合物，属于由生物衍生单体合成的生物聚合物。

PHA是细菌合成的细胞内生物聚合物家族的代表，它是细胞内储存碳和能量的颗粒物。主要采用再生资源发酵生产。许多原核生物积累的PHA占其细胞干重的30%~80%。根据碳底物和微生物的代谢，可以得到不同的单体，从而可以得到共聚物。它们适用于各种应用，如短期包装，与活体组织接触具有生物相容性，并可用于生物医学应用。

4.2　海藻纤维

21 世纪，环境保护和可持续发展理念不断深入人们生活的方方面面，作为人们最基本生活需求"衣食住行"的首位，"回归自然、保护环境"的理念越来越深入纺织服装行业。"绿色产品、绿色消费"主导世界纺织品和服装的潮流。天然纤维性能可控性和稳定性较低，从而影响了其在纺织品中的广泛应用，而合成纤维主要原料是石油，属于不可再生资源，且其生产加工过程中会产生较大的环境污染。随着石油资源的日趋紧张，加上生产中的高消耗、高污染等问题，合成纤维的生产和应用面临很大的压力。能够代替合成纤维的最理想的纤维是可再生和生物可降解纤维。

21 世纪也是人类利用海洋的世纪，随着人类对海洋资源开发的深入，海洋资源在纤维生产领域也带来了新的技术和材料需求。从虾壳、蟹壳等海洋动物中提取出甲壳原料，并通过纺织方法制备壳聚糖纤维，在生物医用纺织品等领域有重要应用。除海洋动物外，海洋植物也是海洋资源的重要组成部分。海藻纤维是指从海洋中一些棕色藻类植物中提取的海藻酸为原料，通过湿法纺丝工艺制得的天然多糖材料。海藻纤维是一种新型的绿色环保纤维，具有阻燃、防辐射、抗菌除臭、生物降解等多种特性，符合环境保护和可持续发展的理念，同时也迎合现代新材料发展的趋势，具有巨大的开发和应用价值。

4.2.1　海藻酸概述

褐藻、海藻、昆布等海洋藻类植物经浸泡、消化、酸凝（钙凝）、中和等工艺可提取出海藻酸这一天然多糖物质。如图 4-2 所示，海藻酸的化学结构由 α-L-古罗糖醛酸（G 基团）和 β-D-甘露糖醛酸（M 基团）构成，两基团结构相似，在 C-5 位上存在细微的结构差异。M 基团和 G 基团通过 1-4 苷键连接，单体以嵌段方式排列构成大分子结构，如图 4-3 所示，M 基团和 G

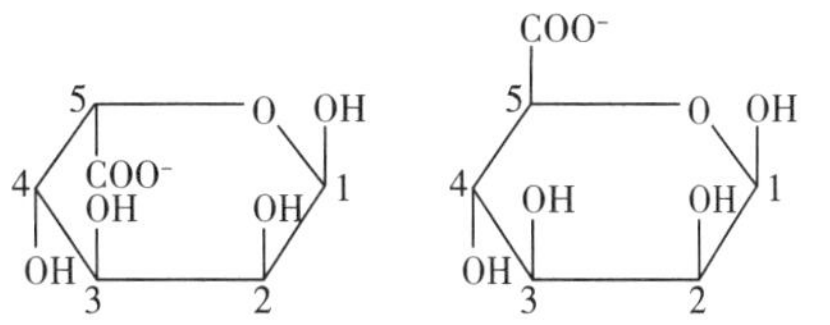

（a）古罗糖醛酸（G）　　（b）甘露糖醛酸（M）

图 4-2　海藻酸的 G、M 单元结构图

基团随机排列，造成不同嵌段含有的基团数量和排列顺序不同。海藻酸大分子中含有多种嵌段，如 MMM、GGG、MGM 等。德拉哥特（Draget）等研究发现，G 基团的双轴键阻碍了其围绕糖苷键的转动，因此 GGG 嵌段具有较高的刚性和延展性。相同单元数的 GGG 嵌段的均方末端差距是 MMM 嵌段均方末端差距的 2.2 倍，这表明 G 基团的刚性明显高于 M 基团的刚性。G 基团和 M 基团结构和性能的差异、大分子嵌段组成及其顺序的不同成为影响海藻酸大分子及其衍生物性能的决定性因素。

海藻酸是提取自天然材料，而在自然界中，海藻酸大分子没有纯粹的 M 型或 G 型，一般都是两者共存。海藻酸大分子中 M 基团含量高即为高 M 型，G 基团含量高即为高 G 型，M 基

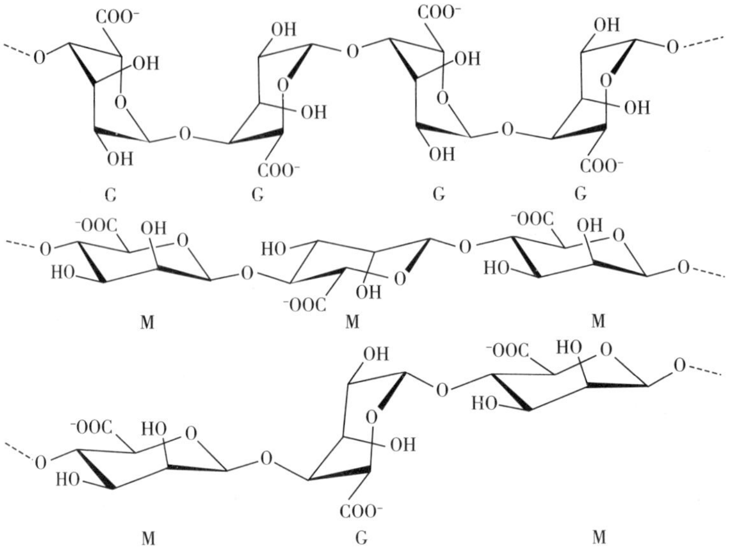

图 4-3　海藻酸大分子嵌段结构式

团和 G 基团两者比例相仿即为 MG 混合型。高 M 型海藻酸大分子中，M 基团含量一般为
60%～70%（G 基团：30%～40%）；高 G 型海藻酸大分子中 G 基团含量一般为 25%～35%（M
基团：65%～75%），MG 混合型海藻酸大分子中 M 基团含量一般为 50% 左右（G 基团约
50%）。不同类型的海藻酸大分子具有不同的性能，高 M 型海藻酸产品成胶快、吸收性能好，
但纤维强度差；高 G 型海藻酸产品相对成胶速度缓慢，吸收性能也较弱，但纤维强度则较
高。制造商应开发不同类型高 M（甘露糖醛酸）型、高 G（古罗糖醛酸）型和 MG 混合型的
海藻酸纤维敷料，以适应不同纺织品对纤维性能的需求。

4.2.2　海藻酸盐纤维结构和性能

4.2.2.1　结构

4.2.2.1.1　红外光谱特征

红外光谱是测定官能团最有力的工具，其特征性非常强。有机化合物中各种官能团在红
外图谱中都有特征吸收，这些特征吸收是解析化合物结构的重要信息。

海藻酸钙纤维及海藻酸钠高分子的红外光谱如图 4-4 所示。图中显示，2924cm^{-1} 处有一
吸收峰为海藻酸钠分子六元环上 C—H 的伸缩振动吸收峰，而海藻酸钙纤维在此处的吸收较
弱，其原因是海藻酸钙纤维大分子中的"蛋盒结构"，限制了六元环上 C—H 的伸缩振动，偶
极矩变化较小，吸收峰较弱。3439cm^{-1} 处为海藻酸钠分子六元环上 O—H 的伸缩振动峰，海
藻酸钙纤维光谱中该峰值也较弱，"蛋盒结构"的存在使得 O—H 伸缩振动峰的位置向低波数
移动。海藻酸钙纤维大分子中 O—H 伸缩振动峰变宽，说明只是部分的羟基参与配位，其他
羟基相互缔合，在较高波数形成吸收并与低波数峰重叠而使得峰形变宽。在 1032cm^{-1} 处为

C—O 的伸缩振动吸收，海藻酸钠分子中 C—O 伸缩振动吸收较弱，而海藻酸钙纤维中由于钙的交联形成的—C—O—Ca—O—C—基团结构，使 C—O 的伸缩振动吸收明显增强。

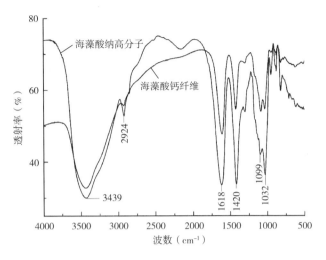

图 4-4　海藻酸钙纤维及海藻酸钠高分子红外光谱

4.2.2.1.2　形态结构

海藻酸钙纤维的纵横向形态可由扫描电子显微镜（SEM）照片观察。由图 4-5 可以看出，海藻酸钙纤维表面光滑度较低，有沟槽结构，横截面呈不规则的锯齿状。纺丝过程中纺丝溶液中的溶剂挥发，纤维发生收缩，而溶剂在挥发过程中挥发的速度和程度不同，使纤维沿不同方向的收缩程度不同，是造成纤维截面呈不规则多边状结构的原因。

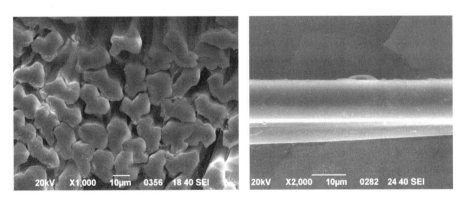

图 4-5　海藻酸盐纤维纵横向形态扫描电镜照片

4.2.2.2　性能

4.2.2.2.1　亲水性

纤维的亲水性包含吸湿性和吸水性两方面的含义，通常把纤维吸收气相水分的性质称为纤维的吸湿性，吸收液相水分的性质称为纤维的吸水性。纤维的吸湿和吸水能力与纤维中大分子结构以及纤维的形态直接相关。

海藻酸盐纤维大分子结构中含有大量的羟基和羧基等极性基团，能够吸收空气中的水分，而且海藻酸盐纤维内非结晶结构比例较高，大分子链之间的缝隙宽敞、膨胀性好，纤维吸湿性强，可吸收纤维重量近 20 倍的液体。

海藻酸钙纤维的标准回潮率较高，为 24%，远高于棉纤维（7%）和羊毛纤维（16%）。

很多学者在研究海藻酸钙纤维吸水性时，不仅对其对水的吸收能力进行了研究，还对其对生理盐水和溶液 A（一种类似于伤口渗出液的混合液体）的吸收能力进行了研究。研究结果表明，海藻酸钙纤维对自来水、蒸馏水、生理盐水和溶液 A 的吸收能力顺序为：生理盐水>溶液 A>自来水>蒸馏水。海藻纤维对生理盐水的吸收量最大，是由于生理盐水中钠离子的含量最高，海藻酸钙纤维中的钙离子和钠离子产生离子交换而发生溶胀。溶液 A 中的钠离子浓度和生理盐水的浓度一致，由于溶液 A 中含有钙离子，当纤维中的钙离子与溶液中的钠离子产生交换后，溶液中的钙离子又与纤维中的钠离子发生交换，使溶液中参与离子交换的钠离子减少，从而纤维中钠离子的含量比较低，降低吸收量。

4.2.2.2.2　力学性能

对于海藻酸盐纤维的拉伸性能，目前还没有统一的标准。许多学者对海藻酸盐纤维进行了强度实验，结果表明，海藻酸盐纤维的断裂强度在 2.2~2.4cN/dtex，断裂伸长率 25% 左右。M 基团和 G 基团含量不同，则纤维强度有一定差异，一般地，高 G 型纤维强度低于高 M 型纤维，但断裂伸长率高于高 M 型纤维。

4.2.2.2.3　耐化学性

海藻酸钙纤维的耐化学性较差，不耐强酸。室温条件下，纤维在强酸溶液中发生溶胀，在弱酸溶液中虽不溶胀，但温度升高后会发生轻微溶胀。究其原因，可能是酸性条件下，氢离子与纤维中的部分钙离子发生交换导致原先呈螯合结构的大分子链解体，纤维发生部分溶胀，强度降低。此外，海藻酸钙纤维对硫酸的稳定性最差，硫酸对纤维大分子中苷键的水解起催化作用，切断海藻酸钙纤维大分子链，使纤维大分子的聚合度降低。这种催化作用随温度升高和浓度增加而明显增强。海藻酸钙纤维的耐碱性比耐酸性差，相同温度下，海藻酸钙纤维在酸溶液中处于溶胀状态，在氢氧化钠碱性溶液中则处于完全溶胀状态，这是由于纤维的离子交换性所致，即纤维中的钙离子与氢氧化钠碱溶液中的钠离子发生交换形成可溶性的海藻酸钠，使纤维完全溶胀。海藻酸钙纤维在含有钠离子的盐溶液中发生离子交换，即使低温、短时间内也容易发生溶解，耐盐性很差，为海藻酸钙纤维用作医用敷料奠定基础。

4.2.2.2.4　热分解性能

热重分析（TG）实验测试结果显示，海藻酸钙纤维和海藻酸钠高分子的热分解过程相似，都分为 4 段进行。第 I 段发生在 20~200℃，海藻酸钙纤维、海藻酸钠高分子的失重率 N 值分别为 23.83% 和 20.12%，此过程为结合水的失去并伴随部分糖苷键的断裂；第 II 段海藻酸钙纤维发生在 200~420℃、海藻酸钠发生在 200~300℃，其 N 值分别为 34.07% 和 35.74%，该过程是海藻酸钙纤维和海藻酸钠裂解为较为稳定的中间产物，对应着糖苷键的断裂、相邻羟基以水分子的形式脱去；第 III 段海藻酸钙纤维发生在 420~580℃、海藻酸钠发生在 300~

580℃，其 N 值分别为 6.05% 和 9.93%，对应着中间产物的进一步分解并脱羧放出二氧化碳，产物部分碳化；第Ⅳ段均发生在 580~800℃，N 值为 15.5%，为海藻酸钙纤维和海藻酸钠的碳化物进一步氧化分解，而最终反应生成氧化钠和氧化钙。

对比海藻酸钠高分子和海藻酸钙纤维热分解过程，可以看出，在裂解阶段海藻酸钠的裂解温度为 200~300℃，海藻酸钙纤维的裂解温度是 200~420℃，但是海藻酸钠在此阶段的 N 值高于海藻酸钙纤维，且海藻酸钠高分子的最大失重速率为 8.9%，远远高于海藻酸钙纤维的 4.6%，表明海藻酸钙纤维的热稳定性优于海藻酸钠，可能是钙离子的交联作用提高纤维大分子的作用力所致。

钙离子对海藻酸钙纤维阻燃性的贡献主要包括 3 个方面：

(1) 在热分解的第一阶段海藻酸钙纤维的 N 值比海藻酸钠大，而第二阶段却正好相反，原因在于海藻酸钠的裂解是聚合度降低生成活性中间体，且两平行反应相竞争的过程。而钙离子的催化作用降低了活性中间体在低温区的反应活化能，促进海藻酸钠生成焦炭的反应，增加海藻酸钙纤维在低温区的 N 值；海藻酸钠在低温区分解产生的可燃性气体由于温度较低不发生燃烧而发生挥发，减少了纤维燃烧过程的热量释放。

(2) 海藻酸钙纤维第二阶段的裂解温度范围远大于海藻酸钠，裂解时间也长于海藻酸钠，N 最大值出现时间较晚，分解速率显著小于海藻酸钠，其原因可能是钙离子的交联作用增强了海藻酸钠分子间的作用力，延缓分子的断裂速率并促进分子间内交酯的生成。

(3) 热分解的第三阶段海藻酸钙纤维的热失重比海藻酸钠小，原因是纤维热分解过程中钙离子可以转变成碳酸钙而覆盖在纤维表面，阻止可燃性气体的释放和氧气向纤维内部的扩散，而且碳酸钙分解时吸收部分热量而降低纤维表面温度的同时产生二氧化碳，有利于阻碍纤维的热分解。当温度升高到碳酸钙分解完全后，就丧失了上述作用，海藻酸钙纤维第三阶段未分解的部分在第四阶段全部分解，因而其第四阶段的 N 值与海藻酸钠持平。

4.2.2.2.5　燃烧性能

纤维的燃烧是纤维物质遇到明火高温时的快速热降解和剧烈化学反应的结果。描述纤维燃烧性的指标包括极限氧指数（LOI）、着火点温度（T_I）、燃烧时间和火焰温度（T_B）等。

根据 LOI 数值的大小，可将纤维燃烧性能分为四类：不燃（≥35）、难燃（26~34）、可燃（20~26）、易燃（≤20）。试验结果证明，海藻酸钙纤维在火焰中阴燃、有白烟、离火自熄，其极限氧指数为 34~34.5，属于难燃纤维。

其阻燃机理是：首先，分子结构中的羧基在受热分解时能释放出大量的水和二氧化碳，水的汽化吸收大量的热量，降低了纤维表面的温度，同时生成的二氧化碳和水蒸气可以将纤维分解出的可燃性气体的浓度冲淡，从而达到阻燃的效果。其次，燃烧过程中羧基也可与羟基发生反应，脱水形成内交酯，改变其裂解方式，减少可燃性气体的产生，提高碳化程度。与棉纤维相比，海藻酸钙纤维的热释放速率远低于前者，而二氧化碳的生成速率却高于后者。海藻酸钙纤维大分子结构的特殊性和钙离子的催化作用使其阻燃性能极为出色。

4.2.3　海藻纤维制备工艺发展历史

1912~1940 年，一些德国、日本和英国专利纷纷介绍了海藻酸盐经挤压得到可溶性海藻纤维的方法。1947年，有报道称，以海藻酸钙和海藻酸钠为原料的海藻纤维可以制成毛纺织品、手术用纱布和伤口包覆材料。20世纪60~70年代的研究表明，利用海藻纤维制备的保暖、保湿性好的创伤被覆材料，可治疗严重感染的溃疡，这种材料中海藻纤维与创口渗出物接触，形成吸湿性的凝胶，可使伤口保持湿润，促进伤口快速愈合。

据文献报道，日本Acordis特种纤维公司是世界首家实现海藻纤维大批量生产的厂家。日本Forest公司开发出一种海藻纤维，这种纤维主要是从海藻的海藻胶粉中提炼制取，由海藻酸钠水溶液以$CaCl_2$作为凝固浴，经湿法纺丝，并以甲醇替换水分而制得，所得纤维线密度为2.2dtex，强度为1.7cN/dtex。这家公司从1993年起在日本销售海藻纤维毛巾，自2000年在韩国销售海藻纤维内衣，目前已扩大到欧洲和东南亚等国家。海藻纤维能发射远红外线，产生负离子保暖和保健作用。除服装外还可用于食品工业或医药工业做冻胶或增稠剂。

国内海藻纤维发展历史比较短，甘景镐等最早报道了我国对海藻纤维的研究情况，其课题组早在1981年就结合国外对海藻纤维的研究，采用5%海藻酸钠的纺丝溶液，通过湿法纺丝制备海藻酸钙纤维。研究发现，由于凝固浴中钙离子的浓度不断被消耗而变少，为便于控制，使用饱和的氯化钙水溶液作为凝固浴最为适宜。在2000Pa、60℃下进行干燥得到的纤维强度为0.44~1.76cN/dtex。

孙玉山等在1990年详细研究了海藻酸纤维的生产工艺。其课题组通过湿法纺丝，在气体介质中拉伸后得到的纤维强度达2.67cN/dtex。为了改善海藻酸钙纤维的化学稳定性，其课题组采用纤维素醋酸酯、聚乙烯醇、甲壳质等纤维进行涂层处理，使纤维具有一定的化学稳定性，可以在生理盐水中维持两周不溶解。在用锌、铝、铁、铬等金属离子处理海藻酸钙纤维后，纤维可以在生理盐水中浸渍两个月后不溶解。

2004年，青岛大学夏延致教授受聘青岛市海藻纤维项目的首席科学家，在海藻纤维的生产新技术及海藻纤维在功能性纺织品、本质阻燃材料等方面的应用进行了创新和发展，开拓了海洋生物资源应用新领域。其主持的"863计划"重点项目"海藻资源制取纤维及深加工关键技术开发"，开展海藻纤维的工业化生产。

2007年，青岛大学公开了一种壳聚糖接枝海藻纤维及其制备方法与用途的专利。这种纤维由于表面包覆一定的壳聚糖，因而具有良好的吸湿性和抗菌性，且无毒、无害、安全性高及生物可降解性，在医药、环保等领域均有良好的应用前景，作为止血治疗的新型材料，尤其适合于制造纱布做伤口敷料用。

青岛大学朱平教授及其团队公开了纯海藻酸纤维的制造方法及工艺流程。其加工方法为湿法纺丝。在成丝过程中，凝固浴的浓度、温度及循环量对纤维的成型性和纤维的性能有很大的影响。用于制备海藻纤维的工艺过程是：海藻酸钠溶解、过滤、脱泡、纺丝、拉伸、洗涤、干燥、卷绕制成海藻纤维。海藻酸钠纺丝溶液，经过喷丝头进入一定浓度的$CaCl_2$凝固浴中，发生离子交换，形成海藻酸钙长丝。该长丝经拉伸后被导入洗涤浴中，再经热空气烘干，然后卷绕到绕线筒上。

4.2.4 海藻纤维应用领域

4.2.4.1 医疗用纺织品的应用

利用海藻纤维与人体生物相容性、高吸湿性及降解性，其在医疗领域主要用来制备非织造布创伤被覆材料。1980年以来，海藻酸盐纤维纱布得到广泛应用，许多临床研究已证明了这种纱布的优越性能。海藻纤维被覆材料在与伤口体液接触后，一方面由于海藻纤维的高吸湿性，能吸除伤口过多的渗出物，帮助伤口凝血；另一方面它具有成胶性，海藻纤维中的Ca^{2+}会与渗出物中的Na^+发生交换，产生的海藻酸钠与Ca^{2+}络合形成离子交联水凝胶，由于凝胶具有高透氧性，可使氧气通过而阻止细菌感染，进而促进伤口的愈合。目前海藻纤维作为医用纱布绷带和创伤敷料已实现产业化。

4.2.4.2 保健性纺织品的开发应用

（1）远红外和负离子功能纺织品。研究表明，通过在纤维纺丝过程中加入各种具有保健功能的添加剂或织物后整理可获得各类保健性纺织品。例如，可以将远红外粉末直接加入海藻纤维的纺丝液，制备出具有远红外放射功能的海藻纤维，并利用它制成内衣，使其促进身体血液循环。

（2）抗菌防臭纺织品。纺织品的抗菌防臭功能主要是通过加入抗菌剂来实现，可以利用抗菌金属离子（如银离子）或天然抗菌剂（如壳聚糖、芦荟等）来制备抗菌海藻纤维。例如，德国Alceru-Schwarza公司新开发一种具有抗菌功能的Lyocell海藻酸纤维，能抑制大多数种类的细菌；秦益民将银离子加入海藻酸的纺丝液中，制得高吸湿抗菌海藻纤维；国内青岛大学制备了一种壳聚糖接枝海藻纤维，也具有良好的吸湿性和抗菌性。

（3）防辐射纺织品。在制备海藻纤维的纺丝过程中改变凝固浴中金属离子的种类，使海藻纤维吸附大量的金属离子，可以很好地屏蔽电磁波，起到防辐射的作用。据报道，秘鲁纺织业利用秘鲁海域中盛产的杉藻，研制出海藻纤维服装，能够有效防止紫外线的伤害，从而预防严重的眼部疾病和皮肤癌等疾病。据称这种海藻纤维能够抵御99.7%的紫外线侵袭。

（4）高档服装面料的开发应用。海藻纤维吸湿性好，但缺点是强度、弹性及色泽不够理想，所以在纱线原料的选用上，多采用混纺或交织技术，例如，将海藻纤维与莫代尔纤维、棉纤维等纺织原料进行混纺，可弥补海藻纤维性能上的不足。浙江纺织服装科技有限公司采用海藻纤维/莫代尔/牛奶纤维三合一混纺色纱，并添加氨纶长丝，织造具有一定弹性和抗菌性的色织针织坯布，并对产品的有关技术指标进行了测试，各性能良好，其产品物理指标和外观质量均达到一等品要求。

4.2.5 海藻纤维生产工艺

4.2.5.1 海藻酸钠的提取

海藻酸钠的提取工艺方法可分为四类：酸凝酸化法、钙凝酸化法、钙凝离子交换法和酶解提取法。

（1）酸凝酸化法工艺流程。

浸泡→切碎→消化→稀释→过滤、洗涤→酸凝→中和→乙醇沉淀→过滤→烘干→粉碎→成品

该方法的沉降速度很慢，一般需要8~12h，而且胶状沉淀颗粒的粒径较小，过滤过程较难，制备过程的中间产物海藻酸聚合物不稳定，易降解，存在聚合物原料黏度和产品制成率都比较低的问题。

（2）钙凝酸化法工艺流程。

浸泡→切碎→消化→稀释→过滤、洗涤→钙析→盐酸脱钙→碱溶→乙醇沉淀→过滤→烘干→粉碎→成品

该工艺解决了钙析速度的问题，沉淀颗粒较大，但在脱钙过程中由于采用盐酸洗脱的方式，所得中间产物海藻酸不稳定、易降解，因此产品制成率和聚合物黏度不高。

（3）钙凝离子交换法工艺流程。

浸泡→切碎→消化→稀释→过滤、洗涤→钙析→离子交换脱钙→乙醇沉淀→过滤→烘干→粉碎→成品

该工艺流程中，钙析速度较快，沉淀颗粒较大，所得产品收率较高，可达42.6%，黏度为2840mPa·s左右，远高于其他方法制备的海藻酸盐产品（150~1000mPa·s），而且所得制品均匀性好，储存过程中聚合物黏度稳定。

（4）酶解提取法工艺流程。

清洗→粉碎→酶浸泡→消化→稀释→搅拌→过滤→钙析→酸化脱钙→碱溶→乙醇沉淀→过滤→烘干→粉碎→成品

该方法可以加快海藻酸钠的溶出，浸出质量很高。但该方法生产成本高、能量消耗大、生产过程中不能完全酶解纤维素、酶解时间长、条件不易控制、技术含量高、需增加大量设备才能实现连续化生产、提取率偏低等多种技术问题，因此该方法目前尚未大量用于生产。

4.2.5.2　海藻纤维生产

海藻纤维通常采用湿法纺丝工艺制备而成。首先将海藻酸高分子聚合物溶解在溶剂中，配制成具有一定黏度的纺丝原液，纺丝原液经喷丝孔中挤压后进入含有盐离子的凝固浴中，通过一定的化学反应形成固态不溶性海藻酸盐长丝，再经水洗、牵伸、定形等工序，制得海藻酸盐纤维。在湿法纺丝过程中，若凝固浴中含有某些二价阳离子如 Cu^{2+}、Zn^{2+}、Ca^{2+}、Sr^{2+}、Ba^{2+}等，海藻酸钠大分子上的 Na^+ 离子与金属阳离子发生离子交换反应，G基团与 Ca^{2+} 形成"蛋盒"结构，G基团堆积而形成交联网络结构，从而转变成水凝胶纤维而析出。凝固浴中含有的金属阳离子的不同决定了纤维的种类，若凝固浴为盐酸溶液，则制得海藻酸纤维；若凝固浴为氯化钙溶液，则制得海藻酸钙纤维；若凝固浴为锌的盐溶液，则制得海藻酸锌纤维。

4.2.5.2.1　纺丝溶液制备

（1）纺丝溶液的配制。海藻酸钠溶液浓度越高，湿法纺丝过程中需脱除的溶剂越少，纤维成型速度越快。如其他条件不变而增加纺丝原液中聚合物的浓度，则所得初生纤维的密度

较大，纤维中微孔数量较少，纤维整体结构比较均匀，有利于改善纤维的力学性能。海藻酸盐纤维湿法纺丝生产过程中的突出问题是海藻酸钠粉末颗粒与工艺水之间的均匀混合技术，由于海藻酸钠粉末颗粒遇水形成黏性凝胶造成均匀混合的困难。聚合物固体含量的高低直接影响纺丝工序的顺利与否，海藻酸钠溶液浓度过低会造成无法纺丝或纤维成型差，浓度过高黏度增大，则聚合物无法通过溶体管道系统，不能纺丝，在配制纺丝溶液时需要特别注意。

（2）纺丝溶液的过滤。溶解后的海藻酸钠纺丝溶液中还存在一定的未溶解高分子物质、原料夹带的凝胶块、纺丝设备和管道中带入的机械杂质等。这些微粒在纺丝过程中会阻塞喷丝孔，造成单丝断头或在成品纤维结构中形成薄弱环节，使纤维强度降低。纺丝溶液的过滤一般采用板框式压滤机，选用能承受较高溶体压力并具有一定过滤精度的过滤材料或机织物，需连续进行 2~4 道的过滤以保证纺丝的稳定性。

（3）纺丝溶液的脱泡。在海藻酸钠溶液的制备过程中需要进行溶体的搅拌、输送而混入一定数量尺寸不一的气泡，如不加以去除则将影响纤维成型质量。过滤时气泡会破坏滤材的毛细结构，造成溶液渗漏。纺丝成型时气泡会造成纤维断头或毛丝，而且微小的气泡则容易形成气泡丝，大大降低纤维的强度，甚至使纺丝工序无法正常进行。因此，必须严格控制纺丝液中的气泡含量。一般采用抽真空法加速气泡的去除，控制气泡在溶液中的体积分数不大于 0.001%。

4.2.5.2.2 凝固浴制备

（1）凝固浴的浓度。当海藻酸钠从喷丝口喷出进入 $CaCl_2$ 凝固浴时，Ca^{2+} 与海藻酸钠丝条中的 Na^+ 进行离子交换，在丝条表面形成不溶于水的海藻酸钙皮层。$CaCl_2$ 浓度太低，则 Ca^{2+} 与 Na^+ 的交换速度缓慢，导致凝固能力过弱、皮层结构很薄，牵伸时拉伸张力稍大便容易导致纺丝线的丝束发生断裂，纤维成型过程不够稳定。反之，$CaCl_2$ 浓度太高，则双扩散速度快，凝固能力太强，细流表面过快地形成皮层使双扩散减慢，反而阻碍皮层的进一步增厚，相应地，纤维的最大拉伸比也较小。而纤维中钙钠比例的不同会严重影响纤维性能，当钙钠比例增大时，纤维的吸水能力下降但强度增大；当钙钠比例减小时，纤维的成胶性能更好，强度则相应的减小。

（2）凝固浴的温度。凝固浴的温度直接影响凝固浴中的凝固剂和溶剂的扩散速度从而影响成型过程，因此凝固浴温度也是影响成型过程的主要因素。凝固浴温度降低，凝固速度下降，凝固过程比较均匀，初生纤维结构紧密，成品纤维的强度和钩接强度提高。随着凝固浴温度的上升，分子运动剧烈，双扩散过程快，成型速度也快。但因凝固浴温度升高而导致凝固速度过快，会造成凝固剂浓度过低等类似的弊病，如初生纤维结构疏松、皮芯层差异较大及纤维强度明显下降。

（3）凝固浴的循环量。在纺丝成型过程中，纺丝原液中的溶剂不断地进入凝固浴，使凝固剂浴中溶剂浓度不断变化，同时凝固浴的温度也有所变化。而凝固浴的浓度和温度直接影响纤维的品质，因此必须不断地使凝固浴循环，以保证凝固浴浓度和温度在工艺要求的范围内波动从而确保纤维品质稳定。凝固浴中浸入速度低，丝条在凝固浴中的停留时间就增加，凝固时间就较充分，有助于改善纤维的质量与性能。

4.2.5.2.3 纺丝工艺流程

纺丝前准备→纺丝→凝固→牵伸→清洗→干燥→卷绕

（1）纺丝原液进入纺丝箱，由搅拌器连续进行搅拌，使纺丝溶液均匀化。

（2）通过计量泵精确控制纺丝流量，或定量挤出聚合物。

（3）溶体过滤器是生产化纤的必要装置，经专用烛形过滤器过滤或分离溶液中的杂质颗粒。

（4）经过鹅颈管至纺丝板中的喷丝孔喷出。

从喷丝孔中压出的原液细流进入凝固浴。原液细流中的溶剂向凝固浴液扩散，浴液中的沉淀剂向细流扩散，这种扩散称为双扩散。通过扩散使原液细流达到临界浓度，聚合物于凝固浴液中析出而形成纤维。凝固指使用酸、碱、盐、有机溶剂等做凝固浴，使喷丝液凝固成型，制成初生丝。牵伸定形工艺是控制牵伸比对初生丝进行牵伸，并加热定形。图4-6所示为海藻纤维湿法纺丝工艺流程图。

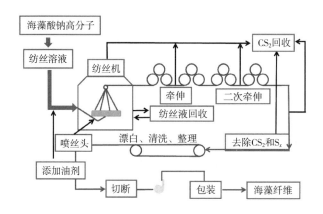

图4-6　海藻纤维湿法纺丝工艺流程图

4.2.5.2.4 后加工技术

（1）漂白。为使产品有比较好的色泽，工业生产中一般会加入次氯酸盐或过氧化氢进行漂白脱色，而海藻酸钠在氧化剂的存在下会发生氧化降解。

（2）干燥。国家标准GB 1886.243—2016中规定海藻酸钠的水含量必须≤15%，纤维必须经专门的烘干机烘干以符合规定的质量指标要求。海藻酸钠的热降解性在高于60℃时表现十分明显，且纤维具有很好的吸水性能，干燥工艺是关键控制技术，若直接简单烘干会使纤维变得干而硬，不利于后续的切断和卷曲工序操作，因此，要对烘干过程中的温度、时间、干燥速度等技术参数进行严格控制。

4.2.5.3 工艺技术的改进

孙玉山等通过对海藻酸钙纤维的加工工艺、后处理技术等进行改善从而提高了海藻酸钙纤维的可纺性及纤维细度均匀性。在纺丝原液中添加次氯酸钠可以增加纤维的可纺性，主要是因为次氯酸钠可以使大分子发生一定程度的降解而降低溶液的黏度，提高溶液流动性能。

此外，次氯酸钠的加入可除去溶液中的杂质金属离子，防止不溶性海藻酸盐纤维的生成，从而提高海藻酸盐的可纺性。初生纤维丝芯层与皮层之间因为凝固条件的不同而存在不同的凝固程度，采用喷孔直径较小的喷丝板可减少这种差异从而提高纤维直径的均匀性，得到截面更加均匀的纤维制品。对海藻酸钙纤维用纤维素醋酸酯、聚乙烯醇、锌离子、铝离子、铁离子等进行表面涂层可以提高海藻酸钙纤维的耐盐性。朱平教授等用环氧氯丙烷对海藻酸钠高分子进行交联后制成海藻酸钙纤维，发现交联后的海藻酸钙纤维断裂强度显著提高。

海藻酸锌的制备包括直接法和间接法。直接制备法同海藻酸钙纤维的湿法纺丝过程相同，仅将凝固浴换为氯化锌水溶液。中国专利 96121462.7 中使用黏度为 0.07Pa·s 的海藻酸钠制成纺丝溶液，通过喷丝孔挤入质量分数为 10% 的氯化锌凝固浴中，制成海藻酸锌纤维。海藻酸锌纤维还可以通过处理海藻酸钙纤维而间接得到。由于海藻酸和钙离子的结合力相比于其他金属离子的结合力要小很多，因此，海藻酸钙纤维可以和其他金属离子的水溶液发生离子交换从而获得相应的海藻酸盐纤维。

4.2.6　可持续性评估

海藻酸提取自海洋植物的天然多糖高分子材料，海洋里的海藻大约有 2.5 万种，来源十分丰富，且海藻酸具有良好的生物降解性，是环境友好型天然高分子材料。其良好的成膜性、增稠性、稳定性、螯合性等性能使其在纺织、医学、食品等领域有广泛的应用。由海藻酸制备的海藻纤维属于可降解的天然高分子纤维，无毒、无污染，符合人们对"环保""可持续发展"的迫切追求，是环境友好的可再生纤维。但其原料的提取和在生产过程中的降解可能会对纤维的可持续性带来负面影响。本小节主要从这两个方面对海藻酸和海藻纤维的可持续性进行评估。

4.2.6.1　生产过程的可持续性问题

目前，海藻酸的提取工艺主要有酸凝酸化法、钙凝酸化法、钙凝离子交换法和酶解提取法，这些提取方法存在沉降速度慢、耗费时间长、中间产物稳定性差、最终产物得率低等问题，最重要的是在提取过程中需要大量的水，最终造成水资源的浪费和污染，对环境产生较大的危害。因此在提取工艺上进行新的探索对可持续性生产尤为重要。现代提取工艺主要有超滤法、微波辅助提取法和超声波辅助萃取法。

（1）超滤法。该方法在酸凝酸化法的中和步骤和乙醇沉淀步骤之间加入超滤技术，工艺流程如下：

浸泡→切碎→消化→稀释→过滤 、洗涤→酸凝→中和→超滤→乙醇沉淀→过滤→烘干→粉碎→成品

超滤法提取海藻酸钠是将膜处理技术引入提取工艺，可以得到纯度、色泽、黏度更优的海藻酸钠产品，尤其是黏度提高特征最明显，可降低能耗、降低杂质含量，提高产量，是一种较理想的新工艺。引入超滤膜的缺点是产物被结合在膜上而影响回收率，即膜污染。海藻酸钠本身具有良好的增稠性和成膜性，非常容易因为膜通量衰减和分离特性的不可逆变化等而对超滤膜产生严重污染。污染问题影响了该分离技术的可行性推广，经济成本也会随之提

高。解决此问题可以从两方面入手：处理已经污染的膜或提前预防膜污染。曾淦宁等采用混合溶液制备荷电耐污染超滤膜对海藻酸钠进行超滤，改善了浓差极化和膜污染现象。

（2）微波辅助提取法。该方法工艺在酸凝酸化法的消化步骤之前，混合液以一定功率微波提取一定时间，工艺流程如下：

浸泡→切碎→微波→消化→稀释→过滤、洗涤→酸凝→中和→乙醇沉淀→过滤→烘干→粉碎→成品

采用此法提取的海藻酸钠，经评估，其化学成分、抗氧化活性、乳化指数和特性黏度均高于常规值。此法提取时间快、产量高。

（3）超声波辅助萃取法。超声波法是一种新型多糖提取方法。根据超声萃取原理，从固—液或液—液物料中提取有用成分，常用频率为 20~300kHz。工艺流程如下：

浸泡→切碎→超声波→消化→稀释→过滤、洗涤→酸凝→中和→乙醇沉淀→过滤→烘干→粉碎→成品

利用超声波可以从植物的叶、枝、花、果、籽、根茎中提取有用成分，且可以显著提高提取率并缩短提取时间。在海藻酸钠提取中，细胞壁的破碎程度直接影响提取率。而超声波由于对细胞壁的破碎作用在多糖提取中得到了广泛应用。和传统的酸碱提取相比，超声波辅助提取法可以减少化学试剂使用，减少高温，缩短时间，更为绿色环保。超声时间不宜过长，不宜超过 0.5h，可能由于超声波具有较强的机械剪切作用，长时间作用会使多糖大分子键断裂，从而影响海藻酸钠的得率及品质。

FLÓREZ-FERNÁNDEZ N 等采用超声辅助提取法，从马尾藻中提取海藻酸钠，把传统试验过程的时间缩短了 50%，按提取的海藻酸盐的克数估算能源成本为 0.04 欧元/g，而常规方法核算的成本为 0.20 欧元/g，从工业成本核算，具有重大经济价值。得到的海藻酸钠凝胶具有稳定性和热可逆性。从工业角度分析，还具有另外两个优点：可脱水收缩、成熟时间短。超声功率、温度、时间会影响终产物得率。超声提取技术会影响海藻酸钠的结构、M/G 比例、生物活性等，对凝胶能力、成膜性都产生影响。

海藻酸钠的应用在各行各业已经非常成熟，但仍存在一些问题。首先，市场上海藻酸钠的质量参差不齐，国内生产的海藻酸钠大多质量较低，只能用于低附加值产业，海藻酸钠衍生物的种类较少，生物医药高分子材料等领域应用的海藻酸钠还需要依赖进口。其次，某些小作坊产业为追求经济价值，采取的工艺不成熟，产生的废料比较多，引入污染化学试剂过多，整个生产过程对环境污染比较大。随着科技的发展，高纯度、高质量、生产工艺绿色、附加值高的海藻酸钠才是以后市场的主流方向，需要开发高质量的海藻酸钠衍生物满足国际市场，因此在后续的工艺改进中，利用交叉学科的优势，将更先进的技术引入传统的海藻酸钠提取中是要解决的重点问题；同时从工业化角度来看，还需要进一步简化工艺流程，降低经济成本，这样才能有望在市场大规模推广。利用不同海藻种类各自的特性，夏季海藻体内生物活性高、海藻酸钠含量高的优势，在海藻前期的养殖过程提高海藻酸的含量、从基因角度改良得到符合市场需求的海藻酸钠等也都是发展中需要关注的方向。采用更高效的提取过程和最大限度减少化学品使用，做到绿色提取是未来面向工业推广生产工艺需要改进的方向。

4.2.6.2　原料降解带来的生产问题

海藻酸钠作为海藻酸纤维制备的原料，其降解性决定了海藻纤维的降解性能。海藻酸钠无论在水溶液中还是含有一定量水分的干品中，都会发生不同程度的降解，其特征是黏度的不断下降，平均分子量和分子量分布范围也会不断变化。这种现象给海藻酸盐产品的生产带来许多困难，在生产过程中，由于无法有效地控制降解过程，致使产品质量不稳。

海藻酸钠降解发生在糖苷键，海藻酸钠降解首先发生在 MG 区，即结构比较疏松的区域。导致海藻酸钠降解主要有下列几个因素：

（1）化学试剂引起的降解。海藻酸钠在中性条件下，其降解速率较低。当 pH 大于 10 或小于 5 时，降解速率明显提高，如果 pH 小于 3 时，海藻酸钠溶液会有凝胶现象。表现在黏度的不断下降，具体降解的情况可由黏度仪所测黏度大小，也可由高效凝胶排阻色谱（HPSEC）测量分子量的最大值或分子量的分布区间表示。

氧化剂会导致海藻酸钠降解。藤原浩·美通（Hiroshi Mitome）报道了臭氧的降解作用，通过试验得到结论：海藻酸钠在真空中和空气中的降解情况一致。海藻酸钠在溶液中更容易降解，溶液中海藻酸钠降解速率是固体形式的 30 倍。

（2）热降解。热降解是海藻酸钠降解研究中十分重要的问题。海藻酸钠在 60℃ 以下比较稳定，当温度在 60℃ 以上时，降解速率明显增大。海藻酸钠的热降解还受离子强度的影响。当氯化钠浓度小于 0.1mol/L 时，降解速率随浓度的增大而降低。当氯化钠浓度大于 0.1mol/L 时，降解速率变化较小。海藻酸钠热降解机理还待进一步证实，席国喜认为海藻酸钠的热降解共分四步：60~170℃ 海藻酸钠脱去内部结合水；220~280℃ 海藻酸钠裂解为中间产物；300~370℃ 中间产物进一步裂解并部分炭化；560℃ 左右最终氧化生成氧化钠。

（3）射线引起的降解。长泽直津（Naosugu Nagasawa）报道了钴 60 射线分别在真空中、空气中、固态、溶液状态下对海藻酸钠降解的影响。结果认为，射线对降解的影响很大，在空气中、真空中都得到相同的结果。

（4）酶降解。海藻酸钠酶降解是一种重要的降解过程。海藻酸酶是一种裂解酶，可以在多种微生物代谢过程中产生。

由于海藻酸钠的特点，容易受多种因素影响而导致降解。一个降解过程往往是多种因素影响的结果，很难把它们逐一分开，因此在生产和使用过程中，必须全面考虑各种因素的影响，选择适当的工艺条件。

4.3　甲壳素和壳聚糖纤维

21 世纪，人类已进入大规模开发与利用海洋资源的新时期。我国是海洋大国，拥有丰富的海洋资源。提高海洋资源的开发能力，推动"蓝色"经济发展是我国重要的战略决策。海洋生物资源中，甲壳素是仅次于纤维素的第二大天然高分子多糖，它主要存在于虾、蟹的外壳。甲壳素是由 N-乙酰氨基葡萄糖通过 β-1,4 糖苷键连接而成的线型聚合物多糖，而壳聚糖是其脱乙酰基产物。甲壳素和壳聚糖具有许多独特的物理、化学和生物特性，主要包括：阳离子聚电解质性、多功能基反应活性、抗菌性、生物相容性、生物可降解性等，在医药、纺织、食品、药妆品、农业及水处理等领域具有广泛的应用前景。甲壳素和壳聚糖可被加工成不同的形态，包括纤维、膜、凝胶、微球、纳米粒子等。本节主要介绍甲壳素和壳聚糖纤维的相关内容。

4.3.1 基本结构

4.3.1.1 化学组成

甲壳素是 β-1,4 糖苷键连接的 2-乙酰氨基-2-脱氧-β-D-吡喃葡萄糖和 2-氨基-2-脱氧-β-D-吡喃葡萄糖二元线型共聚物组成，如图 4-7 所示，它是多糖化合物中最重要的一种聚氨基葡萄糖。甲壳素由 C、H、O 和 N 元素组成。

甲壳素与纤维素的分子结构比较相似。甲壳素分子通过 C3—OH···C5 的分子内氢键与 NH···O＝C 和 C6—OH···O＝C 的分子间氢键来维持与纤维素类似的结构稳定性，二者结晶结构也很类似。

甲壳素可在一定程度上脱乙酰化，其脱乙酰产物为壳聚糖。图 4-8 所示为壳聚糖的化学结构式。

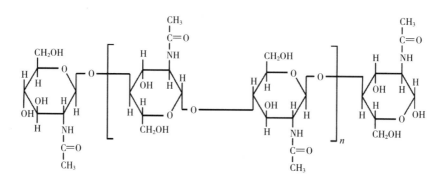

图 4-7　甲壳素化学结构式

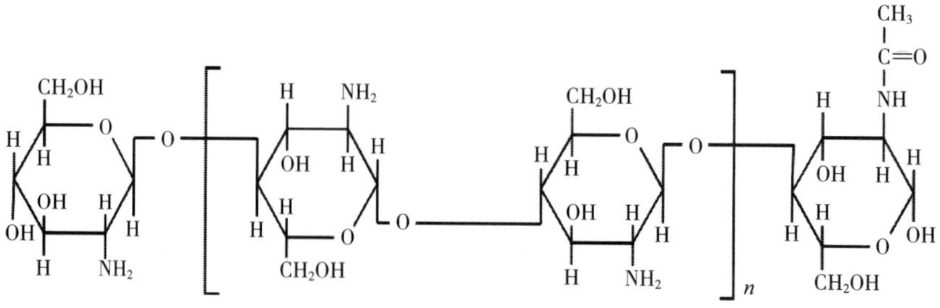

图 4-8　壳聚糖化学结构式

4.3.1.2 官能团

甲壳素分子可看作是纤维素分子 C2 位羟基被乙酰氨基取代后得到的分子，天然甲壳素中有羟基、氨基和乙酰氨基。

氨基属于基本碱基，所有含有氨基的有机物都有一定的碱性。氨基的存在使甲壳素/壳聚糖成为迄今为止在自然界中发现的唯一的阳离子碱性多糖。

甲壳素分子经脱乙酰化，所得到的壳聚糖分子链的糖残基上含有氨基，故具有更高的反应活性。氨基的存在为许多化学反应提供了可能，如乙酰化、季铵化、烷基化、接枝反应和金属螯合反应。由这些反应得到的壳聚糖衍生物具有更好的物理、化学性能，同时抑菌、抗病毒、防酸、防过敏等性能大大提升，可以满足多个相关领域的应用。甲壳素上的乙酰氨基仅存的一个氢仍具有一定的活性，所以在特定条件下乙酰氨基也能进行反应，不过其化学反应性远不如氨基强。

甲壳素和壳聚糖的羟基分为两种，一种是 C6—OH，另一种是 C3—OH。前者是一级羟基，在空间构象上可以较为自由地旋转，空间位阻小，反应活性强；后者是二级羟基，不可自由旋转，空间位阻大，反应活性较低。而羟基的存在，使甲壳素和壳聚糖能够进行醚化、酯化、O-乙酰化、接枝反应等化学反应（图 4-9）。

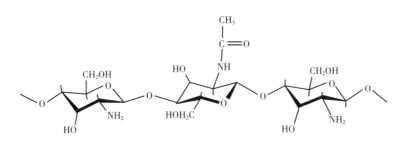

图 4-9 壳聚糖中可能的官能团反应位点

4.3.1.3 氢键与甲壳素链形态

（1）氢键。甲壳素的基本性能主要由构象和构型决定，构象对性能虽有所影响，但主要是反映聚合物所处的状态。甲壳素、壳聚糖与纤维素分子外形非常相似，同为 β 苷键和椅式构象，但由于不同的分子内氢键使它们的链刚性存在差异。分子内氢键可阻碍 β-1,4 糖苷键由于内旋而引起的构象变化，根据分子内氢键数的多少，链刚性从大到小依次为甲壳素、壳聚糖和纤维素，由此可见，氢键对链形态有重要影响。

（2）链形态。高分子链在分子内旋转作用下可以采取各种可能的形态，如伸直链、无规线团、折叠链、螺旋链等。从甲壳素的结构模型可以看出，甲壳素具有复杂的螺旋结构，其基本结构单元均为二糖，螺距约 0.515nm，一个螺旋平面由 6 个糖单元组成。甲壳素分子在碱环境下呈无规线团构象。相比之下，壳聚糖比甲壳素具有更高的构象多样性，在酸性介质中它的结构化程度降低；在高 pH 条件下，双螺旋结构占主导地位，然后是结构化程度更低的 5 倍螺旋结构和构象。双螺旋结构很少在中性 pH 中出现，而 5 倍螺旋结构和松弛的双螺旋结构比较容易在低 pH 中出现。

4.3.1.4 晶态

物质的物理化学性质与结晶状态相关，结晶状态不同，物理化学性质也不同。目前普遍认为，甲壳素有两种结晶多型异构体：α-晶型和β-晶型。α-甲壳素结晶度高，分子间作用力也强。其主要存在于节肢动物的角质层和某些真菌中，还通常与矿物质沉积在一起，形成坚硬的外壳。节肢动物如虾蟹外壳中含有很多的碳酸钙以及与之相连的α-甲壳素。β-甲壳素与胶原蛋白相结合，表现出一定的硬度、柔韧性和流动性。其分子链是平行链堆积结构，可以从海洋鱼类如鱿鱼软骨中得到。

4.3.1.5 分子量及分子量分布

文献报道的甲壳素/壳聚糖的重均分子量（M_w）从几十万到一百万以上不等，当用强碱或酸处理时会发生降解。甲壳素不溶于水和几乎所有的有机溶剂，从而使分子量的研究非常困难。在硫氰酸锂（LiSCN）中，用光散射法测得甲壳素分子量为 1.036×10^6，该试验在提取甲壳素时，进行了剧烈的粉碎处理，较长时间的酸处理以及在高温条件下碱脱蛋白处理，因此所得结果是经一定降解反应之后的分子量。随后，研究者采用比较温和的条件从蟹壳中提取甲壳素进行脱乙酰基反应，并制备出可溶于水的乙二醇甲壳素，由乙二醇甲壳素的分子量间接得到甲壳素的分子量为 3.18×10^6，该法制备的乙二醇甲壳素几乎不发生降解，因而得到的结果应为原甲壳素的分子量。

高分子聚合物的性能不仅与分子量有关，而且与分子量分布有关。分子量分布是指聚合物中各个组分的含量和分子量的关系，它是聚合物最基本的结构参数之一，对其物理性质有重大影响，如力学强度和黏度。分子量分布宽度通常用多分散度（polydispersity，$PD=M_w/M_n$）表示，完全单分散性聚合物的多分散度为 1，当聚合物分散度增大时，说明其分散性也增加。壳聚糖的多分散度与分子量有关，其多分散度与壳聚糖的分子量呈现一定的线性关系，分子量越大，其多分散度越大。

4.3.2 基本性质

4.3.2.1 物理性质

4.3.2.1.1 溶解性

甲壳素是白色或灰白色半透明片状或粉状固体，无味、无臭，略有珍珠光泽。由于甲壳素的半结晶结构及强氢键作用，内聚能密度和溶解度参数很高，α-晶型和β-晶型的甲壳素在通常的溶剂中都不溶解。甲壳素的乙酰基分布对其溶解性能有影响，当乙酰度为 50% 左右，并且甲壳素分子链上的乙酰基呈无序排布时，甲壳素具有高度水溶性。由于甲壳素和纤维素结构的相似性，某些纤维素的溶剂也是甲壳素的良溶剂。目前发现的甲壳素溶剂有：

（1）一些水合能力强的无机盐，如 LiSCN、Ca(SCN)$_2$、CaI$_2$、CaBr$_2$、CaCl$_2$ 等。

（2）高浓度酸，如浓盐酸、硫酸、硝酸和磷酸等，酸溶解甲壳素通常导致分子量的降低，通过浓磷酸溶解的甲壳素未观察到脱乙酰度的变化。

（3）强极性溶剂，如三氯乙酸、二氯乙酸、氯代醇与无机酸的水溶液或某些有机酸的混合液。

(4) 强碱，如 NaOH—碎冰、NaOH—CS$_2$。

(5) 氟化试剂，如六氟异丙醇和六氟丙酮的 1.5 倍水合物。

(6) 酰胺/氯化锂体系，如 LiCl/N,N-二甲基乙酰胺（DMAc）、LiCl/N,N-二甲基甲酰胺（DMF）或 LiCl/N-甲基吡咯烷酮等。

(7) NaOH-尿素水溶液低温体系。

(8) 离子液体。

甲壳素脱乙酰基后得到壳聚糖，通常脱乙酰度高于 70%。壳聚糖由于含有自由氨基，其溶解性能大大改善。甲壳素的预处理温度、碱处理浓度、脱乙酰时间等都对壳聚糖的溶解性有影响。壳聚糖能在酸性条件下溶解，常见有机酸如甲酸、乙酸、乳酸等都能溶解壳聚糖。壳聚糖也可溶解于稀盐酸和稀硝酸，但不溶于硫酸和磷酸，也不溶于 DMF、DMSO 等有机溶剂。壳聚糖在甲酸中溶解性最好，甲酸溶液浓度（质量分数）在 0.2%~100% 都能溶解壳聚糖。在实际应用中，常用 1% 的乙酸（pH 约为 4.0）溶解壳聚糖。壳聚糖为阳离子聚电解质，在低 pH 条件下，氨基质子化使分子链带正电荷；然而，当 pH 升高至大于 6，壳聚糖的氨基失去质子，聚合物变为电中性，因此，壳聚糖能溶于 pH 小于 6.0 的稀酸中。

壳聚糖的溶解度和分子量有密切关系。一般来说，壳聚糖分子量降低会增加其溶解性。对壳聚糖进行酶解或酸解的研究发现，随着降解的进行，水溶性壳聚糖所占的比例逐渐增大，壳寡糖（聚合度为 2~10）的水溶性很好，在较高 pH 的水溶液中也能溶解。这是由于分子量降低，壳聚糖分子内的氢键作用随之减弱，使壳聚糖在溶液中具有更大的扩展趋势，从而引起壳聚糖分子构象发生改变。而链长的缩短和分子构象的变化会使壳聚糖降解产物在水溶液中的无序程度增加，使其水溶性大为改善。

壳聚糖的溶解性能与脱乙酰度也有关系。对不同脱乙酰度的壳聚糖在 pH 为 5~8 时进行溶解研究发现，脱乙酰度为 0.4~0.5 的壳聚糖在酸碱 pH 范围内均能溶解。在高 pH 区间，壳聚糖溶解度随着脱乙酰度的降低而加大，完全脱乙酰化的壳聚糖在中性 pH 条件下不溶解。壳聚糖溶解在酸中会发生链的降解，导致分子量降低；但将壳聚糖溶解在碱性介质中，却能获得高分子量的壳聚糖溶液。比如，将壳聚糖盐酸溶液加入饱和 NH$_4$HCO$_3$ 溶液，在 20℃ 静置 5 天，可得到壳聚糖甲酸铵盐，其能在 pH 为 9.6 的条件下溶解。

4.3.2.1.2 再生性

甲壳素溶解于有机溶剂后，将有机溶剂挥发掉可以得到再生甲壳素材料。如将甲壳素溶于 DMAc-LiCl 溶液中，成膜之后，溶剂通过挥发和冷压去除，经乙醇洗涤可得到透明柔软的甲壳素膜。经分析，甲壳素的再生使甲壳素分子链形成良好分布的亚微观颗粒，再由分子内和分子间强的氢键形成大的聚集体。再生甲壳素的性能和凝固液性质相关。采用中和速度缓慢的凝固液，甲壳素分子链可以重新紧密排布形成均一结构，所得甲壳素膜透明且力学性能较好。采用的凝固液使甲壳素再生速度很快时，则会形成相对疏松的纤维状结构，降低了力学性能。壳聚糖溶解后再生，可由溶液转变为凝胶、膜、纤维等不同的物理形态。

4.3.2.1.3 热性质

玻璃化温度（T_g）是非晶态高分子重要的特性参数，甲壳素 T_g 的测定对于甲壳素材料的制备和应用具有重要意义。通常，非晶态聚合物随温度升高，表现出不同的力学状态，即玻璃态、高弹态和黏流态。玻璃态与高弹态之间的转变，称为玻璃化转变，对应的转变温度即玻璃化温度，也称 α-松弛。

一些天然聚合物的 T_g 高于其热分解温度，因此无法测定 T_g。甲壳素具有结晶结构，存在大量的分子内和分子间氢键，使其熔点高于分解温度。对甲壳素，一些研究者没有发现 T_g，而其他学者运用动态力学热分析法（DMTA）研究报道 α-甲壳素的 α-松弛在236℃，β-甲壳素的 α-松弛在170℃。

将壳聚糖膜在真空条件下加热，通过红外观察壳聚糖结构的变化，从室温到150℃升温过程中，去除物理结合水，壳聚糖分子链没有任何降解。降解和侧基的变化从200℃开始，随着温度的升高而加剧，同时产生水和 CO_2 等低分子量的降解产物。在 300~600℃ 内，主链发生断裂、交联和芳香化，从而得到炭化的材料。

4.3.2.2 化学性质

4.3.2.2.1 阳离子聚电解质性

壳聚糖是一种聚电解质，在酸性溶液中（pH<pK_a，pK_a 为酸度系数），其主链上的氨基结合质子，壳聚糖分子链在溶液中以聚电解质的形式存在，与带负电的阴离子和聚阴离子发生相互作用形成复合物。相互作用力包括静电作用、偶极相互作用、氢键和疏水作用。

壳聚糖可以和许多合成或天然高分子之间形成聚电解质复合物，例如聚丙烯酸、羧甲基纤维素、黄原胶、卡拉胶、海藻酸、果胶、肝素、透明质酸、硫酸纤维素、硫酸葡聚糖、硫酸软骨素等。壳聚糖带正电荷的氨基与其他带负电的聚电解质发生静电相互作用是聚电解质复合物形成的主要原因，其强度要高于氢键和范德瓦耳斯力等。

4.3.2.2.2 金属螯合性

甲壳素及壳聚糖分子中有—OH、—NH—，从构象上来看，它们都是平伏键，在一定 pH 条件下，这种特殊结构使它们对一定离子半径的金属离子具有螯合作用。壳聚糖的螯合性主要应用于吸附金属离子，如对 Mn^{2+}、Hg^{2+}、Pd^{2+}、Au^{3+}、Pt^{4+}、Cu^{2+}、Pb^{2+}、Ni^{2+}、Ag^+ 等有很强的去除能力，但对碱金属和碱土金属的吸附作用较差。壳聚糖对金属的吸附顺序：$Cu^{2+} >>$ $Hg^{2+} > Zn^{2+} > Cd^{2+} > Ni^{2+} > Co^{2+} \sim Ca^{2+}$，$Eu^{3+} > Nd^{3+} > Cr^{3+} \sim Pr^{3+}$。二价和三价阳离子通常是以氯化物的形式被吸附。除此之外，壳聚糖还具有很强的抗射线能力，可用于放射性金属的回收处理，如 U、Zr、Nb、Ru 等。

4.3.2.2.3 多功能反应性

甲壳素/壳聚糖分子链上具有羟基和氨基等活泼基团，能发生多种化学反应。通过化学方法引进基团和侧链，以改变甲壳素、壳聚糖原有的化学和生物学性质，得到结构新颖、功能性增强的材料。甲壳素分子 C3 位和 C6 位含有羟基，其中 C3 位的羟基为二级羟基，C6 位的羟基为一级羟基。从空间构象上来讲，C6 位的羟基具有较小的位阻和较大的空间自由度，因而反应活性较 C3 位羟基大。甲壳素分子中还含有乙酰氨基，乙酰氨基参与甲壳素分子间和分子内氢键的形成。乙酰氨基化学性质较稳定，但在适当条件下也能参与反应。在壳聚糖分子链上，与化学性质有关的功能基团是氨基葡萄糖单元上 6 位—OH、3 位—OH 和 2 位氨基或乙酰氨基一级糖苷键。其中，糖苷键比较稳定，不易断裂，也不与其他羟基形成氢键。所以，通常壳聚糖的化学反应只涉及两个羟基和氨基，能发生酰基化、羧基化、醚化、酯化、烷基化等反应（图 4-10）。

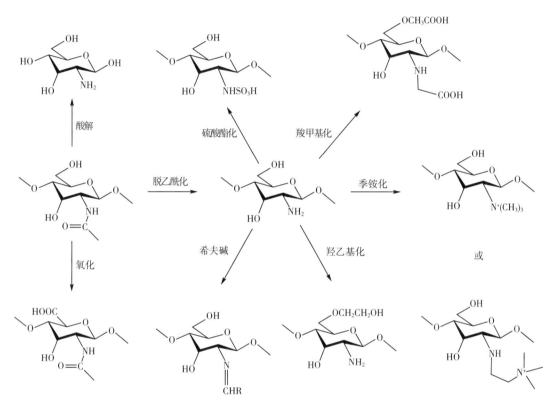

图 4-10　甲壳素和壳聚糖的常见化学反应

4.3.2.3　生物学性质

4.3.2.3.1　抗菌性

作为一种广谱型抗菌剂，壳聚糖可以抑制多种细菌、真菌的生长。壳聚糖溶液对常见食品病原细菌、人口腔病菌及多种植物病原菌具有抑菌和杀菌作用。壳聚糖可抑制大肠杆菌、沙门菌属、金黄色葡萄球菌、绿脓杆菌、链球菌、霍乱弧菌及某些真菌等的生长。一般来讲，壳聚糖对细菌的抗菌性强于真菌和酵母菌。对细菌而言，壳聚糖对革兰氏阳性菌的敏感性高于革兰氏阴性菌。壳聚糖及其衍生物的抗菌性受多种因素的影响，如分子量、乙酰度、浓度、溶剂、介质 pH、温度、衍生物的取代基种类、取代位置、取代度、一级供试菌的种类等。

有关壳聚糖的抗菌机理目前尚无定论，对大分子量和小分子量壳聚糖的抗菌机理来说，一般认为大分子壳聚糖作用于细菌的表面，如堆积在细胞表面影响其代谢，氨基的正电荷与细胞表面带负电荷的生物分子作用改变细胞的通透性，螯合一些细胞生长必需的金属元素等。而认为小分子量壳聚糖能进入细胞内部，与 DNA 结合并抑制 mRNA 与蛋白质的合成。对于真菌，一般认为壳聚糖的抑菌作用机制与其增加菌丝细胞膜的通透性有关。

4.3.2.3.2 生物可降解性

甲壳素能够被溶菌酶、乙酰氨基葡萄糖苷酶和脂肪酶降解。甲壳素被降解为寡糖，寡糖进一步水解为 N-乙酰氨基葡萄糖。N-乙酰氨基葡萄糖能参与人体代谢形成糖蛋白或被分解为 CO_2。甲壳素制备的手术缝合线在体内能较快地降解，5 天强度降低 25%，而第 15 天强度只有原强度的 18%。

壳聚糖具有生物可降解性，在生物体内可被生物酶如溶菌酶催化缓慢水解解聚，一部分以 CO_2 的形式由呼吸道排出体外，另一部分则降解为可被人体吸收利用的糖蛋白。

4.3.2.3.3 生物相容性

壳聚糖具有良好的生物相容性，对动植物都有良好的适应性，对生物体无刺激性，炎症反应小。在日本、意大利和芬兰等国，壳聚糖被批准用于食品中，美国食品药品监管局（FDA）也批准壳聚糖用于伤口敷料。

4.3.3 生产工艺

甲壳素和壳聚糖具有结晶结构和分子内及分子间氢键，难以熔融，无法进行挤出、注射或吹塑等成型加工。但甲壳素和壳聚糖能通过溶解再生过程，得到纤维、膜、凝胶、微球及纳米颗粒等不同形态的材料。通过表面修饰、共混和衍生化等手段可实现材料的功能化。本小节重点介绍甲壳素和壳聚糖纤维的成型及生产工艺。

4.3.3.1 湿法纺丝

甲壳素和壳聚糖在熔融之前就发生分解，无法进行熔融纺丝，只能进行溶液纺丝。甲壳素和壳聚糖湿法纺丝的基本过程是将甲壳素和壳聚糖溶解成一定黏度的溶液，经凝固液再生并定向拉伸得到。图 4-11 为湿法纺丝生产线装置示意图，将甲壳素或壳聚糖原液通过纺丝计量泵、过滤器过滤后进入耐腐蚀的合金材料制成的喷丝头，喷丝头上有规律地排布着多达数千个孔径为 0.05~0.12mm 的孔眼，称为喷丝孔。从喷丝孔中压出的原液细流进入凝固浴，原液细流中的溶剂和凝固浴中凝固剂进行双扩散，使原液细流达到临界浓度，甲壳素和壳聚糖于凝固浴中析出而形成纤维。纤维由于含有大量凝固浴液而处于溶胀状态，大分子具有很大的活动性，其取向度很低。选择和控制纺丝工艺条件，可制得不同横截面形状或具有特殊毛细孔结构和特殊性能的纤维。

甲壳素可采用与黏胶纤维类似的方法进行湿纺，可用三氯乙酸/卤代烃、LiCl／N,N-二甲基乙酰胺、甲酸和二氯乙酸等溶剂溶解后纺丝。甲壳素纺出的纤维强度高于壳聚糖，且不溶于稀酸，但所用的溶剂不易洗涤彻底，可先纺出壳聚糖纤维，再乙酰化成甲壳素纤维或乙酰化甲壳素纤维。

壳聚糖一般用乙酸为溶剂，以 5%~10% NaOH 水溶液与乙醇混合溶液或铜氨溶液为凝固浴进行湿法纺丝。壳聚糖的溶液纺丝始于 1936 年，里格比（Rigby）以 1.1% 的乙酸水溶液为

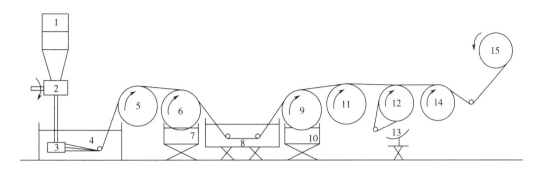

图 4-11　湿法纺丝生产线装置示意图

1—储料罐　2—计量泵　3—喷丝头　4—凝固浴　5,6—卷曲轮　7—洗涤槽
8—取向浴　9,11—拉伸带　10—萃取浴　12,14—推进辊　13—加热器　15—卷线机

溶剂，以 2% NaOH 溶液为凝固浴，首次制备出壳聚糖纤维。随后，有关壳聚糖溶液纺丝的报道逐渐增多。最简单的制备壳聚糖纤维的方法是将壳聚糖溶解于稀乙酸，过滤除去杂质，脱泡，通过喷丝头挤出至碱溶液中使其凝固，捞出后水洗至中性，干燥，即得较粗的壳聚糖纤维。通过改变壳聚糖浓度、溶剂成分及浓度、凝固浴中碱浓度、牵伸倍率等均能得到性能不同的壳聚糖纤维。

日本学者将壳聚糖溶于由 5% 乙酸和 1% 尿素组成的混合液中，配成 3.5% 的纺丝液，通过除杂、脱泡、挤出、水洗、干燥等流程制备了壳聚糖纤维。研究发现，尿素的加入可以降低纺丝原液的黏度，尿素浓度超过 1% 会造成纺丝状态的恶化，影响纤维性能；凝固浴中 NaOH 浓度为 10%、NaOH 溶液与乙醇的混合比为 90:10 至 50:50 的范围内时，凝固浴的组成对纺丝状态和纤维性能影响不大；乙酸浓度的增加会造成凝固浴中 NaOH 溶液浓度的不足，同时也会发生壳聚糖的部分降解而影响纤维的性能。

中国学者研究了壳聚糖溶液浓度与壳聚糖脱乙酰度对纤维性能的影响。壳聚糖溶液浓度增大，纤维的干强也随之增大，线密度呈无规律变化，壳聚糖溶液浓度在 2% 以上纤维的伸长率渐趋下降；脱乙酰度越高，所形成的壳聚糖纤维干强越高，纤度和伸长率变化不大；凝固浴中 NaOH 浓度低于 10%，不能很好地中和纺丝液中的乙酸，需要延长凝固时间，而且纤维在拉伸的时候容易断裂；热拉伸、定形的温度以 50~55℃ 为宜。

我国上海纺织工业局［现上海纺织控股（集团）公司］工程师包光迪总结了自己进行工艺试验的实践，并详细讨论了壳聚糖纤维的制法，其工艺流程如下：

壳聚糖溶解→纺丝液→过滤→脱泡→纺丝→凝固→拉伸→洗涤→切断→热处理→上油→干燥

该工艺所用的纺丝液的制备方法是先将壳聚糖溶解在乙酸水溶液中，然后加入乙酸锌、甘油、乙醇，搅拌均匀，加热到 90℃，经过压滤、真空脱泡即制得纺丝原液。纺丝原液通过喷丝头挤入由甘油、氨水、NaOH 组成的凝固浴中，然后在 100~120℃ 的甘油浴中拉伸，洗涤去除甘油，在保持张力的情况下，于 70~80℃ 加热 20min，进行热定形。若要使纤维增白，可在处理液中添加增白剂；若想获得丝光纤维，可将凝固浴改成含氨的乙醇溶液；若想纺出有色纤维，可在纺丝原液中加入适量染料。

为了降低壳聚糖纤维的生产成本和改善性能，可将壳聚糖与其他材料混合后纺丝。将壳聚糖与聚乙烯醇共混，采用溶液纺丝法制备壳聚糖/聚乙烯醇共混纤维，凝固浴为 10% NaOH 水溶液和无水乙醇的混合物（体积比为 1∶1）。聚乙烯醇的引入，提高了壳聚糖纤维的干、湿态拉伸强度和保水性能。此外，将壳聚糖粉碎为 5μm 以下的超微粉并通过机械混合的方法混入黏胶纤维，所制成的甲壳质（chitopoly）纤维的物理性能可与锦纶比肩。将壳聚糖混入黏胶纺丝液的同时加入一些羧甲基壳聚糖，可改善其相容性和分散均匀性。也可将超微壳聚糖细粉混入聚丙烯中纺出壳聚糖—聚丙烯纤维，或将壳聚糖共混纤维与棉、聚酯基聚丙烯腈混纺。壳聚糖还可以和明胶制成共混纤维。运用湿法纺丝，还可制备壳聚糖/海藻酸钠杂化纤维。壳聚糖与柠檬酸形成复合物，经乳化并与海藻酸混匀后进行纺丝，壳聚糖以颗粒的形式分散于纤维内部及表面。

液晶纺丝能大幅度提高壳聚糖纤维的干态断裂强度。将 5% 壳聚糖的甲酸溶液蒸发 10 天左右，使其浓度达到 35% 进入液晶态，以甲醇和 2% NaOH 溶液的混合液（4∶1）为凝固浴，在 25℃下干喷湿纺，所得纤维具有典型的取向液晶态织构——条带织构，显著提高了纤维的断裂强度。甲壳素和壳聚糖的某些衍生物具有液晶性。杜邦公司已采用甲壳素和壳聚糖乙酯/甲酯液晶溶液，制得了强度达 4.84cN/dtex 和 5.28cN/dtex 以上的纤维。

甲壳素和壳聚糖的衍生物也可纺丝，如甲基、乙基、正丁基、异丁基、正戊基等烷基甲壳素纤维也已在 20 世纪 80 年代制备出来。

4.3.3.2 静电纺丝

静电纺丝技术是指聚合物熔体或溶液在高压静电场作用下形成纤维的过程，是目前制备一维纤维纳米结构材料的重要方法之一。利用静电纺丝制备甲壳素纳米纤维已经被广泛应用，但由于甲壳素难溶于一般有机溶剂，其应用受到许多限制。以六氟异丙醇作为甲壳素溶剂进行静电纺丝，可以制得直径分布在 40~640nm 的纳米纤维，其平均直径为 110nm。通过对甲壳素纳米纤维进行化学处理，可得到壳聚糖纳米纤维，在 100℃条件下，用 40% NaOH 处理 150min，其脱乙酰度达到 85%，处理前后纤维形貌和直径无明显变化。通过对甲壳素使用 γ 射线照射，可使甲壳素分子链解聚，提高其在六氟异丙醇中的溶解性，可以制得直径小于 100nm 的甲壳素复合纳米纤维。采用离子液体溶解甲壳素进行静电纺丝，以 1-乙基-3-甲基咪唑氯盐和 1,3-二甲基咪唑醋酸盐溶解甲壳素，用水为收集端得到甲壳素纳米纤维。用离子液体还可以直接从甲壳中提取甲壳素来静电纺丝，所得甲壳素纤维具有很高的分子量。

由于壳聚糖中氨基的存在和高结晶性，壳聚糖只能溶解于酸，不溶于碱和绝大多数有机溶剂，导致壳聚糖静电纺丝加工比较困难。有学者以三氟乙酸（TFA）为溶剂成功地通过静电纺丝获得了壳聚糖纤维，TFA 与壳聚糖分子链上的氨基形成盐，破坏了壳聚糖分子间相互作用，有利于壳聚糖的静电纺丝。当壳聚糖浓度在 8% 左右时，可以得到平均直径为 490nm 的纳米纤维，向溶液中添加二氯甲烷能够使静电纺丝过程顺利进行。以浓乙酸为溶剂，通过静电纺丝也制得了均匀的壳聚糖纳米纤维，壳聚糖分子量、纺丝液浓度、乙酸浓度和电场强度等参数对静电纺丝均有影响。其中乙酸浓度是最重要的参数，它能降低壳聚糖溶液的表面张力，同时提高射流的电荷密度而不影响溶液黏度。壳聚糖基纤维膜具有多孔隙结构、高吸水性以及良好的细胞黏附性，是一种理想的生物医用材料。

通过同轴电纺技术，可制备核壳结构、中空结构的壳聚糖纤维。将聚环氧乙烷（PEO）和壳聚糖制成以 PEO 为核、壳聚糖为外壳的微纳米纤维，用水将 PEO 去除后，得到空心的壳聚糖纤维，这种纤维有望作为血液透析或伤口愈合材料。

4.3.3.3　其他生产工艺

自然界中，甲壳素广泛存在于真菌类生物的细胞壁中。在合适的发酵条件下，丝状真菌在生长繁殖后可以直接产生甲壳素含量很高的纤维状结构，经过简单的后处理，其产物可以直接加工成纸、非织造布等产品。利用丝状真菌生产甲壳素纤维，丝状真菌发酵后得到的甲壳素微中空纤维状物质，其长度在 50~100mm，与纺织用纤维的长度基本相同。

此外，通过超声的方法以鱿鱼软骨为原料可制备直径为 3~4nm、长度为数微米的甲壳素纳米纤维。以机械碾磨的方式也可由甲壳素直接制备纳米纤维。甲壳素纳米纤维还可以通过微接触印章法、冷冻干燥法制备。

4.3.4　可持续性评估

当前科学发展的趋势之一是致力于解决人类社会中的环境问题并促进世界的可持续发展。近年来，科学界和工业界正在积极关注建立环境友好的技术和方法，以及基于天然高分子的"绿色"产品和材料的研究与开发。很多全球性大公司对于生物质材料、生物燃料及相关的加工技术都制订了高瞻远瞩的发展计划，尤其瞄准天然高分子基新材料在生物医药、纺织、包装、运输、建筑、日用品，乃至光电子器件等诸多领域的应用前景。美国能源部（DOE）预计，在 2050 年源于植物生产的基本化学结构材料将达到 50%。可见，天然高分子基新材料领域的研究及应用正在蓬勃展开。

甲壳素和壳聚糖作为重要的天然高分子资源，可在建设资源节约型和环境友好型社会中发挥巨大作用。本小节主要从三个方面对甲壳素和壳聚糖的可持续性进行评估。

4.3.4.1　生产过程的可持续性

获取甲壳素涉及虾蟹壳原料的选择、提取等步骤。传统的提取甲壳素的工艺包括物理法和化学法，物理法包括干燥、粉碎、筛选、气流分级这几个步骤，得到的是不溶性甲壳素粗产品。化学法包括脱脂、脱蛋白、去除无机盐和脱色几个步骤，其中去除蛋白质和无机盐两道工序可交换顺序。常见的脱脂方法是用乙醚等有机溶剂进行萃取，常见的脱蛋白方法是用碱液处理，而常用的去除无机盐的方法是用酸处理。传统的酸碱法虽然应用广泛，但生产过程中所产生的大量酸碱废液不仅对环境造成不良影响，而且需要对废液进行后处理，这在生产上也加大了成本。当前，国内外对于甲壳素清洁生产的要求使其能源消耗和环保治理成本越来越高。

近年来，根据国家建设资源节约型和环境友好型社会的战略需求和甲壳素产业发展的需要，传统甲壳素生产工艺的研究改进和工艺革新迫在眉睫，尤其是原料中的蛋白质、$CaCl_2$、HCl 等副产品的回收和重复利用以及降低甲壳素生产过程中的废物排放，以零污染零废弃为目标。因此，甲壳素的提取工艺越来越向环境友好的生物法方向发展。酶脱蛋白技术具有污染小、反应条件温和、对甲壳素的主链结构影响比较小等优点。

微生物发酵法是以甲壳动物废弃物为底料制备甲壳素的方法，它包括单菌发酵、共发酵、连续两步发酵以及运用基因工程等新兴绿色生物技术。其原理一方面是葡萄糖分解形成的乳酸与虾蟹壳中的碳酸钙反应，形成乳酸钙沉淀，即脱钙；另一方面是通过微生物产生的蛋白水解酶对虾蟹壳废弃物进行脱蛋白。因此，用于发酵提取甲壳素的微生物主要有能够产乳酸或产蛋白水解酶的微生物，包括芽孢杆菌属（*Bacillus*）、乳杆菌属（*Lactobacillus*）、嗜热链球菌（*Streptococcus thermophilus*）等菌属。其脱蛋白率在 56%~97.1%，而脱钙率在 69%~98%（表4-2）。微生物发酵技术提取甲壳素具有环境友好性、技术灵活性和经济可行性等优点，是提取高质量甲壳素的有效方法。

表4-2　甲壳素类废料利用微生物发酵的研究

微生物	所用品种		脱蛋白率（%）	脱钙率（%）
Lactobacillus	*Lactobacillus plantarum 541*	植物乳杆菌	虾头 83；壳 66	虾头 88；壳 63
	Lactobacillus plantarum 1058	植物乳杆菌	—	—
	Lactobacillus sp. B2	乳酸杆菌	56	88
	Lactobacillus plantarum	植物乳杆菌	98.2	97.2
	Lactobacillus helveticus	瑞士乳杆菌	78	98
	Pediococcus acidolactici	乳酸片球菌	72.5±1.5	97.9±0.3
Bacillus	*Bacillus cereus SV1*	蜡状芽孢杆菌	88.8±0.4	—
	Bacillus subtilis OKF04	枯草芽孢杆菌	—	—
	Bacillus subtilis NA12	枯草芽孢杆菌	—	—
	Bacillus subtilis	枯草芽孢杆菌	96.0	82.1
	Bacillus subtilis	枯草芽孢杆菌	84	72
	Bacillus cereus	蜡状芽孢杆菌	97.1	95
	Bacillus pumilus A1	短小芽孢杆菌	94±1	80±0.6
	Bacillus licheniformis NH1	地衣芽孢杆菌	90±1.5	83±0.5
	Bacillus subtilis A26	枯草芽孢杆菌	91.25	79.9
	Bacillus mojavencis A21	莫海威芽孢杆菌	88	—
	Bacillus pumilus A1	短小芽孢杆菌	94	88

续表

微生物	所用品种		脱蛋白率（%）	脱钙率（%）
其他	*Pseudomonas aeruginosa*	铜绿假单胞菌	94	82
	Pseudomonas aeruginosa F722	铜绿假单胞菌	63	92
	Streptococcus thermophilus	嗜热链球菌	93.59	—
	Streptomyces griseus	灰色链霉菌	91.10	—
	Natural probiotic	天然益生菌	89	69
	Pseudomonas aeruginosa A2	铜绿假单胞菌	89	96

4.3.4.2 对环境的保护

人类活动中大量的工业、农业和生活废弃物直接排放到大自然，造成了严重的环境污染，威胁到人类健康和自然生态系统。日益严重的环境问题，如水污染、土壤污染和空气污染是人类社会所面临的主要挑战。壳聚糖及其衍生物的独特性质，如生物可降解性、无毒、抗菌活性和聚氧离子性质使它适合于治理环境污染。

（1）土壤修复。与大气和水污染治理相比，我国的土壤污染治理与修复历史并不长。土壤污染具有隐蔽性、滞后性、累积性和不可逆性。耕地土壤污染一旦发生，仅仅依靠切断污染源的方法很难恢复，若不尽快治理，污染物可能会在土壤中富集，进而破坏土壤的理化特性，同时，农作物可能会吸收并富集污染物，影响农作物的产量和品质，给农业生产带来巨大的经济损失。若长期食用受污染农产品，会造成健康问题，严重的可能会危及生命。另外，通过扩散，污染物还会造成大气、地下水等二次污染，给今后的治理带来更大的难度和更高的代价。

土壤重金属污染是土壤污染中常见的一种情况，近年来，我国各地已屡屡出现土壤重金属污染事件。土壤修复技术一般包括生物修复、化学修复、物理修复及联合修复技术。对重金属污染的土壤，即使土壤中存在大量的 K^+、Cl^- 和 NO_3^- 离子，壳聚糖的 N、O 原子也可作为金属离子的键合位点，用来螯合金属离子，作为土壤改良剂用于清除土壤中的重金属。比如，将含硫壳聚糖螯合剂施加到 Pb 污染的土壤中，研究其通过植物修复土壤的效率。试验证明，含硫壳聚糖螯合剂能显著增加土壤溶液中 Pb 的总浓度，水提取 Pb 的浓度可增大 130～180 倍。新型螯合剂能加速 Pb 在植物体内的传输速度，使植物木质液中金属的浓度增大，促进植物对金属的累积，提高土壤植物修复的效率。此外，将壳聚糖溶液作为土壤淋洗修复技术的淋洗液喷洒到重金属污染的黏土、肥土和沙土中，最开始7天，铜、镉离子含量均显著降低，显示了壳聚糖在土壤修复治理中的潜力。

（2）水处理。近年来，壳聚糖在废水处理中的应用取得了长足进展，主要包括吸附重金属、吸附有机污染物以及用作絮凝剂。去除水体中重金属离子可采用吸附技术，因其具有化学稳定性好、无二次污染等优点。甲壳素中的氮原子可通过络合作用吸附铅离子，将纤维素和甲壳素制成微球后其周围可以进一步吸附更多的铅离子，铅离子络合物水解后以晶态形式沉淀到微球上。壳聚糖中的氨基和羟基在近中性溶液中可通过螯合作用吸附重金属，形成复合物。壳聚糖可制备成水凝胶、膜、纤维、海绵等多种形式的材料来去除重金属。有机污染物主要包括染料、酚类、多氯联苯、蛋白质、核酸等，甲壳素/壳聚糖因来源丰富，含有大量官能团，对染料的吸附能力突出，可作为有效的生物吸附剂来去除有机污染物。在用作絮凝剂方面，造纸工业废水排放量大，其中的蒸煮废液对环境污染最为严重。造纸废水中杂质很多，粒径分布不均匀，有的呈胶体状态，有的悬浮于水中，难以经一次处理就达到要求。目前大多采用有机絮凝剂和无机絮凝剂配合使用处理废水。壳聚糖分子链上分布着大量的游离氨基，在烯酸溶液中质子化，使壳聚糖分子链带有大量的正电荷，成为一种聚电解质，是一种典型的阳离子型絮凝剂。壳聚糖作造纸废水絮凝剂主要的絮凝机理有桥联作用、电中和作用和基团反应。用絮凝方法分离造纸废液中的溶解木素，是造纸废液综合利用的新途径。壳聚糖对废液中的固形物、有机物、无机物及化学需氧量（chemical oxygen demand，COD）去除率可达 52%~70%。蒸煮废液的 pH 对壳聚糖的絮凝效果有重要影响，pH 低，絮凝效果好。壳聚糖可使废液中分子量较大、溶解性较差的木素絮凝而聚沉，而分子量较小、易溶的木素保留在溶液中。研究表明，将壳聚糖用于处理造纸废水时，COD 去除率都在 91% 以上，明显优于聚合氧化铝、明矾等净水剂。壳聚糖不但可去除水中悬浮物，而且可去除水中对人体有害的重金属离子，且过量的壳聚糖对人体无害，对中小型造纸厂的处理具有一定的实用性。

4.3.4.3 降解性

在自然界中，材料的降解方式主要有物理降解（包括光降解、热降解、超声波或微波作用下的降解）、化学降解（包括水解、醇解、酸解等）和生物降解（包括酶降解、微生物降解等），在实际情况下材料的降解具有复杂性、多元性，可以同时兼有物理降解、化学降解和生物降解的几种或全部。

壳聚糖的分子量和脱乙酰度对降解有影响，一般来讲，随着壳聚糖脱乙酰度的增加，生物降解速率降低。例如，溶菌酶使脱乙酰度大于 70% 的壳聚糖的降解活性迅速降低，脱乙酰度达到 100% 的壳聚糖则不能在体内被溶菌酶催化水解。

将壳聚糖膜和甘油增塑的壳聚糖膜在土埋和好氧堆肥情况下研究其降解性能，壳聚糖膜在土壤中的降解率更大，70 天后几乎达到了 100% 的降解。在好氧堆肥情况下，180 天内壳聚糖大约降解 65%，甘油增塑的壳聚糖达到了大于 85% 的降解。

将壳聚糖纤维填埋在土壤中，研究其在自然环境下的降解行为。90 天后，壳聚糖纤维上多处出现孔洞，有些纤维表面蚀痕严重，纤维被破坏只剩中心部分，降解失重率为 43% 以上，强度损失率高于 80%。将壳聚糖纤维置于生理盐水中研究其降解性，160 天后，纤维表面呈现凹凸不平。其质量损失在 1% 左右，强力损失在 6% 左右，断裂伸长损失约 25%。

甲壳素/壳聚糖是具有环境可持续性特点的材料，其纤维在可吸收外科手术缝合线、人工皮肤、人工血管、止血材料、伤口包扎材料、抗菌材料等方面已发挥越来越重要的作用。在纺织领域，甲壳素/壳聚糖抗菌纤维，已被广泛用于生产内衣、内裤、妇女卫生用品、婴儿和老人护理用品、外衣、袜子、鞋垫、床上用品、毛巾、浴巾、地毯、军事用品等，具有重要的经济效益和社会效益。随着纺织科学技术的发展以及人们生活水平的提高，以及对甲壳素/

壳聚糖材料研究的进一步发展，甲壳素/壳聚糖纤维在纺织领域必将发挥更大的作用。

4.4　PLA 纤维

4.4.1　基本性能

聚乳酸是一种具有优良的生物相容性和可生物降解性的高分子材料，是从玉米、小麦、木薯等一些植物中提取的淀粉为主要原料，经过酶分解得到葡萄糖，再经过发酵形成乳酸或环状二聚体——丙交酯，然后经过聚合得到（图4-12）。聚乳酸在自然界中会在微生物、水、酸或碱的作用下，分解成 CO_2 和水，然后通过光合作用再次生成淀粉。这一过程完全自然循环，不会对环境造成污染。因此，聚乳酸是一种循环的可生物降解材料，其纤维是新一代绿色纤维，是一种可持续的生态纤维。

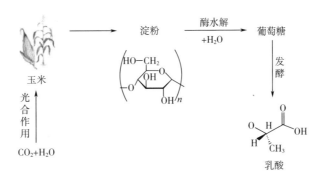

图 4-12　聚乳酸的生成路线图

聚乳酸纤维是聚乳酸经过纺丝制得的纤维，可以是长纤维，也可以是短纤维或非织造布。早在1962年，美国 Cyanamid 公司采用 PLA 树脂制得可生物吸收的医用缝合线。聚乳酸的合成成本较高，多应用于手术外科和生物医学领域。随着成本下降，聚乳酸也慢慢在日用领域得到应用，如过滤膜、面料、非织造布和封口膜等。

4.4.1.1　物理性质

聚乳酸是一种热塑性脂肪族聚酯，玻璃化温度和熔点分别为 $60 \sim 70$℃和 $165 \sim 175$℃，在室温下是一种玻璃态的硬质高分子。聚乳酸是结晶性聚合物，在成型过程中会出现结晶现象，在高应力作用下会形成纤维状或片状晶体。在拉伸力的作用下聚乳酸会产生拉伸取向，如聚乳酸纤维、聚乳酸单轴或双轴拉伸薄膜等过程中都存在拉伸取向。

聚乳酸的种类因立体结构的不同有很多种，如聚右旋乳酸（PDLA），聚左旋乳酸（PLLA）和聚外消旋乳酸（PDLLA）。其中 PDLLA 为无定形非晶态，PLLA 为等规立构，具有很强的结晶性。生产聚乳酸纤维一般是采用 PLLA。

聚乳酸的力学性能主要依赖于分子量、D 型（PDLA）含量和高层次有序结构，如结晶度、片晶厚度、取向结构等。PLA 分子量的大小对力学性能有很大的影响。分子量低时，

PLA 的拉伸强度和弯曲强度随着分子量的增加而增加。当分子量超过一定值后，分子量大小的影响就不明显了。PLLA 显示比 PDLLA 更好的强度，就源于 PLLA 是结晶的，而 PDLA 是非晶的。PLA 中 PLLA 和 PLDA 立体异构的存在影响结晶度和链的规整性排列，从而导致力学性能的变化。

聚乳酸纤维的拉伸性能与聚酯纤维接近，模量更低，熔点和折射率也更低。聚乳酸纤维制得的织物手感柔软，悬垂性好，与聚酯纤维有相似的耐酸碱性能。但是，聚乳酸是由羧基和羟基进行反应脱水缩合而形成的大分子，在高温湿热条件下，容易发生水解反应。所以，聚乳酸纤维的耐湿热性较差，将其经过湿热处理后，力学性能下降严重。这可能是由于水使PLA 纤维变得松散，增加了大分子链段运动能力。

聚乳酸纤维由于分子结构中缺乏亲水基团呈现疏水性，采用表面改性或共聚共混改性，可以使 PLA 纤维获得一定的亲水性能。戴（Dai）等对 PLA 纤维表面进行等离子聚合接枝庚胺，大幅度提高了 PLA 纤维的亲水性能。

4.4.1.2 降解和稳定性能

聚乳酸分子中含有酯键，可以在很多条件下断裂，已经发现聚乳酸可以发生水解降解、热降解、光降解、辐射降解、酶降解和微生物降解等。影响聚乳酸降解速度的因素有结晶度、玻璃化温度、分子量、吸水率和介质 pH 等。

乳酸具有 D 和 L 两种立体异构，其组成对 PLA 的生物降解性有重要的影响。L 型乳酸是微生物的发酵作用自然产生的。少量的 D-乳酸是由一些细菌种类偶然产生的。由于 D-乳酸在自然界中并不大量存在，因此细胞和微生物缺乏代谢这种乳酸的能力。D-乳酸的降解大多数是通过水解反应。

4.4.1.2.1 水解降解

水解降解是由于聚乳酸分子链中酯基极易在水分子作用下断裂为羟基和羧基，同时降解中产生的乳酸可能会对降解有催化作用，产生自催化效应。聚乳酸的水解降解速率取决于材料本身的性质和水解的条件。材料本身的性质包括分子结构、结晶度、分子量大小及分布和立构规整度等。水解条件包括温度、pH 和催化剂种类（酸碱或酶）等。

与 PDLA 和 PLLA 相比，PDLLA 经水解降解更易出现明显的质量损失，主要是由于 PDL-LA 主要由等规序列和少量无规序列组成，水分子容易在 D 和 L 链的无序螺旋构象之间迁移，并与样品内部进行有效的相互作用以促进自催化分子的重排，分子重排破坏了与立构规整度相关的结晶致密结构。

4.4.1.2.2 生物降解

生物降解可分为三类：环境降解、微生物降解和酶降解。聚乳酸的生物降解与聚乳酸所处的环境有关。在人或动物体内，聚乳酸的降解通过水解发生，这一阶段形成可溶性低聚物通过细胞代谢完成降解。在自然环境中，聚乳酸被降解成低聚体，然后在微生物出现的环境中被转换成 CO_2 和 H_2O。与其他可生物降解材料相比，PLA 不易受到微生物的侵蚀。有研究表明，PLA 在自然界中需要较长的时间才能完全降解。目前，自然界中能降解 PLA 的微生物有限，如防线菌、真菌、拟无枝酸菌等。另外，一些酶对 PLA 的生物降解也有促进作用。威廉姆斯（Williams）在 1981 年首次报道蛋白酶 K 为水解 PLA 的酶。研究表明，在酸性条件下，蛋白酶对 PLA 的降解活性较小，但聚乳酸在碱性蛋白酶的条件下可生成可观的乳酸。酶的活性取决于 pH、温度和 PLA 的结构性质（链的立体化学结构和结晶度等）。例如，蛋白酶优先降解 PLLA，然后是 PDLA，但对 PDLLA 几乎不能降解。

与其他生物聚合物相比，PLA 更耐用，完全降解所需时间更长，同时又保持其生物可降解特性。因此，在涉及长期使用的产品中，保持其长期使用的功能性非常重要，PLA 就显示出优势。例如织物和家用纺织品等，这些产品的使用期限较长，一般经磨损淘汰后再进行生物降解处理。聚乳酸纤维及织物在土壤中，一般情况下经过数月或 1~2 年可完全生物降解形成 CO_2 和 H_2O。

4.4.1.2.3　热降解

由于 PLA 的分子链段中含有对水和热都比较敏感的酯键，在高温有氧及潮湿的环境下，PLA 的分子链段会发生不同程度的降解。PLA 是对热比较敏感的物质，当加工温度超过熔点，PLA 链段的分子内酯交换生成乳酸的环状低聚物和丙交酯。由于反应可逆，生成的低聚物和丙交酯重新插入线型长链聚酯链段中，导致长链分子链段变短，聚合物分子量下降，分子量分布变宽。

PLA 的热降解机理比较复杂，很多重要的挥发性分解产物也会在热降解过程中产生。PLA 的热降解机理按在降解过程中是否产生自由基分为非自由基降解反应机理和自由基降解反应机理。非自由基降解机理包括随机链段降解反应机理、分子间酯交换和分子内酯交换反应机理等；自由基降解机理为高温裂解反应降解机理。影响聚乳酸热降解的因素有很多，例如端基结构、体系中的水含量、分子量的大小、残留的小分子物质、残留的催化剂及加工工艺条件等。因此，通过采用恰当的聚合物方法，降低残留催化剂含量，适当提高分子量，降低分子量分布宽度，采用合适的基团对聚乳酸进行封端等手段，都可以一定程度上提高聚乳酸的热稳定性。

4.4.1.2.4　光降解

一般聚合物材料暴露在阳光下都会发生降解反应，发生诸如主链裂解、交联、氧化等化学反应，导致材料出现失色或脆性断裂的现象。对户外产品而言，光降解对产品的寿命产生重要的影响。当聚乳酸暴露在阳光下，同样会由于户外强光（不可见的低波长光和高能紫外光）的促进作用引起化学结构发生本质的改变。自由基在光降解中生成，侵袭主链并形成较低分子量的产物。最早的关于聚乳酸光降解的文章是利用中压汞灯在 30℃ 的真空条件下，持续照射 72h 聚乳酸。从挥发物的紫外和红外光谱及热降解分析可知，聚乳酸在紫外光下的降解发生在酯连接基的 C—O 部位。

为加速 PLA 废物的处理可以通过添加光敏剂提高降解率。但为了延长 PLA 产品的使用期限，则要防止 PLA 产品的光降解。随着科研的不断深入，聚乳酸的耐热和耐光性能将得到改善。

4.4.1.2.5　辐射降解

若聚合物材料用于医疗领域，在使用前必须通过紫外线照射杀菌和消毒。自聚乳酸作为手术缝合线被广泛应用以来，对 PLA 暴露在高能射线下的降解研究就得到广泛关注。高能辐射 X 射线和γ射线的能量很高，聚合物因吸收如此高强度的能量所导致的降解和紫外线、可见光所导致的降解有所不同。另外，通过对 PLA 表面辐射改性和辐射交联又可改善 PLA 的物理和力学性能。由于纯 PLA 在超过 60℃时容易软化，利用二烯异氰尿酸酯作为交联剂，在电子辐射作用下可以对 PLA 进行交联，提高力学性能。如果没有交联剂，辐照会导致 PLA 链断裂，分子量降低，黏度下降。

4.4.1.3 燃烧性能

聚乳酸是一种可燃材料，其极限氧指数在 20%左右，燃烧时形成一层刚刚可见的炭化层后就很快液化，滴落并燃烧，燃烧产物是 CO_2 和 H_2O。聚乳酸燃烧时，滴落物很大，在燃烧过程中滴落是非常危险的。带火焰的滴落物会带来很大的安全问题。由于聚乳酸的应用已经扩展到纺织和电器外壳等领域，因此必须提高聚乳酸的阻燃性能。

聚乳酸的阻燃改性主要有物理改性和化学改性。化学改性较为复杂，成本高，因此目前针对 PLA 的阻燃改性多为物理改性，可用于 PLA 的阻燃剂有卤系、磷系、氮系、硅系、金属化合物以及多种成分的复配物。

4.4.2 生产工艺

聚乳酸纤维的制备方法主要有熔融纺丝、溶液纺丝两种。近年来，随着静电纺丝技术的成熟与工业化，通过静电纺丝技术制备聚乳酸纳米纤维的研究也较多。

4.4.2.1 熔融纺丝

聚乳酸是热塑性聚合物，在脂肪族聚酯中属于熔点较高、结晶度高、玻璃化温度超过室温的品种。玻璃化温度和结晶温度高对熔融纺丝过程中的固化和结晶非常有利，具有很好的可纺性，但聚乳酸的熔融纺丝工艺较难控制。对熔融纺丝而言，加工温度的选择依赖熔点。一般加工温度必须超过熔点才能得到均匀稳定的熔体，一般将加工温度设置在熔点以上 40～50℃，同时应尽可能地避免严重降解。聚乳酸熔体对温度敏感，在高温下容易热分解，因此纺丝成型的温度范围较窄。PLA 纤维较早用熔融纺丝制备，也是目前工业化生产 PLA 纤维最常用的方法。

由于聚乳酸易水解，造成分子量大幅度下降。另外，纺丝时，熔体中的水分会形成气泡，气泡夹杂在熔体细流中易产生飘丝、毛丝和断丝等，从而在后拉伸过程中形成毛丝和断头。因此熔融纺丝前，聚乳酸切片需在真空下充分干燥，去除切片中的水分，通常含水量控制在 50mg/kg 以下。但干燥温度过高，干燥时间过长，也会造成切片降解。一般干燥温度控制在高于玻璃化温度，远低于熔点。

原始聚乳酸切片的含水率较高，如果一开始就以高温进行干燥，切片的水分来不及从内部扩散到表面，再从表面蒸发到真空中，切片表面易水解软化，形成板结。板结会阻碍水分进一步扩散蒸发，从而引起切片的进一步水解和板结。因此，聚乳酸切片最好采用阶段干燥的方法，逐步升温干燥。低温下，可以避免板结和分子量下降，同时除去大部分水分。高温时，绝大部分都是缔合水，水分含量已经很少了，高温下不会产生剧烈的水解，可以进一步除去缔合水。

熔融纺丝生产主要采用螺杆挤出机和配套的冷却、牵伸和卷绕系统。熔融纺丝工艺流程包括以下步骤：

聚乳酸切片干燥→熔融纺丝→拉伸→热处理

纺丝拉伸过程可采用纺丝拉伸一步法或纺丝—拉伸二步法，工艺和聚酯纤维基本类似。一步法高速纺丝可以提高聚乳酸纤维的产率，能得到高取向和低结晶的纤维。但由于纺丝速度快，张力大，对设备和原料的可纺性要求较高。同时，由于冷却速度快，对纤维结构、性能和均匀性会产生有影响。纺丝过程中，卷绕速率越大，纤维的模量、强度越高，分子链的断裂越少，分子量下降越小。

熔融纺丝过程中，纺丝温度会影响熔体的流动性能。即使经过干燥，对于低结晶度的PLA 原料，在熔融纺丝和热牵伸过程中仍然易发生热降解。因此，熔融纺丝的 PLA 树脂一般要求较窄的分子量分布，或加入少量的抗氧化剂，可有效抑制纺丝过程中的降解。PLLA 对温度非常敏感，在升温过程中，特性黏度下降明显。对 PLLA 和 PDLA 进行 1∶1 共混熔融纺丝，会形成 PLA 立构复合物晶体，不仅能获得较高分子量的聚乳酸，而且耐热温度可以大幅度提高，从而改善纤维的强度。但聚乳酸的黏度较大，纺丝温度过低，喷丝口的物料没有充分熔融，达不到纺丝要求。因此，在不明显降低分子量的前提下，适当提高纺丝温度，既有利于聚乳酸大分子链沿着轴向取向排列，也有利于改善纤维的力学性能和光学性能。

纺丝过程中的纺丝速率和拉伸倍数也是重要的控制参数。纺丝速率越大，卷绕丝的预取向度和结晶度越大，后拉伸倍数降低，卷绕强度会增加。但过高的纺丝速率会使聚乳酸结晶时间过短，结晶不完全，结晶度与力学性能反而会有所下降。

4.4.2.2　溶液纺丝

溶液纺丝的工艺要求较为复杂，溶剂回收困难。由于涉及有毒有机溶剂，生产环境恶劣并容易造成环境污染，不利于大规模工业化生产。聚乳酸的溶液纺丝有干纺、湿纺和干湿纺。干法—热拉伸工艺是将聚乳酸溶于二氯甲烷、三氯甲烷、甲苯等溶剂中形成纺丝液。纺丝液经过喷丝孔后形成细流，在一定条件下脱除溶剂进行拉伸定形就得到聚乳酸纤维。干法纺丝由于是在热空气中，溶剂通过自然挥发或强制对流挥发脱除，因此对使用的溶剂有选择。溶剂选择不当，纤维成型不好或不能成型，最终影响纤维性能。干法纺丝的 PLA 纤维力学性能比较优异，主要是因为多采用高分子量原料，且在常温下纺丝，可以避免降解。

湿法纺丝是将聚乳酸溶于溶剂中，通过喷丝孔喷出的细流进入凝固浴形成纤维的纺丝方法。与干法纺丝不同，湿法纺丝利用的是凝固浴作为纤维固化手段。由于溶剂脱除的过程是在凝固浴中完成的，因而对溶剂的挥发性没有特殊要求。

溶液纺丝纤维的力学性能要优于熔融纺丝纤维，其原因一方面是溶液纺丝的温度要低于熔融纺丝，热降解更少，可以有效保持聚乳酸的分子量。另一方面，溶液纺丝采用的聚合物溶液比熔融纺丝采用的聚合物熔体大分子链的缠结更少，纺丝过程中，缠结链少的网络结构可以有效地转移到初生纤维中，初生纤维表现出更好的拉伸性能。

干湿法纺丝又称为干喷湿纺，兼具湿纺和干纺的特点。纺丝液从喷丝头挤出后先经过一段空气浴或其他气体介质（长度20~30mm），然后经过一个或多个凝固浴，最终形成纤维。干湿纺的工艺中，经过喷丝孔的细流在进入凝固浴前先在空气中经过拉伸，产生轴向变形，分子结构重排取向，因此可以获得结晶性和强度更好的纤维。另外，干湿纺对聚乳酸的分子量降低影响较小。

4.4.2.3 静电纺丝

静电纺丝是一种新型的纺丝技术，可以制备纳米级或亚微米级的超细纤维。静电纺丝已经被广泛用于制备PLA亚微米或纳米纤维及纤维膜。PLA的静电纺丝有溶液静电纺和熔体静电纺两种。聚乳酸多采用溶液静电纺丝的方法。溶液静电纺丝是将聚乳酸配成溶液后电纺，因此溶液的性质会影响纺丝工艺，如聚乳酸的分子量、纺丝液的浓度、电导率等。但溶液电纺面临有机溶剂的回收，环境污染、毒性残留物以及纤维力学性能较差等问题。这些问题影响了溶液静电纺丝纳米纤维的大规模生产。

熔融电纺是将聚乳酸熔体进行静电纺丝。PLA具有良好的抗溶剂性，使其更适于采用熔体而非溶液的静电纺丝方式加工。但PLA的热降解性能会影响熔融电纺过程，目前PLA熔融静电纺丝的研究较少。赵明良等采用气泡熔体静电纺丝的方式，以生物降解的聚乳酸为原料，制得静电纺PLA纳米纤维。气泡熔体静电纺丝是使用气泵在聚合物熔体表面产生气泡，在电场力作用下，多股纺丝射流由气泡表面产生，并最终在接收装置上形成纳米纤维，如图4-13所示。

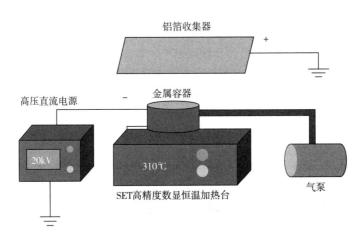

图4-13 气泡熔体静电纺丝装置

熔融静电纺丝的纤维形貌及力学性能较溶液静电纺丝制备的纤维好，同时具有绿色无污染的优势。但是，熔融静电纺丝由于聚合物黏度高、导电性能差，制备的纤维较粗，严重制约了熔融静电纺丝技术的发展。为了获得形貌更好、更均匀和更细的纤维，辅助气流的加入及环境温度的提升有利于熔融静电纺丝过程进行，如图4-14所示。

聚乳酸静电纺的纤维具有高的比表面积和孔隙率，在吸附分离、催化、医用、生物医疗等领域应用非常广泛。由于聚乳酸具有良好的生物相容性和生物可降解性，静电纺的聚乳酸纤维可以很好地用于组织工程支架，组织细胞培养和药物缓释等方面。将聚乳酸与其他聚合

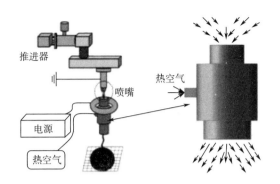

图 4-14　熔体微分静电纺丝装置

物共混纺丝，可以制备得到非织造布，用于环境工程领域，如空气过滤材料和膜分离等。

4.4.3　可持续性评估

如今，评估石油塑料和生物塑料对环境影响的重要工具是生命周期分析。生命周期评估是研究人员用来评估和比较生物可降解材料和其他一次性产品的碳足迹（carbon footprint）最常用工具。生命周期评价通过定义、计算和评估来确定对环境的总体影响，分析与产品或产品的生产、利用和处置直接相关的所有输入和输出过程。因此，为了比较 PLA 与其他材料的生态状况，研究者们对 PLA 进行生命周期评估。

聚乳酸来源于农业，是环境友好聚合物，但仍然有各种因素影响产品对环境的影响，如回收再利用，对使用过程中的清洁要求和运输等。文克（Vink）等报道了 PLA 生产的总能耗的第一次 LCA 评估，结果并不令人满意。许多研究者发现，尽管 PLA 的原料来源于玉米，但其生产在可再生性和可持续性方面缺乏正当性。但是，与其他石油基的材料相比，PLA 仍然具有投入少的优势。研究者比较了 PLA 和其他石油基聚合物的化石能源消耗，如图 4-15 所示。为了改善 PLA 的环保特性，文克等提出用生物质/风能替代化石能源投入。后来随着 PLA 研究的深入，PLA 生产的碳排放量可以降低 90%。

格鲁特（Groot）和伯仁（Borén）比较了来源于蔗糖的 L-乳酸和 D-乳酸的聚左旋乳酸（PLLA）和聚右旋乳酸（PDLA），并比较 PLLA/PDLA 共混物和其他化石基聚合物的 LCA，如图 4-16 所示。很明显，PLLA 的全球变暖潜能远低于化石聚合物，这也是当今许多公司转向生物材料的原因之一。然而，为了进一步减少聚乳酸的环境影响，需要改进乳酸的生产技术。马迪瓦尔（Madival）等的研究表明，与 PET（约 830$kgCO_2$-eq）和 PS（约 520$kgCO_2$-eq）相比，PLA 的全球变暖排放量更低（用 16 吨卡车分配时约 28$kgCO_2$-eq）。

PLA 是一种生物可降解塑料，但由于没有足够的商业量来支付 PLA 回收厂的建设成本，PLA 的循环回收仍然面临一定的困难。PLA 是完全可降解的，石油基聚合物需要很多年才能分解成无害物。尽管目前仍然存在诸多问题，但是 PLA 仍然是石油基聚合物的诱人替代品，适用于各种应用，包括包装以及容器的制造。崔布林（Bulim Choi）等基于韩国数据库，采用生命周期评估（LCA）对低密度聚乙烯（LDPE）、PLA 和 PLA/PBAT（聚己二酸对苯二甲

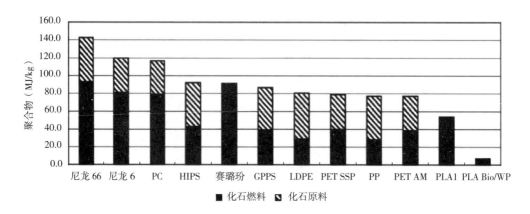

图4-15　PLA 和一些石油基聚合物的化石燃料能源消耗比较

HIPS—高抗冲聚苯乙烯　GPPS—通用聚苯乙烯　PET SSP—聚对苯二甲酸乙二醇酯，固态聚合（瓶级）

PET AM—聚对苯二甲酸乙二醇酯，无定形（纤维和薄膜级）　PLA1—未采用生物质和风能的 PLA

PLA Bio/WP—采用生物质和风能的 PLA

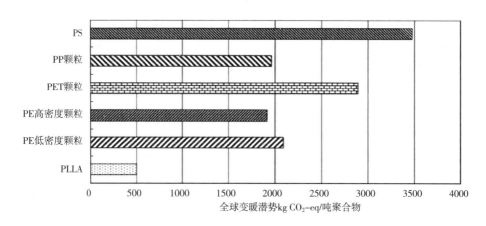

图4-16　与 PLLA 和其他聚合物生产相关的全球变暖潜势

酸丁二醇酯）共混物制成的包装膜在三种不同的废物情况下的碳足迹进行了测量。功能单元定义为 40 万片 300mm×250mm 的薄膜，厚度为 0.06mm，用于包装袋制造。考虑的废物处理方法有焚烧、填埋和回收利用。研究结果表明，对于 LDPE 和 PLA/PBAT，垃圾填埋场中的 PLA 膜对 GWP 最有效。而采用焚烧法的 PLA/PBAT 共混膜的 GWP 值最差。尽管 PLA 在温室气体排放方面是一种环境友好材料，但与 LDPE 等现有石油基塑料相比，PLA 与其他可生物降解材料的混合可能具有更高的 GWP 值。因此，在开始将薄膜与 PLA 等生物塑料混合之前，需要进行环境评估。一般来说，填埋作为一种废物处理方式，在可持续性方面可能不是最佳选择。然而，考虑到莱顿大学环境科学中心（CML）指出的方法中的 GWP 值，塑料包装垃圾填埋被认为是比焚烧更好的选择。

利贾派（Leejarkpai）等讨论了考虑土地利用变化对 PLA 环境影响的重要性。土地利用变化是土地转化为作物时需要考虑的一个因素。这可能涉及大量的分解和燃烧处理，所有这些过程都以某种方式为全球气候变暖做出了贡献。该研究表明，PLA 的二氧化碳排放当量最高，而聚苯乙烯（PS）的排放当量最低。但是，与 PS 相比，PLA 表现出优越的生物降解性能。PLA 片材的结构在填埋条件下掩埋 6 个月后被分解，而 PS 在 20 个月后仍然没有明显变化（图 4-17）。

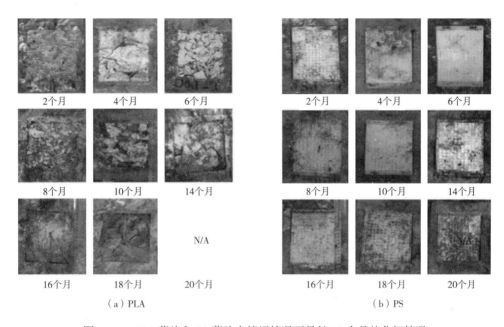

图 4-17　PLA 薄片和 PS 薄片在填埋情况下最长 20 个月的分解情况

目前，针对 PLA 的回收主要有三种形式：机械回收、化学回收和堆肥。安娜·R. 莫拉莱斯（Ana R. Morales）等对 PLA 这三种回收方式进行了生命周期评估。研究结果表明，综合气候变化、毒性影响和燃料消耗等因素，机械回收对环境的影响最小，其次是化学回收和堆肥，但机械回收和化学回收的电力消耗更高。同时，机械回收和化学回收涉及对聚合物的再利用，依旧会影响环境。因此，相对而言，堆肥是最好的选择。

文卡特·雅利安（Venkat Aryan）等对 PLA 几种回收方法的 LCA 进行了以下方面的比较：水解、甲醇醇解、乙醇醇解、PC-PLA 废物的直接焚烧。与直接焚烧 PLA 废物相比，三种化学回收技术从环境角度来看都表现很好。特别是，使用醇解的化学循环过程在各种影响类别中显示出相当大的环境效益，如全球变暖、酸化、富营养化、电离辐射、光化学臭氧形成、资源利用（能源载体、矿物和金属）和呼吸无机物。另外，通过水解将 PLA 转化为乳酸，在土地利用和水资源利用方面表现出最高的效益。就臭氧消耗的潜在影响而言，使用甲醇的醇解效果最差。

4.5 其他可用于纤维制造的生物基聚合物

4.5.1 PBAT

4.5.1.1 结构及性能

（1）结构特征。PBAT［poly（butyleneadipate-co-terephthalate）］，即聚对苯二甲酸/己二酸丁二醇酯，是由己二酸（AA）、对苯二甲酸（PTA）或对苯二甲酸二酯（DMT）和1,4-丁二醇（BDO）经直接酯化或酯交换反应合成的一种可生物降解共聚酯，其化学结构如图4-18所示。

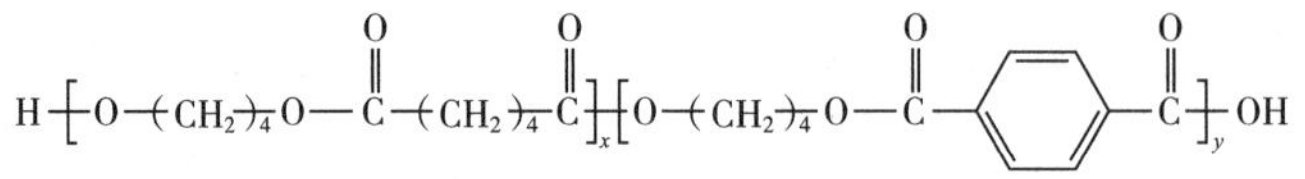

图4-18　PBAT的化学结构式

PBAT是一种结晶度相对较低的半晶态聚合物，通过控制对苯二甲酸丁二醇酯（BT）和己二酸丁二醇酯（BA）单元的组成比可得到不同的结晶。结晶区域是BT单元，BT的含量直接影响结晶度。PBAT结晶度较低的原因主要与两个方面因素有关。一方面由于PBAT本身的无规共聚结构致使内部分子链排列混乱而影响结晶性能；另一方面因为分子中含有酯基与苯环形成的共轭结构导致改变分子构象的能阻较大，分子链的缓慢运动极大地影响了PBAT分子链重排的能力，难以形成规则的晶体结构。一般通过添加成核剂来提高PBAT的结晶能力，从而提高PBAT的综合性能，尤其是力学性能和热性能。其中成核剂的主要作用是提高PBAT的初始结晶温度以扩大结晶温度范围，同时能够抑制大球晶的形成，进而得到尺寸较小、结构规则的晶体结构。

（2）性能。PBAT是一种石化基芳香脂肪族共聚酯，具有良好亲水性能和可加工性能，力学性能与PE相近。PBAT分子链包含柔性的脂肪族链段和较好力学性能的芳香族链段。然而，脂肪族链段中含有的大量苯环在提高大分子的力学性能和热稳定性的同时，也降低共聚酯的降解性能。热性能方面，PBAT熔点为110~120℃，分解温度为280℃，玻璃化转变温度较低（-30℃）。在力学性能方面，PBAT的拉伸强度为18~20MPa，延伸率为750%，杨氏模量为80MPa，断裂伸长率为900%，抗弯强度为3.1MPa，抗弯模量为80MPa，弹性模量为140MPa，邵氏硬度超过85度。其他性能方面，PBAT的生物相容性好，耐水解性能较高，成膜性能良好，商品化程度高，可以应用于农用膜、垃圾袋、包装袋、一次性餐具等领域。

在可降解性能方面，PBAT在大自然中降解产物为H_2O和CO_2。当芳香族嵌段含量为60%时，PBAT仍具有良好的生物可降解性能。在土壤中酶存在条件下，几周内就能完全降解。在模拟海水条件（25±3）℃下，30~60天可完全降解。PBAT的生物降解机理通常有酶和水解两种方式，其中酶解方式是脂肪族—芳香族聚酯在堆肥掩埋时的主要降解方式。

4.5.1.2 生产工艺

PBAT工业化制备方法有扩链法和酯化—缩聚法，其中，扩链法采用具有毒性的异氰酸酯类扩链剂，制备的材料在用于食品包装领域时存在安全隐患。采用酯化-缩聚法工艺制备的PBAT能够满足多领域的应用要求。

PBAT以1,4-丁二醇（BDO）、己二酸（AA）、对苯二甲酸（PTA）为原料，按照适当比例发生酯化、缩聚等系列反应而制得，其工艺根据聚合单体参加反应顺序不同，可分为共酯化法（直接酯化）、分酯化法和串联酯化法，具体如图4-19所示（酯化—缩聚法）。共酯化法为三种聚合单体经过酯化和缩聚反应合成PBAT，该工艺具有工艺流程短、原料利用率高、反应时间短、生产效率高等优点，成为我国PBAT主流生产工艺。分酯化和串联酯化法是通过聚合单体分开进行反应的方式合成PBAT，优点是产品分子量分布窄、设备简单、反应体系中间物质较少等，缺点是产品质量不稳定。

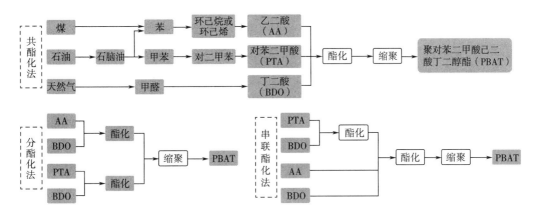

图4-19 PBAT的酯化—缩聚生产工艺路线

由图4-19可知，在酯化—缩聚工艺中，反应包括两种酯化反应、多种缩聚反应，总反应式如下：

（1）两种酯化反应。

①对苯二甲酸与1,4-丁二醇进行醇酸酯化反应，生成对苯二甲酸双4-羟丁酯，同时副产物是水。反应式如图4-20所示。

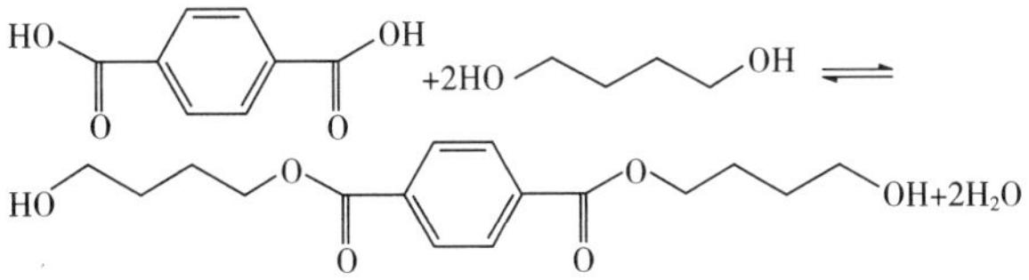

图4-20 对苯二甲酸与1,4-丁二醇进行醇酸酯化反应

②己二酸与1,4-丁二醇进行醇酸酯化反应，生成己二酸双4-羟丁酯，同时副产物是水。

反应式如图 4-21 所示。

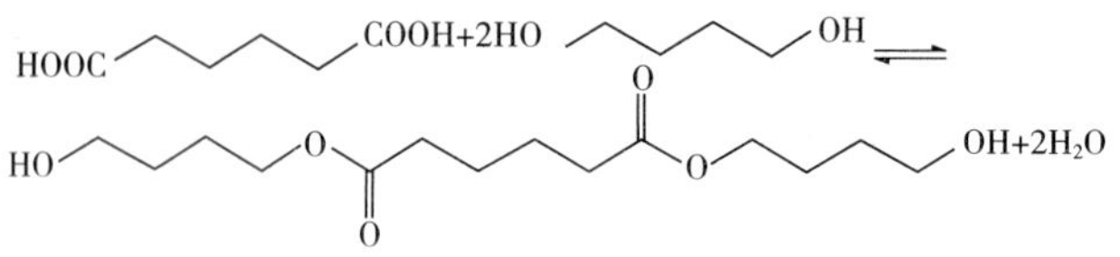

图 4-21　己二酸与 1,4-丁二醇进行醇酸酯化反应

（2）四种缩聚反应。

①对苯二甲酸双 4-羟丁酯分子间发生缩聚反应，脱除丁二醇分子，生成对苯二甲酸丁二醇酯二聚体、三聚体、多聚体等。反应式如图 4-22 所示。

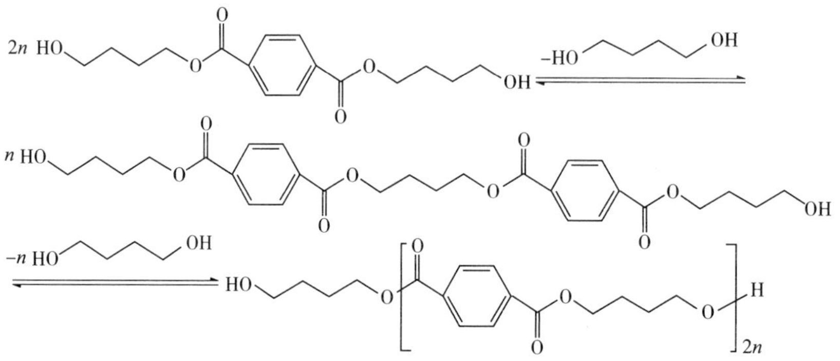

图 4-22　对苯二甲酸双 4-羟丁酯分子间发生缩聚反应

②己二酸双 4-羟丁酯分子间发生缩聚反应，脱除丁二醇分子，生成对己二酸丁二醇酯二聚体、三聚体、多聚体等。反应式如图 4-23 所示。

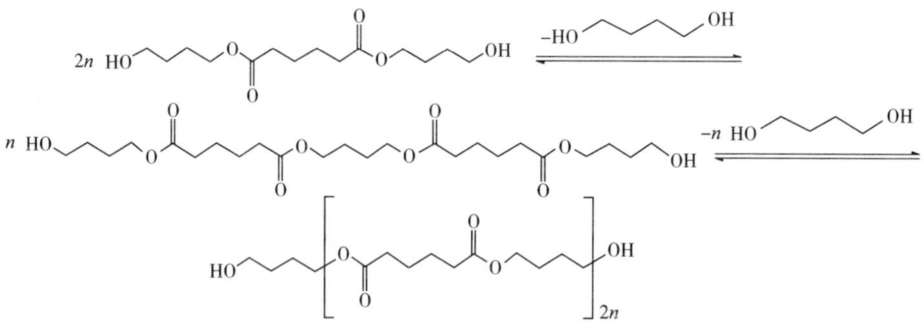

图 4-23　己二酸双 4-羟丁酯分子间发生缩聚反应

③己二酸双 4-羟丁酯与对苯二甲酸双 4-羟丁酯分子间发生缩聚反应，脱除丁二醇分子，生成对混合酸丁二醇酯二聚体、三聚体、多聚体等。反应式如图 4-24 所示。

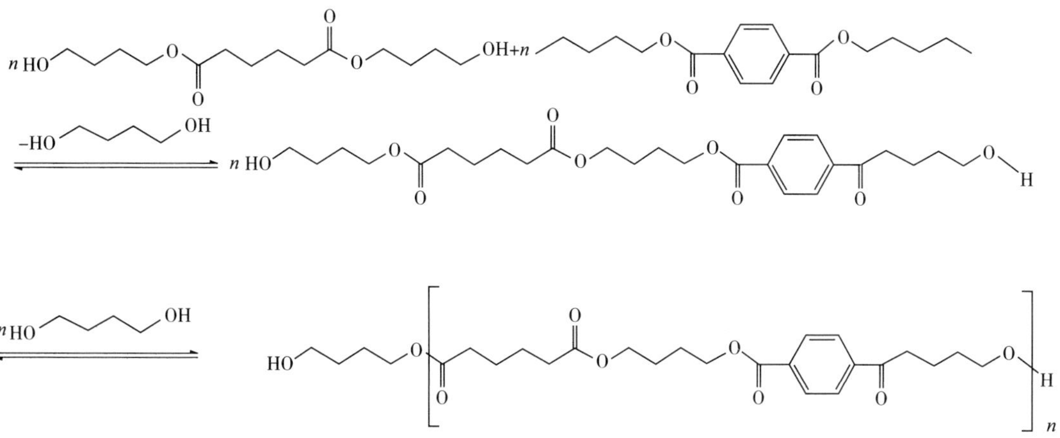

图 4-24　己二酸双 4-羟丁酯与对苯二甲酸双 4-羟丁酯分子间发生缩聚反应

④多聚体之间的酯交换反应，反应式如图 4-25 所示。

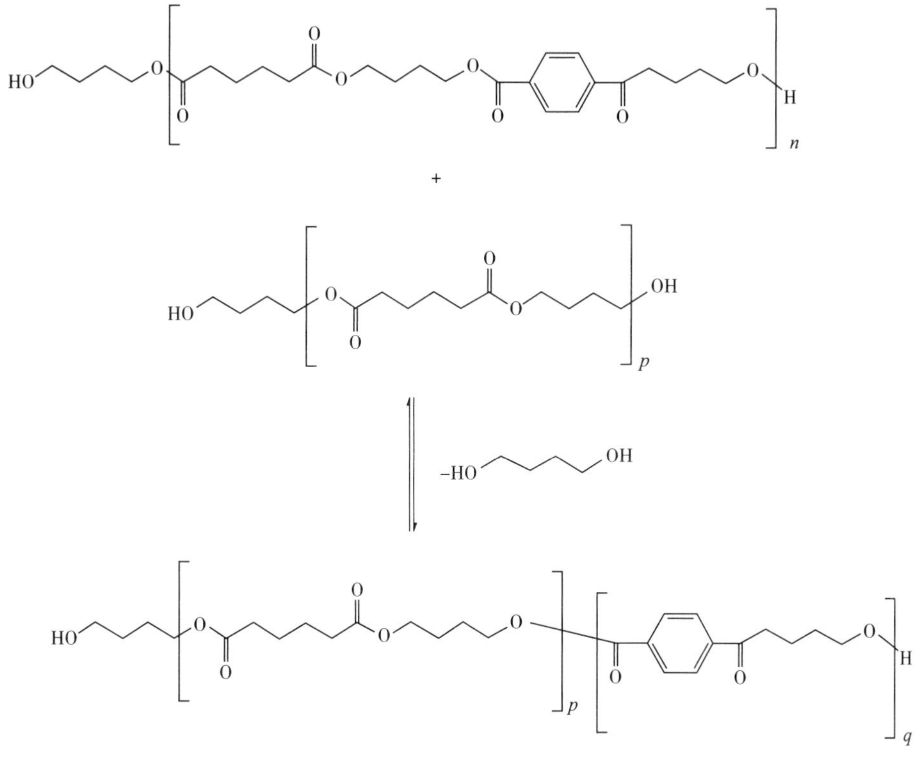

图 4-25　多聚体之间的酯交换反应

（3）副反应。

①酯化过程中，1,4-丁二醇在酸催化下发生分子内醚化反应，生成四氢呋喃和水

（图 4-26）。

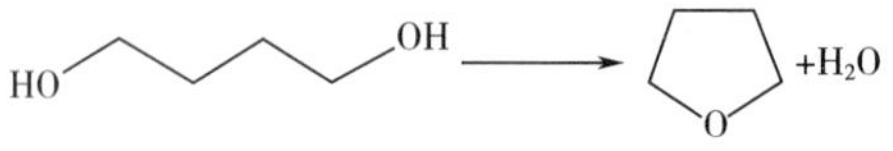

图 4-26　副反应（一）

②高温下，端 4-羟丁酯环化成醚，生成四氢呋喃与相应的羧酸（图 4-27）。

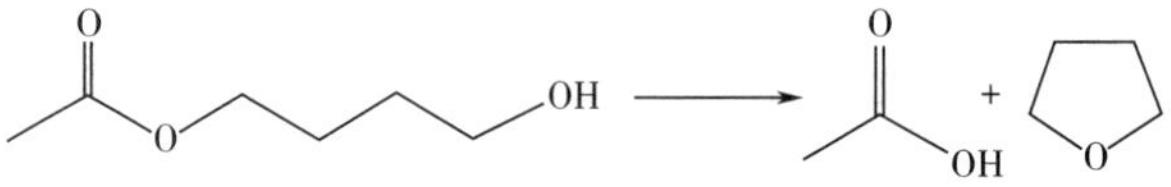

图 4-27　副反应（二）

从以上反应可以看出，PBAT 反应体系物质复杂，反应生成物也各种各样。

根据酯化方式的不同，工业上生产技术可分为直接酯化法和酯交换法。目前实现工业化的生产技术均采用直接酯化法工艺。

4.5.1.3　可持续评估

PBAT 具有与低密度聚乙烯（LDPE）相似的理化性质，在绿色包装材料领域，PBAT 是 LDPE 的完美替代材料；在医疗方面，PBAT 作为药物载体在人的身体内部自行降解。

国外 PBAT 工艺发展较早，巴斯夫（BASF）公司于 1998 年推出可降解塑料 PBAT，并得到迅速推广，目前产能为 7.4 万吨/年。意大利诺瓦蒙特（Novamont）公司是较早进行生物降解塑料产业化的企业，2004 年，诺瓦蒙特公司收购了美国伊士曼公司的"Eastar-Bio"共聚酯系生物降解塑料业务生产 PBAT，其商品名是 Origo-Bi，目前产能达到 10 万吨/年。

我国 PBAT 生产技术起步较晚但水平较高，应用较为广泛的技术主要来自中国科学院理化技术研究所（简称中科院理化所）、清华大学、聚友化工、仪征化纤等研究院校或企业。自 2009 年来，我国 PBAT 年产能已达到 31.1 万吨左右。强劲的市场需求和不足的产能促使很多企业开始进入 PBAT 行业。近 3 年立项或预规划产能超 500 万吨，届时总产能将达 530 万吨以上。

截至 2021 年，实现 PBAT 万吨级规模化生产的国内外主要企业主要有巴斯夫、诺瓦蒙特、新疆蓝山屯河、金发科技、仪征化纤等。

4.5.2　PHA

4.5.2.1　结构及性能

（1）结构特征。PHA（polyhydroxyalkanoate），即聚羟基脂肪酸酯，是一类由 3-羟基脂肪酸组成的线性聚酯的统称，是原核微生物在碳、氮营养失衡的情况下，由细菌合成的一种胞内聚酯，具有良好生物可降解性能和生物相容性，属于热塑性脂肪族聚酯，在生物体内主要以碳源和能源的贮藏性物质存在，它拥有类似于合成塑料的物理化学性质，被认为是最有前景的"绿色塑料"之一。

从 1925 年法国巴斯德研究所的 Lemoigne 在巨大芽孢杆菌细胞中首次发现聚 R-羟基丁酸酯（PHB）颗粒以来，已经发现的 PHA 至少有 150 种不同的单体结构，并且还在不断地发掘出 PHA 新的单体结构。不同 PHA 的区别主要在于 C3 位上侧链基团不同，以侧链为甲基的聚 3-羟基甲酸（PHB）最为常见。

PHA 的分子量为 1000~1000000，其中实现商业化的是聚 3-羟基丁酸酯（polyhydroxybutyrate，PHB）、聚羟基戊酸酯（polyhydroxyvalerate，PHV）、聚 3-羟基丁酸/4-羟基丁酸共聚物〔poly（3-hydroxybutyrate/4-hydroxybutyrate），P（3HB，4HB）〕及聚羟基戊酸丁酸共聚物〔poly（3-hydroxybutyrate-co-3-hydroxyvalerate），PHBV〕。

（2）性能。PHA 的熔点为 40~190℃，分解温度为 195℃，玻璃化温度为 -60~60℃。PHA 的力学性能与某些热塑性材料如 PE、PP 类似，拉伸强度为 20~65MPa，杨氏模量为 1~10GPa，断裂伸长率为 40%~1000%。

PHA 材料的生物相容性好，水汽阻隔性能及氧气阻隔性能较高（对水蒸气和空气中大多数气体的阻隔性能类似于 PET），降解速度快，商品化程度高，可应用的领域有医疗、包装、化妆品等。虽然具有较多优异性能，但 PHA 自身存在一定缺陷，如热稳定性较差、加工成型困难、结晶缓慢、硬度较低、透明度较低、韧性及力学性能较低等。

在可降解性能方面，PHA 能够完全降解进入自然界的生态循环，因而被认为是一种可能替代传统不可降解的、石油基塑料的生物可降解塑料。PHA 在细胞内通过解聚酶的作用形成单体或二聚体而降解。PHA 细胞外的降解方式有两种：一种是在无菌环境下酯键的自发水解，另一种是被细胞外的解聚酶所分解。聚羟基脂肪酸材料的生物基含量是 100%，在淡水中稳定，但可以在海水或土壤中完全生物降解，并且降解速度较其他生物材料快。

4.5.2.2　生产工艺

生物合成 PHA 的生物化学代谢途径可分为 3 个阶段，首先是碳源摄取，其次是 HA 单体合成，最后是 PHA 聚合。在第 2 阶段产生的羟基酰基辅酶 A 硫酯（羟基酰基-CoA）组成以及 PHA 聚合酶性质决定了 PHA 的单体组成、排序及其聚合物的理化性质。

合成 PHA 的微生物可以分为三大类：单一菌种、工程菌以及混合菌。目前为止，研究人员在各种环境中分离得到的可合成 PHA 的细菌不计其数，共 65 个菌属、300 多种微生物，按利用营养物质的方式可分为光能菌、化能菌、自养菌和异养菌。但是，发酵水平较高的野生菌种只有产碱杆菌属（Alcaligenes）、假单胞菌属（Pseudomonas）、甲基营养菌（Methylotrophs）等少数几种。它们可以利用不同的 C 源合成不同结构的 PHA，其产率以及合成机制也有差别，一些有机酸类、糖类、醇类以及二氧化碳和氢气的混合气体均可以作为 C 源。

虽然 PHA 在生物降解和生物相容性上要比传统塑料具有优势，但是 PHA 的生产成本较高，限制 PHA 的应用发展。目前 PHA 生产主要依赖于微生物发酵，在微生物发酵合成 PHA 的所有发酵条件因素中，碳源是一个重要因素，其成本占总成本的 28%~50%。

目前的 PHA 大多在活性污泥培养基中合成。活性污泥工艺是积累 PHA 的一种应用较广、效果较好、成本较低的生产工艺，我国的 PHA 生产厂家大多采用这种方法。活性污泥培养基内繁殖的微生物在不同氧气环境都可以发挥作用，其主要是通过微生物的生命活动进行。微生物在厌氧阶段消耗有机碳源并合成 PHA，在好氧条件下，前期在厌氧阶段产生的 PHA 可作为能源和碳源的储存物维持微生物生命体的基本生命活动。PHA 只能在微生物的细胞体内合成，合成酶在 PHA 形成的过程中起着关键作用。

4.5.2.3 可持续性评估

PHA 的应用范围极其广泛，用作可生物降解薄膜、餐盒等日用材料以及医用缝合线、药物胶囊等医用材料。目前掌握 PHA 生产技术的企业主要有日本钟化公司（Kaneka）、美国宝洁公司（P&G）及中国的天津国韵生物科技有限公司和北京蓝晶微生物科技有限公司等，但 PHA 技术门槛高且生产成本较高，产品质量难以控制，目前市场规模较小。

目前全球 PHA 年产能约为 3.6 万吨，还有很多的 PHA 的合成方式仅停留在试验阶段，远远没有达到工业化生产的要求。从 2017 年至今，中国的深圳意可曼生物科技有限公司、宁波天安生物科技股份有限公司、惠州市南天生物科技有限公司和美国美塔波利斯（Metabolix）公司、英国帝国化学工业公司（ICI）、德国巴斯夫公司（BASF）等都先后投入 PHA 领域。未来 PHA 的产能将大幅度提升。

从产业前景来看，意大利的 Bio-On 公司和美国 Danimer Scientific 公司最有可能成为 PHA 行业的领军企业。美国诺维莫（Novomer）公司在 2021 年 4 月宣布实现低成本生产高性能 PHA 的技术，后被 Danimer Scientific 公司收购，Danimer Scientific 在美国肯塔基州的工厂年产 0.9 万吨 PHA，根据其发展规划，2023 年 PHA 产能将达到 3.0 万吨/年。国内方面，宁波天安生物材料有限公司和北京蓝晶微生物科技有限公司的发展潜力相对更大，手握 PHA 的先进生产技术，有望将 PHA 的价格在保证质量的前提下大幅降低，进一步扩大 PHA 在国内的市场。

4.5.3 PBS

4.5.3.1 结构和性能

（1）结构特征。PBS［poly（butylene succinate）］，即聚丁二酸丁二酯，是以 1,4-丁二酸和 1,4-丁二醇为原料聚合而成的一种典型的脂肪族聚酯，分子链主要由易降解的酯键（—COO—）和柔性的脂肪烃基（—CH_2CH_2—、—$CH_2CH_2CH_2CH_2$—）组成，分子结构为 $HO[CO(CH_2)_2COO(CH_2)_4O]_nH$。该材料在环境中可被微生物降解，PBS 基降解材料的制备与应用成为环境友好型生物材料的新兴发展领域。

PBS 呈白色或乳白色颗粒，无嗅无味，密度为 1.26g/cm³，具有较高的结晶度（30%~45%），属于一种半结晶性塑料。

（2）性能。PBS 具有良好的力学性能，满足通用塑料的性能要求。PBS 玻璃化温度为-32℃，结晶温度约75℃，熔点在114℃左右，热分解温度为350~400℃。

PBS 是完全可生物降解聚酯中耐热性能最好的，改性后的热变形温度超过100℃，满足日常用品的耐热需求，可用于制备冷热饮包装和餐盒。PBS 的可加工性能非常好，能够在通用加工设备上进行注塑、挤出和吹塑等各类成型加工。PBS 的加工温度在160~200℃，是目前通用型降解塑料中可加工性能最好的。

20 世纪 30 年代，卡罗瑟斯（Carothers）成功制备出 PBS，但该 PBS 分子量低于 5000，无法用作实际应用。直到 20 世纪 90 年代，满足实际应用要求的高分子量 PBS 被开发成功。日本昭和高分子公司于 1993 年建立一套年产 3000t PBS 及其共聚物的半商业化生产装置，其系列产品以碧能（Bionolle）的商品名面世，这是世界上首个商业化的 PBS 树脂。

Bionolle 是一种半结晶型热塑性塑料，熔点为 90~120℃，耐热温度接近 100℃。数均分子量为 $5 \times 10^4 \sim 30 \times 10^4$，分子量分布（$M_w/M_n$）为 1.2~1.4，密度为 1.26g/cm^3，结晶度为 30%~45%，玻璃化温度为 -45~-10℃，燃烧热为 5.640cal/g，屈服强度为 355N/cm^2，断裂强度为 580N/cm^2，断裂伸长率为 600%，弯曲强度为 117N/cm^2，弯曲模量为 53000N/cm^2，冲击强度（IZOD）为 300N/cm^2，熔融指数为 1~3g/10min。

PBS 还具有良好的透明性、光泽度及印刷性能等优点，在包装材料方面被认为是最有前景的绿色环保型高分子材料。PBS 在正常储存和使用过程中性能非常稳定，只在堆肥、土壤、水和活化污泥等环境下，分子链中的大量酯键易被自然界的多种微生物或动植物体内的酶代谢、分解。微生物首先侵蚀聚酯的表面，然后由微生物分泌的酶对酯键发生作用使其水解，最终分解为二氧化碳和水，是一种完全生态循环的绿色材料。

4.5.3.2　生产工艺

PBS 合成的主要原料是丁二醇和丁二酸及其衍生物，合成方法分为生物发酵法和化学合成法两种，生物发酵法的合成成本较高，国内外的研究报道较少；化学合成法相对成本较低，主要包括直接酯化法、酯交换法和环状碳酸酯法。

（1）直接酯化法。PBS 是由丁二醇和丁二酸直接缩聚而成，在较低的温度下，过量丁二醇和丁二酸发生酯化反应生成端羟基聚合物，然后进行高温真空以及催化剂催化以脱除丁二醇而得到 PBS 聚酯。具体反应方程如图 4-28 所示。

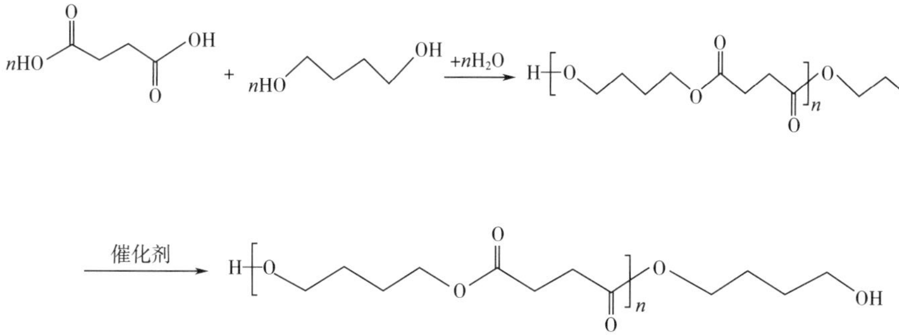

图 4-28　直接酯化缩聚合成 PBS

（2）酯交换法。二元酸二甲酯与等量的二元醇，在催化剂条件下，高温、高真空脱甲醇进行酯交换反应得到 PBS 聚酯，合成反应如图 4-29 所示。

（3）环状碳酸酯法。丁二酸及等当量的环状碳酸酯在催化剂的作用下脱除 CO、生成丁

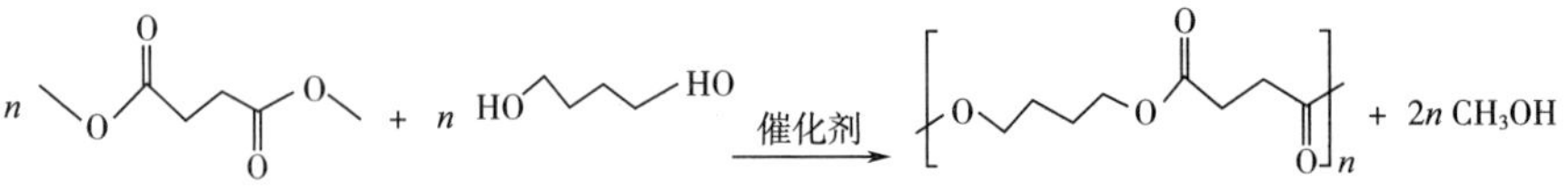

图 4-29　酯交换法合成 PBS

二酸单丁二醇酯，接着在高温和高真空度下进一步脱水得到聚酯。反应方程式如图 4-30 所示。

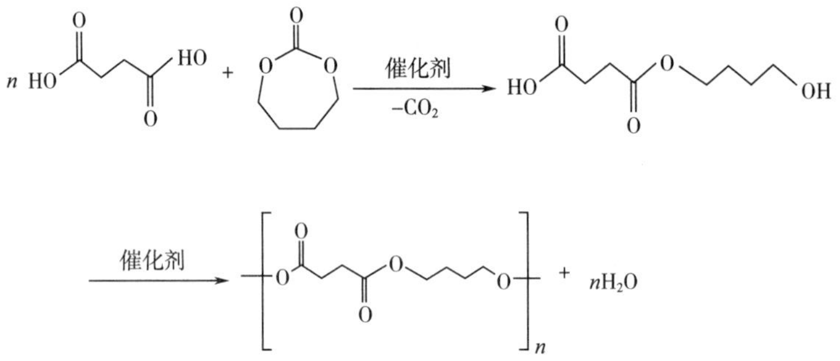

图 4-30　环状碳酸酯法制 PBS

环状碳酸酯法对用料的配比要求不高，可有效地避免因原料配比不合理而生成端羧基的预聚物，致使链增长终止。另外，副产物甲醇易脱除，有利于酯交换反应的进行。但是环状碳酸酯法首先要制备二元酸二甲酯或二乙酯，原料成本较高，且甲醇的毒性较大，因此该方法应用较少。

经过长期合成研究，目前 PBS 的合成主要采用直接酯化法，通过开发高效的安全催化体系、调节丁二酸和丁二醇的摩尔比、控制反应温度和提高真空度等，制备综合性能较好的 PBS。

PBS 合成中催化剂的选择非常关键，可用于 PBS 合成的催化剂主要有两大类：金属有机化合物和酶。Ti（O-i-Pr）$_4$ 和 Ti（OEt）$_4$ 是最常用的合成 PBS 的金属催化剂。与金属催化聚合相比，酶催化反应具有高选择性、反应条件温和、催化剂无毒无害等优点。但是因价格昂贵、反应所需量大、反应时间长、产物分子量相对较低等问题，在一定程度上阻碍了酶催化反应的产业化应用。

4.5.3.3　可持续评估

PBS 因具有的独特优势被列入国家科技部"十一五"规划。在可完全生物降解的聚酯材料中，PBS 综合性能最佳，从以下几个方面进行分析。

（1）PBS 类聚酯具有很好的综合性能。PBS 类聚酯力学性能可满足通用塑料使用要求，且 PBS 类聚酯只有在堆肥等接触微生物的条件下才降解，在常规储存和使用过程中性能非常稳定。

（2）PBS 类聚酯的可加工性能非常好，可在常规设备上进行各类成型加工，是目前通用型降解塑料中可加工性能最好的。

（3）PBS 类聚酯具有出色的耐热性能，是完全可生物降解聚酯中耐热性能最好的材料。

（4）PBS 类聚酯具有价格优势。它以脂肪族二元酸、二元醇为主要原料，规模生产后，价格可以达到 PET 聚酯的水平。

（5）PBS 类聚酯生产设备已经国产化。PBS 类聚酯可通过对 PET、PBT 聚酯设备改造后进行生产。

（6）PBS 类聚酯用途极为广泛，在包装领域（如包装薄膜、餐盒、化妆品瓶及药品瓶、电子器件包装等）、一次性器具领域（如一次性餐饮用具、一次性医疗用品等）、农用领域（如农用薄膜、农药及化肥缓释材料等）、医用领域（如生物医用高分子材料）均有广泛应用。

目前国外生产 PBS 的企业主要集中在日本、美国、德国和韩国。日本昭和公司利用多异氰酸酯作为扩链剂，再与缩聚得到的较低分子量的 PBS 进行反应，得到数均分子量为 $2×10^5$ 的 PBS，并于 1993 年建成 3 千吨/年的 PBS 及其共聚物生产装置，目前生产规模为 5 千吨/年。日本三井东亚化学公司采用一步法成功开发了高分子量的 PBS 生产工艺；日本三菱化工公司与味之素（Ajinomoto）公司合作开发从植物淀粉制备丁二酸技术并成功合成了 PBS；美国伊士曼公司 PBS 及其共聚物生产能力为 1.5 万吨/年，德国巴斯夫公司的生产能力为 1.4 万吨/年，多用于吹塑薄膜。

中国的 PBS 产业化起步较晚，但发展速度较快。目前中国科学院理化技术研究所与杭州鑫富药业公司联合建成了 1.3 万吨/年的生产装置，计划建设 2 万吨/年的生产规模，约有 50% 以上产量出口欧洲；清华大学与安庆和兴化工有限公司合作开发建设了 1 万吨/年的 PBS 生产装置，已投入运行，可以生产挤出、注射、吹塑级 PBS 树脂；金发科技股份有限公司在广东珠海建了 3 万吨/年的聚（丁二酸/己二酸丁二酯）（PBSA）生产装置。

4.5.4 淀粉基材料

4.5.4.1 结构和性能

（1）结构特征。淀粉是植物经光合作用而形成的碳水化合物，是资源最丰富的天然高分子聚合物，其结构式为 $(C_6H_{10}O_5)_n$，可分为直链淀粉和支链淀粉（图 4-31），内部存在大量的晶体结构。直链淀粉是 D-葡萄糖基以 α-1,4-糖苷键连接的多糖链，呈右手螺旋结构，每六个葡萄糖单元组成螺旋的一个节距，在螺旋内部只含氢原子，羟基位于螺旋外侧，每个 α-D-吡喃葡萄糖基环呈椅式构象。支链淀粉是一种高度分支的大分子，主链上分出支链，分子中除含有 α-1,4-糖苷键的糖链外，还含有 α-1,6-糖苷键的分支，分支点的 α-1,6-糖苷键占总糖苷键的 4%~5%。直链淀粉分子量为 $5×10^4$~$2×10^5$，支链淀粉分子量为 $2×10^5$~$6×10^6$。直链淀粉和支链淀粉与碘反应分别呈蓝色和红褐色。

淀粉以微小、冷水不溶的颗粒广泛地存在于植物种子、叶、块茎、根、果实和花粉等之中。淀粉颗粒尺寸范围为 0.5~175μm，且形状各异，例如，马铃薯淀粉颗粒呈椭球体，平均

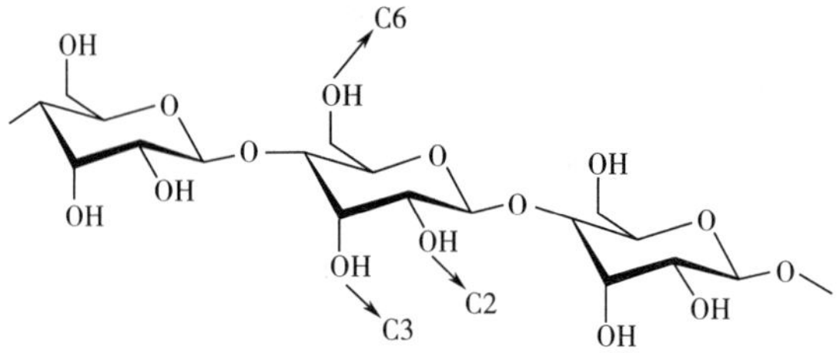

（a）直链淀粉结构

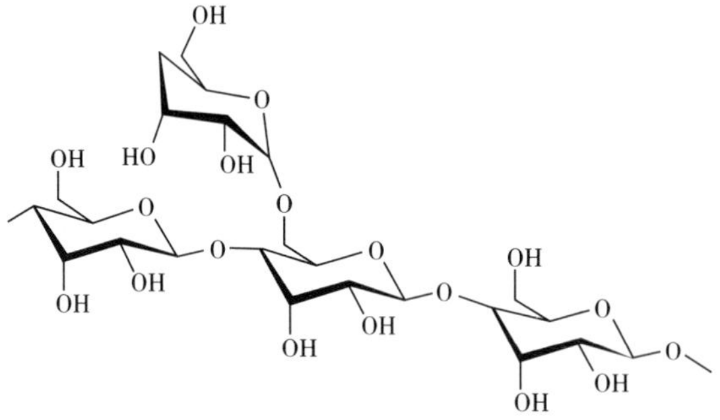

（b）支链淀粉结构

图4-31 淀粉结构

粒径为43.21μm；木薯淀粉呈半球体，平均粒径为15.24μm；玉米淀粉呈不规则多角形，平均粒径为17.44μm。干淀粉密度为1.514~1.520g/cm³，而在平衡湿含量时淀粉密度为1.468~1.485g/cm³。商业上所用的淀粉主要是玉米淀粉、蜡质玉米淀粉、马铃薯淀粉、小麦淀粉以及木薯淀粉等。

大多数天然淀粉呈半结晶结构，其由结晶区和无定形区构成，结晶度20%~45%。根据淀粉颗粒的X射线衍射光谱图，淀粉可分为A型结晶淀粉、B型结晶淀粉和C型结晶淀粉。谷物类淀粉多为A型结晶，块茎类淀粉和直链淀粉含量高的淀粉多为B型结晶，C型结晶则是A型与B型的一种混合晶体结构，豆类淀粉和一些在特定温度和水合条件下生长的谷物淀粉多为C型结晶。此外，淀粉还有一种V型结晶，V型结晶实际上是直链淀粉与脂质形成的复合物。

大多数淀粉表面都具有孔状结构，将淀粉颗粒切开，观察到其断面有许多明暗交替的环层结构，称为"生长环"，由无定形层状结构和半结晶"生长环"组成的周期性层级结构（图4-32）。淀粉颗粒的无定形区由无序的直链淀粉和支链淀粉组成，半结晶区由支链淀粉组成。淀粉颗粒的中心有一个点，被称作淀粉的"脐点"。颗粒外层由70%~80%的支链淀粉组成，内层由20%~30%的直链淀粉及配糖物的残余物组成。支链淀粉的侧链根据链长和连接方式又被分为A链、B链和C链。A链为最短链，其还原性末端通过α-1,6-糖苷键与B链或C链连接；B链通过α-1,6-糖苷键与A链和其他B链以及C链相连。根据B链的长度和其跨越簇的数量又可将其分为B1、B2和B3链；每个支链淀粉分子只有一个C链，C链是支链淀粉分子唯一的主链。直链淀粉和支链淀粉的含量与淀粉膜的力学性能和阻隔性能等有关，

124

一般直链淀粉含量越高，淀粉基薄膜的力学性能和阻隔性能越好。在热和大量水存在的条件下，淀粉的半结晶性丧失，失去 X 衍射现象，形成凝胶。

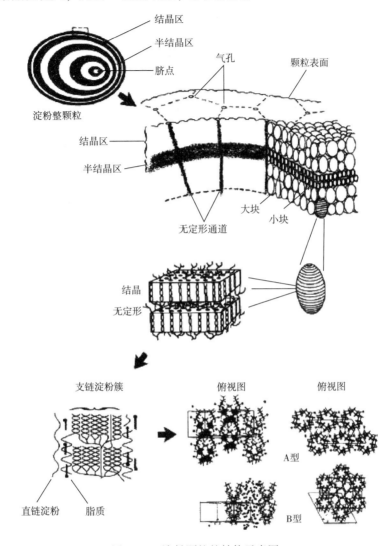

图 4-32 淀粉颗粒的结构示意图

（2）性能。淀粉是一种高度结晶化合物，分子存在大量的亲水羟基，氢键作用力很强，淀粉的糖苷键在 150℃时开始发生断裂，因此其熔融温度要高于分解温度。此外，较强的氢键致使淀粉在有机溶剂中分散性差，与疏水聚合物不能很好地相容。淀粉在大多数常见有机溶剂中难以溶解，仅溶于二甲基亚砜（DMSO）、N,N-二甲基甲酰胺（DMF）、N,N-二甲基乙酰胺（DMAC）和吡啶等极性溶剂。溶剂极性越大，溶解性越好。直链淀粉分子由于分子链舒展，极性基团外露，很容易与一些极性物质发生化学反应。而支链淀粉分子，由于支链呈树枝状，空间上起到阻碍作用，所以与试剂反应较慢。

天然淀粉是可降解聚合物的一种常用填料，可通过化学改性加工制成可降解塑料。淀粉基生物降解塑料是泛指其组成中含有淀粉或其衍生物的生物降解塑料，包括淀粉填充型降解塑料与淀粉基完全生物降解塑料。淀粉热塑性差，较难通过传统塑料机械来进行热塑性成型加工。因此要制得淀粉基完全生物降解材料，必须使天然淀粉具有较好的热塑性，改变其分子内部结构，使淀粉分子变构且无序化，破坏分子内氢键，使结晶的双螺旋构象变成无规构象，使大分子成无序状线团结构，从而降低淀粉的玻璃化温度和熔融温度，由不可塑性转变为可塑性，便于加工。

糊化是淀粉的一个尤为重要的相变，是淀粉转化为热塑性塑料的基础。糊化是指淀粉颗粒中结晶结构的破坏，是不可逆的过程，包括颗粒膨胀、自身晶体熔化和分子变为可溶性等。糊化后的淀粉会发生重结晶（回生），但结晶结构与原来不同。挤出加工涉及高剪切和高压条件，通常在低水分含量下实现糊化。通过剪切力物理破坏淀粉颗粒，使水分子更快地转移到内部分子中，因而在挤出过程中，结晶度的损失不仅由水渗透引起，而且主要是挤出机内的强剪切力场导致分子键的机械破坏引起的。

4.5.4.2　生产工艺

淀粉基生物降解塑料分为破坏性生物降解塑料和完全生物降解塑料。前者主要是指将淀粉与不可降解树脂共混，是淀粉基可降解塑料研究的第一代产品。后者则包括淀粉与可降解聚酯共混材料和全淀粉塑料两种，这两种材料在使用后均能实现完全降解，目前是国外生物降解材料开发的主流。

淀粉基塑料经过3代的演变，分别是填充型淀粉塑料、共混型淀粉塑料、全淀粉型塑料。这3代淀粉基塑料的演变伴随着淀粉含量的增加。

（1）填充型淀粉塑料。第1代淀粉基生物可降解材料为填充型淀粉塑料。填充型淀粉塑料主要是将淀粉作为填料填充于通用塑料（如PE、PP）中，通常其填充量为10%~30%。

目前市售的产品大多是部分可降解，最后分解成碎片，无法达到完全生物降解的水平。此外，在填充型淀粉塑料中，淀粉与PE等填充物之间的界面相容性较差，无法形成致密结构，导致材料的力学性能和耐水性能较差，无法完全替代普通石油基塑料。

（2）共混型淀粉塑料。第2代淀粉基生物可降解材料为共混型淀粉塑料。共混型淀粉塑料是将淀粉与其他聚合物材料共混，其中淀粉含量为30%~60%。常见的共混材料有PLA、聚己二酸/对苯二甲酸丁二醇酯（PBAT）等。PLA是一种线性脂肪族热塑性聚酯，具有生物降解性和良好的生物相容性。由于该材料淀粉含量较高，且大部分共混材料可生物降解，因此该材料成为当前研究的主要方向。然而，这些共混材料各有缺点，例如，PLA呈线性聚合，几乎没有侧链活性基团，这样的结构特征导致其耐热性和力学强度较差。PBAT是基于化石燃料合成的高分子化合物，几乎可完全生物降解，且具有很高的断裂延伸性和很强的韧性，但PBAT的非极性化学结构（疏水性）和高黏度会对填料（亲水性）的分散有负面影响，从而降低复合材料的力学性能。

（3）全淀粉型塑料。第3代淀粉基生物可降解材料为全淀粉型塑料，又称热塑性淀粉（TPS）。其制备原理是：在高温、剪切力及增塑剂的作用下，破坏天然淀粉的结晶结构，使之成为无定形的淀粉分子结构，实现可热塑加工性能。图4-33为淀粉与增塑剂的作用模式图，淀粉经增塑剂增塑后，增塑剂的小分子进入淀粉的分子中，降低淀粉分子之间的相互作用力，提升了产品的拉伸性能。淀粉含量在 70%~90%，甚至更高，可全部生物降解。

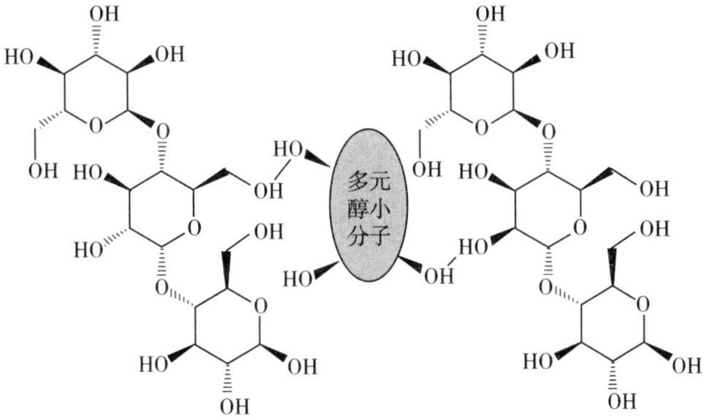

图 4-33　淀粉与增塑剂作用原理

4.5.4.3　可持续性评估

淀粉是天然的高分子材料，且来源广、成本低廉、可生物降解、无毒环保。通过对淀粉进行功能化改性可制得淀粉基功能材料。目前，淀粉基功能材料的新品种开发加快，应用领域不断拓宽，主要为造纸工业、医药、食品工业、水处理、铸造业、包装材料等，在人们的生产和生活中发挥了重要作用。

淀粉基生物降解塑料属于可热塑加工型塑料产品，能用普通的塑料热塑加工机器加工，在工业上可以代替 PE、PP、聚苯乙烯（PS）等塑料，用作包装材料、防震材料、地膜、食品容器、玩具等。在各类生物降解塑料中，淀粉基生物降解塑料已有 30 年的研发历史，是研发历史较久、技术较成熟、产业化规模较大、市场占有率较高、价格较低的一种生物降解塑料。

国外淀粉基塑料产品生产商主要有意大利的 Novamont 公司、美国的华纳兰勃特（Warner-Lambert）公司和德国的美天旎生物技术（Miltenyi Biotec）公司，国内包括中国科学院、北京理工大学、武汉华丽、南京比澳格等多家研究机构和企业实现了淀粉基塑料的产业化。

在纤维领域，淀粉纤维制备可以追溯到 20 世纪 70 年代，美国 Champion International 公司报道，通过湿法制备淀粉纤维，验证淀粉成纤的可行性。日本铃木贵、矾贝明和尾锅史彦等在淀粉浆中加入各种添加剂，并将未经处理和膨润后的淀粉制得的淀粉纤维进行比较发现，用膨润后的淀粉和添加剂的混合物制得的淀粉纤维添加到纸张中，可大大提高纸张的耐折性、抗张强度。同时，减少造纸过程对环境的污染。

含淀粉的纤维还在非织造布方面取得一定进展。由 60%（含水 10%）的谷物淀粉和 40% 的乙烯/醋酸乙烯酯（皂化度 92%）共聚物组成的混合物经熔纺、上油、拉伸、卷曲、切断，制成铺网，130℃压花得到非织造布，这种布埋入土中半衰期为 2 个月。改性后的淀粉纤维在非织造布工业上还可用作黏合剂，它能够很好地黏合聚酯纤维、聚酰胺纤维、聚烯烃纤维和人造丝等合成纤维，还能黏合玻璃纤维、陶瓷纤维、石棉等无机纤维。

以淀粉为原料制得的纤维，可服用、生产非织造布、造纸等，应用前景广阔。

4.5.5 PCL

4.5.5.1 结构和性能

（1）结构特征。PCL（polycaprolactone），即聚己内酯，是由 ε-己内酯（ε-CL）单体开环聚合所得的线性脂肪族聚酯（图 4-34），也叫作 2-氧杂环庚烷酮的均聚物或 ε-己内酯的均聚物，其分子式为（$C_6H_{10}O_2$）$_n$，通常没有固定的分子量，一般使用的分子量为 40000，是一种半结晶型高分子。

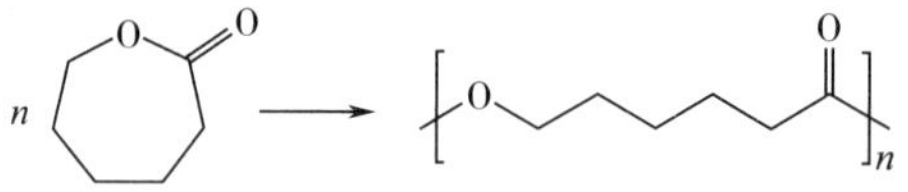

图 4-34 ε-己内酯开环聚合成 PCL 的过程

PCL 的结构重复单元上有 5 个非极性亚甲基—CH_2—和一个极性酯基—COO—，即 $\leftarrow COO—CH_2CH_2CH_2CH_2CH_2 \rightarrow_n$，该分子结构使 PCL 具有很好的柔韧性和可加工性。

（2）性能。PCL 是一种白色固体粉末，在室温下是橡胶态，热稳定性较好，分解温度高于其他聚酯。PCL 的熔点为 59~64℃，玻璃化温度为-60℃，在常温下密度为 1.146g/cm^3。PCL 单丝具有很好的拉伸性能（>700%），干强度为 5.20cN/dtex，湿强度为 5.10cN/dtex。PCL 能溶于大多数有机溶剂，如氯仿、二氯甲烷、四氯化碳、苯和甲苯等。PCL 的良好溶剂为芳香化合物、酮类等极性溶剂，不良溶剂是正己烷、水、乙醇等非极性溶剂。

PCL 在体内的降解机理主要是：酯链水解导致大分子链断开，分子量下降，其降解动力学符合酯类水解的一级速率方程。PCL 降解后的产物为 CO_2 和 H_2O 对人体无毒，具有优良的药物通过性和力学性能，可用作生物医用材料。

4.5.5.2 生产工艺

（1）ε-CL 开环聚合所用引发体系。PCL 通常是用引发剂在本体或溶液中引发 ε-CL 开环聚合的，最常用的引发剂体系包括活泼氢引发体系、酶催化引发体系、稀土化合物引发体系、有机金属化合物引发体系等。

①活泼氢引发体系。水、醇、酸等含有活泼氢的化合物均可以引发 ε-CL 的开环聚合。但是反应速率较慢，需要较高的反应温度（>200℃）。而且在 ε-CL 开环聚合过程中也会引起链转移，所得 PCL 分子量一般较低（500~1000）且分子量分布较宽。活泼氢引发体系引发 ε-CL 开环聚合的反应机理是：亲核原子进攻羰基碳原子，发生酰氧键的断裂开环而引发链增长。反应机制如图 4-35 所示。

②酶催化引发体系。酶作为催化剂具有活性及选择性高、反应条件温和、催化剂可回收利用等优点。常用的酶主要为脂肪酶。首先，脂肪酶与单体反应形成一个具有酶活性的 CL 复合物；然后，该复合物与醇反应，实现链增长，生成高分子量的 PCL。反应机制如图 4-36 所示。

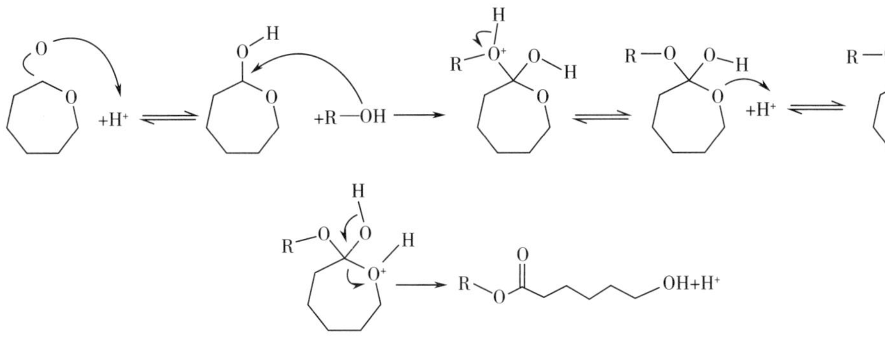

图 4-35　ε-CL 的开环聚合

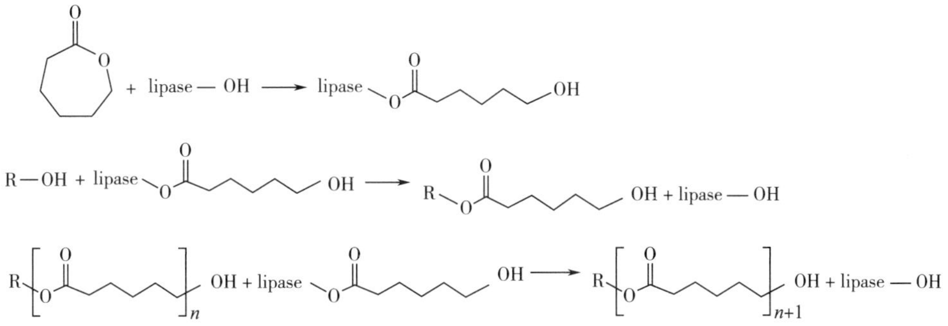

图 4-36　脂肪酶催化 ε-CL 的开环聚合机制（lipase 为酶）

③稀土化合物引发体系。稀土类引发剂不具备任何已知的毒性，是 ε-CL 开环聚合较好的一种引发剂，其中的稀土主要是镧系金属。其反应机理属于配位—插入机理（图 4-37），即 ε-CL 先与金属配位，然后有选择地使酰氧键断裂，ε-CL 插入金属—配体之间。稀土引发剂引发 ε-CL 开环聚合时既无链转移也无链终止，并且引发速率远高于链的增长速率，故可合成出分子量较大的 PCL，能生成几万到几十万分子量的 PCL，加入环氧化合物后其活性会大大提高。

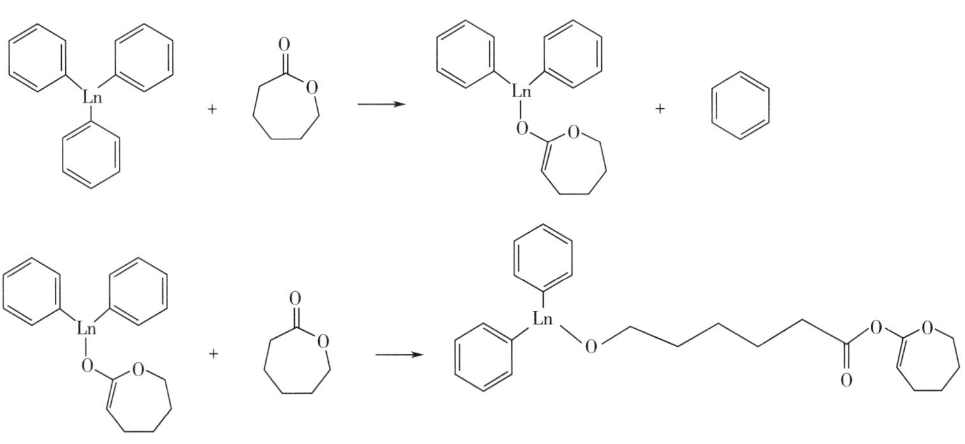

图 4-37　稀土金属引发 ε-CL 的开环聚合机制

稀土金属苯化合物（如三苯基钇、三苯基钕和三苯基钐等）在甲苯、四氢呋喃（THF）、苯和 1,4-二噁烷等溶剂中的聚合反应，可以得到高产率、高分子量的 PCL。但是，稀土金属苯化合物不仅能催化 PCL 的聚合，也可使其分解，故用稀土金属苯化物作为催化剂引发 ε-CL 聚合时，需严格控制反应时间和条件，以防止生成的聚合物进一步分解。因为稀土金属引发剂的合成过程难以控制，而且其在空气中不能稳定存在，故目前还不能大范围推广和应用。

④有机金属化合物引发体系。这类引发剂的关键在于反应中应避免分子内或分子间的酯交换反应，因为酯交换反应会阻碍链增长。在常用的有机金属化合物中，引发酯交换反应的活性顺序为：Al（O-i-Pr）$_3$<Zr（O-n-Pr）<Ti（O-n-Bu）$_4$<Bu$_3$SnOMe<Bu$_2$（OMe）$_2$。当体系中的水分及亲电物质除去后，形成活性端基的有机物–金属键在低于 150℃时对链终止反应不敏感，是一个活性链增长为主的过程。在一种有机金属化合物中通常含有几个有机物–金属键，但是由于空间位阻的原因，往往只有其中的一个能有效引发链增长。

一般使用的有机金属化合物催化剂有异丙醇铝、钛酸正丁酯、辛酸亚锡、烷基金属、双金属复合物、卟啉铝等。用该类引发体系引发 ε-CL 的开环聚合按配位–插入机理进行。

⑤其他类型的引发体系。可用作 ε-CL 开环聚合反应引发体系的还包括阳离子引发体系、阴离子引发体系等。此外，还有一种有机大分子引发体系。

引发 ε-CL 开环聚合的引发剂主要有路易斯（Lewis）酸、质子酸、酰化试剂、特丁基锂和特丁基氧锂等。通常，由路易斯酸、质子酸和酰化试剂引发的 ε-CL 开环聚合中存在副反应，故 ε-CL 的聚合反应和分解反应同时进行（竞争反应），而提高温度会促进聚合反应和分解反应的进行。活性高的引发剂在促进聚合反应的同时，也能加速分解反应，故在聚合反应时要严格控制反应温度和反应时间，使聚合反应速率大于分解反应速率；选择引发剂时要综合考虑副反应的发生，以优选出相对最适合的引发剂。特丁基锂、特丁基氧锂等是典型的阴离子型催化剂，而阴离子型催化剂引发聚合反应的机制是负离子进攻羰基碳，随后发生酰氧键的断裂开环，进而形成链增长反应。

（2）辅助手段。除引发体系外，通常还采用一些辅助手段来加快 ε-CL 的聚合速率和提高其产率。ε-CL 开环聚合常用的辅助手段主要有微波加热法、紫外光照射法和超临界流体 CO_2 辅助法等。

4.5.5.3 可持续评估

聚己内酯 PCL 是一种可完全生物降解的材料，具有良好的生物降解性和生物相容性，可在生物医学工程、医药卫生与环保材料等方面进行广泛应用。而具有丰富端羟基的聚己内酯基多元醇具有高反应活性，可继续与其他材料再次进行聚合反应，进而生成更多不同性能的功能产品。

生产 PCL 的原料 ε-己内酯对其前驱体环己酮的质量要求很高，并且由于该原料的合成工艺也受到国外的垄断，我国对其长期依靠进口。但因其利润丰厚，仍具有投资价值。

目前，国外 ε-己内酯生产企业主要有德国的巴斯夫、日本的大赛璐和美国的英杰维特（Ingevity）3 家。这 3 家企业占据了全球 ε-己内酯行业 97% 左右的市场份额。

在国内,湖南聚仁化工新材料科技有限公司(简称聚仁化工)首先实现了 ε-己内酯的规模化生产。目前,其聚己内酯系列产品的产能已提高至 5000 吨/年,同时在建 3000 吨/年的聚己内酯材料二期工程。聚仁化工的 ε-己内酯项目不但打破了国外长期的垄断,而且实现了新技术突破,为我国 ε-己内酯市场带来了良好的机遇。

2018 年,安徽卓润新型环保材料有限公司新建了处理量为 1000 吨/年的环己酮酶催化氧化项目,可生产 780 吨/年己二酸、390 吨/年 ε-己内酯及 130 吨/年混酸。该项目使用仿生物酶结构的催化剂,工艺简单、条件温和,降低了生产成本。该公司于 2021 年 3 月在新疆库尔勒开始建设从 10 万吨/年苯加氢制环己烷,到环己烷仿生催化氧化生产环己酮,再到环己酮仿生氧化制己二酸联产 ε-己内酯的成套技术产业化项目,该项目投产后将具有 3.9 万吨/年的 ε-己内酯产能。

4.5.6 PGA

4.5.6.1 结构和性能

(1)结构特征。PGA(polyglycolic acid),即聚羟基乙酸,是聚羟基脂肪酸酯中最简单的线性聚酯,化学结构式如图 4-38 所示,是一种生物相容性良好且可降解的高分子材料。

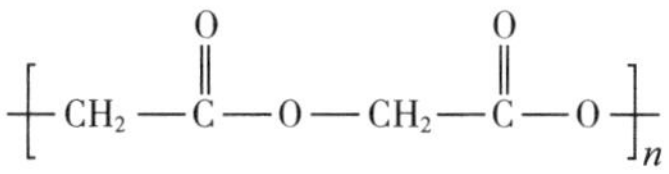

$$\left[CH_2 - \overset{\overset{\textstyle O}{\|}}{C} - O - CH_2 - \overset{\overset{\textstyle O}{\|}}{C} - O \right]_n$$

图 4-38 PGA 化学结构式

PGA 分子间氢键作用力强,是一种结晶型聚合物,结晶度较高(一般为 40%~80%),分子组成中的一个重复单元来源于 α-羟基酸,即乙醇酸(HOCHRCOOH),它是人体在正常新陈代谢过程中产生的。

(2)性能。低分子量 PGA 在一百多年前就被合成,高分子量的 PGA 是通过开环聚合得到的,后来还合成出了具有热塑性的 PGA。高分子量 PGA 具有很高的强度,聚合物晶体的熔点是 224~228℃,玻璃化温度是 35~40℃。聚合物的平均分子量为 20000~145000 时能制成纤维状。此外,聚合物的分子排列具有方向性,同时能够增加 PGA 的强度。PGA 还可制成薄膜和不同的形状。PGA 的物理性能强烈依赖于其分子量大小及分子量分布等,具有良好的可加工性能,适用于在常规设备上进行吹塑、挤出、纺丝、注射等加工。

当温度超过 200℃时,PGA 会出现明显的热降解,导致其分子量和性能降低,因此 PGA 加工温度范围较窄。目前提高 PGA 热稳定性主要有两种途径,一种是采用亚磷酸及其酯类作热稳定剂,酚类等作抗氧剂,与活泼自由基反应中断链反应,从而减少降解反应;另一种是通过加入双官能团的扩链剂物质(如酸酐、环氧化合物等)与 PGA 体系中的低分子量齐聚物反应,降低端羧基含量,减缓降解,并且通过反应形成"架桥"可提高体系黏度。

此外,PGA 不溶于常用的有机溶剂,只溶于像六氟代异丙醇这样的强极性有机溶剂。

对于生物可降解性能,体内 PGA 的降解速度比 PLA、聚二噁酮(PDS)、PCL 等都快;

一般条件下，PGA 在体内约 60 天完全降解，降解后的产物可被人体组织完全吸收代谢、排出体外。PGA 能够完全生物降解，主要原因是聚合物分子链中含有酯键，在体内可分解成端羧基和端羟基化合物。同时端羧基化合物对 PGA 的降解起催化作用，随着降解的进行，端羧基量增加，降解速度也加快，形成 PGA 降解的自催化现象。

4.5.6.2 生产工艺

PGA 合成的主要方法有直接缩聚法、缩合聚合法及开环聚合法。羟基乙酸直接加热缩聚是制备 PGA 的简单方法，但通常只能得到分子量在几十至几千的低聚物。20 世纪 80 年代末，日本相继出现用缩合方法直接制备高分子量的 PGA 的专利报道。以含锡或含锗的化合物作为引发剂，惰性气流、减压脱水，当分子量达到 2000~6000 时，加入含磷的化合物或液体石蜡，阻止反应体系黏度升高，可有效提高水扩散速率，得到高分子量聚合物；或在某一步反应、或在全部反应过程中使用膜式干燥器，聚合物的分子量可达到十几万。

乙交酯的开环聚合是目前获得高分子量聚乙交酯的有效制备途径，其聚合速度快，反应控制难，成本较高，但得到的聚合物分子量较高、纯度较高，能满足大部分医用材料的要求。乙交酯开环聚合法（图 4-39）分为两步：

①将乙醇酸脱水合成低分子量聚乙醇酸，然后在高温高真空下裂解成六元环乙交酯；

②乙交酯在引发剂作用下开环聚合，得到高分子量聚合物。

聚合的引发剂种类主要有质子酸型、卤化物型、阴离子型、有机铝化合物、锡盐类、稀土化合物等，引发剂不同，引发的机理也不同，一般可分为阴离子聚合、阳离子聚合、配位插入等。其中辛酸亚锡是目前公认的效果较好的引发剂，活性高、用量少，可制得高分子量聚合物。

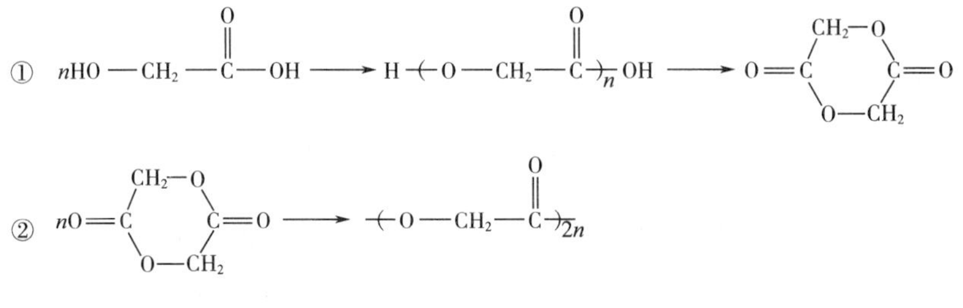

图 4-39 乙交酯开环聚合机制

乙交酯开环聚合实施的方法有本体开环聚合、溶液聚合等。溶液聚合法虽能较好地解决反应体系放热和传热问题，但由于溶剂的使用，增加后处理的成本，增加医用材料的不安全性，同时也会对环境造成污染，没有实际应用价值；本体开环聚合，单体浓度高，聚合反应速率高，反应控制较难，但得到的聚合物分子量较高、纯度较高，能满足大部分医用材料的要求。

4.5.6.3 可持续评估

PGA 及其改性共聚物由于材料自身生物安全性及完全易被人体组织吸收等特性，使其在医疗领域、人体组织修复和包装领域等有着越来越广泛的应用。

（1）可吸收缝合线。PGA 是一种可完全生物降解及吸收性极好的绿色环保材料，市场应用多作为手术缝合线，其强度大于肠衣线，术后缝合线可完全被人体组织吸收，避免人工拆线或二次手术给病人带来的痛苦。目前 PGA 在医院的手术缝合线方面应用越来越广。

（2）组织修复。PGA 具有较高初始弯曲强度和初始弯曲模量，使其在组织修复方面具有广泛的应用，如广泛应用在人骨及人软骨、人工耳、血管肌肉、人工肝等组织修复方面。

（3）包装材料。随着人们环保意识的不断加强，包装领域使用完全可生物降解材料是大势所趋，该领域可有 10%~20% 高性能包装材料使用全降解材料 PGA 替代，有很大的市场需求。随着产能提高、生产成本降低，PGA 将在包装领域具有广泛的应用。

参考文献

[1] DURAISAMY G, THANGAVEL K. Impact of textiles on environmental issues part Ⅱ[J]. Asian Dyer, 2012, 9 (6)：45-51.

[2] 秦益民. 海藻酸纤维的发展历史[J]. 合成纤维, 2011, 40(11)：1-4.

[3] LEE K Y, MOONEY D J. Alginate：Properties and biomedical applications[J]. Progress in Polymer Science, 2012, 37(1)：106-126.

[4] MØRCH Y A, DONATI I, STRAND B L, et al. Effect of Ca^{2+}, Ba^{2+}, and Sr^{2+} on alginate microbeads[J]. Biomacromolecules, 2006, 7(5)：1471-1480.

[5] 郭肖青, 朱平, 王新. 海藻纤维的制备及其应用[J]. 纺织导报, 2006(7)：44, 46-47, 50, 102.

[6] 赵媛媛, 董瑛, 朱平. 海藻酸纤维的鉴别[J]. 印染, 2008, 34(7)：37-39.

[7] SIKORSKI P, MO F, SKJÅK-BRAEK G, et al. Evidence for egg-box-compatible interactions in calcium-alginate gels from fiber X-ray diffraction[J]. Biomacromolecules, 2007, 8(7)：2098-2103.

[8] SPEAKMAN J B. Seaweed rayon[J]. Nature, 1945, 155(3944)：655-657.

[9] CHAMBERLAIN N H, JOHNSON A, SPEAKMAN J B. Some properties of alginate rayons[J]. Journal of the Society of Dyers and Colourists, 1945, 61(1)：13-20.

[10] JOHNSON A, SPEAKMAN J B. Some uses of calcium alginate rayon[J]. Journal of the Society of Dyers and Colourists, 1946, 62(4)：97-100.

[11] 孙炳军, 张玉海, 陈鹏. 海藻纤维的发展及其应用[J]. 中国纤检, 2013(9)：76-79.

[12] 孙玉山, 卢森, 骆强. 改善海藻纤维性能的研究[J]. 纺织科学研究, 1990, 1(2)：28-30.

[13] 王兵兵, 程明明, 夏延致, 等. 海藻酸纤维的阻燃性能[C]//2010 年中国阻燃学术会议论文集. 西宁, 2010：9-12.

[14] 姜丽萍, 孔庆山, 王兵兵, 等. 海藻酸钙纤维的制备及阻燃性能研究[C]//2008 年全国阻燃学术年会论文集. 宜昌, 2008：115-121.

[15] 沈秀红, 纪全, 张建军, 等. 海藻酸钙纤维的热裂解研究[C]//2010 年中国阻燃学术会议论文集. 西宁, 2010：13-19.

[16] THOMAS A, GILSON C D, AHMED T. Gelling of alginate fibres[J]. Journal of Chemical Technology and Biotechnology, 1995, 64(1)：73-79.

[17] 张传杰, 朱平, 王怀芳. 高强度海藻纤维的性能研究[J]. 印染助剂, 2009, 26(1)：15-18.

[18] 朱平, 王柳, 张传杰, 等. 海藻酸钙纤维的结构与性能[J]. 合成纤维工业, 2009, 32(6): 1-4.

[19] 张传杰, 张楠楠, 王臻, 等. 海藻酸钙纤维的阻燃性能[J]. 印染, 2011, 37(8): 1-5.

[20] 席国喜, 田圣军, 成庆堂, 等. 海藻酸钠的热分解研究[J]. 化学世界, 2000, 41(5): 254-258.

[21] PORPORATTO C, CANALI M M, BIANCO I D, et al. The biocompatible polysaccharide chitosan enhances the oral tolerance to type II collagen[J]. Clinical and Experimental Immunology, 2008, 155(1): 79-87.

[22] 林晓华, 黄宗海, 俞金龙. 海藻酸纤维的研究发展及生物医学应用[J]. 中国组织工程研究, 2013, 17(12): 2218-2224.

[23] 王清华, 钟文菲, 何盟. 藻酸盐敷料的临床应用: 与传统材料特征的比较[J]. 中国组织工程研究与临床康复, 2010, 14(3): 533-536.

[24] 展义臻, 朱平, 赵雪, 等. 海藻酸纤维医用敷料的制备及开发[J]. 产业用纺织品, 2007, 25(8): 39-44.

[25] KERSHAW D, MAHONEY P M J. Alginate wound dressings: US5986164[P]. 1999-11-16.

[26] MAHONEY P M J, KERSHAW D, PRITCHARD D, et al. Alginate fabric, method of preparation and use: US5925009[P]. 1999-07-20.

[27] SCHERR G H. Alginate fibrous dressing and method of making the same: US5674524[P]. 1997-10-07.

[28] PATEL H A. Process for preparing the alginate-containing wound dressing: US5470576[P]. 1995-11-28.

[29] COLE S M, NELSON D L. Alginate wound dressing of good integrity: US5197945[P]. 1993-03-30.

[30] 秦益民. 海藻酸纤维在医用敷料中的应用[J]. 合成纤维, 2003, 32(4): 11-13, 16.

[31] QIN Y M. The gel swelling properties of alginate fibers and their applications in wound management[J]. Polymers for Advanced Technologies, 2008, 19(1): 6-14.

[32] 甘景镐, 甘纯玑, 蔡美富, 等. 褐藻酸纤维的半生产试验[J]. 水产科技情报, 1981, 8(5): 8-9.

[33] CHAMBERLAIN N H, LUCAS F, SPEARMAN J B. The action of light on calcium alginate rayon[J]. Journal of the Society of Dyers and Colourists, 1949, 65(12): 682-692.

[34] TALLIS. Alginate rayon: UK, 1945, 568177[P].

[35] PUALMAARTIN. Would fleaIing for Perfect skin Regeneartion[J]. Science, 1997, 4(6): 75-80.

[36] 孙艳宾, 李宁, 梁君玲, 等. 海藻酸钠提取工艺研究进展[J]. 食品科技, 2022, 47(8): 201-206.

[37] 马成浩, 彭奇均, 于丽娟. 海藻酸钠生产工艺降解情况研究[J]. 中国食品添加剂, 2004(2): 17-19.

[38] TANG C K, AROF A K, ZAIN N M. Chitin fiber reinforced silver sulfate doped chitosan as antimicrobial coating[M]//IFMBE Proceedings. Berlin, Heidelberg: Springer Berlin Heidelberg, 2011: 55-59.

[39] REDDY N, YANG Y Q. Introduction to chitin, chitosan, and alginate fibers[M]// Innovative Biofibers from Renewable Resources. Berlin, Heidelberg: Springer, 2015: 93-94.

[40] 曲腾云. 纺织纤维在土壤填埋和生理盐水中降解行为表征[D]. 上海: 东华大学, 2015.

[41] 杜玉平. 高性能壳聚糖纤维关键制备工艺的研究[D]. 青岛: 青岛大学, 2012.

[42] 辛荣玉. 基于微生物法建立虾壳中甲壳素绿色制备技术研究[D]. 青岛: 青岛科技大学, 2020.

[43] 陈西广. 甲壳素/壳聚糖结构形态与生物材料功效学研究[J]. 中国海洋大学学报(自然科学版), 2020, 50(9): 126-140.

[44] 王莉娟, 赵彤瑶, 宫玉梅, 等. 壳聚糖改性及纤维成型研究进展[J]. 现代化工, 2021, 41(6): 86-89.

[45] 王晶. 壳聚糖及羧甲基壳聚糖的清洁制备工艺研究[D]. 长春: 长春工业大学, 2019.

[46] 秦益民. 壳聚糖纤维的理化性能和生物活性研究进展[J]. 纺织学报, 2019, 40(5): 170-176.

[47] 杨锡洪, 辛荣玉, 宋琳, 等. 虾蟹壳中甲壳素绿色提取技术研究进展[J]. 现代食品科技, 2020, 36(7):

344-350.

[48] 施晓文，邓红兵，杜予民. 甲壳素/壳聚糖材料及应用[M]. 北京：化学工业出版社，2015.

[49] 蒋挺大. 壳聚糖[M]. 2版. 北京：化学工业出版社，2007.

[50] 任杰，李建波. 聚乳酸[M]. 北京：化学工业出版社，2014.

[51] 吴改红，刘淑强. 聚乳酸纤维及其纺织品[M]. 上海：东华大学出版社，2014.

[52] AVINC O, KHODDAMI A. Overview of Poly(lactic acid)(PLA) fibre[J]. Fibre Chemistry, 2010, 42(1): 68-78.

[53] DAI X J, DU PLESSIS J, KYRATZIS I L, et al. Controlled amine functionalization and hydrophilicity of a poly (lactic acid) fabric[J]. Plasma Processes and Polymers, 2009, 6(8): 490-497.

[54] 赵明良，宁新，龙云泽，等. 气泡熔体静电纺丝制备PLA纳米纤维的探讨[J]. 国际纺织导报，2021, 49 (6): 3-6, 8.

[55] 王晓辉，丁玉梅，王军，等. 热气流辅助熔体微分电纺聚乳酸纤维制备[J]. 高分子材料科学与工程，2020, 36(6): 79-83, 90.

[56] NASER A Z, DEIAB I, DARRAS B M. Poly(lactic acid)(PLA) and polyhydroxyalkanoates(PHAs), green alternatives to petroleum-based plastics: A review[J]. RSC Advances, 2021, 11(28): 17151-17196.

[57] KABIR E, KAUR R, LEE J, et al. Prospects of biopolymer technology as an alternative option for non-degradable plastics and sustainable management of plastic wastes[J]. Journal of Cleaner Production, 2020, 258: 120536.

[58] HOPEWELL J, DVORAK R, KOSIOR E. Plastics recycling: Challenges and opportunities[J]. Philosophical Transactions of the Royal Society of London Series B, Biological Sciences, 2009, 364(1526): 2115-2126.

[59] TAMBURINI E, COSTA S, SUMMA D, et al. Plastic (PET) vs bioplastic (PLA) or refillable aluminium bottles—What is the most sustainable choice for drinking water? A life-cycle (LCA) analysis[J]. Environmental Research, 2021, 196: 110974.

[60] VINK E T H, RÁBAGO K R, GLASSNER D A, et al. Applications of life cycle assessment to NatureWorks™ polylactide (PLA) production[J]. Polymer Degradation and Stability, 2003, 80(3): 403-419.

[61] VINK E T H, GLASSNER D A, KOLSTAD J J, et al. ORIGINAL RESEARCH: The eco-profiles for current and near-future NatureWorks® polylactide (PLA) production[J]. Industrial Biotechnology, 2007, 3(1): 58-81.

[62] GROOT W J, BORÉN T. Life cycle assessment of the manufacture of lactide and PLA biopolymers from sugarcane in Thailand[J]. The International Journal of Life Cycle Assessment, 2010, 15(9): 970-984.

[63] MADIVAL S, AURAS R, SINGH S P, et al. Assessment of the environmental profile of PLA, PET and PS clamshell containers using LCA methodology[J]. Journal of Cleaner Production, 2009, 17(13): 1183-1194.

[64] CHOI B, YOO S, PARK S I. Carbon footprint of packaging films made from LDPE, PLA, and PLA/PBAT blends in South Korea[J]. Sustainability, 2018, 10(7): 2369.

[65] WALKER S, ROTHMAN R. Life cycle assessment of bio-based and fossil-based plastic: A review[J]. Journal of Cleaner Production, 2020, 261: 121158.

[66] COSATE DE ANDRADE M F, SOUZA P M S, CAVALETT O, et al. Life cycle assessment of poly(lactic acid) (PLA): Comparison between chemical recycling, mechanical recycling and composting[J]. Journal of Polymers

and the Environment, 2016, 24(4)：372-384.

[67] ARYAN V, MAGA D, MAJGAONKAR P, et al. Valorisation of polylactic acid (PLA) waste：A comparative life cycle assessment of various solvent-based chemical recycling technologies[J]. Resources, Conservation and Recycling, 2021, 172：105670.

[68] 畅贝哲. 聚对苯二甲酸-己二酸丁二醇酯的改性及其结晶性能研究[D]. 太原：中北大学, 2021.

[69] 张小兵. 我国生物可降解高分子新材料 PBAT 市场和产能分析[J]. 四川化工, 2021, 24(4)：4-7, 25.

[70] 王有超. 新型生物降解材料——PBAT 的连续生产工艺[J]. 聚酯工业, 2016, 29(1)：28-29.

[71] 付凯妹, 王红秋, 慕彦君, 等. 聚(己二酸丁二醇酯-对苯二甲酸丁二醇酯)生产技术现状及其研究进展[J]. 化工进展, 2021, 40(11)：6173-6180.

[72] 姚建, 苟敏, 汤岳琴. "绿色塑料"聚羟基脂肪酸酯生物合成研究进展[J]. 应用与环境生物学报, 2021, 27(6)：1662-1671.

[73] 张永霞, 卢晓龙, 张震, 等. PHA/PVP 复合材料的制备与性能研究[J]. 塑料科技, 2018, 46(8)：77-80.

[74] 于志方, 丁勇超, 杨亚亚, 等. 非石油基高分子材料聚羟基脂肪酸酯 PHA 的改性研究进展[J]. 高分子通报, 2010(11)：1-9.

[75] 张宗飞, 王锦玉, 谢鸿洲, 等. 可降解塑料的发展现状及趋势[J]. 化肥设计, 2021, 59(6)：10-14, 41.

[76] 侯冠一, 翁云宣, 刁晓倩, 等. 生物降解塑料产业现状与未来发展[J]. 中国材料进展, 2022, 41(1)：52-67.

[77] 柳杰, 王晚晴, 刘文慧, 等. 微生物合成 PHA 的研究进展[J]. 高分子通报, 2017(2)：16-21.

[78] 任连海, 刘慧, 张明露. Cupriavidus necator(DSM428)利用地沟油合成 PHA 的条件优化[J]. 环境工程学报, 2016, 10(6)：3166-3172.

[79] 魏风军, 张俊楠. 全生物降解材料 PHA 在包装行业及禁塑替代中的应用浅析[J]. 今日印刷, 2020(8)：55-57.

[80] 陈国强. 生物高分子材料聚羟基脂肪酸酯(PHA)开发现状及产业化前景分析[J]. 化工新型材料, 2010, 38(10)：1-7.

[81] 胡雪岩, 毛海龙, 苏婷婷, 等. 聚丁二酸丁二醇酯(PBS)生物降解的研究进展[J]. 微生物学杂志, 2016, 36(4)：84-89.

[82] 黄媚章, 唐义祥. PBS 改性研究及其发展前景[J]. 包装世界, 2014(3)：40-41.

[83] 魏萌萌, 苏艳敏, 虎晓东, 等. 可生物降解聚丁二酸丁二醇酯的研究进展[J]. 橡塑资源利用, 2018(4)：1-9.

[84] 李丽. 聚丁二酸丁二醇酯的研究进展[J]. 安徽化工, 2015, 41(2)：7-8, 12.

[85] PBS：绿色环保新材料[N]. 科技日报, 2005-12-14(7).

[86] 李长存, 刘洪武, 邓琼. 聚丁二酸丁二醇酯产业现状及技术进展[J]. 合成纤维工业, 2014, 37(2)：60-63.

[87] 高新, 陈启杰, 踪张扬, 等. 淀粉基功能膜材料的研究进展[J]. 中国造纸学报, 2020, 35(4)：77-82.

[88] 郑进宝, 李琛. 淀粉基包装材料疏水性改善研究进展[J]. 化工进展, 2022, 41(6)：3089-3102.

[89] 常琳琳, 王芳军, 赵彤瑶, 等. 淀粉基纤维的研究进展[J]. 合成纤维工业, 2021, 44(3)：64-70.

[90] 陈龙, 程昊, 王谊, 等. 淀粉基可降解材料及其在食品工业中的应用[J]. 中国食品学报, 2022, 22(1)：364-375.

[91] 叶易春，但卫华，曾睿，等. 淀粉基可生物降解纤维的研究进展[J]. 材料导报，2006，20(1)：81-83，88.

[92] 张爱迪，丁德润，朱香利，等. 生物降解高分子材料研究应用进展[J]. 化工新型材料，2011，39(7)：17-20.

[93] 余龙，卢凯，朱健，等. 淀粉在热加工过程中的相变与流变行为[C]//中国化学会第一届全国纤维素学术研讨会论文集. 成都，2019：19-20.

[94] 任崇荣，任凤梅，周正发，等. 淀粉基生物降解塑料的研究现状综述及展望[J]. 塑料制造，2008(6)：86-90.

[95] 金征宇，王禹，李晓晓，等. 淀粉基生物可降解材料的研究进展[J]. 中国食品学报，2019，19(5)：1-7.

[96] 张玉清，刘明华. 淀粉基功能材料在水处理中的应用[J]. 材料保护，2016，49(S1)：169-171.

[97] 刘钺，杜风光. 生物降解塑料的产业化现状与前景[J]. 河南化工，2012，29(15)：21-25.

[98] 朱颖先，陈大俊，李瑶君. 可生物降解型纤维材料[J]. 高分子通报，2001(1)：48-52，73.

[99] 王永亮，易国斌，康正，等. 聚己内酯的合成与应用研究进展[J]. 化学与生物工程，2006，23(3)：1-3，9.

[100] 孙博伟. 可降解聚合物聚己内酯的合成技术新进展[J]. 石化技术，2019，26(3)：333-334.

[101] 周华建. 基于聚己内酯-壳聚糖体系的有机/无机复合材料的制备及其性能研究[D]. 徐州：中国矿业大学，2021.

[102] 宋鑫月，朱光明，王宗瑶，等. 聚己内酯的制备及改性研究进展[J]. 中国胶粘剂，2016，25(4)：52-56.

[103] 赵鑫，常静. ε-己内酯与聚己内酯研究应用进展[J]. 煤炭与化工，2021，44(4)：130-134.

[104] 于娟，万涛，李世普. 生物可降解聚合材料聚羟基乙酸[J]. 生物骨科材料与临床研究，2005，2(6)：50-52，56.

[105] 段雪蕾，陈兰兰，孙峤眹，等. 改性PGA热稳定性及动力学研究[J]. 化工新型材料，2021，49(S1)：210-214.

[106] 刘伯林，崔华帅，王金花，等. 全降解材料聚乙交酯或聚乙醇酸(PGA)的发展[J]. 纺织科学研究，2021，32(4)：58-60.

[107] 杜锡光，陈莉，梁奇志，等. 羟基乙酸均聚物PGA的合成及表征[J]. 东北师大学报(自然科学版)，2003，35(3)：119-124.

第5章 纺织服装的可持续性设计

纺织服装从纤维原料制造到纱线织物生产，再到面料加工、服装制作、成衣出售、废旧衣物处理等，每个环节都涉及资源浪费、能源消耗、环境污染问题。其中纺织服装产品的设计是产品制造中的一个重要环节。面对当今严峻的生态环境，将可持续设计理念注入纺织服装领域，以减少消耗和降低能耗，这显得尤为重要。纺织服装的可持续发展离不开可持续性设计。广义上，纺织品设计包含从审美角度到功能实现的设计，包括对纤维材料、纱线、织造、染色整理等多个环节及工序的设计与开发。目前，可持续性纺织和服装产品的实现主要体现在纤维材料的设计、加工工艺的设计以及设计技术三个方面。可持续设计是一种构建及开发可持续解决方案的策略设计活动，均衡考虑经济、环境、道德和社会问题，以再思考的设计引导和满足消费需求，并促进环境、资源、社会与文化的可持续。

本章主要介绍纺织服装领域中的图案数字化设计、纱线仿真设计、织物仿真设计、可持续性时装设计和可回收衣物的技术设计。

5.1 纺织服装图案数字化设计

纺织品是艺术性与实用性相结合的产品，大量具有艺术风格的图案花样被应用到纺织服装产品设计中，使纺织服装在具备广泛实用价值的同时，通过图案的装饰美化，给人以艺术陶冶和享受。作为艺术媒介，纺织服装能以最普通的方式将艺术融入人们的日常生活，因此，作为纺织品设计中一个重要环节的图案设计，直接影响到纺织艺术的表现效果，它在引导消费、美化生活和保护环境方面起着重要的作用。传统的人工设计绘制图案的方法，主要依靠人脑，耗时长、效率低，且设计思路窄，即使完成了图案纹样的设计，后续还要根据需求拼回位、调尺寸、描稿，因而工作繁杂、耗费精力，不能满足现代人求新求美的需求。企业在有限设计的基础上批量生产，难免导致库存积压、成本高昂。随着现代技术的发展，纺织服装图案的数字化设计能充分展示现代纺织设计特征，特别是智能化图案设计，可彻底改变人们的思维局限和设计方法，这种快速和高质量的设计方法，既能满足当代人个性化的需求，又省时省力，对社会可持续发展、生态可持续发展及经济可持续发展都极为有利。

5.1.1 纺织服装图案数字化表现形式

图案是实用和装饰相结合的一种美术形式，它和纯绘画类作品的本质区别在于图案具有实用性和装饰性，往往依附于某一实用的物体上。因此，图案设计并不是单纯地把生活中的自然形态原封不动地再现在设计稿上，而是要依从一定的表现手段和工艺技术上的特定要求，把原始素材以提炼、加工、夸张等艺术手法，按工艺要求进行重新组织和艺术创新。纺织服装图案设计就是运用人们的感知与创造等审美艺术手段对自然景观进行的改造，根据一定的方法把各种元素组合起来，形成不同的图像形式。通过用简单的线条勾勒出图案的轮廓，运用夸张等艺术手段，表现真实图案的颜色、形状等要素，使产生的图案具有一定的装饰艺术效果和实用价值。

纺织图案通常具有循环重复、排列有序的特点，有双向连续和四方连续两种，常用于服装和装饰品等。根据其形态的不同，纺织图案结构可分为连续型和单一型。具体表现为，在纺织图案上可以不断地重复和延伸的基础结构上，形成图案的连续性和重复性。根据一定的规格范围，以一个或几个基本单元图像上下连接；或采用一种或几种基本单位模式，在一定范围内，对图像进行上下平接、左右跳接处理，从而实现图案设计。其中单框造型主要用于地毯、床品等较大的单个纺织品中，具有独立、自由、自然和奔放的视觉效果，包括中心造型、转角造型、密集造型与自由造型等。

纺织图案大多数是通过印染和织造形成的，纺织图案特征包括图案纹理结构、图案形态和图案色彩等，通过将它们复制到织物上，从而形成具有移动视觉特征及艺术效果的纺织服装图案。从生产工艺角度来说，纺织图案设计的基本内容主要包括印染图案设计、织花图案设计和绣花图案设计。从使用者角度来说，纺织图案设计主要包括服饰面料设计，室内软装饰如窗帘布、沙发布、靠垫、墙布、地毯、床罩、床单、枕巾等设计，以及产业软装饰如汽车、火车、飞机等交通工具用布设计等。其中面料图案设计一般采用四方连续的图案形式。

纺织图案设计，从设计的内容创意与表现手法上，可以分为以下几种形式：

（1）具象的形象设计，如植物、动物、人物、风景的表达。

（2）抽象的形象设计，如理性的几何形态、抽象的自由形态的表现。

（3）突出的主题设计，以主题来展开形象设计，如古典的典雅主题，现代型的前卫主题，田园化的自然主题，理性型的几何主题，纯朴化的民俗主题等。

（4）时尚的流行设计，以社会需要和市场流行来展开设计，一方面是为了迎合消费者的需求，另一方面是为了引导消费者的审美情趣。

（5）整体的配套设计，以具体的人与具体的环境需要来展开设计，强调纺织品之间整体协调性以及纺织品与人、环境的协调性和整体配套性。

纺织图案数字化的表现主要通过图案数字化效果的艺术创造和纺织图案染织加工两种形式来实现。为保障纺织图案设计的合理性和有效性，需要在进行图案设计过程中优化纺织工艺，通过织物的纹理（如织物组织）和印染工艺来表现纺织图案，并根据纺织品面料纹理背景的不同进行图案设计，以提高纺织品图案的多样性和艺术性。

5.1.2 纺织服装图案数字化设计方法

21世纪是全球信息、经济一体化并存的时代。尤其是计算机的图形图像学及其设计手段的产生、发展与应用，给纺织业、艺术设计业带来了一次生产与设计方式上的革命，也给信息传达和表现设计构思带来了巨大潜力，促进了纺织品图案的设计应用。在这快速变化着的信息设计中，纺织业与染织艺术设计已经初步构筑起一个大的艺术设计新平台——"数码纺织"（digital textile），即将传统的手工及机械操作，转变为计算机智能化、网络化操作，包括从市场、生产、制造以及销售等各个环节和工序，即纺织业的数码化，包括数码提花、数码印花、数码染色、数码服装裁片以及虚拟设计和制造等高技术。图案的数字化设计技术是数码纺织核心技术的主要组成部分之一，它是一种计算机辅助设计的方法，主要分为以下几种类型：

（1）交互式图案设计方法。由设计人员利用计算机设计软件提供的一些绘图工具和图形、图像处理功能，在计算机屏幕上直接绘制，设计出图案花样。图案的创作设计仍局限在人脑可以想象的范围之中。

（2）算法式图案设计方法。计算机擅长于复杂计算，而许多图案是复杂计算的结果，非常适合计算机产生，如分形几何为代表的非线性图案。随着计算机应用的普及以及分形理论的发展，非线性图案的数字化设计方法为纺织品图案设计开辟了一个新领域，结合已有的纺织品 CAD/CAM 系统，可实现产品的多样化、快设计、短周期和小批量生产。这样，纺织设计者就有更多的时间来做创造性的工作，而不是把时间花在重复劳动上。

（3）智能化图案设计方法。智能化图案设计是指计算机能够使用知识系统，自动或半自动地进行作画。使用这种方法，设计者可以把注意力更多地放在图案风格和画法创造上。

5.1.3　交互式图案设计方法

人机交互技术是指通过软件为计算机辅助图案设计提供一个人机交互的环境，包括人机交互的界面和一组可用于产生图案作品的操作。目前用于计算机图案设计的各种软件系统大多采用这种方法。这类软件通常具有丰富的绘图工具——画笔、线条、橡皮、喷枪、颜料、填色、文字等，也有各式各样的图形图像的裁剪、复制、粘贴、修改等工具，同时还有变化多样的特殊滤镜效果工具。使用它们既可为纺织产品设计出多样的形象造型、丰富多彩的色彩效果，又可展现难以表现的虚幻意境，这些既实在又不可名状的超现实手法，在计算机和艺术设计软件的辅助下变得轻而易举。这类方法可提高设计质量，加快设计速度，因为计算机的作用主要是代替传统的纸、笔、颜料等绘图工具。

交互式图案设计软件包括图像设计软件，如 Photoshop、Painter 等；图形设计软件，如 Freehand、Illustrator、CorelDRAW 等；还有一些纺织服装专业软件，如 JCAD 纹织设计软件、Embird 绣花软件、C-Design Fashion 服装设计软件等。

Photoshop 是一种功能强大的图像处理和艺术设计软件，利用它可以处理和设计出像照片一样真实细腻的形象。而 Painter 软件既可以处理图像、设计图像，又可以表现绘画，利用它可以模拟绘画效果、绘画表现技法及绘画所用的各种类型的纸、笔等。从软件自身性质来说，二者都称为"位图"或"像素图"软件。

图形设计软件的特点是，设计的形态肯定、理性，具有简洁的层次变化。Freehand、Illustrator、CorelDRAW 等都属于优秀的图形设计软件。从软件自身特点来说，它们都称为"矢量软件"，是根据矢量曲线公式来表现图形的，或者说是由点、线、面等结构元素构成的，无论图形放大倍数多高，图形质量和文件大小都不会改变，也不会损坏图形质量。图形软件适合于描述以线条为主的较理性、机械的几何图形。在对图形精度有要求时，矢量图形软件比位图软件灵活得多，可适应各种精度要求。但矢量图多数是针对线条处理，对退晕的处理显得非常生硬，无法处理细腻微妙的色彩变化。

直接而专门用于纺织艺术产品设计的软件，称为专业的纺织艺术设计软件。专业纺织设计软件有多种类型，最典型的有以下几种 CAD 系统，如纹织、针织、印花、绣花和服装 CAD 系统。以上各种 CAD 系统中都带有图形或图像设计功能。

5.1.4　算法式图案设计方法

算法式图案设计技术起源于 20 世纪 60 年代末，最初的技术是用一个公式或一个算法来产生一幅图案或相同形式的一个图案系列。所谓一个系列，是指在这个公式或算法中代以不同的参数，产生类似的一组计算机图案作品。这种方法的特点是基于数学公式。这里主要介绍新兴的基于分形和混沌等非线性科学的图案设计方法。

分形几何是一门以非规则几何形状为研究对象的几何学，是现代数学中非线性科学的一个分支。大量分形例子是由数学方法，特别是迭代和递归算法，产生出来的图形或图像。

几千年来，人们习惯于欧氏几何，它是人类知识的结晶。欧氏几何把自然界的几何图形高度抽象，归纳为点、线、面等几何元素；进而构造出三角形、矩形、梯形、圆和椭圆等十分规则的几何图形，用它们又可组成各种更为复杂的图形。基于欧氏几何的艺术创作，体现出欧氏几何那种整齐、明快的线条美。正如欧氏几何有传统的艺术与之相对应，分形几何也有与之相对应的新的艺术，这就是"分形艺术"。传统的艺术作品的创作过程就是人类大脑的一种思维过程，人们把脑子里能想象出来的东西通过纸和笔表达出来。如前所述的交互式图案设计方法，就是基于欧氏几何的，虽然采用计算机大幅度提高了设计质量和设计速度，但是计算机所起的作用主要是代替传统的纸、笔、颜料等绘图工具，因而作品的风格、质量和数量受到人脑想象力的局限。

分形几何与传统几何完全不同。传统的欧氏几何，其元素是一些基本的可见形状，如线、三角形、圆、球体等。而在分形几何中，元素并非直接可见，它们可能是一些计算规则，按照某种规则作数值计算再通过可视化技术得到图形或图像。分形的一大特点是自相似性，一种跨越不同尺度的对称，意味着图案的递归，图案之中套图案，在越来越小的尺度上产生细节，形成无穷无尽的精致结构。分形艺术借助计算机来创作，一定程度上超越了人脑的思维。因此，其作品有很大的随机性和任意性，往往出人意料地新颖、别致、奇特和多变，令人耳目一新。分形图案风格奇特，变幻多端，蕴含科学之美，在纺织、印染、织绣方面大有用武之地。

利用非线性技术生成图案的手法主要有以下几种类型：

（1）复平面上各式广义的 Julia 集（简称 J 集）和 Mandelbrot 集（简称 M 集）"等势面着色"方法。

（2）实数相空间上的非线性映射、非线性微分方程求解、保守系统准规则斑图（quasi-regular）。

（3）迭代函数系统（IFS）、分形插值和小波（wavelet）变换方法。

（4）林德梅叶（通常称 L 系统）形式语言方法。

（5）扩散置限凝聚（DLA）模型、元胞自动机（cellular automation，CA）模型和自组织临界性（self-organized criticality，SOC）方法等。

根据非线性图案生成原理，通过计算机编程，能快速自动产生出形态各异、千姿百态的艺术图案。这些图案可直接应用于数码印花织物，也可借助纹织 CAD 将其转换成意匠图，最后通过电子提花机织出风格独特的提花织物。图 5-1 是依据非线性技术原理，通过计算机编程所得到的复平面上的分形图像及其应用实例。

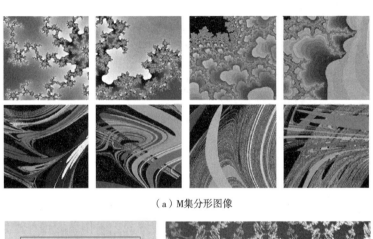

（a）M集分形图像

（b）分形数码印花丝巾　　　　　　　　　（c）分形电子提花织物

图 5-1　复平面上的分形图像及分形图的应用

5.1.5　智能化图案设计方法

随着中国纺织服装制造业的高速发展，创新设计能力已成为新的行业生产力。如何更好地树立时尚设计先锋形象并把握时尚设计话语权，成为中国纺织服装制造业面临的新课题。据统计，目前设计行业内平均每位设计师每天要完成 4 个完全不同的图案纹样创意，设计师的创作灵感极大地受到时间紧迫性的制约。同时，纺织服装行业的图案种类繁多，很多图案蕴含丰富的文化内涵，而设计师很难同时精通多种不同文化不同风格的图案设计。

近年来，人工智能（artificial intelligence，AI）一直是科技界火爆的话题之一，AI 可以运用强大的知识和推理等功能促进产品设计和开发。在纺织服装设计领域，AI 也无处不在地改变着整个行业。这项技术正在进一步融入创成式设计、自适应用户界面和预测分析等技术细节之中。它在加速设计的同时也帮助设计师更快地做出决策。在智能化图案设计方法中，计算机不仅能代替笔、墨、纸、橡皮等，而且能代替人的部分低层次、有规律的思维。计算机也因此从一种绘画工具变为画家的一个助手，带有一定的主动性。使用这种系统，画家可以把他的注意力更多地放在图案风格和画法的创造上。

5.1.5.1　智能图案设计软件的要素

可以从行业、产品、元素、色彩等角度考虑各因素对图案的影响。以纺织品印花图案创作为例，智能图案设计软件可考虑以下几个方面：

（1）图案的循环方式。在进行纺织品印花图案设计时，首先需要设定纺织品图案的循环方式。如独立图案，即个体的四边不需要循环，可以独立呈现但又能够自然地表达出美感的图案；连续图案，分二方连续图案和四方连续图案。

（2）图案的拼接方式。二方和四方连续图案通常采用三种拼接方式：平接、水平跳接和垂直跳接。

（3）元素库。元素库是智能设计软件必不可少的组成部分。元素库要求是各种独立抠图，如单独的花朵库、单独的叶子库、叶子和花组合图库等所有可以用在图案设计中的图案。智能图案设计软件中的这种图库，一是用于图案设计时的元素组合；二是作为人工智能学习图库使用，通过人工智能训练根据几个不同元素的特点生成新的元素，使其对比细节时完全不同于元素库中的元素，但又逼真自然，能够作为新的元素使用。

（4）滤镜库。滤镜库可将使用过的元素通过滤镜操作进行元素改造或图案的某些效果改变，获得新的创作。

（5）图案库。智能图案设计离不开高效率的人工智能图案学习，这就需要大量的训练图案。智能图案设计软件根据图案库中图案的构造、色彩、元素大小、层次等进行智能学习，不断学习、改进、完善设计能力。

（6）智能抠图。日常拍摄的照片或画，通常含有很多不需要的背景，这就需要软件有能够智能抠背景的功能和人工介入的指定保留元素的抠图功能。

（7）色彩和谐度。颜色是图案中不可缺少的一部分，而颜色之间的和谐搭配可以深刻地影响图案的美学观感。在纺织产业中，如何对纺织图案的色彩进行搭配优化，甚至于通过机器自动化生成较和谐的颜色搭配，以提高图案的生成效率和消费者对于图案颜色风格的满意程度，是一个值得研究的问题。利用一张图片的颜色去修改另一张图片的颜色风格，称为颜色迁移。

（8）图案搜索。图案搜索，本来是为了避免图案重复使用而进行图案相似度查询的一种手段。而在进行图案设计人工智能学习时，利用这个功能，客户可以上传一个自己喜欢的图案，然后进行人工智能图案设计，这就解决了普通客户对图案的需求，不需要进行专业的图案使用种类选择、图案类别选择和元素使用选择等；专业人员则可以在图案库中按各种专业名称进行搜索。

（9）实景模拟。智能生成的图案，通过实景化使用效果模拟可给客户以真实感受的视觉冲击。

5.1.5.2 智能图案设计软件的功能

（1）方案实施。包括抠图流程、元素识别流程和智能设计流程。

（2）软件开发框架。通过采集设备获取轮廓图像，再利用核心算法对其轮廓的边缘位置、形状和角度进行计算分析，得出图像数据。图像识别技术基于局部特征区域的单训练样本图像识别方法。第一步，对局部区域进行定义；第二步，图像局部区域特征的提取，依据经过样本训练后得到的变换矩阵将图像向量映射为特征向量；第三步，局部特征选择；第四步，进行分类，分类的核心技术是图像识别算法和人工智能元素组合算法。

（3）识别原理。图像识别技术的过程分以下几步：信息的获取、预处理、特征抽取和选择，以及分类器设计和分类决策。信息的获取是指通过传感器将光或声音等信息转化为电信号，也就是获取研究对象的基本信息并通过某种方法将其转变为机器能够认识的信息。预处理主要是指图像处理中的去噪、平滑、变换等的操作，从而加强图像的重要特征。特征抽取和选择是指在模式识别中，提取图像特征并选择对图像识别有用的特征。特征抽取和选择在图像识别过程中是非常关键的技术之一。分类器是一种能够将输入的数据进行不同类别分类的算法。分类器的设计和分类决策包括算法选择、数据收集与处理，以及模型训练与评估三个步骤。针对不同的分类要求，根据图像特征选择合适的分类算法同样非常关键。

（4）颜色和谐度算法。获得预期的、和谐的颜色组合是图案设计的关键，但这项任务极具挑战性。颜色和谐度算法用于研究视觉上和谐的颜色组合，在一个场景或一个物体上产生和谐的情感和环境感知。现有的颜色和谐理论中存在一些普遍接受的美学法则，如互补色或暖色与冷色。但这些规则或模板需要烦琐的人工筛选和判断，如何找到相应的规律，并将其运用到图案的颜色搭配之中，也是纺织服装图案智能设计软件研究的内容之一。

国内技术人员早在20世纪90年代就对图案的创作过程及图案的造型、色彩、形式进行了研究，并在智能化图案设计方面提出了很多创造性的思想，但鲜有进行实际投资的。而在2021年10月9日，DPI SPACE人工智能图案设计平台官宣上线，这是一个依托人工智能创造（AI creation）技术的人工智能纺织服装图案设计平台。该平台基于深度学习技术，可以对当下时尚流行趋势做出预测，能够帮助设计师理解和把握流行方向，启迪设计师的灵感，给予设计师更大的创意空间。平台还学习了大量工艺基础知识，包括版式、构图的回位方式、色彩的分层方式等，创作的设计作品可以直接用于生产制作。利用该平台制作的专属图案纹样，具有鲜明的特色，能够结合最新流行趋势，将艺术元素融入设计方案中。在设计过程中，人工智能的思维不会受到固有思维的束缚，可就同一主题进行成千上万的设计，覆盖多种图案风格，在保证质量稳定性的同时，实时创作出独立的作品。人工智能纺织服装图案设计平台可以帮助众多纺织企业释放设计潜能，实现大规模、多样化、质量稳定的按需设计。设计师可从烦琐的素材搜集、设计构思、草图绘制、版式调整等工作中解放出来，只需提供灵感激发源，就能收获风格多样、千变万化的图案纹样。人工智能技术的高速发展为时尚产业的发展开辟了更为广阔的道路。

5.2　纱线仿真设计

纱线是构成织物的基本原料，除了常规的纱线外，还有各式各样的结构不同、色泽各异的特殊纱线，如花式纱、大肚纱等。由于机织物是由经纬纱交织而成的，因此经纬纱线的选择运用包括纱线的粗细、捻度的分布、颜色的变化、原料的异同、纱线的结构等，是决定织物花色品种、外观美感的重要因素。没有纱线设计就没有织物模拟，织物模拟必须从纱线开始。纱线的外观形态是一个比较简单的曲面结构，可以利用现有的三维建模技术来构建三维纱线模型。

5.2.1　表面形态数据的获取

三维建模技术对物体表面数据的获取方式多种多样，数据采集方法根据测量方式的不同可分为接触式测量和非接触式测量两大类。接触式测量方法通过传感测量头与样件的接触而记录样件表面点的坐标位置，可以细分为点触发式和连续式数据采集方法。非接触式测量方法主要是基于光学、声学、磁学等领域的基本原理，将一定的物理模拟量通过适当的算法转换为样件表面的坐标点。纱线表面形态为自由曲面，由于纱线有捻度，表面有凸凹，且数量级为微米级，只能用非接触式测量。非接触式测量主要有三维扫描仪和基于图片的三维面形测量。

（1）三维扫描仪。近年来，许多方法被用于生成真实世界物体的三维计算机模型，其中使用最广泛的包括激光扫描和数字化照片测量。激光扫描器作为一种商业化产品可以从许多公司购得，它通常可以在几秒钟内扫描一件物体，例如纱线表面形态。可以移动扫描仪来扫描静止纱线，也可固定扫描仪来扫描移动的纱线。对得到的扫描数据点进行三角化或干涉测量法处理，这些点的三维坐标就可以很快计算出来，这种方法可以产生高密度的测量点。

数字化照片测量方法使用许多照相机获取物体的立体图像，使用匹配算法建立相关性，并对照相机进行准确的校准，计算出来的匹配点的三维坐标可以达到较高的精度。使用此种方法获得真实物体的表面三维数据点坐标，并进行建模的技术注重于对获取对象模型准确和精细的重建。但是这些系统较昂贵，且在使用时需要专业知识和特殊的环境配置。从实用的角度看，这种精细的测量技术所获得高密度的数据点对精度要求不高的应用来说是奢侈的。

（2）基于图片的三维面形测量。有许多工作是研究从图像中重建物体的几何特征。这一方面早期的研究目的是解释图像，例如，从图片所拍摄的场景中恢复物体的形状和性质。这一问题是非常困难的，到目前为止还没有一套通用的物体重建系统存在。此方法多用于人体模型的构建，从三张或四张相互正交的照片中自动或半自动地获取人体脸部和身体进行建模，只需要从几个角度的瞬间捕捉，就可以处理穿着简单的情况下的人体重建，但对于特殊个体不能生成高度真实感的人体形态，而是使用纹理映射来弥补重构形态的不足。相似地，从两种正交视图中得到的轮廓对物件的测定体积模型进行变形处理，分割图层，得到不同的三维高度坐标点集，来重构三维物体。

5.2.2 三维模型的表面重建

表面重建的目的是获取物体的散乱或空间结构化的三维坐标点集，并据此生成完整曲面的完全结构化的表示。这种表示必须忠实于原始数据，具有比原始数据点集更小的误差和噪声，并且可以以一种能够实现特征跟踪和测量提取的方式存储。

一般采用比较成熟的几何造型建模方法。几何造型建模的基本思想是通过三维几何造型技术来自动生成曲面的形状、几何结构、特征表示和定位。几何造型建模方法可以更加真实地考虑编织纱线的横截面状态，同时建立了纱线在不同位置截面变化的函数关系，使数值模拟更加真实可靠。最常用的表示方式之一是多边形模型，数据点以这种方式连接来近似表面形态。细化构成表面形态的多边形，使构成多边形足够小，从而生成足够真实的表面形态的逼近，产生令人满意的表面视觉效果。另一种方法是将表面表示为一个可描绘光滑曲面片的数学实体的集合，常用的数学实体是样条。物体表面被数字化地表示为一些可由控制点控制形态的控制点点集。

不考虑表示表面的实体类型，重建技术可以根据安排空间几何实体使之构成对应于点集的曲面所使用的方法分为两类。一种是局部的基于网格的方法，这种方法的基本思想是将整个点集分割成一些小的、简单的、容易管理的子集，然后构建曲面上的所有子集，再按照某种方式把这些子集曲面片拼接起来构成整个曲面。另一种是全局的可变形模型的方法，基本思想是用一个预先构建的物体表面，通过一系列的变形操作来改变控制点，使生成的曲面近似贴合于给定的点集。这两种方法各有优缺点，在实际应用中可以根据实际情况选择。

利用计算机图像分析技术获取纤维束横截面图像，发现纤维束的变形具有一定的规律性。有学者不仅考虑了内部纱线因打紧工序而形成的紧密接触和截面变形，而且考虑了内部和表面区域纱线因挤紧状态不同所造成的纱线填充因子变化，建立了材料的三维实体细观结构模型。此外，还可以通过计算机软件建立更贴近真实情况的模型，如数字单元模型和分段模型等。

5.2.3 预构纱线的建立

依据纱线的外观形态结构和性质，分别对应纱线的纵向和横向结构特征建立相应的预构模型，并建立相应的捻度模型。

5.2.3.1 纵向结构特征——理想的螺旋形结构

由纱线加捻的加工原理可知，其空间运动轨迹是螺旋线。假设纱线为刚性柔体，那么在加捻过程中，纱体内纤维是按螺旋上升结构形式排列，因此采用一理想模型——同轴的螺旋线模型，如图5-2所示。

其中，L 为纱线长度，β 为捻回角，A_0 为纱线起始点，A_1 为纱线终止点。

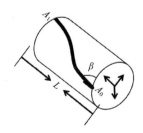

图5-2 同轴的螺旋线模型

纱线的理想螺旋形结构模型是以下列假设特性为前提的：

（1）纱的截面是圆形，并且沿长度方向是均匀的。

（2）它是由一系列不同半径的叠加的同心层所组成，在每一层中纤维均排列成均匀的螺旋形，所以它们离开中心的距离保持恒定。

（3）中心纤维在纱的轴心线位置呈直线，但从中心向外，螺旋角逐渐增加，所以单位长度的捻度在所有各层都保持一定。

（4）圆柱的轴线与纱的轴线重合。

（5）单位截面上的纤维的根数不变，也就是模型任何部分纤维集合体的密度保持一定。

（6）纱的结构是假定由大量的纤维所组成，以避免因纤维集合体的任何不一致而复杂化。

一根由若干单纤维并合成的单纱，在加捻之前单纤维之间应该是相互平行的。这就是说，如果在未加捻的单纱上，任意截取两个平行的横截面，那在被截取的这一段单纱中，所有的单纤维应该是等长的。但加捻以后，由于位于不同层处的单纤维离轴心的距离不同，它们就会有不同的捻角，捻角越大单纤维的变形也越大，处于纱线外缘的单纤维就会具有比内层更大的张力，既然认为单纤维丝所形成螺旋形是沿丝线圆周分布的，那么每一根有张力的单纤维就都有一个向心的压力，而且这个压力是外层大于内层。在这一力系的作用下，外层的单纤维向内层迁移，直至某一平衡位置。以后，它又可能作为处于内层的单纤维被从外层挤入的其他单纤维从内层推出来。张力越不平衡，这种单纤维在单纱表面和中心之间周期性迁移的现象越显著，因此单纤维最终在长丝纱中形成的轨迹应该是一根半径时大时小的螺旋线，迁移的频数与所加的捻度和单纤维的性质有关。

5.2.3.2　横向结构特征

单纱横向结构特征主要是指单纤维在单纱中的堆砌方式。如果设想这些单纤维均具有圆形的截面，那么按照能量最低原理，它们会尽可能地紧密堆砌在一起，可能有两种理想的堆砌方式：

（1）密堆式聚集态结构。在这一结构中，所有的单纤维都围绕着一根或数根芯丝形成一呈六边形的外廓线，各单纤维丝之间互相接触。如图 5-3（a）所示为外轮廓线为正六边形的聚集态，当横截面内的单纤维根数或是芯线数有不同时，外轮廓线便会越来越复杂，同时也会越来越偏离正六边形。

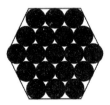 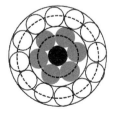

（a）密堆式聚集结构　　　（b）开启式聚集态结构

图 5-3　单纱横向结构特征

（2）开启式聚集态结构。在这种结构中，第一层是一根芯丝，其他的单纤维丝在它的周围被堆砌成一层一层的同心圆。如图5-3（b）所示，相邻层次间单纤维的外轮廓线均紧密接触。从图上也可以看到，当进入第三层以后，同一层中的单纤维间已经不能再紧密接触了，这是与理想的六边形密堆砌结构不同之处，因此也称为有孔隙的聚集态结构。

与实测单纱的截面图比较可以知道，尽管单纤维的实际堆砌方式与以上两种模型有一定差别，但企图取得紧密堆砌结构的趋势是确实存在的，而且实际形成的结构也表明它具有模型所概括的堆砌特点。

5.2.4 捻度模型结构

几何概念的捻回角 $\tan\beta$ 是描述任何纱线乃至纱线任何层面加捻程度的客观指标。

$$\tan\beta = 2\pi R/h \tag{5-1}$$

式中：β 为半径为 R 处的螺旋角，又称捻回角；h 为螺距（单位捻回所具有的长度，cm），与捻度 T 互为倒数关系，即 $h = 1/T$；R 为纱的半径（cm）。

不过有学者发现，如果纱截面中纤维数量有限的话，或更确切地说纱线的直径偏小或纤维直径相对偏大的话，则 $\tan\beta = 2\pi R/h$ 不够准确。如图5-4所示，纱线的有效直径 d'_y 应该是通过外层纤维中心时圆的直径，即 $d'_y = d_y - d_f$，d_f 为纤维直径。故式（5-1）应修正为：

$$\tan\beta = 2\pi\ (d_y - d_f)\ /h = \pi d_y Tk \tag{5-2}$$

式中：$d_y = 2R$，为纱线外观直径；$k = (d_y - d_f)\ /d_y = d'_y/d_y$，$k$ 为常数，即有效直径与外观直径之比。当纱线截面中有大量纤维符合理想状态时，假设 $k = 1$。但当纤维数量减少，则 k 值小于1。

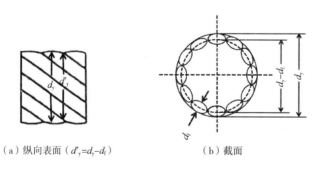

（a）纵向表面（$d'_y = d_y - d_f$）　　　　　　　（b）截面

图5-4　加捻纱线表面形貌

5.2.5 纱线参数的获取

纱线细度是织物结构的主要参数之一，它对织物的力学性能、手感、风格有着重要影响。纱线的细度不同，纺纱时所选用原料的规格、质量不同，纱线的用途及织物的物理特性、手感、风格也不同。纱线的细度可以用直径或截面面积来表示。但是由于纱线截面形状的不规则和易变形，测量的误差大，纱线的细度一般用与截面面积呈间接比例的指标来表示，如特克斯、公制支数、英制支数与旦尼尔。实际上，即使同一指标大小的不同种纱线，它们的截面积也是不一样的。在织物中，纱线在不同的地方形状是不一样的或者说表观直径不同，如在平纹中纱线在组织点处压扁。因此，纱线的细度指标在实际中一般用与截面积直接相关的纱线的轴径为椭圆时的长短轴径表示，纱线的轴径从纱线的数码照片中获得。

在显微镜下，调好放大倍数，分别拍摄从平纹织物中拆下的同一纱线纵横截面数码照片。然后从照片中分别提取纱线在组织点和非组织点处的长短轴径值，分析所得的数据从中寻找规律，找出从组织点到非组织点间纱线截面变化的比率，此处为椭圆率，假设纱线截面积不变，纱线的长短轴长变化。记录下这些参数，为改变和控制预先构建纱线的表面形态，生成纱线的数字化模型做准备。纱线的长短轴径值为纱线数码照片在显示器上的像素点与某一分辨率下一像素点所代表的尺寸的乘积与放大倍数的比值。

捻度是指纱线单位长度上的加捻的回数，主要作用是增加纱线中的纤维间的抱合力，以提高纱线的强度。捻度小时，纱线的强度小，但纱线柔软，在织物中容易形变；反之，纱线的刚度大，在织物中不容易压扁变形。纱线的捻度可由退捻法获得，也可根据需要自定义。

捻向是加捻的方向，分为 Z 捻和 S 捻。自下而上，自左而右叫 Z 捻；自上而下，自右而左叫 S 捻。纱线的捻向对织物的外观和手感有很大的影响。如平纹组织中，经纬纱捻向不同，则织物表面反光一致，织物光泽较好，经纬交叉处不密贴，可使织物松厚柔软。纱线的捻向由相关参数直接控制。

纱线的体积重量表示每立方厘米纱线的克数，它随组成纱线的纤维种类、性质及纱线的捻度、细度不同而不同。对于不同原料的纱线体积重量有不同的参考数值，见表 5-1。

表 5-1　各类纱线的体积重量

纱线原料	棉	毛	丝	化纤
体积重量（g/cm^3）	0.70~0.90	0.65~0.81	0.91~0.95	0.84~0.90

5.2.6　纱线切片建模

参数化曲面造型技术较多边形网格曲面造型技术在简洁性、局部修改和精度控制方面有很大优势。在描述外形变化简单的曲面时（如纱线截面），参数化曲面造型技术显然是较合适的选择。

根据纱线的外观形态结构和性质，结合可变形模型结构，以纱线的轴线为主体骨架，控制纱线的走向依据纱线在织物中的不同位置，把纱线按组织点、非组织点及中间点分为多种截面切片，截面切片由在各个位置处的纱线控制参数决定形状。主体骨架是纱线走向的主要调节参数，而截面切片主要控制该切片的外观形态，其本身的形状确定后，不再变，但位置要随相应的主体骨架的变动而改变。每个截面切片都有自己的局部坐标系，局部坐标系的建立也需反映上述层次关系。对于每一个截面切片，其参考坐标系为主体骨架的局部坐标系，对于主体骨架，其参考坐标系就是全局坐标系。

将纱线按组织点、非组织点及中间点分为多种纱线截面切片。由纱线的横向结构特征及外观形态来分别构建纱线在织物组织中不同位置处的纱线截面形态。将纱线看成是带有一些凸包扰动的椭圆形截面，纱线的外观直径 d_y（此处分别由纱线的长短轴径表示）为部分曲面的特征坐标点，位于此处纱线外观长短轴径所形成的较大的椭圆上。纱线的有效直径 d'_y 部分曲面的特征坐标值点，位于此处纱线外观长短轴径减去纤维直径所形成的较小的同心椭圆上。平滑地顺次连接这些特征坐标点所构成的图形就是在此处的纱线的截面。

纱线主体骨架是由若干纱线截面切片组成，令每一切片上的控制点数相同，这样就获得了构成整个纱线表面形态的控制点矩阵，就可以对纱线表面形态模型的曲面进行重建模拟。

5.3 织物仿真设计

纺织品数字化设计技术主要是指采用计算机有限元模型分析技术实现纺织产品的设计。

近年来，随着计算机及图形图像技术的不断进步，对织物仿真 CAD 系统的要求也越来越高，能够真实模拟织物外观和图案效果已成为织物 CAD 研究人员追求的目标。但是，织物仿真不同于一般物体的仿真，这是因为构成织物的纤维或纱线的直径是非常细的，甚至不及显示器一个像素的宽度，而显示器是通过像素来表现图像的。因此在当前显示器的分辨率下，很难表现纤维和纱线的表面细节特征，而这些特征却又很大程度决定了织物外观。另外，织物中的经纬纱线是柔性的，随着织物组织、经纬向紧度、织造工艺参数的不同，纱线将呈现不同的屈曲状态和截面形状，从而造成外观上的差异。这些因素给织物仿真造成一定的技术难度，也正因为这样，织物仿真技术的研究是纺织 CAD 技术的一个重要的研究课题。

自从计算机涉足纺织行业以来，计算机辅助设计在织物组织图、上机图等的设计方面显示出很大的优越性。以前的设计系统考虑的是如何设计出各种各样的组织图、显示上机图，通过选择色经和色纬来观看配色模纹的效果，通过计算机自动控制织机生产所设计的织物。现在，织物设计者把织物力学性能作为设计时的主要考虑因素，开展织物几何模型的研究，进行织物外观的三维计算机图形显示显得很有必要。开展这项研究无论是对产生逼真的织物外观图形、提高织物的设计质量、缩短织物设计周期、提高纺织品市场竞争能力，还是为织物设计人员进行织物分析进而预期织物的物理力学性能都有十分重要的意义。

5.3.1 织物几何结构的理论研究

在织物内，织物的几何结构指织物经纬纱线之间的空间关系，包括经纬纱线的交织规律、经纬纱线的截面形状和大小、经纬纱线的密度和在织物中的波形或其轴心线的屈曲形态。影响织物结构的主要参数有织物组织、纤维种类、纱线号数、纱线结构、经纬纱的捻度和捻向、纺纱方法等、经纬纱密度、织造和染整工艺等。表示织物结构的参数有纱线的压扁系数、紧度、屈曲波高、织物结构相、织物厚度等。

除了色彩属性，织物的外观和性能主要由织物的原料及几何结构所决定，在原料一定的前提下，若已知织物的几何结构，确定其几何参数，织物外观随之而定。因此，织物的外观与织物的几何结构有着密切的关系。

　　一般将织物内纱线在自由状态下简化成圆形，织入织物时，因为每完成运动的一个循环之后，都要向织口打紧，多数情况下特别在平纹织物中在纱线最弯曲的地方即纱线的冠顶处纱线截面要压扁。因为冠顶处的压扁程度往往最大，故规定以此来衡量经纬纱的压扁程度，如图 5-5 所示。纱线在冠顶虽然具有最大的压扁程度，但压扁的几何形状因纱线的原料、捻度及织物组织、松紧程度等而变化。如无捻长丝纱在冠顶处易趋向扁平，而强捻纱有较大的径向聚合力，呈椭圆状。为研究工作的需要和分析问题的方便，织物科技工作者提出各种几何模型来分析研究。

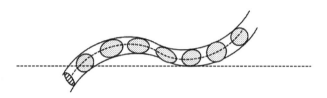

图 5-5　织物中纱线在不同处截面变形示意图

5.3.2　织物内纱线的屈曲形态

　　织物内纱线的屈曲形态，随织物组织、经纬密度、纱线细度、纤维原料以及上机张力等不同，所表现的形态也各异。但无论何种织物组织，每根纱线在织物内的屈曲形态，可以看作由经、纬纱交织点区域与非交织点区域两个部位的屈曲形态构成。在经、纬纱交织点区域内，纱线的屈曲形态长期以来都采用如下的假设：在织物紧密的条件下，可以假定呈正弦曲线状；在织物稀疏的条件下，可以假定呈正弦曲线与直线段相互衔接的形态。经、纬纱非交织点区域，纱线的屈曲形态，无论织物紧密与否，通常采用如下的假设：屈曲呈直线状态。由此可见，在这种假设的前提下，纱线在织物内的屈曲形态，可根据织物的组织、密度等具体条件来确定。然而，实际的纱线的屈曲形态是相当复杂的，很难用特定的数学公式加以描述。

　　织物组织几何结构对于定性地描述织物结构与织物抵抗弯曲变形的能力、透通性、耐磨性以及织物能达到的最大可织密度等方面具有很大的作用，且可作为织物设计中估算经纬密度、纱线线密度、经纬缩率的依据。因此织物组织几何模型的研究作为一个研究热点一直在进行中。

5.3.3　几种典型的几何模型图解

　　织物不是规则结构，过去研究一直把织物的一般特性理想化成简单的几何图形，这些研究把织物的屈曲和纱线横截面形状设想为独立的几何模型，用单元方式处理织物的外观，认为织物微观由相同的纱线屈曲波高和不变形的横截面单元重复循环连成。几何结构模型发展经历了四个阶段：皮尔斯（Peirce）的圆形理论模型、皮尔斯的椭圆形理论模型、肯普（Kemp）的跑道型理论模型、赫尔（Hearle）和莎娜（Shanana）的凸透镜形理论模型。

图5-6（a）是皮尔斯提出的圆形截面、平纹织物的几何模型。在这一模型中假设织物内经纬纱线是具有圆形截面，且既不可伸长又不可压缩的柔软物体。因此，在经纬线交织点处，应具有圆弧形状，其余则为直线段。

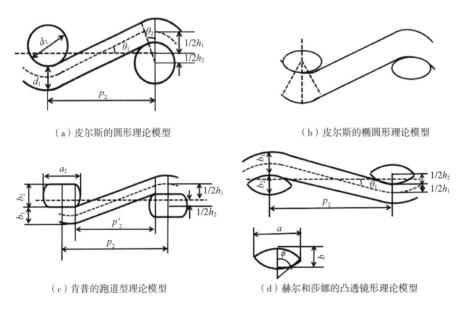

（a）皮尔斯的圆形理论模型　　　　　　　（b）皮尔斯的椭圆形理论模型

（c）肯普的跑道型理论模型　　　　　　　（d）赫尔和莎娜的凸透镜形理论模型

图5-6　纱线截面模型

图5-6（b）是皮尔斯提出的椭圆形理论模型。在织造中，织物内纱线间越紧密则纱线的受压越大，故织物内纱线的截面较为扁平，应用圆形截面模型便受到限制。皮尔斯又提出了椭圆形截面模型，由于这样的几何模型在计算上太复杂且费力，于是在此基础上，又采取了近似处理，用适当的椭圆形截面的短轴长来代替圆形截面纱线的直径。

近似法对松散结构织物比较适合，对紧密织物仍不适用。为了克服这个困难，肯普提出了跑道形截面的模型，如图5-6（c）所示。这个横截面采用长方形居中，两端各加一个半圆的封闭图形，这种模型充分利用了圆形截面几何形状间的简单关系，用于处理扁平的纱线，尤其适合紧密织物。

赫尔和莎娜提出了一种凸透镜形截面，他认为纱线被挤压变形后变成了凸透镜形状，如图5-6（d）所示。

计算机模拟显示织物的外观就是要在二维显示器上绘制真实感强的三维织物外观图形，所以首先必须研究织物的三维结构，建立其相应的数学模型。上述几种模型的提出为织物几何结构的研究奠定了理论基础，但所有的模型都基于这样的假设即织物内纱线是恒定不变的，这与生产实际不符。虽然所提出的纱线椭圆截面和跑道形截面比圆形截面更贴近真实性，但是仍有许多其他因素未考虑。实际上，纱线交织后其截面形状与纱线的捻度、组织结构、织物的紧度及经纬纱密度等因素密切相关。织物三维仿真中有待解决的问题还有很多，仍然有许多需要不断探索和创新的内容。

5.4　可持续性时装设计

作为时代发展的回应，可持续理念逐渐融入各大行业的发展策略中，并成为全球使命。可持续设计战略是将可持续理念融入产品设计和开发中，这是一项综合创新战略，考虑到了消费者需求、环境效益、社会效益和企业发展等各方面因素。

可持续性时装设计的起点通常认为是负责任的原材料选择和有效减少资源浪费的高效供应链管理，其中设计作为服装生命周期的重要组成部分，在可持续时装设计中将起到至关重要的作用。

5.4.1　设计概述

5.4.1.1　设计的起源与本质

设计"design"一词来自拉丁语"designare"，意大利语"disegno"，法语"dessin"的融合，最早源于拉丁语"designare"的"de"与"signare"的组词。今天的设计一词，广泛应用于各个领域，包含了意匠、图案、设计图、构思方案、计划、设计、企划等众多含义。因此设计的根本语义是"通过行为而达到某种状态、形成某种计划"，是一种思维过程和创造过程。

5.4.1.2　设计的意义与目的

设计的意义是多层面的。对于制造商而言，设计是提升企业品牌形象、提高产品附加值、促进销售的一种策略手段；对设计师而言，设计是表达内化为自身感受的公众需求；而对于消费者而言，设计是蕴涵于产品之中服务于其需求的内在价值。

5.4.1.3　设计的类别

按设计的目的进行设计的类别划分：为了传达的设计——视觉传达设计，为了使用的设计——产品设计，为了居住的设计——环境设计，如图 5-7 所示。

5.4.2　可持续性设计

5.4.2.1　可持续性设计概述

可持续性设计是对当今环境问题的一种积极响应，已然成为一种流行的设计方式。可持续性设计考虑了在整个产品生命周期内实施的环境、经济和社会影响。

图 5-7　设计类型的划分

（1）可持续性设计理念诞生的背景。设计作为生活与生产的桥梁，可协调人与自然、人与工业的关系。为解决资源消耗、环境污染等问题，设计的理念也在不断地改变，从此走进了可持续设计时代。

（2）可持续性设计的本质。"可持续性设计"（design for sustainability，DFS）源于"可持续发展"的理念，这不是一种单向的从生长到消亡的线性发展模式，而是一种"从摇篮到摇篮"的循环发展模式。其本质是能融入"环境—社会—经济—人类"这个系统中的设计活动，它并非单纯地强调保护生态环境，而是提倡兼顾使用者需求、环境效益、社会效益与企业发展的一种系统的创新策略。

5.4.2.2 可持续理念对设计理论发展的影响

LeNS 国际可持续性设计学习网络项目的负责人韦左利（Vezzoli）与切基尼（Ceschin）将可持续性设计理念的演进和发展简要分为三个阶段：绿色设计、生态设计、可持续转型设计。

（1）绿色设计时期。

①绿色设计概念。绿色设计又称面向环境的设计（design for environment），是指在生态哲学的指导下，运用生态思维将物的设计纳入"人—机—环境"系统，既考虑满足人的需求，又注重生态环境的保护与可持续发展的原则。绿色设计提出了除风格创新之外的设计理念与策略的变革，尤其是对社会责任的深刻反思。

②绿色设计策略。绿色设计以无害化设计（design for disposal）、可拆解设计（design for disassembly）和耐久性设计（design for durability）为其主要设计策略。

（2）生态设计时期。

①生态设计概念。生态设计（eco-design）或称产品生命周期（product life cycle）设计。20 世纪 90 年代，在生命周期评价方法的支撑下，早期的绿色设计"质变"成"生态设计"，以整个产品生命周期资源消耗和环境影响为考量对象，通过对功能、材料、结构等的设计优化，降低对环境的影响，不仅关注最终结果，而且全面思考产品设计的各个阶段、各个方面中的环境问题，称为"过程中的干预"。

②生态设计策略。生态设计要求产品在开发时，首先要平衡生态要求和经济要求，即综合考虑产品的环境价值以及成本、性能、技术等商业价值，评估整个产品生命周期对环境以及人体健康的作用，使其负面影响降到最低。目前生态设计主要包括改良性和革新性设计策略。

（3）可持续性设计时期。

①可持续性设计概念。可持续性设计建立在可持续发展的基础上，从20 世纪上半叶直到今天，可持续性设计的雏形来源于包豪斯设计学院的三大基本理念之一：设计活动应遵循自然规律和法则。可持续性设计的影响因素及具体含义见表 5-2。

表 5-2 可持续性设计的影响因素及含义

需要考量的因素	可持续性设计的含义
1. 以经济的角度完全考量经济因素	1. 我们能获得足够的利润吗？

续表

需要考量的因素	可持续性设计的含义
2. 以经济角度完全考量道德因素	2. 工作的人们是否获得了足够的工资？
3. 以道德角度完全考量经济因素	3. 男人与女人是否同工同酬？
4. 以道德角度完全考量道德因素	4. 不同种族和性别是否受到同样尊重？
5. 以道德角度完全考量环境因素	5. 人们在工作场所或使用产品时是否会接触到毒性物质？
6. 以环境角度完全考量道德因素	6. 我们是不是在破坏大气河流而祸害子孙？
7. 以环境角度完全考量环境因素	7. 我们遵守大自然的法则吗？
8. 以环境角度考量经济因素	8. 在营运时能否提供生态效益资讯给大众
9. 以经济角度去考量环境因素	9. 在制造生产时能否具成本效益并将生态负担最小化？

由表5-2可知，可持续性设计受道德、环境和经济三方面元素的共同影响，并以人和未来发展为基点、以自然环境为主要探讨方向，是从设计开发到最后废弃物处理过程中所进行的设计方式与方法。

②可持续性设计策略。

a. 产品服务系统设计。以生态效率为核心理念，即超越只对"物化产品"的关注，进入"系统设计"的领域，是"产品和服务"层面的干预，是从设计产品转变为设计"解决方案"。这种解决方案可能是物质化的产品，也可以是非物质化的服务。

b. 社会创新设计。即为社会公平与和谐而设计，是当今可持续性设计研究的最前沿，关注社会公平与和谐，以及人们的消费观和价值观，是"可持续性设计"在系统上的进一步拓展和完善，涉及本土文化的可持续发展；对文化以及物种多样性的尊重；对弱势群体的关注；提倡可持续消费模式等。

5.4.3 可持续性时装设计概念及策略

服装设计是一种对人整体着装状态的设计，是运用美的规律将设计构想以绘画形式表现出来，并选择适当的材料，通过相应的制作工艺将其物化的创造性行为，是一种视觉的、非语言信息传达的设计艺术。服装设计作为服装供应链的前期阶段，对产品的经济成本、性能、社会影响以及环境影响起着决定性作用。因此，可持续理念在服装设计中的有效运用，能够逐步推进时尚行业的可持续性转型。本节将其他领域的可持续思维引入服装设计中探讨可持续性时装设计的本质和原则，并结合相关案例对可持续性时装设计策略进行具体分析。

5.4.3.1 可持续性时装设计概念

（1）可持续性时装设计的本质。其本质是为解决人与自然、社会与文化之间传承延续的方法。它从系统论的观点出发，对各种因素进行优化组合，使服装在生产或使用过程中解决所涉及的环境与社会发展问题。

因此，可持续性时装设计要求具有简约时尚、自然质朴的美感，还注重节能环保以及服装与人的情感联系等，将具体的物质展示扩展到抽象的意识传达上。这种设计方法不仅能充分发挥材料的性能，还能兼顾服装的实用性能，满足消费者与生态环境的需求。

（2）可持续性时装设计的理念。可持续性时装设计理念主要包括三个层面：技术层面、审美层面、伦理层面。

①技术层面。在技术层面上，可持续性时装设计要求减少不可再生资源的使用；减少或不产生对自然环境的污染；考虑服装的结构可拆卸性、原材料可回收性、部件可重复再利用性等；同时保证服装应有的功能与使用寿命。

②审美层面。在审美层面上，可持续性时装设计的外观设计以原有的设计思想和设计美学为基础，提出新的要求。未来的服装设计审美在功能、材料、工艺创新的基础上，以减少环境污染和浪费为原则，谋求传统文化、地域文化的传承和发展。

③伦理层面。在伦理层面上，如图5-8所示，"可持续性时装设计"从时间的维度考虑整个服装生命周期，从而实现设计对环境保护、经济效率、社会公正及文化传承等多方面需求的满足。在保证人类的生存安全和精神安全的基础上，可持续性服装设计需要充分考虑设计与其他环境网络（如自然环境、社会环境、经济环境、工艺环境等）之间的关系，从而建立可持续发展的生产系统，以保证未来子孙的生存需要和环境、经济、社会的和谐发展。

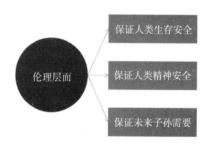

图5-8　伦理层面主要考虑因素

5.4.3.2　可持续性时装设计策略

可持续性时装设计要求设计师们对服装设计的生态性进行深刻思考，不仅要体现绿色设计理念，还应涵盖服装产品与人、环境、社会以及经济等方面的协调。

可持续性设计策略从目的上划分，可以分为基于物质基础的可持续设计、基于传达特定理念的可持续性设计和基于生命周期考量的可持续设计（图5-9）。以下结合具体案例对可持续性设计策略进行详细介绍。

（1）基于物质基础的可持续性时装设计策略。

①概念。基于物质基础的可持续性时装设计是指以物质材料为主要探讨对象，以减少材料使用的"量"与优化材料使用的"质"为目标，直观地体现出绿色环保的生态观。如图5-9所示是从目的上划分可持续性时装设计策略。

②分类。

a. 减量化设计。减量化设计是对物质使用"量"的控制手段，指的是减少服装生产制作中对材料和能源的消耗，其中简约设计是减量化设计的直观表现。

（a）简约设计。在简约主义设计策略中，材料的使用被仔细控制，目的是减少服装生产中材料和能源的消耗。这一策略摒弃了所有额外的细节，以其简约的美学、简洁的线条、中性的颜色和经久不衰的经典风格而闻名，是可持续理念在服装设计中最受追捧的设计方式。

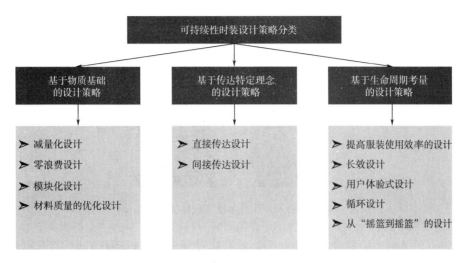

图 5-9　从目的上划分可持续性时装设计策略

在简约风格设计中，被誉为"Queen of Clean"的吉尔·桑德（Jil Sander）最具代表性，如图 5-10 所示。

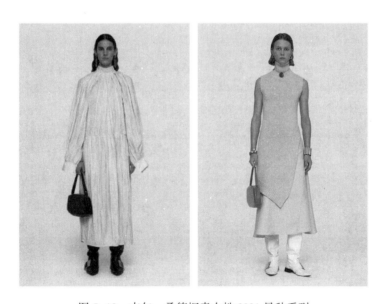

图 5-10　吉尔·桑德探索女性 2021 早秋系列

（b）一衣多穿设计。一衣多穿设计即在设计阶段就考虑到服装的多种穿着方式。消费者可以根据自己的喜好或不同场合选择合适的穿着方式，增加实用性和趣味性。一衣多穿设计的主要内容包括：可拆卸式设计、转换设计、组合设计、扭曲设计、扣合设计等。

如图 5-11 所示，斯蒂安·埃拉苏里斯设计的百变拉链裙镶有 120 条独立的拉链，人们可以通过拉链的开合增加或卸除布料，随心所欲地变化出不同的款式。

图 5-11　斯蒂安·埃拉苏里斯设计的百变拉链裙

　　b. 零浪费设计。零浪费设计是指在服装的制作过程中，通过特殊打版工艺或设计，减少原料浪费，实现对服装原料利用的最大化。其主要包括："一片布"设计、减法裁剪设计、几何裁剪设计、拼图式裁剪设计、拼图片式裁剪设计、DPOL 技术、边角料设计等。

　　如图 5-12 所示，英国设计师朱利安·罗伦茨（Julian Roberts）创造了减法裁剪，消除了平面和立体、设计和制版之间的界限。减法裁剪设计的服装，它的形状取决于剪去的面料，剪去的面料产生的形状创造了身体通过的空间。

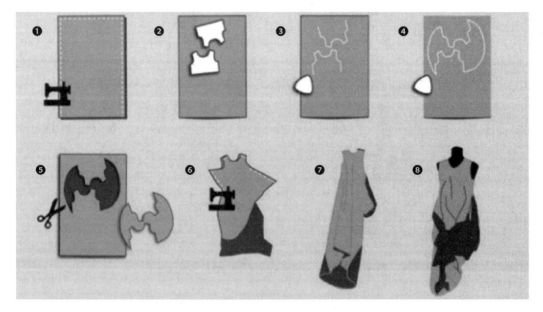

图 5-12　减法裁剪步骤图

　　印度设计师悉达多·乌帕迪亚亚（Siddhartha Upadhyaya）发明的 DPOL 技术是将织布机和计算机相连，在计算机上首先设计好服装各个部分的裁片与图案，然后用织布机直接织成可以用于缝纫的服装裁片，如图 5-13 所示。

图 5-13　DPOL 技术生成的服装效果及裁片

c. 模块化设计。模块化设计是将服装的组件以一定的标准划分成子模块，将各子模块与子功能进行对应从而进一步区分出固定模块和可选模块，最后选择特定的连接方式进行模块组合和拆卸，即通过将服装"碎片化"的方式，达到结构可再生和可替换的目的。

设计师毕然在 2019 年"Components of Element"项目中将一件外套的袖子作为可选模块，无袖的外套为背心款式，加上袖子后即为完整的外套，如图 5-14 所示。

图 5-14　毕然设计的模块化服装

d. 材料质量的优化设计。总体来说，材料"质"的优化在当前的设计环境下大致可分为两大类：天然环保材料和可回收再生材料。天然环保材料包括符合环境可持续原则的天然动植物纤维，可回收再生材料包括一切可回收利用、循环再生的天然或化学服用材料。

（2）基于传达特定理念的可持续性设计。

①概念。基于传达特定理念的可持续性设计运用情感化的设计方法将可持续理念感性地传达给消费者。

②分类。按照传达方式可以分为直接传达与间接传达。

a. 直接传达。直接传达是指通过服装的图案、廓型等设计要素直观具象地进行理念传达。

设计师在其传达野生动物保护理念的系列服装设计中，在肩部、胸部等主体位置运用承载野生动物形貌特征的图案和廓型直观地向人们传达保护自然、保护野生动物、维护生物多样性的可持续发展理念，如图5-15所示。

图5-15 传达野生动物保护理念的服装设计

b. 间接传达。指设计师与消费者通过面对面或设计说明等方式进行理念传达。亨德森（Henderson）围巾的设计师致力于在购买者与设计者间建立一种连接，他们与购买者交流产品理念，促进产品与消费者之间的情感，如图5-16所示。

（3）基于生命周期考量的可持续性设计。

①概念。基于生命周期考量的可持续性设计以延长服装使用率和使用寿命为目标，是一种功能性与生态性并重的可持续设计方法。

②分类。目前，基于生命周期考量的服装可持续性设计可分为五类：提高服装的使用率的设计、长效设计、用户体验式设计、循环设计、"从摇篮到摇篮"的设计。

图5-16 亨德森围巾

a. 提高服装使用率的设计。提高服装使用率的设计是变相地延长服装生命周期的设计方法。设计师需要考虑服装的百搭性，同时还需要考虑材料或零部件的可用性，通过创新结构或材料来优化产品，使资源得到最有效的利用。

唐可娜儿（DKNY）Cozy 2013 春夏女装，设计师唐纳·卡兰（Donna Karan）设计了具有多种穿法的羊毛开衫，消费者可以通过变化门襟衣片进行创意地穿着。该系列服装在官网上展示的穿法就有 12 种，使服装的使用率大大提升，如图 5-17 所示。

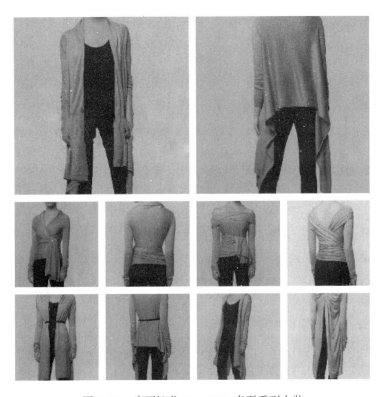

图 5-17　唐可娜儿 Cozy 2013 春夏系列女装

b. 长效设计。通过更加高质量、合适产量的产品来获得市场和消费者的长期认同，让使用者对服装产生责任感，自愿去保护和维护服装，减少在服装方面造成的超标浪费，进而达成保护环境和资源的目标。

（a）耐久性设计。指的是设计不追求快速时尚，注重经典，强调个性的表达和身份的认同，且生命周期长的服装。耐久性服装大多采用质量更好的原料制作而成，其生产周期较长，工艺精湛且价格较高，图 5-18 所示为切尔西经典版型风衣。

（b）情感持久设计。这是一种面向个人的设计，与消费者进行互动的设计，从情感关系的角度来加深消费者和服装产品的情感联系，这是一种顺应可持续发展理念的设计方法。如图 5-19 所示，设计师采集了消费者喜爱的图像，通过艺术加工与图案印刷将其组合在服装上，并选用消费者个人喜欢的面料、款式、图案和颜色进行了设计，得到了贴近消费者情感的服装。

图 5-18　切尔西经典版型风衣

图 5-19　"失孤的象群"系列服装

（来源：2021 年第九届全国高校数字艺术设计大赛江苏省赛区一等奖作品）

（c）慢设计。慢时尚不是对速度的描述，它代表了基于不同价值观和目标的时尚产业可持续发展愿景。慢设计强调情感和文化交流，它要求设计师不仅要着眼于耐久性和有效性等使用价值，还要注重服装的性能和技术的运用，使产品充满人文关怀和情感，如图 5-20 所示为李维斯 507 版型牛仔夹克，既耐用又经典，仍深受人们的喜爱。

（d）多功能设计。指将多种服装功能组合在一起，满足消费者多方面需要的服装设计。它可以最大限度地利用服装面料，除了具备防风保暖的基本功能外，还具有发光和发热等特殊功能，从而提高了服装的性能和耐用性。如图 5-21 所示为可以变成背包的户外运动外套

图 5-20　李维斯 507 版型牛仔夹克

RuckJack，将夹克经过翻转、抽绳和扣合可变成一个大容量背包。

图 5-21　RuckJack 夹克外套背包

c. 用户体验式设计。用户体验式设计是一种以用户为中心的设计方法，设计过程以用户体验的概念贯穿于整个过程。这要求设计师与消费者互动，使消费者能够参与设计和制造过程，旨在满足他们的需求和愿望。

（a）个性化设计。三宅一生的个性化服装往往能够反映消费者的品位和个性，并被服装的高品质所吸引，如图 5-22 所示。

图 5-22　三宅一生的个性化服装

（b）透明化设计。产品的信息透明化是与消费者沟通的最有效方式。设计师或企业告知消费者每件服装的详细信息，包括服装材料到工厂的名称和地址，以及服装的成本，包括面料、配件、裁剪和物流等信息。这不仅提高了客户对品牌的忠诚度，还进一步突出了优质低价的概念，促进了消费者与服装之间情感的产生，从而达到可持续性设计的目的。

（c）参与式设计。指集思广益，将设计师、消费者和其他相关人员聚集在一起进行讨论，参与者自由表达自己的设计观点，并将最终的讨论结果应用于实践的设计。

（d）在线定制。在线定制是最典型的设计方式，设计师为消费者量身定制，将他们的需求和喜好直观地融入服装中。这迎合了人们对质量和个性的追求，强调了归属感和个性化。

d. 循环设计。指对废弃服装进行收集和再次设计，重新构成新的服装衣片和衣服的过程。这样既节约了环境资源，又顺应了可持续发展理念，符合新的市场潮流趋势。

利用工业废弃物或生物废弃物，通过回收、清洗、再整理，将之重制为服装面料或服饰品，从而达到赋予废弃物新生命、减轻环境压力、实现可持续循环的目的。例如，设计师比利·范·卡特维克（Billie van Katwijk）以屠宰场里的牛肚、百叶等为原料，通过清洗、植鞣、染色的方式处理成拥有独特天然纹理材质，并将它裁剪、缝纫、改造成了纯天然的包袋，如图 5-23 所示。又如，中国新锐设计师张娜通过解构、重组、绗缝、编织和拼接等方式对滞销或废弃的服装进行二次改造，在"再造衣银行（Reclothing Bank）"的系列设计中尊重衣物的原生形态，以旧衣之"旧"的特性，变成了它的优势，而非掉价的劣势，如图 5-24 所示。

图 5-23　利用毛肚、百叶设计得到的包包

图 5-24　设计师张娜创立的 Reclothing Bank

　　可持续性设计思想在服装设计中的实践不仅是人与自然、社会和谐发展的体现，更是着眼于长远利益的考量，是对可持续发展战略的一种阐释。基于物质基础的可持续服装设计策略中，简约化设计已经成为应用最广的可持续设计方法；新材料和新技术的应用具有巨大的潜力。基于特定理念传达的可持续性时装设计策略运用服装的廓型、图案以及设计理念与消费者形成情感共鸣，是一种感性的设计方法。基于生命周期考量的可持续服装设计则在节约资源、减少污染的前提下，以延长服装生命周期为目标，以百搭设计、功能性设计、可拆卸设计等为主要方法与手段，体现了实用性与可持续性的完美结合。

5.4.3.3　可持续性时装设计的发展趋势

　　目前，我国服装产业围绕"科技、时尚、绿色"新定位，坚持"科技""品牌""可持续"和"人才"四位一体的创新发展之路，基本实现了服装制造强国的既定目标，全行业也进入高质量发展的新轨道，服装的智能研发将是其未来发展的必经之路。

（1）可持续性时装智能研发概述。指将智能技术应用于服装研发过程中，精准把握市场趋势和客户需求、有效提升研发的质量、缩短研发周期、降低研发成本，实现与上游供应商（面辅料）之间的协同，并与市场和生产环节实现信息集成，有效提升整体供应链的效率，提升企业综合市场竞争力。

目前，智能研发在服装行业中主要应用在以下方面：精准研发、研发设计工具的智能化升级、全生命周期管理、基础数据库之上的模块化设计、虚拟展示、数字服装及虚拟应用，如图 5-25 所示。

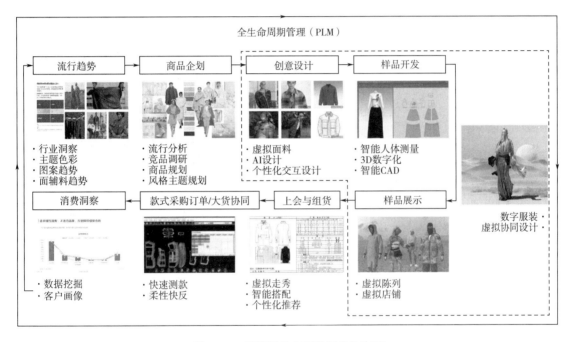

图 5-25　智能研发在服装行业的应用

（2）可持续性时装设计的智能研发方向。

①AI 技术的融合。AI 在服装市场研究中的技术应用主要是借助计算机视觉与图像处理技术分析海量图片（来自时装秀、社交媒体等），可以得到不同群体的穿衣偏好，归纳出当季的流行趋势，如流行色、图案、款式等。

如图 5-26 所示，万事利集团有限公司通过 AI 技术，研发了定制化专属丝巾平台——"西湖一号"，通过与消费者一对一的线上交流和对话引导，系统将自动解读每位消费者的内心世界，再结合对最新流行趋势的洞察，最终为每位消费者定制出各不相同的丝巾设计方

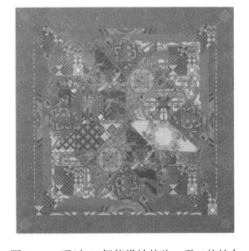

图 5-26　通过 AI 智能设计的独一无二的丝巾

165

案，实现了"千人千面"的个性化需求。

②服装的 3D 数字化。3D 服装造型技术属物理的造型方法，能够精确地描述织物，因此得到了广泛的应用。

③全生命周期管理。服装设计研发平台的有效运行需要依赖相关的技术支持，而产品生命周期管理（PLM）能够有效地管理和利用企业的各种资源，为服装设计研发平台的实现提供了必要的基础。服装 PLM 系统通常由产品设计、产品数据管理和信息协作三个层级组成，如图 5-27 所示。

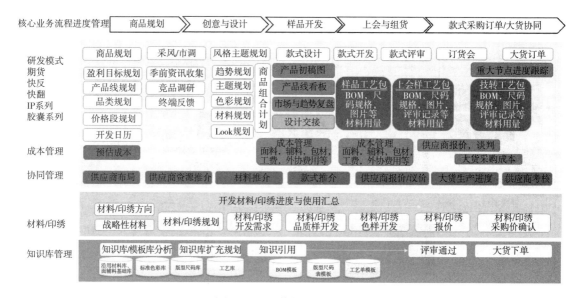

图 5-27 服装行业 PLM 构架

④数字服装。数字服装，也称虚拟服装，是利用计算机技术（尤其是 3D 技术、仿真技术、增强现实技术等）对布料进行仿真制作的数字服装。通过沉浸式多感官体验、人体动作捕捉、虚拟手工艺等多个领域的研究，以跨领域的创作展现前沿数字技术之下，突破物理空间的束缚，通过数字化的形式，为不同身材、性别及背景的人群定制虚拟的 3D 时装，满足其对合身、得体以及环保低碳的着装需求，塑造未来服装时尚的全新面貌。

如图 5-28 所示，2019 数字时尚品牌 The Fabricant 设计并以高达 9500 美元售出的一条名为"彩虹色"（iridescence dress）的连衣裙，成为世界上第一款在区块链上交易的纯数字连衣裙。

⑤服装的虚拟展示。借助 3D、VR/AR/MR（虚拟现实/增强现实/混合现实）及 360°影像等技术，可以实现 360°的浸入式体验和互动式效果，可应用于协同设计、款式陈列、虚拟店铺、虚拟走秀、在线秀场等环节；更加凸显设计创意的视觉效果和设计细节；可有效解决线上购物无法试穿的问题，只需通过手机摄像头就可以轻松运用 AR 技术感受到试穿效果。

如图 5-29 所示，设计师、品牌和工厂建立一个虚拟会议室进远程协同，在这个虚拟会议室里，设计师可以在 1∶1 的特征虚拟人体上进行创作，服装的款式、面料的风格、功能舒适

图 5-28　第一款在区块链上交易的数字服装

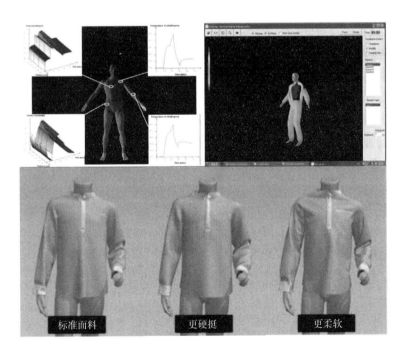

图 5-29　虚拟协同设计

（来源：苏州大学曾宪奕教授、洪岩博士团队）

性的仿真结果和真实的穿着效果可以即时呈现，同时多方可同步设计和修改以此来提高沟通效率，从而降低材料及能源的消耗，实现服装的可持续性设计。

可持续性设计理念促进了时装设计思维的创造性转变,这将有助于未来社会的可持续发展。时至今日,"可持续性设计"作为一个时代的设计命题,它所涉及的不仅仅是设计形式、设计方法,更重要的是设计观念的根本变革,反映的是更为深刻的时代背景与社会背景。然而对于设计者而言,推进可持续发展的能力是有限的,需要众多专家、政府机构、企业、社会组织以及一代接一代的大众共同关注和不懈努力。正如在 LeNS 会议的开篇词中讲到"WE HAVE A DREAM, TO CHANGE A BIT THE WORLD——改变这个世界,哪怕只是一点点"。

5.5 可回收衣物的技术设计

对生产纺织服装日益增长的兴趣一方面是迎合更多民众的喜好,另一方面,其本身也在改变新的形式偏好。原材料消耗的不断增加也成为科研团队和生产企业所面临的不可避免的问题。纺织生产废料是在很多制造工序中非常棘手也难以避免的副产物,人们往往低估了它。尽管如此,如果能够把"废"变为有经济价值的"宝",这将会对整个产业做出巨大的贡献。随着材料、服装、零售行业更加注重可持续发展,较为棘手的事情就是如何在新产品的改善和生产过程中使用回收的纤维、纱线、纺织品。如果要在产品中使用回收材料,必须在产品设计和改进阶段就将回收的材料考虑进去,并且在生产的各个阶段都应当考虑。纺织纤维既可以通过物理方法也可以通过化学方法回收再利用。废弃物收集和加工技术可以有效促进纺织纤维的循环利用。这种再生纤维在不同领域有着广泛的应用,例如,利用再生纤维制造服装、家居、时尚及电子产品等。

回收利用废弃材料给予纤维短暂的再生生命周期,同时提高了回收纤维的集体估值。尽管如此,大部分的回收纤维还是会被用于低价值的产品。因此,从回收纤维中开发出新的高价值产品会支持废弃纤维的使用,提高产业的未来可管理性。如今,循环利用已经成为一种需要,而不只是因为缺乏控制污染的方法。有三种方法可以减少污染:第一种是使用低污染的创新材料;第二种是对纺织废水进行有效处理,使之达到正常的排放标准;第三种也是最可行的办法,就是在排放废弃物之前对其进行数次回收再利用。

循环利用意味着要把材料分解到未提炼状态,最终目标是使获得的回收原料可以作为新产品的一部分。另外,循环利用意味着现有事物在相似的创造链中再次使用。纺织材料的回收是对旧衣服和各种材料进行回收并再次利用的方式,它也是材料循环利用产业的定义。材料回收包括消费前废弃物的回收和消费使用后的废料回收。处理各类回收的服装和材料有不同的方法(图 5-30)。

纺织材料的回收利用具有重大意义,并能有效提升社会责任感。通过循环利用,企业可以获得更大的利益,也能避免被指控倾倒垃圾。同时,该产业将得到环保主义者的支持、为人们提供岗位、对慈善事业和赈灾救灾做出贡献,并为世界上那些不发达地区发展二手服装产业提供支持。由于材料是完全可回收的,因此服装和材料产业不应有任何浪费。纤维的开发利用是一把双刃剑,尽管扩大纤维使用能够刺激经济增长,但同时也导致了纤维产品的浪

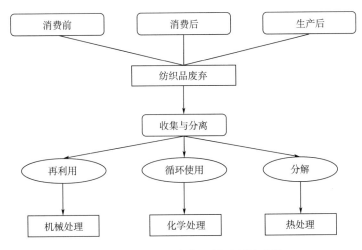

图 5-30　纺织品废弃和循环利用过程

费问题。随着消费者购买需求的不断提高，如何处理浪费的问题愈演愈烈。天然和合成纤维都会产生废弃物，如棉、羊毛、聚酯、尼龙、氨纶等。在 20 世纪中期，合成纤维投入市场后，纤维回收利用变得更加复杂。主要由两个原因造成：

（1）纤维质量的提高使其很难被开松。

（2）纤维混合使配料工艺的除杂更加困难。

对于后者来说，分类整理的方法和创新技术正在开发中，其中包括纺织品回收利用委员会（CTR）提出的"零废弃 2037"目标。如果企业和消费者能够掌握一种全面的方法，成立相关组织，提高利用率，这个目标就能够实现。"零废弃"关注的是一个闭环的生产与社会框架，其中废弃物被视为原材料的剩余或包含价值的商品。在这个框架下以废弃物能再加工为新的产品为最终目标，更新产品和加工工艺。"零废弃"关注的是产品整个生命周期。材料循环是指通过收集废弃物或直接传给他人再次利用，而使生产后或消费后的废弃物进入循环过程。遗憾的是，这一过程并不能阻止垃圾填埋过程中浪费的纺织材料。因此，应该开展更多的研究来精确分析回收材料制成新产品所具有的自然效益。纺织材料的种类纷繁复杂，在一定程度上导致了人们很难将纤维分离并进行有效利用。同时，需要消耗大量的精力对废旧纺织品进行收集、分类并将其变成其他新产品。

参考文献

[1] 张为海. 纺织品印花图案智能设计[J]. 丝网印刷, 2021(9): 27-33.

[2] 王雪琴, 张娇, 王笑语. 面向可持续时尚的纺织品设计与开发[J]. 人类工效学, 2020, 26(1): 69-74, 79.

[3] 王东峰. 单纱的三维模型的研究及其应用[D]. 上海: 东华大学, 2006.

[4] 管辛. 长丝加捻纱形态的数学模型与 CAD 软件设计[D]. 苏州: 苏州大学, 2003.

[5] 曹红蓓. 三维编织物结构分析与计算机仿真[D]. 南京: 南京理工大学, 2003.

［6］ DAANEN H A M, TAYLOR S E, BRUNSMAN M A, et al. Absolute accuracy of the Cyberware WB4 whole-body scanner［C］//Proc SPIE 3023, Three-Dimensional Image Capture, 1997, 3023：6-12.

［7］ GAVRILA D M, DAVIS L S. 3-D model-based tracking of humans in action：a multi-view approach［C］//Proceedings CVPR IEEE Computer Society Conference on Computer Vision and Pattern Recognition. San Francisco, CA, USA. IEEE, 2002：73-80.

［8］ 陈浩文. 真丝长丝纱线及其织物外观模拟设计与软件研发［D］. 苏州：苏州大学, 2007.

［9］ HARMENING C, HOBMAIER C, NEUNER H. Laser scanner - based deformation analysis using approximating B-spline surfaces［J］. Remote Sensing, 2021, 13(18)：3551.

［10］ HOPPE H, DEROSE T, DUCHAMP T, et al. Surface reconstruction from unorganized points［C］//Proceedings of the 19th annual conference on computer graphics and interactive techniques. ACM, 1992：71-78.

［11］ 贺显伟. 基于实际纱线的织物外观仿真软件开发［D］. 上海：东华大学, 2004.

［12］ 刘莹莹. 斜纹织物的几何结构研究［D］. 郑州：中原工学院, 2010.

［13］ 陈俊琰. 织物外观仿真软件研发［D］. 上海：东华大学, 2006.

［14］ 于伟东, 储才元. 纺织物理［M］. 上海：东华大学出版社, 2001.

［15］ 马维. 机织物几何模型与外观的计算机三维模拟［D］. 武汉：武汉纺织大学, 2012.

［16］ 蔡雨. 机织物几何结构的测量与重建及 Peirce 机织物几何结构模型验证的研究［D］. 郑州：中原工学院, 2011.

［17］ 孙银银. 基于力学模型的平纹织物结构研究［D］. 郑州：中原工学院, 2010.

［18］ 黄伟. 不同成纱结构长丝纱的强力预测模型研究［D］. 上海：东华大学, 2017.

［19］ 肖来元, 寇晓菲, 左惟伟. 三维编织复合材料编织工艺过程仿真研究［J］. 计算机工程与科学, 2014, 36(4)：719-724.

［20］ LIN H Y, NEWTON A. Computer representation of woven fabric by using B-splines［J］. The Journal of the Textile Institute, 1999, 90(1)：59-72.

［21］ 蔡陛霞. 织物结构与设计［M］. 2 版. 北京：纺织工业出版社, 1993.

［22］ BASER G. A mechanical approach to the determination of the geometry of a woven fabric and to the analysis of subsequent changes in this geometry part Ⅰ：A theory for the crimping of the weft yarn during weaving［J］. Journal of the Textile Institute, 1989, 80(4)：507-520.

［23］ LI G Z, ZHAO Z, AKANKWASA N T, et al. Prediction of woven fabrics appearance based on yarn surface-area measurement system (YSMS)［J］. IOP Conference Series：Materials Science and Engineering, 2017, 254：142015.

［24］ 杨俊霞, 张力, 夏秀丽. 织物中纱线的变位与外观的形成［J］. 天津纺织科技, 1998(1)：12-15.

［25］ 赵江洪, 赵丹华, 顾方舟. 设计研究：回顾与反思［J］. 装饰, 2019(10)：24-28.

［26］ 麦克哈格. 设计结合自然［M］. 芮经纬, 译. 北京：中国建筑工业出版社, 1992.

［27］ 许平, 周博, 中央美术学院设计学院史论部. 设计真言：西方现代设计思想经典文选［M］. 南京：江苏美术出版社, 2010：1135-1150.

［28］ 张军, 徐畅, 戴梦雅, 等. 生态文明视域下可持续设计理念的演进与转型思考［J］. 生态经济, 2021, 37(5)：215-221.

［29］ 程煜. 基于牛仔时尚的可持续服装设计探究［D］. 北京：北京服装学院, 2018.

［30］ 陈星羽, 陈敏之. 基于可持续发展理念的服装设计研究［J］. 艺术教育, 2020(8)：143-146.

［31］钟慧云. 可持续设计理念与包豪斯设计理念探析［J］. 艺术科技，2019，32（8）：237-238.

［32］杨晓斌，杨林. 20世纪设计思想的演进 设计思想的演进——基于绿色设计到生态设计再到可持续设计的表述［J］. 生态经济（学术版），2014（2）：60-63.

［33］朱河，张平安. 可持续设计理念的嬗变与重塑［J］. 文化月刊，2021（2）：180-185.

［34］GAZIULUSOY A I，BREZET H. Design for system innovations and transitions：A conceptual framework integrating insights from sustainablity science and theories of system innovations and transitions［J］. Journal of Cleaner Production，2015，108：558-568.

［35］HARIEMBRUNDTLAND G. World commission on environment and development［J］. Environmental Policy and Law，1985，14（1）：26-30.

［36］萧颖娴. 趋势和机遇——"可持续"理念对时装产业发展之影响及设计人才培养之应对［D］. 杭州：中国美术学院，2013.

［37］周博. 维克多·帕帕奈克与绿色设计的思想传统［C］//设计学研究·2015，2016：155-169.

［38］孟露. 可持续产品设计的思路与方法［J］. 艺术大观，2020（25）：59-60.

［39］刘新. 可持续设计的观念、发展与实践［J］. 创意与设计，2010（2）：36-39.

［40］孙赵洁，茅丹. 可持续时尚设计方法概述及趋势分析［J］. 纺织科技进展，2020（8）：40-44.

［41］PAPANEK V. Design for human scacle［M］. New York：Van Nostrand Rein hold Company，1983.

［42］李超逸. 快时尚服装品牌的数字化可持续发展［J］. 西部皮革，2019，41（11）：26，34.

［43］维克多·帕帕纳克. 绿色律令：设计与建筑中的生态学和伦理学［M］. 周博，刘佳，译. 北京：中信出版社，2013.

［44］陆钟武. 对工业生态学的思考［J］. 环境保护与循环经济，2010，30（2）：4-6.

［45］周洁. 可持续设计理念在服装领域中的创新应用研究［D］. 吉林：东北电力大学，2021.

［46］汤姆·拉斯. 可持续性与设计伦理［M］. 徐春美，译. 重庆：重庆大学出版社，2016.

［47］朱铿桦. "互动参与式"服装设计方法的系统构建研究［D］. 杭州：中国美术学院，2016.

［48］刘新，余森林. 可持续设计的发展与中国现状［C］//创新设计管理：2009清华国际设计管理大会论文集. 北京，2009：151-153.

［49］VEZZOLI C A. Design for Environmental Sustainability［M］. London：Springer London，2018.

［50］陶辉，王莹莹. 可持续服装设计方法与发展研究［J］. 服装学报，2021，6（3）：262-270.

［51］曹撷. 零浪费理念在服装设计上的研究与应用［D］. 北京：北京服装学院，2019.

［52］GWILT A，RISSANEN T. Shaping sustainable fashion：Changing the way we make and use clothes［M］. New York：Routledge，2012.

第6章　纺织服装的可持续加工技术

6.1　成型加工中的可持续性问题

6.1.1　纱线成型的可持续性评估

在纺织品服装加工中，纺纱是第一步，也是最重要的一步。在短纤纱纺纱中，粗纱首先送入后罗拉。然后，喂入粗纱在牵伸区变细，捻度作用于来自牵伸区的纤维束。最后，许多短纤维被卷进纱体，纤维之间的摩擦形成一个适合织造和针织的有机整体。

自19世纪环锭纺纱技术发明以来，一直是占主导地位的纱线技术，因为环锭纺纱的合成纱线质量高，在原料的适用性和纱线支数方面范围广。另一个重要因素是环锭细纱机是所有细纱机中最便宜的，维护费用最低。因此，可以推测，从长远来看，环锭纺纱将继续保持其主导地位。

环锭纺纱机能同时连续完成三个加工步骤：拉伸、加捻、卷绕。如图6-1所示，粗纱被送入三辊牵伸系统的导眼，然后牵伸到所需的纱线支数。前罗拉送出后，将牵伸的纤维束捻成纱线，然后导入纱线包装。纱线包装牢固地固定在由电机驱动的锭子上，钢丝圈由安装在锭子周围的环固定。每旋转一圈，纱线就会增加一圈捻度。

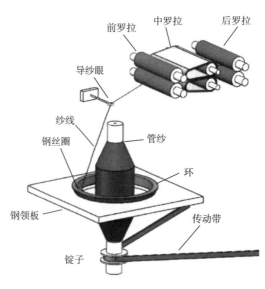

图6-1　环锭纺纱

但随着纱线需求的增加，对环锭纺纱机的高吞吐量提出了更高的要求。目前，每个锭子的生产率仍然很低，约为转杯纺纱机的1/10，喷气纺纱机的1/20。日益增长的需求只能通过增加锭子数量来解决，过去十年安装的大型纺纱机组大多如此。一个典型的轧机至少有50000个主轴，在少数情况下多达500000个主轴。其后果是巨大的资本投资，同时需要更多的空间和管理。同时，环锭纱生产率与锭子速度成正比，但提高锭子速度会直接增加纺纱气球中纱线的离心力和空气阻力，并加剧钢丝圈磨损。其结果是能源消耗和生产成本增加。且由于纱线张力增加，纱线末端掉落的可能性更大，生产效率可能会变得更差。因此，纺纱速度高，纱线质量降低，生产成本增加。

改进环锭纺纱技术可以提高纺纱效率，减少能源消耗，有助于环锭纺纱的可持续性发展。环锭纺纱机中环锭和钢丝圈的组合用于加捻并将纱线缠绕在钢丝绳上。这种捻制机制的主要局限性是环锭和钢丝圈之间的摩擦，这会以更高的速度产生热量并限制生产率。而采用基于超导技术的磁力轴承系统可以克服这一限制，该系统可完全取代环锭纺纱机的现有环锭系统，并可大幅提高纺纱速度和生产率。采用复合纺纱技术来开发环锭纺新型纱线，也是近年来环锭纺纱技术进步的一个亮点。它是在环锭细纱机上通过技术改进与创新，巧妙地将两种或以上具有优良性能的纤维结合在一起纺成的新型纱线，目前已有赛络纺、赛络菲尔纺、索罗纺、包芯纺及段彩纺等多种复合方法。要使环锭纺纱机实现优质高产、降低能耗，选好主机是基础，配好器材专件是关键。扭妥纱（低扭矩纱）是由一种新型纺纱技术生产的，它在传统的环锭纺细纱机上安装了简单的纺纱附件，可改善成纱结构，从而大大降低纱线扭矩。生产扭妥纱的纺纱附件主要是纤维排列调整装置。

此外，环锭纺纱工艺在很大程度上是循环经济的一部分。环框机由数千个零件组成，其中大多数零件在机器寿命结束后可回收利用。此外，它还能够将用过的服装和废料中的纤维纺成纱线，从而解决了当今的主要挑战之一：消费前和消费后产品的回收。例如，人们用60%的消费后材料和40%的纯棉混纺纺制Ne20以下的环锭纱，或用60%的消费者前材料和40%聚酯混纺纺成Ne30以下的纱。

一般将除环锭纺以外的纺纱技术称为新型纺纱技术，相比于传统的环锭纺纱，新型纺纱技术具有工序短、效率高、质量优、成本低的优势，目前已出现十多种，投入工业应用的主要有转杯纺、喷气涡流纺和摩擦纺，具有很大的发展前景。如图6-2所示是转杯纺纱基本流程。转杯纺纱机自动化程度非常高，如采用数字化自动接头系统、电子清纱器在线监控、单头驱动控制、自动落纱和负压稳定系统等，极大减少了用工。此外，低捻装置、转杯花式纱的技术也有进展，通过低捻装置的应用，可以有效降低转杯纱的捻度，增加纱线的柔软度。转杯竹节纱等产品的开发，也丰富了转杯纱的产品种类。如图6-3所示是喷气涡流纺的基本流程。喷气涡流纺开发的初衷是开发能够纺制纯棉纤维的"自由端喷气纺"技术，实际上目前的喷气涡流纺既不适合纺制普梳纯棉纱，也不是完全的自由端加捻，准确地说是半自由端加捻。与转杯纺类似，喷气涡流纺也具有流程短、速度快、设备自动化和智能化程度高、节省用工等多方面的优势。喷气涡流纺的纺纱速度可达550m/min以上，纱线毛羽较少，表面光洁。其缺点是对纤维原料的要求较高，特别是对长度整齐度指标要求很高。喷气涡流纺适合纺制中细号纱，现在处于快速发展阶段，在关键器材、产品开发、工艺研究方面还有待于深入研究。摩擦纺是奥地利弗勒尔博士提出的一种新型自由端纺纱方法，图6-4所示是以亚麻纤维、PP 纤维为原料的摩擦纺纱示意图。摩擦纺通过尘笼采用负压方式来吸附凝聚纤维，同时利用尘笼回转对须条进行搓动加捻。摩擦纺适合纺特粗号纱。但是因为纺纱产量高，产品局限性较大，近些年主流制造商均不生产该设备。

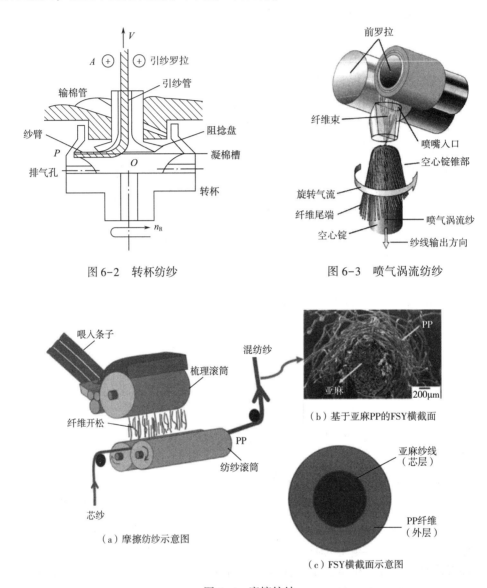

图 6-2　转杯纺纱　　　　　　　图 6-3　喷气涡流纺纱

（a）摩擦纺纱示意图

（b）基于亚麻PP的FSY横截面

（c）FSY横截面示意图

图 6-4　摩擦纺纱

绿色环保纤维的应用可从源头上解决纱线可持续性问题。生物基纺织废料具有很高的潜力，可以作为替代原料，通过生物转化纺织品的纤维素部分来生产生物产品，而纤维素部分在生物转化后仍然是一种净化的增值产品。生物基纤维是指利用生物体本身或其提取物制成的纤维。一些天然纤维如棉花、黄麻、羊毛和丝绸是可生物降解的，一些合成纤维如聚乳酸（PLA）也是可生物降解的。生物可降解材料可以堆肥成有用的腐殖质样土壤最终产品，重要的有机物和营养物可以流入到土壤中。因此，应加大对生物可降解绿色纤维的开发和应用。我国在《纺织工业"十三五"科技进步纲要》明确指出接下来的工作方向为：开发替代石油资源的新型生物基纤维材料，推进海洋生物基纤维产业化。

除了改进纺纱工艺和采用绿色纤维，废弃纤维的回收和再利用是纱线形成可持续的一个重点方向。近年来，纺织业的产量翻了一番，而服装在被扔掉之前的穿着时间减少了 40% 左右。丢弃后，73% 的纺织废料将被焚烧或填埋，约 12% 将被回收，不足 1% 将用于生产新服装。大量的废旧纺织品作为垃圾掩埋和焚烧，不仅造成了资源浪费，还污染环境。因此，废旧纺织品的回收和综合利用具有极大的必要性和经济效益，我国于 2012 年颁布的《纺织工业"十二五"发展规划》首次将"支持废旧纺织品循环利用"列入，意味着再生服装将和再生纸、再生塑料一样，进入人们的日常生活。

纺织业的发展导致了纺织废弃物的增加。纺织品废料可分为两大类，消费前纺织品废料，即纺织品生产过程中产生的废料；以及消费后纺织品废料，即消费者使用和处置过程中产生的废料。棉花是所有纤维类型中的主要原材料之一，它在纺织市场上占有很大份额，以棉纺织面料为例，消费前的纺织废料是制备的纱线废料、制备纱线所用染色材料以及溶解在废水中的化学品等，这些物质会危害人体健康并对环境产生负面影响。消费后纺织品废料主要是处理过的衣服，其中含有混合材料。消费后纺织废料比消费前纺织废料更难回收，因为在使用过的产品上残留杂质及其不同的磨损情况。废弃纤维回收的方法有多种。对于消费前纺织品废料，即纺织生产过程中产生的副产品，如棉花残渣、羊毛残渣、纱线残渣和纤维残渣，具有回收利用的潜力。它可以用作生产其他产品的原材料，也可以再次进行再加工。然而，再加工可能会降低纱线性能。对于消费后纺织品废料，由于它通常是一种混合物质，故需先按材料类型分类。

废弃纤维回收利用的第一步是对其进行分类。尽管有机回收可能为材料提供一个新的生命周期，但织物中使用的纤维和颜色种类繁多，限制了这一点，这给分拣过程带来了挑战，并降低了回收材料的质量。对于纺织品的任何再利用，必须将其与残余废物分开收集并分类。因此，为了增加回收材料的使用，需要一种经济可行且有效的方法来识别和分类纺织材料。

根据产品标签上列出的纤维材料含量手动分拣纺织品废料是可行的，但速度慢且通常不可靠，因为标签可能已被移除、磨损或信息有误。人工分拣通常用于按颜色、染料颜色、织物类型、质量和风格对纺织品进行分类。傅里叶变换红外光谱（FTIR）也可用于识别纺织材料，这种方法可能用于测定纺织品的颜色和纤维含量，但它尚未在实际操作条件下实施。FT-IR 可能是对手动分拣的有益补充，因为它可以根据纤维类型和颜色细化某些分拣步骤，从而为输出流增加价值。射频识别（RFID）标签被认为是未来用于纺织废料识别分类的一个方法。这些标签可以被认为是"无线 USB 记忆棒"，可以携带数据并远程读取。但目前尚不存在能够经受多个洗衣周期的低成本 RFID 标签。二维条形码标签还可以应用于携带纺织品信息，以方便分拣过程。近红外光谱法（NIRS）也可用于纺织废料的分类回收。这种技术不需要样品制备，在工业上广泛用于各种目的。目前，NIRS 已被证明能够区分未混纺棉、羊毛和聚酯，但这项技术有局限性，它只分析纺织品表面。且近红外传感器所面对的层越厚，识别材料的难度就越大。多层样品可能会将其他材料隐藏在可见表面之下，从而导致误报并降低产量。纺织品废料分类装置的开发和应用对纺织废料回收也有很大的意义。曾有研究人员提出过一种纺织品废料分类装置，在纺织品废料经过消毒和除尘阶段后，通过压力机移除产品的紧固件、纽扣等非纺织品元件。然后，沿着传送带移动的废物将经过光谱灯，光谱灯将增量信号传输给机器人，从而获取纺织废料的信息以进行分拣。

纺织品废弃物可能包含棉花、羊毛、丝绸、尼龙、聚酯以及其他材料，如纽扣、金属钩和塑料材料。如图6-5所示，将纺织品废料分类后，不同类型的废料可在不同领域继续利用。棉花废料被出售给砖窑工厂。纯棉废料可用于生产医用纺织品和高吸水性聚合物。羊毛残留物通常通过与新羊毛混合来回收，以创造新的纺织产品。废旧金属在垃圾市场出售，再转售给回收行业。塑料材料被出售给化学工业用于填充。在实际生产中，有许多产品是由纺织废料制成的。例如，复合材料通常由纺织废料制成，砖中的纺织废料可能会增加材料的抗拉强度。吸附材料是另一种通常由纺织废料制成的产品，因为纤维的原始特性适合吸收，经过物理化学方法改性后，可获得更大的吸收功效。

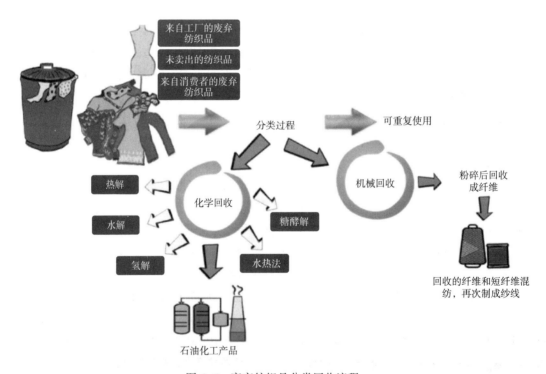

图6-5　废弃纺织品分类回收流程

但多数纺织品废料是由多种材料的纤维组成，这使得回收更加复杂，因为不同类型的纤维需要分离，这通常很难或根本不可能。因此还可以通过一些方法对纤维废料进行能量的转换。废料的能量含量可以通过焚烧至少部分的回收。聚合物的发热量与取暖油相当，高于煤的发热量，可将焚烧产生的热量进行转化，可供产生电力和蒸汽。焚烧回收法面临的挑战包括进一步提高焚烧效率，减少以灰分和有害气体形式产生的有害产物等。与一些回收技术不同的是，用于生产聚合物的嵌入能量不会被回收或利用，它并不是对资源的有效处理。但是，焚烧可能是其他可行回收方法无法处理的混合聚合物废物的一种选择。

纤维原料回收意味着将纺织品中分子的聚合结构分解成更小的碎片。这个过程还可以是非特定的热过程，如热解、加氢裂化和气化，也可以是非常特殊的化学反应，如醇解、糖酵解、水解。化学处理被视为一种有前途的纺织品回收方法。在这个过程中，添加化学物质来降解复杂的纺织聚合物，从而生成更小的聚合物分子。化学回收单体（CRM），是当今流行的一种方法，可用于将纺织品废料等聚合物降解为单体。此外，溶液净化聚合物、低聚物、单体或气态或液态的粗原料都是纺织化学回收产品的示例。再聚合可用于更新聚合物，如低聚物和单体。这些方法通常在高温下和催化剂存在的情况下进行。同时，生化过程在酶水解等循环过程中使用酶或微生物热解，可以与不同纺织材料的混合物一起使用，而无须事先进行分类，也可以与复杂组成纺织材料一起使用，否则只能在垃圾焚烧发电厂进行处理。热解产物中含有石油和天然气，可作为化学工业的模板化学品。

化学处理时，纺织纤维先通过机械方法被破坏，然后进行化学溶解过程。化学处理过程中经常需要使用危险溶剂；且纤维再生和纺丝时聚合物被保留。此外，染料需要从纺织废料中去除，并使用漂白剂等有害化学品去除。最近，离子液体溶剂被用于将染色后的纺织品废料重新引入新的生命周期，并减少环境影响。此外，将棉花转化为黏胶纤维是化学纺织品回收最著名的例子之一。纯棉织物被解聚成纸浆，然后转化为黏胶纤维。

利用热解回收纺织品是一项很有前景的技术，可用于降解固体废物中的碳聚合物，使其成为固态、液态和气态的三种热解产物。热解可用于之前未分类的各种纺织材料，或用于多材料纺织产品，否则只能在垃圾焚烧发电设施中处理。在无氧环境下，热解将有机分子废料中的 C、H、O 元素重新分配为三相热解产物。热化学过程产生的合成气（H_2 和 CO 的混合物）被用作直接燃料或原料来生产其他碳氢化合物和醇。热解过程不需要预处理，是处理污染废物的潜在方法。这些因素使热解成为一种比化学方法（包括生物化学方法）更有效的过程，化学方法需要许多化学品，并且经常产生大量垃圾，必须重新填埋，大规模操作需要更长的时间。通过纺织废料热解得到的木炭可作为主要填料或混合填料 [碳纳米管/纳米球（CNTs/CB）] 或作为石墨烯氧化物（GO/CB）应用于混凝土复合材料中。此外，从棉花废料中提取的热解炭也可以用作吸附剂，一些低温热解过程产生了由水性环氧固化剂（CTW）和不同铁盐化合物制成的煤焦基吸附剂。

一种特殊类型的原料回收是纺织品的酶回收。酶是一种生物催化剂，可以使化学反应速度加快。它们具有高度选择性，因此它们只作用于特定的基质，只生产特定的产品。纤维素约占纺织废弃物的 35%~40%，虽然含有合成聚合物和纤维素组分的废弃纺织品被视为对环境的威胁，但纤维素经过纤维素酶的处理在生物燃料生产方面具有巨大潜力。可作为生产生物制品（如乙醇和沼气）的潜在原料。如纺织废料中的棉花被认为是生产可再生能源的另一种来源，它被用作生物乙醇精炼和沼气生产的生物工艺的原料。纤维素酶在水解反应中起催化剂的作用。理论上，这些酶不受反应平衡的影响，可以反复使用。不幸的是，由于这些酶是大量的有机化合物，必须考虑一些随时间发生的分解过程。此外，这些酶可以破坏材料结构，改变其物理化学性质和生物分布。某些酶可以启动涉及各种材料选择的酶反应。因此，这些材料的某些部分的酶分解可能是选择性的。商业纤维素酶混合物通常包含三种酶，即内切葡聚糖酶，沿链随机断裂纤维素聚合物链；外纤维二糖水解酶，从末端将纤维二糖分子从纤维素聚合物链上断开；β-葡萄糖苷酶，将纤维二糖分解为两个葡萄糖分子。这三种酶协同工作，快速处理长聚合物链。早在 1974 年，就有报道称，纤维素酶可以将纤维素废纸降解为短糖，转化率高达 92%。在纺织工业中，酶已经在使用，但主要用于表面处理，如去除纤维物质、牛仔裤洗涤以及漂白、退浆和精练。

除了可以水解纤维素的酶，还有一些酶可以水解聚酯。聚酯可以用两种酶水解，分别为角质酶和脂肪酶。角质酶是一种天然存在的酶，可水解角质的酯结合，角质是一种存在于植物中的物质，与聚酯类似。脂肪酶是水解脂类（如脂肪和蜡）的酶，例如，在人体内，它们将甘油三酯水解为二甘油酯。目前产量较低，但正在努力提高其聚酯水解能力，例如，将角质酶融合到结合分子上。所有这些聚酯水解过程的一个主要问题是，大分子蛋白无法渗透到聚酯材料中，因此水解主要发生在材料表面，大大限制了反应速率。此外，水解过程的持续时间为数月，因此难以开发经济的过程。因此，利用酶水解回收聚酯目前不可行。除了使用酶混合物将纺织废料水解，还可以使用产生降解纺织废料的酶的活生物体。两个值得注意的过程是堆肥和害虫堆肥。在堆肥过程中，不同种类的细菌和真菌将有机废物降解为营养丰富的土壤调节剂。蚯蚓堆肥通过添加蚯蚓等生物加快堆肥过程。这两个过程都不会产生纺织加工链上的产品，但它们可以通过产生新的富含养分的土壤，间接的关闭材料循环，例如棉花生产。

发酵是一种酶降解过程，用于回收纺织废料，如棉花、聚酯、尼龙和丝绸。对于生物乙醇生产，可以采用五种发酵技术来降解纺织聚合物：同步糖化发酵（SSF）将糖转化为乙醇；分离水解发酵分离 31 种发酵中的水解聚合物以生产生物乙醇；半同步糖化发酵（SSnF），可产出高于传统 SSF 的生物乙醇产量；需要整合生物处理（CBP）将难降解生物质材料降解为可溶性糖；液体深层发酵（SMF）是一种以提高纤维素酶产量为目的的发酵技术。

水热法是一种在高温高压下使用化学结晶工程技术的分解过程，水是反应的主要成分。水热法是将碳聚合物废料和有机成分降解为液相、固相和气相三种产品相的最有前景的替代方法之一。它在高压釜反应器中进行，有机酸可以在其中催化。水热法不需要预处理聚合物，是一种利用水的方法，根据使用的温度范围可分为五类：热水提取，加压热水提取，热水处理，水热碳化和水热液化。水热法的缺点是材料制造过程中所需要的高温、高压和长反应时间。当使用有机酸催化剂回收棉涤纺织品废料时，水热工艺包括两个步骤，先将聚酯—棉纤维废料混合物分解成碎片，再将混合物分散在水相中，以生产产品。反应温度高达 140℃ 且在高压下所得聚酯纤维料的回收率为 99%，棉纤维料的回收率为 81%。

通过气化工艺进行纺织品回收的温度高达 400~1000℃，反应发生在低氧或无氧条件下。与热解相比，气化更为复杂，因为物质发生化学反应。气化方法产生碳和氢浓度高的气体，类似于热解过程。然而，气化过程中的气体分数远高于热解过程中的分数。使用气化时，压力的增加可导致更高的产量、热值、CO 和 H_2 浓度。相反，当操作温度升高时，合成气产量增加，而焦炭产量降低。固定床和流化床气化炉是最常见的气化工艺，而喷动床气化炉是一种独特的流态化类型。低气体流速可以管理较粗的固体颗粒，尽管独特的水力结构阻碍了分离。合成气是气化过程中所需的最终产品，包括氢气、二氧化碳、一氧化碳和甲烷（CH_4）等化合物，同时乙烯和灰分的副产品可以形成。

糖醇解是一种降解过程，可用于将纺织品的大分子转化为小分子。该工艺广泛用于回收 PET 纤维和聚氨酯等纺织材料。PET 纤维由于其突出的力学特性和低廉的价格，是纺织工业中应用最广泛的纺织面料。因此，PET 废料的产生量也非常大。大量 PET 纤维废料对生态系统造成了严重破坏。为了保护资源和环境，寻找一种可持续和经济的回收 PET 纤维废料的技术是至关重要的。糖醇解过程有许多优点：反应时间短，能耗低。然而，糖醇解 PET 纤维在没有催化剂的情况下处理缓慢。大量工作集中于开发一种高性能、环保的催化剂，将纺织纤维的大分子降解为对苯二甲酸二（2-羟乙基）酯（BHET）单体和其他化学品。

另一种废弃纺织品再利用的方法是纤维回收。纤维回收是指将纺织品分解成松散纤维，然后纺成纱线。在这个过程中，回收设备上的金属销会破坏织物结构。严重的机械应变导致纤维长度比原始纤维的长度短，并且材料中留下了一定比例的灰尘。然而，由于不同纤维材料和颜色的混合会导致纺纱后纱线质量低下，因此在分解之前需要进行适当的分类。事实上，约 95% 的回收纤维并没有重新纺成纱线，而是直接加工成非织造布。如果分解后的纤维长度过短，则不可能重新形成纱线。絮状纤维是指有意以这种方式生产的短纤维。虽然羊绒通常是用未经加工的材料专门生产的，但也可以考虑使用寿命终止的纺织品，例如，分解后回收的纤维。纤维簇可用于调整液体的黏度和流动特性，或作为建筑材料的添加剂。

机械回收是最简单的纺织废料回收方法之一，可用于低成本预算。纺织废料按材料类型和通过机械结构获得的颜色进行分类；例如，当粗梳纱线与混纺次品一起纺制时，羊毛会转化为可用的纱线（重新编织或针织）。根据回收材料的破坏程度，机械回收可分为几种不同的方法，例如，纤维、织物、聚合物和单体回收。由于一件废弃纺织品中纤维元素的种类和数量，很少选择机械回收消费后废弃纺织品；混合纺织品不能有效地机械回收。粉碎技术缩短了消费后纺织纤维的长度，所得短纤维的质量和强度低于新棉纤维，它们经常与新棉纤维结合以提高质量。消费后纺织品转换为雨刷时，金属元素会被去除。消费后和消费前废弃纺织品也可以用作填充产品的原材料，包括植绒、绝缘和非织造布，以及用于再生纱线的劣质纤维。另外，一些纺织材料不能通过机械加工进行回收，因为这些材料质量低，很难通过熔融过程进行再加工，以获得高价值的产品，例如，棉花或合成纤维混合物。此外，在涤棉混纺织物中，机械粉碎对天然纤维的危害比合成纤维更大。化学回收成为两种纤维回收的替代方法。

热塑性纤维和可溶解于溶剂中的纤维可用于纤维再纺。再纺意味着使用寿命结束的纺织品需要熔融或溶解，然后，溶液或熔融物可以像原材料一样用于纺丝。这种工艺不仅可以使用废弃纺织品，还可以使用聚酯瓶。该工艺对单材料纺织品可行，但对多材料纺织品的加工有限制。虽然"纤维到纤维"工艺目前并不常见，但"瓶到纤维"过程是聚酯瓶的常见做法。然而与回收聚酯相比，原始聚酯具有不同的特性黏度、结晶度和不透明度，这可能会限制产品中的最大回收含量，或可能导致进一步的加工步骤和附加添加剂，以达到正确的材料参数。纤维再纺也可以用于天然纤维，如棉花。棉纤维和木材都可通过莱赛尔（Lyocell）工艺回收。莱赛尔工艺是一种纤维素再生工艺。纤维素材料首先溶解在 N-甲基吗啉-N-氧化物（NMMO）中，然后通过喷丝板压入水或 NMMO 水溶液中，在凝固浴中凝固并形成新纤维。

6.1.2　织物成型的可持续性评估

机织是历史最久的一种由纱线形成织物的方法，由两组互相垂直的纱线，以 90° 角作经纬交织而织成面料。机织的优点在于速度快，工艺性好，能批量生产，但也存在成本高等缺点。传统的有梭织机是以梭子为引纬器将纬纱引入梭口的织机，梭子引纬织机震动大、噪声大、机物料损耗多。经过多年的发展，机织不再只有传统的有梭织机，还有剑杆、喷气、喷水、片梭、多梭口等无梭织机。

剑杆织机具有速度快、自动化程度高、生产效率高、生产品种适应性强等优点，其主体结构如图 6-6 所示。目前，它是纺织行业的重要生产设备。剑杆织机是另类的引纬方法，包括刚性、挠性的伸缩式引纬，用于服装面料生产。与其他引纬方式相比，剑杆引纬适应于多色引纬，积极式的剑杆驱动可实现许多引纬比较困难纱线的引纬。刚性剑杆织机引纬系统的最大优点，是积极将纬纱传递到织口中心而不需要任何引导装置，但其筘幅有限。挠性剑杆织机引纬系统的适应性更强、应用范围广、引纬率显著增大，筘幅可达 460cm。

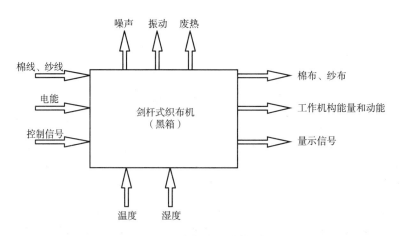

图 6-6　剑杆织机黑箱图

喷气织造是生产效率最高但能耗最高的织造方法，其主体结构如图 6-7 所示。喷气织造是一种通过不同类型的喷嘴，用压缩空气将经纱插入经纱梭口的技术。图 6-7 显示了纬纱插入部件的示意图。喷气织机将高性能与低制造要求结合在一起，因为与剑杆织机和射弹织机不同，填充介质仅为空气，纬纱插入过程中不直接涉及任何机械部件。它具有极高的生产率，每分钟可插入 1100 条纬纱，并涵盖各种加工纱线，如纺纱和连续长丝纱线。但是，由于纬纱插入过程中需要使用压缩空气，该技术的主要缺点是能耗非常高。为了降低能耗和提高能效，喷气织机正在不断发展。德国的研究所开发了一种基于能量效率的新方法，研究重点是中继喷嘴的空气流场以及如何降低与压缩机相关的成本。

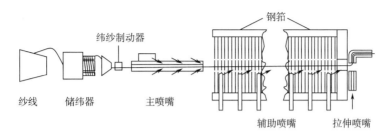

图 6-7　喷气织机

喷水织机是采用喷射水柱牵引纬纱穿越梭口的无梭织机，其结构如图 6-8 所示。喷水引纬对纬纱的摩擦牵引力比喷气引纬大，扩散性小，适应表面光滑的合成纤维、玻璃纤维等长丝引纬的需要。同时可以增加合成纤维的导电性能，有效克服织造中产生的静电。此外，喷水纬纱消耗的能量较少，噪声低。

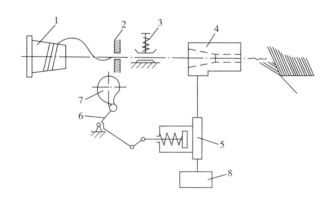

图 6-8　喷水织机的引纬系统

1—定长储纬器　2—导纱器　3—夹纬器　4—喷嘴　5—喷射泵　6—双臂杆　7—喷射凸轮　8—水箱

片梭织机是用片梭将纬纱引入梭口，其片梭结构如图 6-9 所示，适于宽幅、低速，入纬率高达 1100m/min 的织机，可织制多种纬纱，从轻薄到厚重的阔幅织物，且片梭织机的噪声较小。片梭织机有 PU 和 PS 两种系列，筘幅为 220~545cm，纬纱分单色和多色，可织制棉、毛、化学纤维等纯纺和混纺织物；当加装多臂或电子提花装置，可织制小花纹、大花纹织物；纬纱张力可调，避免紧纬和松纬造成的疵点，织物品质优良。

多梭口织机是一种同时形成多个梭口、用多只引纬器引入多根纬纱的织机，图 6-10 所示是它的经向多梭口示意图。因相邻两梭口存在同样的相位差，多梭口织机也称为多相织机。又因相邻梭口开成波浪形，又称为波形开口织机。多梭口织机分为经向多梭口和纬向多梭口两种。由于多梭口织机能同时引入多根纬纱，织制中连续引纬克服了有梭织机和无梭织机间歇引纬的缺点，因此，虽然引纬器速度只有 2m/s，但引纬量高达 2000~3000m/min，能实现低速高产要求。多梭口织机具备连续开口机构、循环引纬机构、逐点打纬机构和同步补纬机构，连续开口机构把整幅经纱开成多个波形梭口，并使波形梭口以引纬器的速度沿引纬方向推移，循环引纬机构使引纬器从织机一侧进入梭口，并在进入梭口前先通过补纬区，由补纬机构同步绕上一根纬纱；引纬器把纬纱引入梭口后，便由逐点打纬机构打入织口，直到另一侧出梭口后再由循环引纬机构将其送回原侧，继续补纬；配套连续送经和连续卷取，便完成全机连续织制动作。多梭口织机是新一代低速高产织机，补纬动作频繁，机械动作要求精确可靠，对纱线质量要求较高；尽管尚缺乏大规模工业化生产经验，但它具有十分广阔的前景。

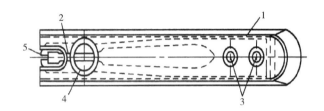

图 6-9 片梭的结构
1—梭壳 2—梭夹 3—铆钉 4—圆孔 5—钳口

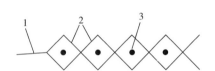

图 6-10 经向多梭口示意图
1—织物 2—经纱 3—纬纱

除了以上机织工序，机织还将进一步提高自动化、智能化水平；设计模块化，提高品种适应性；追求速度与节能环保并重；差异化织机和特种织机是未来重点发展方向。如数控智能节能型喷气织机，开发高性能数控系统，实现织机工艺参数的精确控制和织机网络管理；开发智能化导航技术，构建织造导航系统，引导织机达到最佳运行状态；开发以引纬系统节能为核心的整机节能降耗技术。如高速剑杆织机，在现有机电一体化剑杆织机基础上，研发新型织机控制系统和加强型打纬机构，优化引纬系统，达到提高速度和入纬率的目的。进一步延伸和拓展剑杆织机的应用领域，织造花式面料、部分产业用纺织品。

针织也是织物成型的一种常见方法，由线圈作为基本单元组成，线圈相互串套形成针织面料。在纱线形成线圈的过程，可以横向或纵向地进行，横向编织称为纬编面料，纵向编织称为经编面料。针织物也有相应的组织结构，包括平纹组织、罗纹组织、双反面组织等基本组织，变化平纹组织、双罗纹组织等变化组织，以及花色组织等。针织技术作为纺织品加工的重要方式之一，历经 400 多年的发展，在原料开发、工艺创新、装备制造等方面取得了突破性进展。针织产品在服用、装饰用和产业用三大领域被广泛应用，并形成了相对完整的针织产业链。针织产品在原料制备、织物编织、后整理等生产环节中的环境足迹都面临巨大的环境挑战，包括原料消耗、水污染、温室气体排放等。针对针织染整行业能耗大、污染严重等问题，平幅精练除油水洗工艺、染色机升级改造、定形机废气净化与热能回收等一系列节能减排措施的应用，明显改善了生产环境、降低了能耗。

短流程针织产品生产技术是指依托针织技术创新不断发展的绿色清洁的生产方式，相较于原有的针织产品生产技术，减少工序，达到节能减排，降低成本，提高生产效率的目的。

全成型针织技术是利用新型横机、经编机和圆纬机制备全成型或半成型针织物的生产技术，其产品包含全成型服装、鞋材等。全成型针织技术作为绿色低碳针织技术的核心，具有生态环保的优势。全成型电脑横机的应用减少了53%的工序，横编产品的一般生产流程为：

纱线→面料生产→制板→裁剪→缝制→后道→整烫→检验→成品

全成型针织产品生产流程为：

纱线→全成型生产→整烫→检验→成品

全成型针织技术可以使生产周期缩短50%，同时减少了织片因裁剪缝合造成的原料损耗，是较佳的资源节约型针织技术。

除此之外，该技术还具有三维全成型性。采用双针床或四针床电脑横机制备的全成型针织服装实现了从纱线到服装的织可穿，织物具有良好的三维立体成型性。相较于3D打印织物，全成型针织物可与不同的花型组织相结合，兼具个性时尚的视觉效果和穿着舒适的服用性能。纺纱—针织一体化指将传统的单面提花圆纬机与纺纱设备相结合，实现从粗纱到针织物的流水线生产。纺纱—针织一体机省去了环锭纺纱、清洁和复绕等工序，缩短了工艺流程，减少了纱线仓储环节，同时提高了生产效率和产品质量。考虑到纺纱—针织一体化设备在节能减排上的巨大潜能，提升设备的自动化、智能化程度，扩大纱线适用范围，实现针织产品的大批量生产，将有助于该类设备在针织领域的广泛应用。

针织提花色织技术是指采用两种或多种有色纤维通过纬编或经编的方式形成不同密度、花纹及图案针织物的技术，针织色织提花织物如图6-11所示。针织提花色织技术将有色纤维与针织提花技术相结合，减少了后道的染色工序、印染废水的排放及纤维微塑料等污染物的产生，所制备的服装具有绿色环保、环境污染少的特点。传统的色织行业采用先染后织的工艺，在染纱环节中造成大量的废水排放和能源消耗。因此在纺织品生产的前端通过技术创新采用有色纤维制备织物，是减少废水排放的有效措施之一。生物质化学纤维、循环再生纤维、原液着色纤维等皆可制备织造用的有色纤维。相关研究表明：20个500mL的聚酯瓶可制作1件上衣；采用100%再生聚酯纤维、再生棉纤维制备的服装与新材料相比，降耗分别为1.8%和2.6%；与后道染色的面料相比，原液着色纤维制成的面料每吨可降低成本30%～50%。其中原液着色过程属于物理变化，着色和纺丝同步进行，所制备的纤维包括再生纤维

（a）芝麻点提花织物　　　　（b）空气层提花织物　　　　（c）贾卡提花织物　　　　（d）多梳提花织物

图6-11　针织色织提花织物

素纤维、聚酯纤维、聚丙烯腈纤维等。相较于色纺纱，原液着色纤维省却了后道印染环节，减少了污水和二氧化碳的排放，属于节能减排的色织生产技术。目前，采用原液着色锦纶 6 制备的提花织物，织物图案丰富、色牢度好，可用于制备内衣、泳衣等。高品质、高功能、低能耗、低排放的原液着色纤维的研发和应用，有助于推动绿色清洁生产，促进绿色环保针织产业链的形成。

针织结构增强技术作为产业用纺织品的加工方式之一，可形成以网眼结构、间隔结构、成型结构、取向结构等为增强体的新型复合材料。其中经编织物因其稳定的织物结构、优良的力学性能、高效的生产效率，成为产业用领域最常用的针织结构。经编轴向织物是在经编结构的基础上，沿织物特定方向衬入碳纤维、玻璃纤维等高性能纤维形成高强高模预制件，产品可用于风力发电、航空航天、汽车等产业用领域。在风力发电领域，风能作为清洁的可再生能源，其开发与应用可缓解全球能源供应，减少二氧化碳等温室气体排放。风力发电叶片是风力发电机组的核心部件，目前风力发电叶片朝着大型化、轻质化发展以提升风电机组对风能的利用率。传统叶片材料多为不易降解的热固性复合材料，废弃后通常采用燃烧或填埋的方式处理，对环境污染较大。采用经编轴向织物制备的热塑性复合材料具有高强高模轻质等特点，是叶片蒙皮的最佳载体。取向纱线采用玻璃纤维、碳纤维/玻璃纤维混杂、碳纤维衬入经编织物，既可降低叶片质量，又能保证风电机组正常的运行效率。在倡导绿色清洁能源可持续发展的背景下，相较于金属材料的冶金流程，经编轴向结构材料以其质量轻、强度高、耐腐蚀、生产快速、节能等优良特性，将在风电产品领域继续保持重要地位。为此，研发高精度化、短流程化的制备成型工艺，将成为提升经编轴向结构风电材料品质和生产效率的重要举措。在航空航天领域，给飞机及航天飞行器减重是降低能耗、提高飞行效率的有效举措。经编多轴向织物增强复合材料因其轻质高强的特点，应用于机身、主翼、垂尾翼、平尾翼及蒙皮等部位，可显著降低机体结构质量，同时提高抗疲劳、耐腐蚀等性能。将针织结构增强复合材料创新应用于产业用领域，制备轻量化构件可实现节能减排的目的。现阶段，针织产业用纺织品的开发与应用，需加强材料—结构—性能一体化研究和技术创新，以推进生产过程绿色化，降低能源消耗。

低能耗针织装备生产技术以智能制造为核心，加快了针织设备的转型升级，可提升绿色化生产水平，从而促进针织工业高质量可持续发展。高速经编装备具有机号高、梳栉少、编织速度快的特点。与普通经编机相比，大量采用碳纤维材料制备针床、梳栉、沉降片床等驱动成圈机件，质量轻，运动惯性小，大幅度提高了织机的编织速度，降低了机件的磨损、震动、噪声和能耗。高速经编装备的应用，促进了小批量、多品种织物的快速生产，显著缩短了产品的生产周期，具有节能减排、降本增效的作用。随着经编装备不断朝高速化、精密化、数字化方向发展及经编短纤纱等新产品的研发，将拓宽经编产品的原料使用范围，推动高效清洁的经编规模化生产并扩展其应用领域。宽幅化针织装备主要是指宽幅化的经编装备。相较于传统经编装备，宽幅化经编装备拓宽了机器幅宽，从而增加了该类装备在面料幅数和幅宽方面的生产灵活性。宽幅化经编机中，大量应用了机电一体化技术，用电气传动代替机械运动，简化了针织机的整体结构，实现了可视化操作和人机交互，提高了织机的控制精度和可靠性。从目前宽幅化针织装备的发展趋势来看，经编装备在加工能力、型材精度等方面有了较大的提高；经编装备的发展并不是单纯提高速度，而是围绕扩大织造范围、提升织物品质、降低能源消耗、提高织机效能等方面不断突破，广泛采用新技术、新材料、新工艺进行深度地综合性研发。目前国内宽幅化经编机在细针距（E36 以上）、高速化（4000r/min 以上）等方面的技术水平仍显不足，还需加强技术创新，进一步降噪、降耗，提高生产效率。

针织服装虚拟展示通过对三维线圈结构的模拟与空间坐标点的转换，真实展示整件服装的立体穿着效果及织物的结构质地。服装虚拟展示需经过三维人体扫描建模、服装建模、纹理影射、碰撞检测、真实感渲染、场景建立等三维仿真优化，应用平台的建立等过程。受"买即弃"快时尚文化及"衣服寿命止于拍照"观念的影响，大量服装被遗弃，造成了巨大的资源消耗和环境污染。将服装虚拟展示，与服装"云展厅"相结合，从大数据中获取当前流行趋势，根据已有模型对消费者人体—服装进行三维静态及动态建模，可预览服装试穿效果，实现量体制衣，避免了小批量、个性化定制造成的资源浪费，增加了服装的多次穿着与使用率，可减少废旧纺织品的产生。织物及服装的三维虚拟展示将仿真结果可视化，具有投入产出比高、能耗低、污染小等特点，实现了针织面料及服装的实时设计与修改，极大促进了针织新产品的短流程、快速设计和制作，缩短了生产周期。

除了对织物成型工艺的优化，织物回收利用也是织物成型可持续发展的重要一环。在大多数回收工艺的准备阶段，通常需要减小尺寸，将大块的纺织品切割成较小的尺寸。通过机械作用（通常称为粉碎或研磨），可使废弃纺织品尺寸减小，且市场上处理废弃纺织品的装置有很多。在典型工艺中，进料由一个装有硬化叶片的旋转滚筒靠着进料床切割，然后切割的物料靠着一个具有指定开口的筛网移动。允许小于筛孔的碎片掉落，不掉落的碎片将被送回切割室重新切割。虽然纤维碎纸机看起来与切割其他类型废物（如木材）的碎纸机类似，但纤维废物的设计需要锋利的切割边缘以及切割刀片和进料台之间的紧密间隙，以避免纤维缠绕。为了避免加热和熔化聚合物，切割滚筒首选高扭矩、低转速。现代碎纸机维护成本低、效率高、操作成本低。

6.2　染色中的可持续性问题

在纺织品、服装和鞋类用品行业，可持续性是一个非常重要的议题，尤其在纺织品的染整加工过程中。以 1992 年世界环境与发展大会通过的《21 世纪议程》为标志，人类终于将可持续发展作为解决环境与发展问题的唯一出路。可持续发展比较有代表性的定义是：既能满足当代人的需求，又不对后人满足自身需求的能力构成危害的发展。很显然，目前纺织品染整加工中存在很多问题，会影响行业未来的需求，特别是来自以石油资源为原料的合成染料，染整加工过程中水的消耗，水污染问题，以及染整加工对环境长远的影响问题等。

2017 年 10 月 1 日起开始实施的《印染行业规范条件》（2017 版）和《印染企业规范公

告管理暂行办法》要求，印染企业单位产品能耗和新鲜水取水量要达到规定要求，水重复利用率达到40%以上。而纺织产品中纤维、织物种类的多元化导致印染行业必须开发应用新染料、新助剂等，因此印染废水成分更复杂，处理更困难。只有从"源头治理"，发展少水及无水印染技术，才能真正解决印染行业水污染问题。近年来，包括小浴比染色、低给液泡沫技术、超临界 CO_2 染色、溶剂染色等纺织品少水及无水染色技术水平不断提高，结构生色技术也有所突破，下面主要介绍这些技术的最新发展状况及产业化应用前景。

6.2.1 小浴比染色

小浴比染色一般是指浴比为1：（3~6）的染色技术，主要包括织物的溢喷染色、气流染色和筒子纱染色等。小浴比染色技术水平随着小浴比染色装备的快速发展而得到提高，低浴比条件下，染整加工过程节水高效，能源、物料、时间消耗随之减少，还在一定程度上解决了染色废水及污染物排放量高的问题。在以浸渍处理为主的染整加工过程中，小浴比的加工设备已经成为印染厂的首选。

6.2.1.1 小浴比溢喷染色

传统的溢流染色机在染色设备中的占比很大，但其浴比在1：（8~12），每加工1t布耗水量为120~180t，较高的能耗和污染制约了其进一步发展。小浴比溢喷染色可将浴比降低到1：（5~6），每加工1t布的耗水量约为80~90t，节水33%~50%。作为小浴比溢喷染色加工的设备，主机中的主体循环染液（也称自由染液）在染色循环过程中充满主循环管路、部分主回液管、部分储布槽、热交换器（包括过滤器）和喷嘴，染液的多少主要取决于主回液管和主循环管路的设计，通过优化可最大限度地减少染液循环的无效空间，达到降低浴比的目的。

小浴比溢喷染色机可应用于棉及其混纺织物的染色，也可用于前处理及柔软整理过程，技术比较成熟，设备成本低于气流染色机，目前在许多印染企业都有应用。例如，恒天立信旗下的特恩公司 SMARTFLOW TSF 染色机，能耗和水耗较低，在缸体体积缩小的情况下，载布量可达到300kg，染棉时浴比低于1：3.5，染化纤时浴比为1：2.5。

6.2.1.2 气流雾化染色

气流雾化染色是利用空气动力系统，使气流和染液混合雾化，均匀地喷射到织物表面。织物运行动力来源于气流，而非水流，因此浴比小，可以达到1：（3~4），节省染料5%~15%，节省助剂约40%。由于棉纤维的回潮率高达8%，而化学纤维回潮率低，因此气流雾化染色比较适用于化纤织物的染色，而在染棉时的染色均匀性则难以保证。

尽管气流染色机发展前景良好，但风机的耗电量较高，针对这一问题，国内外相关设备生产商已推出相关解决方案。特恩公司 AIRJETWIN 高温气流染色机，具有强大的喷嘴组合功能，利用前后雾化喷嘴与溢流喷嘴的不同开关组合，使织物达到了理想的上染效果，而且水、电和汽的用量大大减少，产品整体品质获得较大提升。目前，该设备已经在我国多家印染企业成功运行多年。

6.2.1.3 小浴比筒子纱染色

筒子纱染色在浴比达到1：6就可以认为是小浴比染色，筒子纱小浴比染色在缩短染色时间、节省能耗、减少污水排放方面具有明显优势，近年来在行业内得到了快速发展与广泛应用。德国第斯（Thies）公司研发的超小浴比筒子纱染色机 iCone，可进行传统的循环往复式染色，也可进行单向液流及超小浴比染色，最小浴比可达 1∶3.6，节水省电省助剂，还节省蒸汽 30% 左右。该技术与山东康平纳集团智能化筒子纱染色服务系统相配套，进行筒子纱数字化自动染色，前景广阔。

6.2.2　低给液染色

6.2.2.1　泡沫染整技术

泡沫染整是以空气代替大部分水作为化学品施加的介质，通过发泡技术使尽可能多的空气来取代配制染液或整理液时所需的水，通过发泡设备使空气将染化料或整理液在水中的浓溶液或悬浮液膨胀转化成具有一定稳定性和粒径分布的泡沫，然后直接或间接施加到织物的表面或渗透进织物内部。相比传统浸轧方式，泡沫染整的带液率下降至少 40%，可节水 40%、节能 50%、节约染化料 20%，是一种低给液、低能耗、低排污技术。

目前，对泡沫染色的研究集中在工艺优化以及设备的改进上，一些科研院校对泡沫染色发泡剂、泡沫染色体系发泡性和稳定性进行了研究。例如，东华大学研究了活性染料泡沫染色体系的发泡性和稳定性，发泡剂和染色助剂与溶液的相互作用以及泡沫施加方式和汽蒸固色条件对泡沫染色效果的影响；江南大学开发了一些新型涂料泡沫染色的发泡剂，相关研究成果虽未大规模应用到工业化生产中，但是对泡沫染色技术进行了改进。为了提高泡沫染色的均匀性，很多企业对泡沫染色设备进行了改进。上海誉辉化工有限公司推出了一款自主研发的爱沫（Neovi-foam）发泡染整设备，攻克了"非稳定泡沫的横向均匀"难题。与传统的浸轧方式相比，该泡沫染整加工方式可实现用水量减少 30%~90%，化学品用量减少 60%~70%。目前华纺股份有限公司、美欣达集团、青岛凤凰印染集团有限公司等企业已相继应用了该设备。

泡沫技术不仅用于染色，还可应用于纺织品染整的各个环节，如泡沫上浆、泡沫丝光、泡沫增白、泡沫印花、泡沫整理等。DTC 科技（香港）有限公司推出了 AUTO FOAM 泡沫整理系统，能将功能性纺织化学品制造成内含大量空气的泡沫，整理后的织物带液率只有10%~30%。广东溢达纺织有限公司的"泡沫整理技术的工业化应用研究"项目利用泡沫对纯棉机织物进行单面施加防水剂或树脂，开发出了单亲单防面料和单面免烫产品，与此前的工艺相比，泡沫整理技术可节能 30%~40%。

泡沫染整技术符合节能减排和生态环保的要求，极具推广应用价值，但其工艺控制和产品质量控制有一定难度，因此目前未大规模产业化应用。

6.2.2.2　亚微米分散染料轧染技术

亚微米分散染料轧染技术也是一种低给液技术，由常州运达印染有限公司研发。该技术是采用高分子亚微米染色助剂，在装有多微孔纤维低带液轧辊的连续轧染设备上进行涤纶织物染色，其带液率仅为 30% 左右。由于带液率低，生产过程中每吨布的耗水量从 100t 降到30t，综合能耗也降低 60% 左右，节约生产成本超过 2000 元。利用该技术生产的涤纶面料的耐水洗色牢度、水洗尺寸变化率等指标全部符合标准,具有很好的应用价值。

亚微米级分散染料色浆、多微孔纤维轧辊及配套的连续轧染工艺是该技术的关键所在。该技术经多家企业应用验证,运行正常,应用良好,经济效益显著。目前,广东印染企业松兴泰织造、广东鸿运染整有限公司、江苏齐力新材料有限公司等企业已经与运达印染达成了合作协议,并且试产成功。

6.2.3 超临界 CO_2 染色技术

超临界 CO_2 指温度和压力处于 CO_2 临界点(31.1℃,7.38MPa)以上的一种区别于其气态和液态的流体状态,它既有液体的密度和溶剂的性质,又有部分气体的性质,黏度小,扩散系数大。超临界 CO_2 作为水的替代品用作染色介质,已成功应用于分散染料染涤纶。染色后织物为干燥状态,无须烘干,可节能20%以上;染色时无须分散剂,染色后织物表面的浮色可用超临界 CO_2 流体循环清洗,无须还原清洗,节约成本;残余染料以粉末状被完全回收利用,无污水排放,实现染色零污染,是纺织印染行业的一次技术革命。

目前,已有多家公司推出超临界 CO_2 染色生产设备,包括涤纶的筒子纱染色、绳状染色和经轴染色等。荷兰DyeCoo公司开发了全球首个且商业化比较成功的超临界 CO_2 染色设备DyeOx,该套设备无须用水和助剂,上染率达98%,可节能80%左右,且95%的 CO_2 可回收利用。2018年,山东即发集团经过多年的产学研合作研发,建成并成功运行了世界首条1200L拥有自主知识产权的无水染色产业化示范生产线。

目前关于超临界 CO_2 染色的研究很多,尤其是聚酯的染色机理已经很成熟,并且与工业化有关的大多数技术问题已经得到解决,但是在天然纤维以及锦纶、腈纶、聚乳酸纤维染色方面还没有取得突破,仍然需要在染料中加入表面活性剂、改性剂等辅助剂以提高织物的色深和色牢度。从2001年起,我国大连工业大学率先开始研究天然纤维超临界 CO_2 无水染色工艺和装备;2005年,与光明化工研究设计院产学研合作,共同研制了适合天然纤维的超临界 CO_2 无水染色试验装置;在小样试验获得成功的基础上,2009年,又研制了中试生产规模的工程化设备,实现染色关键装置的可视化,在散纤维和成衣染色方面具备了产业化条件。

此外,超临界 CO_2 流体也可被应用于织物的前处理以及后整理加工过程,但目前仍处于实验室研究阶段。CO_2 介质本身化学性质不活泼,无色无味无毒,不燃不爆,安全性好,临界点条件容易达到,有利于降低设备成本和产业化应用推广。但在推广过程中存在的成本高、设备稳定性差、使用寿命短等问题还有待解决。

6.2.4 溶剂染色技术

溶剂染色是以有机溶剂为介质对纤维或织物进行染色的一种方法,优点是不需要用水,溶剂可回收循环利用。20世纪初日本的研究人员就提出了溶剂染色,但由于工艺不成熟,最终未能完成产业化应用。随着水污染问题日趋严重,环保法规逐渐完善,印染用水排水被严格控制,溶剂染色又开始得到重视和发展。

由于极性和非极性溶剂对不同染料的溶解性不同,因此要根据纤维和染料的特性,选择不同的溶剂或混合溶剂进行染色。而且，所选的溶剂必须是安全且可回收循环利用的。近年来国内外研究较多的有十甲基环五硅氧烷（D5）非水介质染色、棉籽油/水体系、乙醇/水体系和二甲基亚砜（DMSO）、二甲基乙酰胺（DMAC）混合溶剂体系等，主要用于分散染料染涤纶、活性染料染棉等。

6.2.4.1　D5 非水介质染色

D5 非水介质染色体系可用于分散染料染涤纶、锦纶，活性染料染棉，天然染料指甲花染羊毛等。上海工程技术大学王际平教授及其带领的研究团队做了许多相关研究工作。例如，利用 D5 介质染色体系一浴两步法染涤棉织物，在达到相同染色效果的前提下，比传统的水介质染色节约 97.7% 水，活性染料和分散染料的利用率分别比水介质染色体系高 13.4% 和 15.0%，减少了废水排放，缩短了染色时间，实现了少碱、无盐染色；在 D5 体系中用分散染料染锦纶，染色后织物的各项色牢度优良，D5 体系还可用于洗去表面浮色，无须后道水洗；将天然染料指甲花溶于 D5 体系后对壳聚糖预处理后的羊毛进行染色，能有效改善染色效果，提高色牢度。目前，D5 非水介质体系染色可达到染色全过程节水 95%、污水零排放的目标，关键技术路线的可行性已经在实验室、小试和中试中得到验证，有待大规模产业化应用。

6.2.4.2　活性染料溶剂染色

活性染料为离子型染料，不溶于非极性溶剂，极性溶剂可以很好地溶解活性染料，但单独使用极性溶剂对纤维素纤维进行染色时，染色效果并不理想，因此，要采用非极性/极性溶剂混合体系进行染色。例如，MU 等利用棉籽油/水两相体系（CWDS）作为溶剂进行棉纤维染色，发现少量水能溶胀棉纤维，并降低活性染料水解，从而使固色率提高 30%，达到 90% 以上；有学者利用 DMSO/碳酸二甲酯（DMC 促染）混合溶剂体系染棉纤维，结果显示乙烯砜型活性染料的上染率可达 100%。也有学者利用 DMAC/二甘醇二甲醚混合溶剂染棉，一氯均三嗪类活性染料上染率可达 100%。东华大学某课题组通过研究发现，采用乙醇/水体系活性染料染棉时，当乙醇体积分数为 80%~90% 时，采用一浴二步法，染料的上染率达 97%，固色率提高 9%~20%，碱用量减少 90%。溶剂染色对活性染料而言最大优势是减少了染料的无效水解，实现了少（无）水、少碱、无盐染色，同时达到水介质染色的各项色牢度，残液循环染色，无污染排放。

6.2.5　结构生色

结构生色是指固体物质利用自身特殊的微结构与自然光发生干涉、衍射、散射、反射等作用产生的颜色效果。自然界中孔雀羽毛、蝴蝶翅膀、肥皂泡、蛋白石等都是结构生色的产物，这些颜色具有高明亮度、高饱和度、永不褪色等特征，有的结构色会随观察角度的变化而变化，称为虹彩效应，这些颜色特性用常规的染料染色难以达到。将结构生色技术应用于纺织品加工中，最大的特点就是避免了印染行业的大量用水以及污水排放，实现真正的无水染色。目前，通过对结构生色机理的研究，已经实现了利用薄膜干涉原理和光子晶体原理进行结构生色的产品制备。

6.2.5.1 薄膜干涉法结构生色

薄膜干涉是指薄膜产生的光干涉，因薄膜的折射率不同于空气折射率，光到达薄膜时会发生反射和折射，多层薄膜对光反射和折射的次数增多，可产生明显的结构色。基于这一原理，日本帝人（Teijin）公司在 2000 年研制了一种结构生色纤维 Morphotex，因模仿蝴蝶翅膀的生色原理，又称"蝴蝶纤维"。该纤维由两种不同折射率的涤纶和锦纶交错叠加而成，多达 61 层的无色纳米薄膜构造使纤维内部有复杂的光学干涉作用，呈现奇妙的红、蓝、绿、紫等颜色，并随入射光的变化产生彩虹般的光芒。这是全世界第一个产业化的结构生色纤维，但因制作成本高，颜色不如预想的鲜亮而停产。

磁控溅射是另一种薄层干涉法结构生色技术。磁控溅射属于物理气相沉积中用来制备薄膜（也称镀膜）的技术之一，若正确选择靶材，严格控制参数达到纳米镀膜就能实现结构生色。该方法不需要水、蒸汽和化学品，不存在环境污染，在纺织印染行业具有一定的应用前景。有研究表明，可以在织物表面镀纳米金属银、金属铝、金属铜、氧化铜等金属或金属氧化物，以及纳米 TiO_2 和纳米 TiO_2/SiO_2 等，得到不同颜色的结构色，基础织物可以是涤纶、桑蚕丝等。图 6-12 所示为北京斐摩科技有限公司纳米生色技术产品，该公司推出的纳米生色技术就是采用了磁控溅射技术，将金属材料及其氧化物、半导体材料或非金属材料转化为复合纳米粒子，直接溅射到织物表面，从而产生色彩和图案。总体来说，磁控溅射具有基体温度低、不损伤纺织基材、溅射沉积效率高、成膜质量纯、适合大面积生产的特点。虽然已有企业进行磁控溅射法结构生色产品的生产，但设备要求高、靶材价格高，导致加工成本高，产业化应用推进缓慢。

图 6-12　北京斐摩科技有限公司纳米生色技术产品

6.2.5.2 光子晶体结构生色

光子晶体是一类具有光子带隙的周期性电解质结构，由两种或两种以上具有不同介电常数的材料组成，光在光子晶体材料中传播时会在周期性结构表面形成相干衍射，若这些光的频率在可见光范围，就会被人眼感知，产生绚丽的结构色。基于这一原理，研究人员合成了不同材质的胶体微球，通过重力沉积法、涂覆法、喷印法等控制微球有序组装，在丝绸、棉或涤纶织物表面构建结构色，涂覆和喷印是染整加工中常用的手段，具有很强的产业化可行性。

苏州大学某课题组利用电泳沉积法使带负电性的 3 种聚苯乙烯微球（粒径为 185 ~ 290nm）吸附在碳纤维表面制备得到了结构生色纤维。目前，已制备出了呈红、绿、蓝 3 种颜色的纤维。新加坡国立大学刘向阳教授课题组将单分散的聚苯乙烯微球（PSt）处理在柔性蚕丝织物表面，随着溶剂挥发，聚苯乙烯微球在毛细作用力下在真丝织物表面进行有序组装，得到类似蛋白石（Opal）结构，获得栩栩如生、灵动多变的结构色效果，如图 6–13 所示。但这些研究大多处于实验室研究阶段，对纳米微球的组装机理和组装过程的可控性研究还有待深入。

图 6-13　结构色真丝织物的光学照片及微观结构

6.2.6　羊毛可持续染色技术示例

我国对羊毛染色一般采用高温染色，其问题在于染色时间较长，能源消耗过大，且长时间的高温对羊毛具有一定的损伤，因此大多数采用甲酸法、尿素法、溶剂法等低温染色方法，虽然具有一定的效果，但是普遍成本偏高，对环境污染较大。

随着科技的进步，我国纺织行业、化工行业等一系列高新技术的蓬勃发展，现有研究为羊毛染色提供了不同的发展方向。通过采用对羊毛的化学改性和阳离子染色来使羊毛具有类似腈纶的化学性质，从而使羊毛进行阳离子染色来提高羊毛的染色牢度和上染率；利用天然植物染料对羊毛进行染色或采用高温煮靛法来减少染色残液对环境造成的影响，或在染色过程中通过超声波来提高染料的溶解度，从而提高染色的牢度与染料利用效率。

（1）生物酶染色。蛋白酶是促进蛋白质和多肽水解的酶类总称，其中肽酶可以根据作用位置分为内肽酶和外肽酶，从而生成小分子肽和氨基酸。内肽酶从蛋白质长链内部分解形成较小分子量的片段。外肽酶主要包括从肽链末端的 C-水解放出羧基的羧肽酶和从末端的 N-水解放出氨基的氨肽酶。蛋白质肽链在两者的作用下，最终水解成氨基酸。蛋白酶是一种生物催化剂，通过使蛋白质氨基酸中的肽键水解，从而龟裂或破坏部分鳞片层，在进一步的酶处理过程中，鳞片逐渐脱落。通过使用助剂亚硫酸钠使其中 SO_3^{2-} 与二硫键中被活化的硫原子结合，进一步破坏疏水层，剥落鳞片层，扩大染料分子进入的孔道，提高染料的渗透性，进而使羊毛在低温染色时有良好的上染率，并且探究助剂对低温染色的影响。

（2）植物染料染色。我国对于植物染料的利用历史悠远，以具有三千多年历史的还原染料靛蓝为例，"青，取之于蓝而胜于蓝"就源自战国时期荀况对当时染蓝技术的描述。在古代，天然靛蓝染色分为两个时期，起初是直接用含蓝植物进行染色，后来渐渐发展为对含蓝植物进行加工得到靛蓝染料后进行染色。靛蓝的应用技术在秦汉时期已经相当普遍了。含有靛苷成分的植物被称为含蓝植物，这类植物是获取天然靛蓝染料的主要原料，俗称为蓝草。由于不同地区的水土气候、日照时间等的不同，含蓝植物的种类与含蓝植物中的靛苷含量也不同。古人先把刈蓝倒放于用于过滤的水槽之中，向槽中注入水后，取出滤液于瓮中，加入一定比例的石灰，用木棍不断击打滤液，加快溶于水中的靛苷在空气中的氧化，将氧化后沉淀的靛蓝去除水分，待靛蓝中的水分完全蒸发后将其放入容器中即可。由此可见，古代的制靛技术与现代化学合成靛蓝染料的机理是高度相似的，此后随着生产经验的积累，可以对已提取出的靛蓝染料进行贮存与运输，逐渐使靛蓝染色摆脱了产地和季节的限制。并且通过自然发酵被还原的靛白，比靛苷更容易上染纤维，很大程度上提高了染料的利用效率。

具体应用在羊毛的实际染色过程中，首先用加入中性剂的热水进行处理。由于羊毛纤维表面具有鳞片，所以使用热水多次处理的过程中动作应该轻柔，尽量减小羊毛之间由于定向摩擦效应导致的毡缩现象，防止由于毡缩影响后道染色工序的进行。

（3）阳离子染料染色。阳离子染料的上染过程通常有三个步骤：

①吸附。配制染液，解离出的染料阳离子与织物表面的阴离子在静电力的作用下互相吸引。

②扩散渗透。染料分子穿过纤维结构孔隙，从织物外层逐渐进入纤维内部，最后内外染液浓度接近相同。

③固着。染料分子与纤维分子上的阴离子基团形成较为牢固的盐键。

（4）超声波技术。超声波技术近年来在纺织品的染色领域备受关注，很多学者在超声波处理对毛织物性能的影响方面做了研究。超声波是一种波长极短的机械波，在空气中波长一般短于 2cm，频率在 2×10^4 Hz 以上，超声波在空气介质的传播过程中主要通过三种效应来使粒子产生摆动并传递能量：热效应、机械效应、空化效应。利用超声波的空化作用可以大大提高染料在羊毛纤维的扩散速率。

有学者探究了在常规条件下与在超声波条件下，对羊毛织物采用不同的染料，通过对比染色后羊毛纤维的染色性能来得出利用超声波染色的最佳工艺条件，并对利用超声波提高羊毛染色的有效性进行分析。通过测定 K/S 值、染料溶解性、上染率、色牢度、观察纤维结构等对染色效果进行评估。通过扫描电镜的观察，羊毛纤维在超声波的作用下，羊毛纤维的无序性增加，与未进行震荡的羊毛纤维相比，羊毛表面鳞片舒张角度更大，并且羊毛纤维沿径向方向发生了一定程度的膨化，使羊毛纤维直径增大。在超声波的作用下染料分子由聚集状态变成更小的分散状态，促使了染料在溶液中的扩散，增加了染料在水中的溶解度，因此提高了羊毛的染色牢度。实验结果表明，同一温度下超声波能提高染料的上染率，但不同的温度条件下，超声波所提高的上染百分率是不同的。70℃左右为超声波染色的最佳温度，温度过低超声波对染料的作用效果不明显，在 80～90℃时，染料溶解均匀，羊毛的鳞片层也充分张开，此时超声波对染色效果的影响较小。

6.2.7　活性染料废水零排放染色技术

针对当前印染行业现状、活性染料染色存在的问题，以及超临界二氧化碳染色、微胶囊染色、仿生结构生色、非水介质染色等几种新型染色方法的研究动态和应用现状，提出了另一种新型活性染料少水或无水排放染色技术，重点介绍了该技术的原理、应用特点及应用现状。该染色技术具有节约染化料用量、节水节能、大大降低废水排放的特点，且因不改变传统染色方法的原理而更易于快速推广和被行业所接受，从而推动纺织染整行业的清洁生产和可持续发展。

活性染料染色废水零排放技术是在不改变传统染色方法和工艺的前提下，运用细分"原始点"理念，结合生态循环染色机，将染色各工序如染色、皂洗、水洗等残液中的残余染料分别定向捕捉分离出来，去除水中棉屑等无用的杂质，并保留元明粉、助剂等可持续使用的部分，然后通过选择性分离系统，分别对上述废水进行分离，得到再生水，并储存在生态循环染色机的供水系统，以便下次染色使用，过程如图6-14所示。该技术关键在于对染色后废水中染料的捕捉分离，如发明专利 CN201610315614.8 公开的一种多烷基胺萃淋树脂捕捉染色废水中的染料。将该方法运用到活性染料染色工艺中，可有效地降低染色废水的色度，分离染色废水中的残余染料，使废水达到相应回用工序的要求，从而实现水及水中可重复利用的盐或助剂等资源的循环利用。

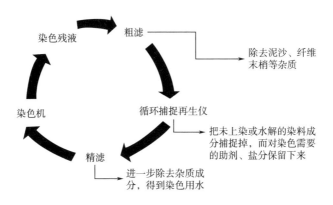

图6-14　活性染色废水零排放染色过程

6.2.7.1　技术创新

首先，该技术在国内首次将类"分子筛"物质或萃淋树脂等高选择性定向捕捉与分离技术创新的运用到活性染色，以及水洗残液的深度治理和循环利用领域，通过自主研发适于染料高选择性定向捕捉的分子基材及其耦合增效的分子体系，高效脱除染色残液中的染料及其水解物，循环再用于染色或水洗等相应工序，最大限度地提高水资源的利用率，显著减少排放和环境污染，是当今节水减排和清洁生产技术的新突破。这种捕捉再生循环系统具有连续高效、传导稳定、捕捉分离效率高、流程可控等特点。

其次，综合染色全流程工艺和废水深度治理，采取细分"原始点"治理法，系统研发染色用水循环利用的整体解决方案，开创了纺织印染界深度节水、深度减排、清洁生产的全新技术模式。所开发的捕捉再生循环新技术覆盖染色及染后皂洗、还原清洗、各道水洗等全流程，脱除残液中的染料及其水解物，对应循环用于染色的各道后续加工，实现染色全流程深度治理和水资源的循环利用。

最后，通过集成染液再生循环系统和现有各类主流先进的染色设备或生产线，特别是节水型的新型染色智能设备，自主研制生态循环染色成套装备（生态循环染色机）。

6.2.7.2　应用特点

活性染色废水零排放染色技术不改变传统染色工艺原理，不改变染色介质，依然采用水对纺织品进行染色、水洗等；基本染化料同传统染色方法。这样一来，在推广应用上具有灵活度高、易于被工厂理解和被快速接受的优点。

但该技术又不同于现阶段活性染料染色工艺，相比后者的所有染色或水洗残液排向污水处理厂集中处理达标后排放、耗电耗气较大、染色残液中的元明粉、碱全部流失，并排向大自然。活性染色废水零排放染色技术从染色到最后一道水洗残液均排向循环捕捉系统，经再生后循环回用于相应工序中，节水率达90%以上，且由于染色残液再生后温度仍较高（一般下降不到10℃），给再次加热节省大量的蒸汽以及电能；另外，染色残液中含有大量的元明粉以及残余碱剂，染色回用水循环用于染色后，可大大减少元明粉的用量以及固色碱的成本。

该技术所采用的类分子筛材料或改性萃淋树脂可再生并多次循环利用；大大节约树脂成本以及生态循环染色的总体成本。从资源利用以及生态角度真正实现了资源节约型、环境友好型发展的目标。

6.3　环境友好的纺织品整理

从织物的染整加工过程看，织物整理包括织物经过练漂、染色，印花以后的所有加工过程，是染整加工的最后一道工序。其目的是通过物理或化学的方法来改善织物的外观、手感及内在质量，提高织物的服用性能或赋予织物某些特殊功能。但并不是所有的整理都能符合织物的各项要求，有时可能带来某些性能的改变，例如对织物进行抗皱整理后，织物的手感和强力可能变差。整理对织物具有非常重要的作用，因为相同的坯布经过不同的整理工艺可以得到不同类型和效果的织物。

通常把织物整理分为物理机械整理和化学整理两大类，物理机械整理是指织物在整理时通过填充剂、水分、温度、压力和机械的作用，来改善织物的外观和某些物理性能的方法。而化学整理是指织物浸轧某些化学药剂，经过烘干或焙烘，来改变织物的物理化学性质的方法。按照被加工织物的纤维种类，可分为棉织物整理、毛织物整理、化纤及混纺织物整理等。无论哪种分类法，都不能把织物的整理划分得十分清楚。

织物整理的内容丰富多彩，其目的大致可归纳为以下几个方面：

（1）定形整理。改善织物尺寸、形状、结构稳定性的整理，如定（拉）幅、防缩、防皱，热定形等。

（2）手感整理。改善织物手感的整理，如柔软、硬挺、轻薄（碱减量）、厚重、砂洗等。

（3）外观整理。改善织物外观的整理，如增白、轧光、电光、轧纹、起毛、剪毛、缩呢等。

（4）功能整理。赋予织物特殊功能的整理，如拒水拒油、阻燃、抗静电、防污易去污、抗菌、防霉、抗紫外线、防电磁波整理等。

后整理技术是提高纺织品附加值的关键技术之一。以棉织物为例，经过防皱整理后，能有效提高棉织物的弹性，使其具有稳定的干湿态抗皱性能。经过抗菌整理的棉织物，能有效抑制有害微生物的繁殖，同时赋予棉织物以清洁感和舒适性。经过耐久阻燃整理的棉织物，抗燃烧性能优异，有较短的阴燃和续燃时间，能在关键时候和特定场所保护人身健康。经过超柔软加工的棉织物，具有持久的柔软风格和回弹性，是作为高级服装和高档床上用品的理想面料。经过芳香整理后的棉织物，能使其中的某些组分吸附到人体皮肤上，并散发出芳香，改善身体的舒适度，穿着这种功效织物面料，不仅能使人们心情愉悦，而且还可以起到医疗保健的特殊功效。这些后整理工艺能够更好地改善棉织物的综合服用性能，提高其产品附加值。高附加值的棉织物，不仅需求广，而且利润空间大，增强纺织企业的竞争力。

然而，这些大幅提高附加价值的整理技术却并不是安全、无危害的。

在纺织品的抗皱整理中，将棉织物在一定条件下，用适当的防皱整理剂进行处理，使整理剂与纤维素大分子上的羟基（—OH）形成交联，从而将纤维素大分子上的羟基封闭，降低棉织物在形变时由于纤维大分子上羟基之间氢键的拆散和重建而导致的折皱，由此提高棉织物的防皱性能。基于甲醛（HCHO）的树脂（防皱整理剂中大多数含有甲醛，现在由于环保的要求，要减少这类整理剂的使用，而改用无甲醛防皱整理剂）就被用于纤维纺织品（如棉花）的交联。棉织物的耐久阻燃整理，主要有以四羟甲基氯化膦（THPC）阻燃剂为基础的普鲁班（Proban）工艺和以 N-羟甲基-3-（二甲氧基膦酰基）丙酰胺（Pyrovatex CP）为阻燃剂的耐久阻燃整理工艺。但两者在整理和服用过程中都存在甲醛问题。根据国际癌症研究机构（IARC）的说法，HCHO 是 I 类致癌物，严重危害人体健康。同样，对于拒水效果，大多使用长链氟化化学品，目前常用作拒水拒油整理剂的 C8 氟系整理剂，合成和使用过程中会产生全氟辛烷磺酸盐（PFOS）和全氟辛酸铵（PFOA），对人体健康存在着潜在的危害。目前，制造抗菌纺织品的工艺涉及使用有害化学物质，如碘、有机金属、铵盐、无机盐、酚和噻吩酚、带阴离子基团的杂环化合物、尿素和相关化合物、抗生素、合成染料、甲醛衍生物、硝基化合物和胺，这些化学品具有严重的毒理学危害。卤代化合物、磷/锑、多溴联苯醚基化合物具有阻燃效果，然而这些化学试剂的使用对人类和水生生物是有害的。

当今绿色环保的时代背景下，人们服装消费观念的变化和技术进步，功能化纺织品和生态纺织品的概念渐入人心。然而，功能性纺织品却经常需要使用化学试剂进行整理才能得到，由于全球环境问题，可持续的工业过程已成为各个领域的重要课题。因此，环境友好的纺织品整理，尤其是环境友好的功能性整理的研究成为未来的发展方向。

6.3.1　抗菌整理

制作抗菌纺织品的不同方法是使用不同的绿色资源，如芦荟、楝树油、桉树油、茶树油和图尔西叶。生物大分子抑制革兰氏阳性菌（金黄色葡萄球菌）和革兰氏阴性菌（大肠杆菌）的生长可能是通过穿透细菌的细胞壁。生物大分子的杀菌作用机理和选择性提取在许多研究中仍未得到深入的探讨。另一种方法是使用可持续的生物聚合物制备对环境影响低的生物活性纺织品。利用丝胶、壳聚糖、藻酸盐、环糊精等可再生、无污染的生物制剂，可实现纺织品的功能性整理。

壳聚糖（CS）是一种常用的生物聚合物，用于纺织品的抗菌性能。甲壳素在甲壳纲动物和真菌中经过碱性脱乙酰作用，形成壳聚糖，图6-15为壳聚糖的化学结构。它具有许多优点如脱臭属性、无毒、可生物降解，容易形成薄膜，可改善染色性能以及低成本，在广泛的工业领域具有巨大的应用潜力，特别是在生物医药、食品、农业、化妆品、纺织和制药等行业。CS对各种类型的细菌和真菌表现出广谱的抗菌活性，这可能是由于在较低的pH下，微生物细胞表面的正电荷铵根（NH_4^+）和负电荷残留物之间的静电相互作用，这导致细胞表面和其通透性的大规模改变。这些改变中断了微生物的重要功能，最终导致细胞死亡。由于抗菌活性依赖于这种静电相互作用，增加CS的正电荷密度将增加其抗菌活性，就像季铵化CS和CS金属配合物一样。此外，还利用碳纳米复合材料或改性碳纳米复合材料增加了一些功能，如抗皱和隔爆性。在纺织工业中使用CS作为整理剂的主要缺点就在于它与纤维素织物的结合能力差，有关改善CS或其衍生物在纤维素织物上或其内部的固定，并将其持久有效的功能赋予处理过的基质已经有所研究。这些技术包括用交联剂如丁四羧酸（BTCA）或柠檬酸（CA）进行浸轧—烘干固化；加入光引发剂，利用紫外线固化；纤维素织物先进行化学预修饰，然后用CS处理；用血浆预活化纤维素织物，然后用CS进行后处理；逐层组装技术。

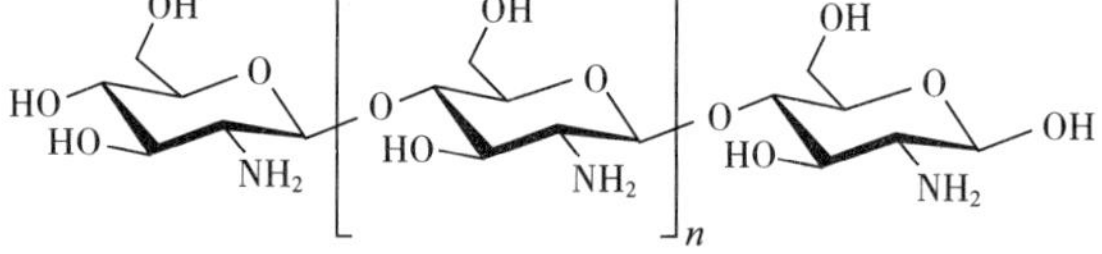

图6-15　壳聚糖的化学结构

另一个重要的抗菌生物聚合物是环糊精（CD）。从淀粉中提取的环糊精生产简单、经济、具有溶解能力、释放气味慢、载药能力强、环保等优点。

CDs的一个显著特征是，它们能够通过形成主客体复合物，将某些固体、液体和气体化合物寄主在它们的疏水腔内（称为客体分子）。这种包合物对客体分子的理化性质有良好的影响，如提高溶解度、稳定性、挥发性和升华性、控制活性成分的释放和控制无序性。CDs有3种类型，即α-CD、β-CD和γ-CD，它们由6、7和8个α-1,4-糖苷键组成，图6-16为β-CD及其衍生物MCT-β-CD（MCT为中链甘油三酯）。β-CD已广泛应用于纤维素织物的功能性整理、芳香整理、抗菌整理、防紫外线整理。利用含纤维素织物中的 β-CD 来提高其抗菌活性可以通过用 β-CD 或其衍生物对含纤维素织物进行预先改性，然后用抗菌剂进行后处理或将抗菌剂预加载到 β-CD 腔中，用所获得的复合物处理织物。几种抗菌药物已被用作客体分子，其中包括银离子、三氯生、盐酸辛特定、某些抗生素、银纳米粒子（AgNPs），以及生物活性剂如百里香酚。此外，在 MCT-β-CD 存在下，采用碱性分散染色法对棉/涤纶织物进行了同时分散染色和防紫外线处理。结果表明，染色混纺织物样品的色度深度有所改善，紫外线防护性能显著增强。通过将 CD 部分嫁接到棉织物上，然后在 CD 腔中加入拟除虫菊酯杀虫剂、氯菊酯（PERM）或加入香杉木、丁香、桉树、薄荷、薰衣草和茉莉精油，成功生产出了驱虫成品织物。

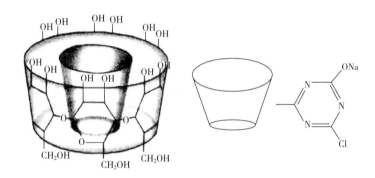

图 6-16 β-CD 及其衍生物 MCT—β-CD

丝胶是从蚕（家蚕）中提取的另一种抗菌素。在 pH 为酸性时，含有带正电荷的铵根（NH_4^+）基团。这导致了它有阳离子性质，这赋予丝胶抗菌活性。丝胶据说可以改善许多合成纤维和天然纤维的功能特性，例如，使它们具有吸水性和抗菌性。

一些抗菌生物聚合物有特殊用途，如藻酸盐。褐藻酸盐是从褐海藻中提取的，具有较高的吸湿能力和抗菌活性。在医疗纺织行业中，它比棉花更适合用于敷料伤口，因为它具有高吸水性、容易形成凝胶、生物相容性好且无毒。

植物提取物也可用于织物的抗菌性能。这包括用湿法和声化学方法利用花椒果实提取物均匀沉积 AgNPs（银纳米颗粒），这种方法目前用于棉织物的抗菌处理。另一种这样的方法是使用芦荟和楝树提取混合物，使优良的抗真菌和抗菌性能的服装。用这种方法制成的材料对棉织物具有良好的洗涤耐久性。

精油由多种芳香族化合物混合而成，反过来又能保护人体免受多种微生物的侵害。香精油，如印楝油、丁香、薰衣草、迷迭香和肉桂油，通过不同的技术应用于纤维素织物，以提供持久的抗菌整理。

无机纳米粒子（NPs）已被证明是一种具有吸引力的纳米级系统，可在纤维织物中开发新的理想的永久性功能性整理，如抗菌、防紫外线和自清洁性能，而不会对纤维织物固有的良好特性（如透气性、舒适性和力学性能）产生不利影响。为了应对环境法规，避免在制造无机 NPs 时消耗有害化学物质，如还原剂、封盖剂和有机溶剂，并尽量减少较高的能源消耗，开发了几种生态友好的制造方法来合成金属纳米颗粒（MNPs）和金属氧化物纳米颗粒（MONPs）。这些方法包括环保化学、光化学反应和物理途径，如激光烧蚀、微波和声化学辅助过程以及基于生物的途径。在这些方法中，以生物为基础的合成途径提供了巨大的效益。这些好处包括生物兼容、无毒和廉价的方法来制造 MNPs 和 MONPs。利用微生物、植物提取物和生物聚合物作为还原剂，将金属离子还原为零价原子，进行了 MNPs 和 MONPs 的生物合成方法。在生物合成过程中，生物分子本身可以作为包覆剂，因此制备的纳米颗粒不再需要添加过多的稳定剂。此外，生物过程比非生物过程更能有效地将生物合成的神经蛋白功能化。

6.3.2 防皱整理

折痕的发生是由于游离羟基的移动和新形成的氢键的形成，这些氢键与织物的原始结构相悖。有两种方法来抵抗折痕效应：一种是在织物的孔隙中应用聚合整理剂；另一种是使用交联剂与相邻纤维素分子的羟基形成键。鉴于甲醛的不利影响，采用无甲醛交联的方法。可能的替代品是乙二醛、二羟甲基二羟基乙烯脲（DMDHEU）、1,2,3,4-丁四羧酸（BTCA）和其他多羧酸。柠檬酸（CA）的使用会与纤维素酯化，导致织物变黄，这是不可取的。当 CA 与聚马来酸结合时效果较好，但织物仍然会变黄。在适当的柠檬酸三钠条件下优化养护温度，可获得较好的白度指数和破裂强度。CA/木糖醇交联具有成本效益，不含甲醛（HCHO），具有可持续的 EHS（环境、健康和安全）特征。用这种方法生产的织物可以与 DMDHEU 进行比较。当木糖醇与 CA 交联时，它可以提高织物的抗皱性能，并且可以用于所有颜色，因为它不会导致任何变色。

离子型交联剂也能提高棉织物的抗皱性（如氯乙酸对棉花产生负电荷，而 3-氯-2-羟丙基三甲基氯化铵对棉花产生正电荷，二者共同形成离子交联）。壳聚糖及其衍生物，如壳聚糖柠檬酸盐和壳聚糖/金属氧化物，是具有抗折痕应用前景的试剂。为了寻找苹果酸（MA）的替代物来为织物进行防皱整理，使用丙烯酰苹果酸（AMA），因为它可以促进交联。

6.3.3 阻燃整理

用更环保的化学物质制造阻燃纺织品的一种方法是使用精油配方作为整理剂，可达到阻燃和驱蚊的双重目的。另一种方法是使用不易燃、经济实惠、环保无毒的超临界流体。不同的可持续方法已经成功地应用于纺织衬底上。石榴皮等植物废弃物和不同的树皮提取物功能生物大分子具有阻燃性能。石榴皮不仅是一种阻燃剂，也是媒染剂、抗菌剂和天然染料。

溶胶—凝胶处理被用于制造环保阻燃纺织品，特别是对亚麻纤维进行多层处理的情况下。

鲱鱼精子 DNA 可产生 28% 的极限氧指数（几乎是未经处理织物的两倍），是用于棉织物的一种新的阻燃技术，同时也增加了它们的热稳定性。它由磷酸基组成，利用脱氧核糖作为碳源产生磷酸，由鸟嘌呤、腺嘌呤、胸腺嘧啶和胞嘧啶（含氮的碱）组成，可以释放氨。水平火焰测试表明，在使用两次甲烷火焰持续 3s 后，鲱鱼精子 DNA 处理的棉织物完全不燃烧。DNA/壳聚糖逐层应用也是一种有前景的绿色阻燃剂。

酪蛋白和疏水酶在棉织物阻燃方面也很有应用前景。它含有 8~10 个磷酸丝氨酸基。如

图 6-17 所示为阻燃整理中的绿色化学。

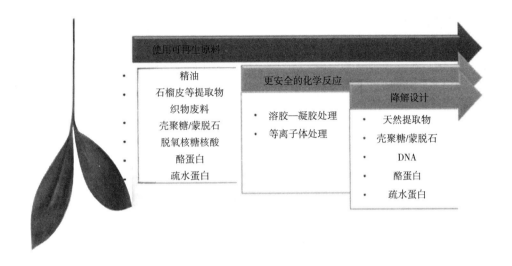

图 6-17　阻燃整理中的绿色化学

6.3.4　拒水整理

番茄红素、纤维素、天然蜡和其他植物性填料材料被用来制作超疏水和低附着力的织物涂料。这些涂料整理之后的织物水接触角大于 150°。这些不涉及使用任何纳米颗粒或任何热处理。

就防水纺织品而言，可持续的整理方法包括纳米粒子、天然材料如番茄、纤维素和天然蜡。通常，这些饰面与纤维素基质的结合性差，因此导致水洗牢度差。虽然芦荟、楝树、桉树等不同工艺的抗菌效果在本质上是可持续的，但其与季铵化合物、三氯生等传统制剂的有效性有待详细研究。

6.4　可持续纺织服装中的新兴绿色技术和环保产品

6.4.1　一种新型防缩棉混纺面料

棉花抗收缩整理的方法可分为化学整理和物理整理。相关技术人员研究了一种防止棉织物在没有树脂整理的情况下收缩和起皱的新方法，以达到相关最终产品易于护理的效果。它是通过添加一定比例的细旦聚酯和记忆聚酯纤维来实现的。与以往的化学整理方法不同，这种物理整理方法不会造成黄变、甲醛含量增加或拉伸强度的强损伤。它可以通过记忆聚酯纤维在热定形阶段形成的形状记忆来降低收缩率并增加皱纹回复角（WRA）。该方法生产的产品质量更好，在 WRA、抗起球效果、防缩和织物强度方面都有显著改善。该面料可广泛用于床上用品纺织品和衬衫面料。

6.4.2　栗壳提取物对棉织物的功能性整理

中国和韩国是世界上主要的栗子生产国。剥去坚硬的外壳和薄的内壳，得到可食用的淀粉类食物。因此，栗子壳被认为是剥皮过程中产生的生物废物，约占整个栗子重量的 10%。然而板栗壳中含有丰富的酚类化合物，其中大部分属于水解单宁族。天然单宁具有抗菌、消炎和解毒的特性。此外，据报道栗子壳含有黄酮，具有抗肿瘤、抗过敏、抗血小板、抗缺血和抗炎的特性。这些特性归因于化合物的抗氧化能力。因此，板栗壳具有作为纺织品整理功能剂的良好潜力。

如图 6-18 所示，为了从板栗壳中提取功能性化合物，先将板栗壳的内外壳在水中煮沸 4h，然后将粗提物过滤干燥成粉末。结果表明，板栗壳提取物中含有大量的多酚类物质和类黄酮，具有良好的抗氧化性能。为了将提取液应用于棉织物，将提取液粉末溶解在蒸馏水中，按以下浓度：2%、5%、10%、15%、20%（质量体积浓度）制备整理溶液。最后，将板栗壳提取物水溶液通过垫干固化技术应用于棉织物。

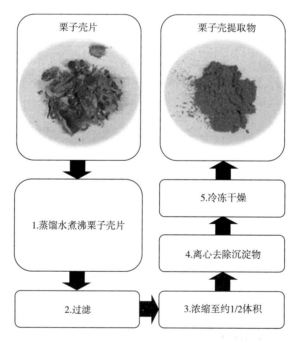

图 6-18　栗子壳提取物制备

用 10%（质量体积浓度）板栗壳提取液处理后，棉织物对肺炎克雷伯菌和金黄色葡萄球菌的抗菌能力都达到了 99.99%。板栗提取物对棉织物的整理效果也很好，优异的抗氧化能力（96%）和除臭能力（对氨 99.8%，对醋酸 87.9%）。结果表明，板栗壳可作为纺织整理用功能性剂或着色剂的潜在资源，且不会对环境产生任何负面影响。

然而，用天然化合物整理的织物在抗洗涤、抗氧化老化等方面的耐用性较差。因此，在今后的研究中，有必要提高板栗壳提取物整理织物的耐久性，同时弥补其对革兰氏阴性菌抗菌能力较低的不足。

6.4.3 海藻酸盐对纺织品的抗菌整理

海藻酸盐具有较强的胶凝性、较高的生物相容性以及加工和改性的便利性，已被用于组织工程支架、药物输送系统和伤口敷料等多种生物材料。近年来，海藻酸盐已成为纺织品抗菌整理的理想材料。

如图 6-19 所示，海藻酸盐是一个完整的线性共聚物家族，其中包含（1,4）-β-D-甘露糖醛酸（mannuronate，M）和（1,4）-L-古洛糖醛酸（guluronate，G）残基。该块由连续 G 残基（GGGGGG）、连续 M 残基（MMMMMM）和交替 M 残基和 G 残基（GMGMGM）组成。值得注意的是，不同的藻酸盐来源为聚合物提供了一系列的化学结构和物理性能，这在很大程度上取决于酸盐残基的组成和排列以及聚合物的分子量。例如，由固氮杆菌产生的细菌藻酸盐具有高浓度的 G 基团，其凝胶具有相对较高的刚度。此外，还可以通过化学修饰藻酸盐来改变其性质。海藻酸盐中丰富的游离羟基和羧基及其在交联阳离子存在下的溶胶到凝胶转化为功能性整理纺织品提供了一个出色的候选材料。目前，海藻酸盐用于纺织品整理的技术包括纳米复合涂层、离子交联涂层和逐层涂层。

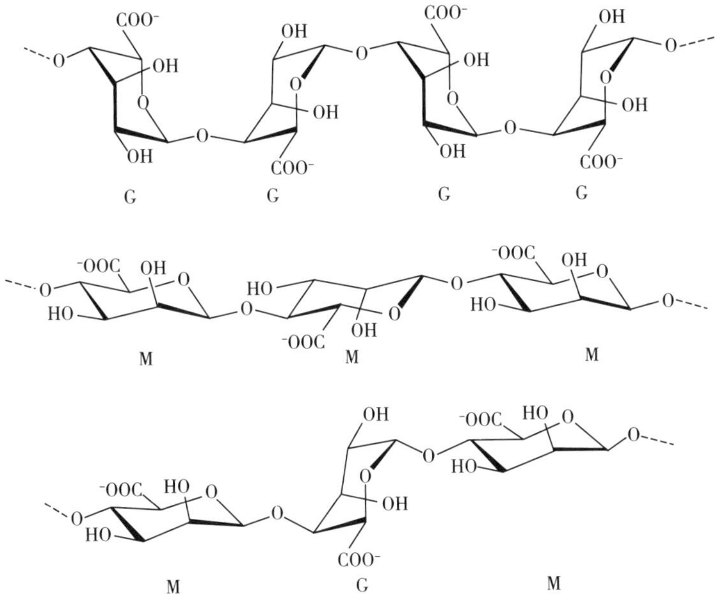

图 6-19 海藻酸钠中 G 残基、M 残基以及交替残基

某学者利用碱水解海藻酸盐溶液还原硝酸银，制备了银纳米粒子（AgNPs）—海藻酸盐复合涂层棉织物。涂层织物对被测细菌大肠杆菌、金黄色葡萄球菌和铜绿假单胞菌具有良好的抗菌活性。连续洗涤后，尽管棉织物的抗菌性能略有下降，但织物仍具有有效的抗菌活性。

二氧化钛纳米颗粒（TiO_2NPs）由于无毒且价格低廉，被广泛用于赋予不同纺织材料的多功能性能。然而，TiO_2NPs 表面与纤维表面化学功能的相容性是获得稳定复合体系和长期耐用效果的最重要前提之一。藻酸盐中大量的羧基可能为 TiO_2NPs 的结合提供额外的位点，使藻酸盐成为纺织纤维表面的潜在修饰剂。有学者将棉纤维浸泡在海藻酸钠水溶液中，然后将海藻酸铜链与 Cu^{2+} 交联，制备了海藻酸铜—棉花纤维素（CACC）复合纤维。制备的 CACC 纤维既具有良好的力学性能，又具有抗菌作用。CACC 抗菌作用的程度取决于铜离子的装载量和藻酸盐在棉花纤维素纤维中的浓度。因此，CACC 复合纤维在医用敷料上有很大的应用潜力。此外，海藻酸盐和铜离子也被用于制备抗菌羊毛织物。静电逐层自组装（LbL）是一种制备聚电解质（PEM）多层涂层的通用方法。该涂膜是通过在材料表面交替吸附带相反电荷的聚电解质而形成的，当材料浸在聚电解质溶液中时很容易获得。藻酸盐基 PEM 涂料已被用于纺织品表面功能化。

戈梅斯（Gomes）等首次通过抗菌聚电解质（壳聚糖阳离子和藻酸盐阴离子）的 LbL 沉积对棉花底物进行功能化处理，如图 6-20 所示。扫描电镜（SEM）分析发现，该聚电解质涂层分别对革兰氏阳性菌、革兰氏阴性菌、金黄色葡萄球菌和肺炎克雷伯氏菌具有有效的抗菌活性。结果表明，利用含有抗菌剂的天然聚电解质制备具有抗菌性能的功能化纺织品是一种很有前景的环保和简单的技术。此外，功能化纺织品的层式静电结构会影响其抗菌性能，5 层结构（CH/ALG/CH/ALG/CH）的样品对细菌生长的抑制效果更佳。

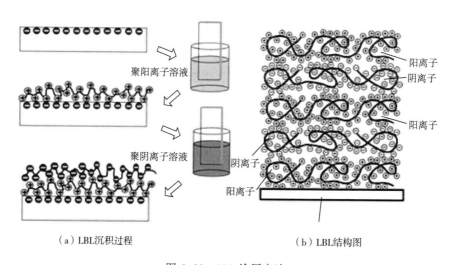

（a）LBL沉积过程　　（b）LBL结构图

图 6-20　LBL 涂层方法

6.4.4　大豆分离蛋白对聚酰胺 66 织物的防火涂层整理

PA66 织物因其强度大、耐磨性好、易染色、弹性恢复能力好、美观舒适等优点，在许多领域得到了广泛的应用。然而，它是易燃的，在燃烧过程中会产生严重的熔体滴漏，这导致它的应用领域受到限制。因此需对其进行阻燃整理从而扩展应用领域。为了减少纺织品对环境和人类健康的危害，需对可持续阻燃剂进行不断研究。最近研究团队正在寻找和应用可替代的环保化合物。蛋白质可以从动物、植物或微生物来源中获得，由于分子链中含有丰富的氮、磷和硫元素，可以作为纺织品的阻燃剂。大豆分离蛋白（SPI）是大豆的重要成分，是一种低温脱除豆粕中的大豆油和水溶性非蛋白成分后，蛋白质含量不低于90%的混合物。其组成、结构和性质基本代表纯大豆蛋白。SPI 的主要成分为 C、H、O、N、S、P，SPI 中的 N、P、S 和金属元素对提高聚合物的阻燃性具有重要作用。

将大豆分离蛋白与硫脲结合，通过简单的垫干工艺涂覆在纤维表面，以制备具有较低环境危害和火灾风险的阻燃聚酰胺 66（PA66）织物。SPI 与硫脲的结合物含有丰富的 N、S 等阻燃元素。经过处理的 PA66 织物样品在燃烧过程中，SPI 和硫脲分解产生 H_2S、NH_3、H_2O 等。燃烧过程中形成了 —C $=$ N 等不饱和双键，促进了凝聚态中致密碳层的形成。气相中的不燃气体稀释了氧和气相中的可燃气体，凝聚态中致密的形成有效阻断了热氧传递，从而提高了织物的阻燃性。SPI 和硫脲存在协同作用，提高了 PA66 织物的阻燃性和热稳定性。极限氧指数（LOI）值增加到 20.5 ~ 25.5，损伤长度减少到 4.0cm，且在 SPI 和硫脲存在下滴液完全消失。结果表明，SPI 可以作为阻燃剂，生产出可持续、低环境危害的纺织品。但由于 SPI 的水溶性，使其不能经受水洗，该缺点还有待解决。

6.4.5 简单工艺生产出的抗菌抗病毒棉织物

使用双酚酸进行简单的浸轧—烘干—固化工艺可生产出抗菌抗病毒棉织物。二酚酸（DPA）是乙酰丙酸与苯酚缩合得到的乙酰丙酸的重要衍生物。由于其低毒，被公认为是聚合物工业中石油基双酚 A（BPA）的可行替代品。商业上可以从富含纤维素的生物质生产乙酰丙酸，从木质素或葡萄糖生产苯酚。因此，DPA 是一种可持续的、生物可降解的、环境友好的绿色化学品。DPA 是制备抗菌棉织物的理想试剂。羧酸基团使得 DPA 分子通过与纤维表面纤维素分子的羟基发生酯化反应，共价连接到棉纤维表面的过程非常容易，而苯酚基团则可以使棉织物具有多酚类的抗菌功能。

采用可持续发展的绿色平台化学物质二酚酸（DPA）作为整理剂，对棉织物进行抗菌和抗病毒处理。DPA 分子经过简单的浸轧—烘干—固化过程，通过其羧基与纤维表面纤维素羟基的酯化反应，共价连接在棉纤维表面。在棉纤维上诱导的 DPA 酚基通过蛋白亲和作用能够杀灭病原菌。试验结果表明，与未处理的棉织物相比，DPA 处理的织物对大肠杆菌和金黄色葡萄球菌的细菌还原率（BR）显著提高（BR > 99%）。这些改性织物也表现出良好的耐洗性，即使经过 30 次洗涤循环，织物的 BR 仍在 95% 以上。此外，抗病毒测试显示其具有显著的抗病毒能力，其主要原因是 DPA 具有较强的蛋白亲和力。研究还证实，表面改性过程在不牺牲人体安全的前提下，提供了生物活性功能，并达到了所需的棉纤维性能，如透水性、吸水性和织物柔软性。我们认为 DPA 处理在抗菌纺织品中具有很大的潜力，可能创造出有效的防护纺织品，以对抗由病毒病原体引起的流行病。

6.4.6 应用工程水纳米结构进行的多功能整理

与只赋予单一特定功能的传统纺织品整理方法相比，综合多功能处理可以通过在一个组合浴或一个步骤中应用两种或多种整理剂，赋予材料多种功能。这一过程促进了该方法的应用，并在节水和节电方面提高了其能源效率。但是，现有的整理方法不能满足绿色、可持续发展的要求；具体来说，这种方法使用对人体有毒的材料，消耗大量的化学物质和能源，产生有害的液体废物，依赖昂贵的设备和复杂的操作过程，以及其他因素。该技术基于一种综合方法，涉及两个并行过程，即电喷雾过程和水的电离过程，在这两个过程中，液态水转化为直径几十纳米的纳米级水结构。工程水纳米结构（EWNS）具有独特的物理和生物学特性，例如延长寿命、高反应性（由于活性氧）和强表面电荷。包裹在 EWNSs 中的活性氧（ROS），具有高度活性和强氧化性，特别是这些物种可以通过分裂某些蛋白质来破坏微生物细胞的包膜。因此，EWNSs 技术有潜力改善纺织材料的抗菌性能。此外，EWNSs 中的 OH·具有很高的活性，容易与某些纺织材料发生反应，从而在材料表面形成极性官能团。通过这种方式，可以增强某些纺织品的润湿性。由于活性氧可导致蛋白质变性和脂质过氧化反应，EWNSs 中所含的活性氧可使某些蛋白质纤维表面粗糙，从而改变与摩擦相关的性能，如抗起球性能。由于纳米水滴的表面积大，表面能高，蒸发速率低，可以改善纤维的摩擦性能。

考虑到 EWNSs 技术在强化纺织品方面的优势，在研究中，将该技术应用于纺织材料的多重整理处理。与传统的整理方法相比，该方法是环保的，不会产生任何有毒物质或其他化学副产品。在这种应用中，唯一的化学输入是极少量的去离子水。此外，这种方法的应用不需要昂贵的设备，它可以很容易地在广泛的工业应用中实现。EWNSs 可以显著提高不同材料的抗菌活性、润湿性能和抗起球性能，同时保持织物的力学性能和美学性能。

6.4.7 防水拒水产品

科思创（Covestro）开发了 INSQIN®，这是一种水性聚氨酯（PU）基材料，无溶剂，不含二甲基甲酰胺，可节约95%的水。由鲁道夫（Rudolph）集团开发的新型 Bionic Finish Eco® 技术源自树状大分子，旨在最大限度地拒水和拒油，同时减少氟碳树脂含量。当应用于聚酯时，Bionic Finish Eco® 与基于全氟己酸（C6）的持久拒水整理（DWR）整理是最常见的防水整理。DWR 饰面的主要成分是长链全氟化学品，具有拒水、拒油和拒尘的特性。但毒性要小得多。Bionic Finish Eco® 应用方法类似于正常的 DWR 处理，使用排气、泡沫、喷雾或垫技术。另一项新技术是 Schoeller 纺织公司设计的基于长链石蜡的 Ecorepel®。Ecorepel® 的薄膜包裹着织物的纤维，并允许含水的污垢和水从织物表面跑掉。表面处理不会增加任何气味，具有良好的耐洗性。基于二氧化硅纳米颗粒，开发了一种名为 Green Shield® ZERO 的防水饰面，生产过程中使用的材料是安全的，对健康和环境的影响也小得多。有学者采用巴西棕榈蜡逐层进行防水整理，整理后棉、尼龙和尼龙/棉样品的水接触角分别为 130.9°、131.4° 和 135.0°。经过清洗后，水接触角减小到 101.7°、102.4° 和 124.9°。

参考文献

[1] HOSSAIN M, ABDKADER A, CHERIF C, et al. Innovative twisting mechanism based on superconducting technology in a ring-spinning system[J]. Textile Research Journal, 2014, 84(8): 871-880.

［2］ 赵亮，厉勇，李杰，等. 环锭纺纱技术的发展与创新［J］. 中国纺织，2021（S5）：114-117.

［3］ KAN C W, WONG W Y. Color properties of cellulase-treated cotton denim fabric manufactured by torque-free ring spun yarn［J］. Textile Research Journal, 2011, 81（9）：875-882.

［4］ 徐惠君. 转杯纺纱发展战略的探讨［J］. 纺织导报，2013（7）：32-34, 36.

［5］ 韩晨晨，罗彩鸿，高卫东. 两种新型纺纱技术的发展现状［J］. 棉纺织技术，2021, 49（11）：1-4.

［6］ 汪军. 纺纱新技术发展现状及趋势［J］. 棉纺织技术，2022, 50（8）：1-6.

［7］ WANG Y J. Fiber and textile waste utilization［J］. Waste and Biomass Valorization, 2010, 1（1）：135-143.

［8］ 汪军，杨璇，傅婷. 废旧纺织品回收综合利用和产品开发相关问题的探讨［J］. 现代纺织技术，2013, 21（3）：25-28, 33.

［9］ PENSUPA N, LEU S Y, HU Y Z, et al. Recent trends in sustainable textile waste recycling methods：Current situation and future prospects［J］. Topics in Current Chemistry, 2017, 375（5）：76.

［10］ WOJNOWSKA-BARYŁA I, BERNAT K, ZABOROWSKA M. Strategies of recovery and organic recycling used in textile waste management［J］. International Journal of Environmental Research and Public Health, 2022, 19（10）：5859.

［11］ KASAVAN S, YUSOFF S, GUAN N C, et al. Global trends of textile waste research from 2005 to 2020 using bibliometric analysis［J］. Environmental Science and Pollution Research, 2021, 28（33）：44780-44794.

［12］ DAMAYANTI D, WULANDARI L A, BAGASKORO A, et al. Possibility routes for textile recycling technology［J］. Polymers, 2021, 13（21）：3834.

［13］ YOUSEF S, TATARIANTS M, TICHONOVAS M, et al. Sustainable green technology for recovery of cotton fibers and polyester from textile waste［J］. Journal of Cleaner Production, 2020, 254：120078.

［14］ PIRIBAUER B, BARTL A. Textile recycling processes, state of the art and current developments：A mini review［J］. Waste Management & Research, 2019, 37（2）：112-119.

［15］ XIAO Y J, HAN F R, LIU W L, et al. Analysis of tension instability and research on stability control strategy in the process of rapier loom weaving［J］. IEEE Access, 1922, 10：31922-31933.

［16］ GRASSI C, SCHRÖTER A, GLOY Y S, et al. Reducing environmental impact in air jet weaving technology［J］. International Journal of Clothing Science and Technology, 2016, 28（3）：283-292.

［17］ 余江峰，淡培霞. 无梭织机及其关键纺织器材的发展及维护［J］. 纺织器材，2018, 45（5）：61-66.

［18］ 刘珺怡，张鹏. 可持续发展视角下的针织服装产品设计探讨与实践［J］. 艺术教育，2022（5）：200-203.

［19］ 蒋高明，周濛濛，郑宝平，等. 绿色低碳针织技术研究进展［J］. 纺织学报，2022, 43（1）：67-73.

［20］ 王开花. 印染废水处理技术现状及发展趋势［J］. 资源节约与环保，2020（12）：79-80.

［21］ 韩朋帅，鲁鹏，刘国金，等. 纺织品结构生色的研究进展［J］. 丝绸，2021, 58（3）：41-50.

［22］ 刘江坚. 小浴比溢喷染色机的结构特征［J］. 印染，2012, 38（13）：32-33.

［23］ 席宁. 气流染色的变革［J］. 纺织科学研究，2015, 26（3）：27-29.

［24］ 韩大伟. 棉纺织行业筒子纱小浴比染色技术简述［J］. 染整技术，2014, 36（11）：10-12.

［25］ 牛方，易芳，肖莹，等. 康平纳：受益科技创新，共享进步力量［J］. 中国纺织，2020（S4）：51.

［26］ 陈英，车迪，张倩洁. 纺织品泡沫染整的发展与应用现状［J］. 纺织导报，2013（10）：34-36, 38.

［27］ 刘夺奎，董振礼，潘煜标. 纺织品泡沫染整加工［J］. 印染，2005, 31（17）：26-29.

［28］ 杨泽. 现代版"司马光砸缸"：张安达和他的"无水印染"［J］. 中国工业和信息化，2019（8）：52-56.

[29] 姜楠, 裴刘军, 朱磊, 等. 涤/棉混纺织物在硅基介质中的染色工艺优化[J]. 浙江理工大学学报(自然科学版), 2021, 45(2): 164-171.

[30] WANG Y X, JING X D, ZHAO Y P, et al. Waterless beam dyeing in supercritical CO₂: Establishment of a clean and efficient color matching system[J]. Journal of CO₂ Utilization, 2021, 43: 101368.

[31] 龙家杰, 陈锋, 魏晓晨, 等. 纺织品超临界 CO₂ 无水染色的产业化进程[J]. 染整技术, 2015, 37(8): 1-6.

[32] ZHANG Y Q, WEI X C, LONG J J. Ecofriendly synthesis and application of special disperse reactive dyes in waterless coloration of wool with supercritical carbon dioxide[J]. Journal of Cleaner Production, 2016, 133: 746-756.

[33] 赵虹娟, 刘秒, 郑环达, 等. 天然纤维超临界二氧化碳无水染色研究进展[J]. 染整技术, 2017, 39(3): 1-6.

[34] 钱泽坤, 杨文芳, 朱珍付, 等. 超临界 CO₂ 无水染整技术用于涤纶的疏水改性[J]. 合成纤维, 2015, 44(9): 10-12.

[35] 张永金, 张波兰, 宋心远. 非水染色研究进展[J]. 印染, 2003, 29(S1): 34-35, 76.

[36] 姜楠, 裴刘军, 朱磊, 等. 涤/棉混纺织物在硅基介质中的染色工艺优化[J]. 浙江理工大学学报(自然科学版), 2021, 45(2): 164-171.

[37] ALEBEID O K, PEI L J, ZHOU W L, et al. Sustainable wool fibers dyeing using henna extract in non-aqueous medium[J]. Environmental Chemistry Letters, 2020, 18(2): 489-494.

[38] MU B N, LI W, XU H L, et al. Salt-free and environment-friendly reactive dyeing of cotton in cottonseed oil/water system[J]. Cellulose, 2019, 26(10): 6379-6391.

[39] 阮馨慧. 棉在有机溶剂中的活性染料染色及其环境影响评价[D]. 上海: 东华大学, 2016.

[40] 陈璐怡, 王碧佳, 阮馨慧, 等. 活性染料无水低盐棉染技术[C]//2014 中国环境科学学会学术年会论文集(第五章). 成都, 2014: 116-125.

[41] 周浩. 棉织物活性染料无盐少水溶剂染色研究[D]. 上海: 东华大学, 2015.

[42] 张骜, 袁伟, 周宁, 等. 结构生色及其染整应用前景(一)[J]. 印染, 2012, 38(13): 44-47.

[43] 田桓荣. 基于磁控溅射技术的金属/金属氧化物复合膜的结构生色纺织品的研究[D]. 天津: 天津工业大学, 2020.

[44] 蔡珍. 磁控溅射镀色织物制备及其色牢度研究[D]. 江门: 五邑大学, 2018.

[45] 叶丽华, 杜文琴. 结构色织物的光学性能[J]. 纺织学报, 2016, 37(8): 83-88.

[46] 陈英, 宋富佳, 李成红, 等. 少水及无水染色技术的研究进展[J]. 纺织导报, 2021(5): 26-31.

[47] LI G X, SHEN H X, LI Q, et al. Fabrication of colorful colloidal photonic crystal fibers via a microfluidic spinning technique[J]. Materials Letters, 2019, 242: 179-182.

[48] 左丽娜, 彭瑜, 郭贺虎, 等. 基于多维光子晶体及非晶光子晶体的结构色构筑研究进展[J]. 现代纺织技术, 2019, 27(6): 1-15.

[49] 刘腾飞. 基于 SiO₂ 的多层结构生色薄膜的构筑及性能研究[D]. 大连: 大连理工大学, 2019.

[50] 李义臣, 刘国金, 邵建中, 等. 二氧化硅/聚甲基丙烯酸甲酯光子晶体在涤纶织物上的结构生色[J]. 纺织学报, 2016, 37(10): 62-67.

[51] 崔书健. 33 种后整理工艺让面料锦上添花[J]. 纺织科学研究, 2019, 30(2): 71-73.

[52] 张震, 高丽贤, 孙戎. 羊毛纤维低温染色技术进展[J]. 染料与染色, 2020, 57(6): 12-16, 41.

[53] 程浩南. 羊毛织物绿色节能染色研究进展[J]. 上海工程技术大学学报, 2018, 32(4): 310-314.

[54] 叶振敏, 戴庆国. 酶盐法羊毛纤维低温染色研究[J]. 化纤与纺织技术, 2021, 50(5): 15-16, 89.

[55] 展义臻, 王晓芳, 赵雪, 等. 超声波对羊毛弱酸性染料染色性能的影响[J]. 毛纺科技, 2008, 36(8): 1-5.

[56] 李更, 韦玉辉. 超声波处理对羊毛织物热力学性能的影响[J]. 毛纺科技, 2017, 45(8): 48-51.

[57] 费燕娜, 于勤, 倪春锋. 超声波处理改善毛织物毡缩性能的研究[J]. 上海纺织科技, 2019, 47(10): 4-7.

[58] 刘晓芸, 姚庆才, 陈小利, 等. 活性染色废水零排放染色技术的开发及应用[J]. 印染助剂, 2018, 35(2): 1-5.

[59] 李新娥, 刘跃军. 纺织服装商品学[M]. 2版. 上海: 东华大学出版社, 2014.

[60] 孙喜英. 棉织物后整理工艺种类及效果浅析[J]. 科技信息, 2010(36): 379.

[61] RAJ A, CHOWDHURY A, ALI S W. Green chemistry: Its opportunities and challenges in colouration and chemical finishing of textiles[J]. Sustainable Chemistry and Pharmacy, 2022, 27: 100689.

[62] 刘元新, 春育. 非织造布后整理工艺及设备的新进展[J]. 纺织导报, 2018(10): 86-91.

[63] EID B M, IBRAHIM N A. Recent developments in sustainable finishing of cellulosic textiles employing biotechnology[J]. Journal of Cleaner Production, 2021, 284: 124701.

[64] HONG K H. Sustainable functional finishing for cotton fabrics using chestnut shell extract[J]. Cellulose, 2021, 28(18): 11729-11743.

[65] NATARAJAN G, RAJAN T P, DAS S. Application of sustainable textile finishing using natural biomolecules[J]. Journal of Natural Fibers, 2022, 19(11): 4350-4367.

[66] ZHOU B C E, KAN C W, SUN C, et al. A review of chitosan textile applications[J]. AATCC Journal of Research, 2019, 6(S1): 8-14.

[67] ZHOU Y Y, ZHENG F Y, WANG J J. Ultrasonic-aided co-precipitation of tannins and chitosan ammonium salt on cotton fabric for antimicrobial and ultraviolet-shielding properties: An efficient, colourless, and eco-finishing strategy[J]. Materials, 2022, 15(12): 4367.

[68] SHAHID-UL-ISLAM, SHAHID M, MOHAMMAD F. Green chemistry approaches to develop antimicrobial textiles based on sustainable biopolymers—a review[J]. Industrial & Engineering Chemistry Research, 2013, 52(15): 5245-5260.

[69] LI J W, HE J M, HUANG Y D. Role of alginate in antibacterial finishing of textiles[J]. International Journal of Biological Macromolecules, 2017, 94: 466-473.

[70] PENG M N, LIU C, CHEN S J, et al. Development and performance study of a new shrink-proof and non-iron cotton blended fabric[J]. Textile Research Journal, 2019, 89(16): 3269-3279.

[71] MENG D, GUO J, WANG A J, et al. The fire performance of polyamide 66 fabric coated with soybean protein isolation[J]. Progress in Organic Coatings, 2020, 148: 105835.

[72] SHEN L W, JIANG J J, LIU J, et al. Cotton fabrics with antibacterial and antiviral properties produced by a simple pad-dry-cure process using diphenolic acid[J]. Applied Surface Science, 2022, 600: 154152.

[73] ZHU L S, DING X M, WU X Y, et al. Innovative and sustainable multifunctional finishing method for textile materials by applying engineered water nanostructures[J]. ACS Sustainable Chemistry & Engineering, 2020, 8(39): 14833-14844.

［74］ZAHRAN M K, AHMED H B, EL-RAFIE M H. Surface modification of cotton fabrics for antibacterial application by coating with AgNPs-alginate composite［J］. Carbohydrate Polymers, 2014, 108: 145-152.

［75］BASHARI A, SALEHI K A H, SALAMATIPOUR N. Bioinspired and green water repellent finishing of textiles using carnauba wax and layer-by-layer technique［J］. The Journal of the Textile Institute, 2020, 111（8）: 1148-1158.

第 7 章　纺织品的循环利用

当今人们的环保意识普遍在上升。20 世纪 60 年代，当环保主义还处于萌芽阶段时，人们关注的焦点是减少制造废物和排放的解决方案。今天，焦点已经转移到更有意识的、整体的方法或系统方法，它考虑了产品生命周期的所有组成部分和产品。这种深刻的转变被称为可持续发展革命。这种从环保主义到持续的、包含系统意识的全球转变影响着广泛的利益和基本价值观。

世界纤维消费量在逐年增加，这是一把双刃剑，一方面为满足世界市场的需求而刺激了经济，另一方面也增加了服装和纺织品的处置问题。经济的发展导致了资源消耗的增长，然而，若能改变现有生产模式，合理使用资源，世界上 30% 的资源需求都可通过改善生产方式和产品使用及再利用来获得，包括时尚与纺织工业。可持续性的纺织服装技术意味着降低水资源的消耗，减少化学污染和废物的排放，降低生物多样性的损失，以及非再生资源使用的最小化。而最重要的是，要提高人们对纺织生产所造成的环境和社会影响的认知及理解水平。

7.1　纺织品回收的系统视角

从微观、宏观或系统的角度来看，当我们考虑纺织品和服装的回收和其生命周期中使用的过程——从纤维到消费再到废弃时，很明显，纺织品的回收影响着许多实体，并在更广泛的意义上对当代消费文化的社会责任做出重要贡献。通过回收利用，企业可以实现更大的利润，因为可以省去与垃圾填埋场相关的费用，同时也为环境保护、提供就业机会、给慈善机构和救灾捐赠，以及将二手衣服向世界上需要的地区流动等做出贡献。

由于纺织品几乎是 100% 可回收的，因此需要关注纺织品的回收和可回收性，以减少最终进入垃圾填埋场的纺织品。通过提高对生态问题、处理渠道和环保商业道德的意识，可以采取一些措施，以更可持续的方式使用和处置消费后纺织品。

7.1.1　纺织品的回收

目前，不仅产品消费水平高，而且产品往往过度包装，这是导致大量垃圾填埋的重要原因。由于垃圾填埋能力持续不足，倾倒成本将不断上升。在企业寻求降低管理费用的方法时，这些不断上升的成本是他们关注的问题。

7.1.1.1　过度消费问题

时尚的概念本身就加剧了过度消费的问题。时尚的定义激发了变革的动力，这就产生了不断用新事物替换产品的需求。此外，时尚的触角已经从服装延伸到了家居行业。时尚商品促进了高于需求的消费，但如果没有时尚的概念，纺织、服装和家居行业将会在一个已经极度竞争的环境中变得更加脆弱。在不远的过去，时尚行业每年推出 4~5 个新系列。然而，今天，全球化的、高度竞争的时尚产业中，服装几乎已经成为一种一次性商品。通常被称为"快时尚"的廉价服装，瞄准年轻人市场，助长了"贪得无厌"的消费文化，在服装渠道的每一步都留下了"污染足迹"，并在其之后留下了大量的旧衣服。随着消费者继续购买，垃圾将继续产生，进一步复杂化了如何处理丢弃的包装、服装和家用纺织品的问题。

使问题进一步复杂化的是，如今市场上的服装不仅在设计上不同于几十年前，而且在纤维含量上也不同。合成纤维在 20 世纪进入市场后，纺织品回收变得更加复杂，原因有两个：一是纤维强度的增加使撕碎或开松纤维变得更加困难，二是纤维混纺使净化分拣过程更加困难。尽管如此，回收业必须应对时尚业产生的一切问题。

7.1.1.2 纺织品回收统计

纺织品和服装的回收工作涉及回收和减少消费前和消费后废物的来源。2019 年纺织品总消费量达到了 1 亿吨，世界纤维需求预计到 2025 年将增至 1.21 亿吨；人均纤维消费量从 1950 年的 3.7kg 增加到了 2020 年的 20kg。随着许多国家消费者可自由支配的收入的增长，全球纤维消费将继续上升，这进一步增加了处理问题的复杂性。

众所周知，回收利用在经济上是有益的，但许多被丢弃的衣服和纺织废料未能进入回收通道。依据 2020 年相关报道，全球每年浪费约 4000 亿美元的服装。中国循环经济协会数据表明，我国每年纤维加工总量约 5000 万吨，约产生 2000 万吨废旧纺织品，废旧纺织品综合利用量约为 300 万吨，综合利用率仅为 15% 左右。例如，尽管牛仔布废料有几种常见的用途，但牛仔布工业每年仍有大量纺织品被送往垃圾填埋场。考虑到几乎 100% 的消费后纺织废料都是可回收的，纺织业目前努力的重点是试图增加可回收的纺织废料，否则这些废料将最终被填埋。

7.1.1.3 纺织品回收行业

纺织品回收行业是世界上最古老、最成熟的回收行业之一；然而，很少有人了解这个行业，了解它的无数参与者，或者了解回收纺织品的总体情况。在世界各地，废弃的纺织品和服装产品被回收为再生纺织品，并投入新的用途。早在 1996 年，美国这个"隐藏"的行业就由 500 多家企业组成，每年能够转移超过 110 万吨的消费后纺织废物。此外，纺织品回收行业能够处理 93% 的纺织废料，而不会产生任何新的有害废物或有害副产品。几乎所有使用后的纺织品都可以回收应用于各种市场。即便如此，纺织品回收行业仍在继续开发用旧纺织纤维制成的具有新的附加值的可行产品。

纺织回收材料可分为消费前废料和消费后废料；纺织品回收业从废品流（包括工业和终端消费者）中分拣出这些废料，并将其回收回市场。消费前废料包括来自纺织、纤维和棉花工业的副产品，这些副产品被再制造用于汽车、航空、住宅建筑、家具、床垫、粗纱、家具、纸张、服装和其他行业。消费后垃圾的定义是，由生产的纺织品制成的任何类型的服装或家用物品，其所有者不再需要，并决定丢弃。这些物品被丢弃，可能是因为它们磨损了、破损了、陈旧了，或是过时了。它们有时会被捐给慈善机构，或转给朋友和家人，除此之外，它们会被扔进垃圾桶，最终进入垃圾填埋场。

7.1.2　分拣过程及分类类别

7.1.2.1　分拣过程

以美国的回收业为例，粗略的分拣是先把大衣和毯子等厚重的物品挑出来，然后是裤子、衬衫和连衣裙的分拣。随着工艺的进展，这些种类变得越来越精细。例如，一旦所有的裤子都分拣出来了，就会进一步根据女装或男装、面料（比如毛织品送往气候凉爽的地方，棉织品和亚麻布送往气候炎热的地方）、状况（比如撕裂、掉扣子和变色），以及品牌/质量进行分类。某些品牌和款式（比如李维斯、汤米·希尔菲格、哈雷·戴维森或 20 世纪 50 年代的童子军制服和保龄球衫）被分类是因为它们在特定市场上的溢价被认为是"宝藏"（分拣过程中的特殊"发现"通常被称为"宝藏"）。在对回收物品进行分拣的同时，它们也根据特定市场进行分级。对于一个完全集成的衣物分拣机来说，在给定的时间内分拣出超过 400 个等级的衣物是很常见的。

大多数拣布工都有分工，新来的雇员要接受训练去做粗分类，也就是说，把厚外套和床上用品与其他的衣服分开。随着专业技能的增加，员工被提拔到更复杂的分拣和精细的分级岗位。例如，有的在分拣厂工作多年的首席分拣工用手触摸就能分辨出羊绒和羊毛；有纺织品回收机构雇佣拥有美术硕士学位的人来预测古董市场的时尚趋势。此外，破损或沾污的物品与可穿的物品分开，广泛用于各种市场。

7.1.2.2　分类类别

图 7-1 中的金字塔模型表示回收的纺织品按体积的分类类别。分类类别包括：出口到发展中国家、开松回收或重新设计转化为新产品、切割成擦拭和抛光布、被丢弃到垃圾填埋场或焚烧以获取能源，以及被"挖掘"为"宝藏"等类别。在大多数情况下，体积与价值成反比。例如，出口的二手衣服是数量最大的类别，每磅能赚 0.5 ~ 0.75 美元，而稀有的发现每件可以带来几千美元，这取决于它们的市场和收藏价值。

图 7-1　纺织品分类的金字塔模型

（1）二手服装市场（48%）。二手服装市场的商品数量最多，主要用于出口到发展中国家或救灾。

（2）转化为新产品（29%）。通过开松回收或重新设计将针织和机织服装转化为新产品。这里的"开松回收"指的是物理或化学"开松"织物，使其恢复为纤维形式的过程。从物理上讲，这包括切割、撕碎、梳理和处理织物；从化学上讲，它涉及酶解、热解、糖酵解或甲醇酵解的方法。一旦这些消费后的纺织品被"开松"，它们就可以被进一步加工成新产品，以供重新消费。针织和机织服装通过切割、撕碎、梳理和其他机械过程将织物分解成纤维，然后，这些纤维被重新设计成增值产品。这些增值产品包括填料、汽车零部件、地毯衬垫、隔热和屋顶毛毡等建筑材料，以及毛毯等。这类衣服中大部分是脏的、破的或其他不能用的衣服。

（3）擦拭布和抛光布（17%）。使用寿命已经结束的衣服可能会变成工业用的擦拭或抛光布。T恤是这类产品的主要来源，因为棉纤维可以制成吸水抹布和抛光抹布。分拣过程中回收的破布可以卖给洗衣机制造商，用于洗衣机的使用测试。由于其良好的吸油和亲油特性，一些合成纤维废料（特别是烯烃）被切割成擦拭布，用于需要清理或擦除漏油的工业。

（4）"宝藏"（1%~2%）。2001年5月，一位匿名卖家在易贝网（EBAY）拍卖平台上拍卖了一条百年历史的李维斯牛仔裤。这条被认为是现存最古老的保存状况还不错的牛仔裤（严格来说是牛仔腰工装裤）是在美国内华达州一个矿业城镇的泥土中被发现的。经过竞拍，李维斯公司赢得了竞标，以43532美元的价格买下了这条工装裤。这为"挖宝藏"提供了一个典范。"宝藏"类约占进入纺织品回收流的总货物量的1%，但这类也占大多数纺织品回收公司的最大利润中心之一。

7.1.3　纺织品回收系统的构成

纺织品回收行业沿着一条由各种活动和众多组成部分的道路发展，这些活动和组成部分在社会文化系统中发挥着作用，影响着人们的态度和行为。每个参与者都在一个文化系统中发挥作用，这个文化系统限制了人们的态度和行为。如果没有各组成部分之间的相互联系，这个体系就无法充分发挥其潜力，甚至可能不复存在。为了在纺织品回收过程中取得进展，所有各方必须对如何实现可实现的目标有共同的理解。

纺织品回收系统可以表示成如图7-2所示的模型。该模型为理解纺织品的处置提供了一种方法。连续体代表了从微观层面（个体）到宏观层面（纺织品回收系统仲裁者和文化系统仲裁者）的三个角度。

7.1.3.1　微观层面：个体

消费者作为个体，有一些特殊的决定因素影响他们对纺织品回收的态度和行为。许多消费者对环保主义持积极态度，但当涉及丢弃他们的衣服时，经济利益往往优先于环境态度。虽然许多消费者已经接受了家居回收的做法，但很少有人会考虑二手服装的可回收性，消费者的处置选择是基于便利性，而不是经济或环境考虑。

虽然近年来人们最关注的是快时尚，但目前消费者的消费行为已经发生了变化。对消费者和企业来说，可持续发展是一个日益重要的话题。责任意识让消费者有理由去思考他们的消费行为，在过去的几年里，他们的消费行为变得不可持续和浪费。

7.1.3.2　宏观层面

7.1.3.2.1　纺织品回收系统仲裁者

在微观和宏观框架的第二个位置上的是纺织品回收系统的仲裁者。这些组成部分包括推动纺织品回收过程的各种盈利性和非盈利性企业。初级加工企业回收消费后的纺织废品。二级加工企业，如旧服装出口商、抹布制造商、纤维和织物制造商，也是多层面行业的一部分。

由于盈利性和非盈利性实体在同一市场上竞争，竞争加剧也引发了一些争论。保护主义

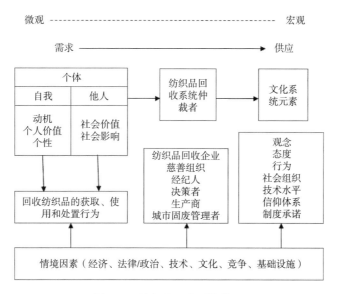

图 7-2　纺织品回收系统模型

者列出了一系列担忧，包括有害昆虫、化学品和微生物的侵扰。然而，事实仍然是，许多发展中国家的人，甚至那些在新兴纺织和服装行业工作的人，买不起发达国家生产的服装，特别是为西方市场生产的服装。相反，他们很庆幸能买到从发达国家进口的旧衣服。虽然贸易政策禁止某些产品的进出口，但该行业仍能找到在维持贸易政策的同时继续在全球市场进行贸易的方法。例如，印度已经发展了一个庞大的工业，用旧羊毛服装制造毛毯。而美国和印度之间的贸易法律不允许印度从美国进口羊毛服装。为了满足这一市场需求，美国的旧羊毛服装必须用切割机将衣服切割到不适合穿的状态，同时保持足够完整，以便于打包并运往印度。因此，衣服不再是"衣服"，而是"用过的纤维"。印度制造商将纤维加工成更具纤维性的状态，制成新的纱线，然后用于毛毯的生产。

7.1.3.2.2　文化系统仲裁者

这一层次涉及物质世界、社会关系和共享的认知系统，所有这些都对回收行业如何在我们的文化体系中发挥作用至关重要。文化成为人类存在的一个组成部分，它是人类活动的重要社会环境，往往使人的态度和信仰难以改变。这里主要关注的是一个社会的观念、态度、行为、社会组织、技术水平、信仰体系和制度承诺，包括政府实体和环保主义者提出的观念和态度，这些对纺织品回收的态度和行为起着重要作用。通常情况下，公众意识和市场营销是改变文化的关键，这样纺织品才能成为可销售的回收垃圾。

在世界各地，不同文化对纺织品回收利用的兴趣、价值观、行为和技术复杂性各不相同。对美国来说，环境问题排名很高，但美国人却是世界上服装消费最多的国家之一。毫无疑问，美国人消费更多的是数量而不是高质量，导致了过多的二手物品。通常情况下，人们会"为特定的场合"消费一些新的东西。相比之下，欧洲人倾向于以较低的数量消费高质量的商品，消费"应季"的新商品。

当前过度消费主要受快速时尚趋势因素的影响。快时尚诱使消费者更频繁地购买更多的衣服，这导致服装处置压力的增加。因此，企业需要新的战略来履行企业期望中的社会责任。大多数公司已经改善了他们的产品，并试图使其更可持续。

诸如全球经济、国际贸易法、技术和工程进步、文化演变、竞争环境和基础设施（包括废物处理选项的可用性）等情境因素的起伏也是系统模型的重要因素。这些情境因素不断变化，可以在系统的微观和宏观层面上产生影响。

随着垃圾填埋场的空间变得稀缺，成本继续上升，环保主义的风气也将随之高涨。在微观—宏观框架内的商业部门继续在创造旧纺织品价值方面取得进展。与此同时，必须及时向消费者提供有关这些市场的信息，使他们能够对在哪里和如何处置使用过的纺织品作出明智的选择。此外，必须调整法律和政治环境，使纺织品易于回收。正是由于这个原因，宏观层面的现象对纺织品回收过程的影响最大，从而反过来又对个体消费者提出了处理的选择。

消费者必须意识到，几乎100%的旧服装是可回收的。与此同时，人们必须接受一种态度的转变，即购买由可回收纤维制成的服装，更注重质量而不是数量。通过提高对环境问题、处理渠道和环保商业道德的意识，使环境朝着更可持续的方向发展。消费者必须接受这个系统而不仅仅是偶尔的慈善捐赠，这样才有利于废旧纺织品回收。与此同时，仲裁者必须继续开发和推广废旧纺织品新的市场价值，使回收系统在各方承诺的情况下充分发挥作用。

如今，已有许多零售商开始售卖用回收材料或可回收材料设计制成的纺织服装。可降解、可回收、可再利用回收纤维的加工技术正在成为大众关注的焦点，回收网络与物流正在以良性的经济模式形成。

7.2 循环纺织纤维的消费者认知

可持续纺织服装市场的消费者行为应该得到研究者更多的关注。由于日益增长的消费直接或间接地导致了环境的逐步恶化、不可再生资源的减少、生活质量的降低以及社会和伦理问题。除非改变消费模式，否则这些不利的影响不会停止。制造商可以使用新的设计和技术来尽量减少产品对环境的影响，并使生产更具可持续性，但如果消费者不购买更具可持续性的产品，不改变他们的消费习惯，制造商的努力就毫无意义。因此，分析市场需求方（消费者）和市场供给方（生产者）的直接联系和影响是至关重要的。为了满足消费者的需求，必须对消费者行为及其决定因素进行深入分析。

目前，对环境感到担忧的消费者越来越多，他们也更愿意为此而采取行动，然而消费者往往又不清楚具体应该如何行动。与此同时，纺织行业一直在顺应绿色市场不断增长的趋势，努力增加大量的绿色新产品。绿色消费研究有助于改善生产和消费匹配，确保行业活动能为消费者增加价值。

7.2.1 与对可持续产品态度有关的消费者特征

人们研究了各种消费者特征，努力对可持续产品和实践持积极态度的消费者进行分类和描述。这些特征包括人口统计学变量和社会心理学变量。

最受关注的人口统计学变量包括年龄、性别、教育和婚姻状况。大量数据表明，绿色消费者通常相对年轻，女性、受过良好教育的和已婚的消费群体占多数。

一些似乎与绿色消费主义相关的社会心理变量包括：成为创新者和/或意见领导者、持有利他价值，以及相信消费者的行为可以影响环境，即感知消费者有效性。

来自各种来源的数据表明，在过去 30 年，消费者对环境的关注总体一直在增长，为绿色产品支付更多费用的意愿在 20 世纪 90 年代初也在上升。

7.2.2　影响消费者对可持续产品态度的因素

首先，时尚消费心理对消费者的购买行为有直接影响，进而对可持续性有重要影响。消费者购买衣服是为了满足基本需求、情感需求、适应环境以及给他人留下深刻印象。尤其是对年轻人来说，穿着最新的时尚潮流是一种社交方式。随着人们生活水平的提高，时尚消费者的生活方式受到社会文化的影响，他们不断了解最新的时尚趋势，觉得有必要以一种负担得起的、动态的方式来适应他周围的现实环境。因此，消费者经常会有购买新的时尚物品的需求，因为有来自周围不断穿新衣服的同龄人的压力。这种方法并不局限于年龄、性别或社会阶层。人们希望通过购买便宜的衣服来跟随潮流，因而愿意放弃高质量标准而更频繁地更新他们的衣柜。这一事实使得时尚界做出反应，并以"快时尚"的概念来满足人们对平价时尚和流行时尚日益增长的需求。因此，这种低价快时尚的引入刺激了快速消费。购买可能永远不会穿的衣服和消费多余的衣服来满足上述心理需求已经成为普遍现象。

其次，缺乏对服装行业的可持续性影响的知识可能会成为可持续消费的障碍。提到环境影响，消费者可能缺乏与服装相关的知识。有关年轻时尚消费者消费模式的研究表明，当涉及服装处理的影响和回收的需要时，他们往往不知道衣服是如何处理的，在哪里处理的，这些物品是如何制造的，以及生产过程会带来什么样的环境后果。更重要的是，对使用材料的影响缺乏了解。不同的研究表明，人们普遍存在一种误解，认为棉花等天然纤维比合成纤维对环境的影响小。此外，消费者并没有意识到他们自己以购买行为和使用活动的形式对可持续性影响的贡献。人们普遍缺乏关于可持续时尚的知识，除了在时尚消费的几个领域缺乏环保知识之外，人们对可持续发展本身的整体概念也知之甚少。虽然大多数时尚消费者认为环境问题是可持续发展的一部分，但只有少数人认为社会和经济方面是这一概念的一部分。

最后，大多数声称意识到可持续发展的消费者并不能真正解释这个词。这也表明，有可持续发展意识的消费者并没有真正理解可持续性。近年来，可持续性在时装界的意识得到了提高，消费者希望获得更多信息以做出明智的选择。然而，企业提供更多关于可持续服装的信息并不一定会提高消费者的认识。大约 30% 的时装消费者甚至不阅读产品标签上提供的信息。如果是这样，信息就不能被完全正确地理解和解释。同样的问题与生态和公平贸易纺织品标签有关。大多数消费者只知道一个或两个现有的标签，不知道它们对生产过程和产品本身的明确含义。

在消费者做出任何决定之前，他们需要了解自己的选择，以便对自己的选择进行评估。

没有选择某个特定的选择可能是因为缺乏意识和知识。由于消费者没有被告知某些信息，比如有机棉的积极用途或公平贸易，他们就不会意识到购买可持续服装的必要性并因此接受更高的价格。此外，缺乏关于当前可获得的可持续服装产品的知识，大多数消费者很难将服装和可持续消费联系起来。一般来说，消费者不知道如何改变整个消费阶段的行为使其更环保、更可持续，包括使用和处置阶段。

虽然纺织和服装企业一直在生产和使用大量绿色材料，以满足日益增长的绿色消费市场，同时也出于他们自己对企业社会责任的关注，以及认识到绿色产品也可以盈利。不幸的是，评估纺织品或其他产品环保程度的系统变得越发复杂。美国联邦贸易委员会在 1998 年的 "绿色指南" 中使用的术语相当简单和直接，如可重复使用、无毒、生物可降解和可堆肥。到了今天，概念和术语要复杂得多，例如碳补偿、可再生能源信用、限额和交易以及碳足迹。由于这些变化，品牌和零售商很难评估那些声称环保的产品，更不用说消费者了。由此造成了市场混乱。例如，什么是有机产品，哪种认证是特定产品的最佳选择。纺织产品的生命周期分析通常采取多方利益相关者的形式，冗长，以至于产生难以理解的结果。纤维生产商的竞争性声称可能会令人困惑，因为公司会强调那些显示其产品最大优势的参数。

撇开可持续性问题不谈，关于新型生态纺织品特性的信息相对较少。例如，通常认为，原生聚酯纤维和再生聚酯纤维在很大程度上是可比较的，原生纤维略强一些。但随着技术的不断发展，各种纤维的属性也会发生变化，比如用再生涤纶短纤维制成的纱线和面料，可以具有像棉或羊毛一样的手感，适合制作高质量的西装。具有特定属性的产品被开发出来后，消费者可能无法获得足够的和可靠的信息，甚至不知道衣服上的材料是回收的还是原生的纤维。一些品牌和零售商在服装标牌中标识出回收材料，而另一些则没有。这些都会影响到消费者对可持续产品的选择。

需要指出的是，即使对可持续影响有更高的认知度，也不一定会导致行为的改变。随着可持续性在纺织服装产业中重要程度的日益提高，消费者在消费行为中会考虑环境和社会问题，大多数人对可持续服装持积极态度。尽管消费者表达了对环境的担忧，且绿色产品也日益普及，但对可持续产品和服务的需求并不像预期的那么高。事实上，可持续服装只占服装市场很小的份额，消费者在购买服装时还有其他更重要的标准。这种消费者所陈述的态度与实际行为之间的差异被称为 "态度—行为差距"。这意味着消费者对消费相关道德问题重要性的看法与他们的实际行为之间存在显著差异。这些态度和行为之间的差异主要是因为买衣服可能是一个复杂的过程，必须同时考虑几个因素。这些不同的因素可能成为可持续服装消费的障碍（图 7-3）。

消费者态度和行为之间的差距来自以下三种主要类型的障碍。

（1）基于产品的障碍，如可持续服装的价格更高、可用性不足、吸引力差、实用性不足和不吸引人的设计等。

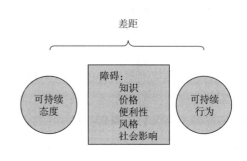

图 7-3　服装消费中的态度—行为差距

（2）与识别可持续服装的信息缺乏或信息不足有关的基于沟通的障碍，这导致了可持续产品与传统产品区分的问题。这些障碍源于信息的复杂性（大量数据指向公平贸易、有机棉花、动物使用、原产国等）、信息的不可靠性（由于模糊的道德政策等原因），以及信息来源的不信任感（服装公司的声誉差）等。

（3）基于消费者的障碍，如由于缺乏时间寻找更可持续产品；经济障碍；对购买过程的参与有限；对纺织和服装行业的社会和生态问题的知识、意识和关注有限；对沟通的接受能力低。

当存在相当大的外部约束时，知识和行为之间的关系是轻微的。因此，最决定性的因素是价格。消费者认为伦理性服装太贵了，特别是与传统"非可持续"服装产品相比，可持续服装产品的价格要昂贵得多，这让许多非绿色消费者望而却步。不仅价格被认为是消费者的成本，而且评估和寻找可持续产品所需的时间和精力也是消费成本的一部分。由于当今的时尚消费者习惯了随时随地都能轻松获得新的服装产品，他一般不愿意进行广泛的信息搜索和复杂的认知过程。可持续产品替代品尚未成为主流，这要求消费者主动搜索和需要这些产品。此外，消费者不希望自己的选择受到生态标签服装的小品种的限制，这一便利性约束也是使用阶段不可持续行为的主要原因。

根据研究，社会影响可以在绿色消费过程中起到关键的约束作用。首先，消费者的决策很大程度上受其同伴的态度影响，如家人、朋友和其他群体。个体消费者的行为方式很可能与这些群体所表达的信念相一致。因此，如果一个人与不关心可持续发展的人交往，他的消费很可能是非绿色的。这被称为感知消费者效能（PCE）。因此，感知效能或一个人认为他可以在实现目标方面有所作为的程度，会影响绿色行为。

此外，媒体的关注被认为是绿色市场规模增加和减少的原因。现代环保主义至少从 20 世纪 60 年代初《寂静的春天》（*Silent Spring*）出版以来就在美国得到了明显的体现。这本书引起了人们对杀虫剂 DDT（二氯二苯三氯乙烷）引起的环境问题的关注，并使消费者更加意识到市场上的农药可能造成的严重和持久的损害。2002 年麦克多诺（McDonough）和布劳加特（Braungart）合著的《从摇篮到摇篮》（*Cradle to Cradle*）一书使消费者认识到，由于违背自然而导致的资源枯竭和环境退化。2007 年的电影《难以忽视的真相》（*An Inconvenient Truth*）被认为是可持续发展运动的"引爆点"。这部电影上映后，美国广播公司（NBC）和探索频道（Discovery Channel）等其他媒体也在节目中加入了有关可持续发展的内容。

近年来，广为宣传的自然灾害已使可持续性成为消费者决策的主要力量。例如，几次特大飓风造成的危害、几次大型石油泄漏和两极冰川融化的事实。

一些不准确、误导或完全虚假的广告也会带来负面影响，导致消费者对绿色产品的抵制或至少是对绿色产品热情的减少。

另外，无论产品绿色与否，产品市场都需要首先满足消费者的需求。有环保意识的消费者不一定会购买在可持续性方面排名高于同类产品的任何类型的产品。这取决于消费者是否有足够的信心认为对某种特定选择事实上会对环境产生很大影响。

7.2.3 消费者对纺织品的认知

7.2.3.1 消费者对传统纺织材料的认知

认知是指人们过滤、组织和解释感官刺激的方式。有许多关于消费者对传统纺织材料的认知的研究。研究表明，纤维含量影响人们对服装品质的认知度，如一件 100% 纯棉的衣服，比一件聚酯/棉混纺的衣服得到的评价更高。对羊毛和腈纶分别在高价格和低价格时进行比较，羊毛在高价格点时得到了明显更高的评价。通过对棉、涤纶/棉混纺、丝绸和涤纶的七个属性的比较，研究人员发现，感知与纤维的性能基本一致。例如，与丝绸相比，涤纶和涤纶/棉在"护理便利性"方面的评价相对较高，但在"豪华"方面的评价相对较低。比较棉、涤纶、棉/涤纶和无纤维信息对牛仔裤 27 种属性的感知，结果表明，有涤纶和棉/涤纶吊牌的都比棉和无信息吊牌的更容易导致负面影响。

在面料和属性方面的研究表明，消费者似乎使用更熟悉的面料来组织他们对不熟悉的面料的认知。研究要求成年女性根据 48 种属性对 46 种不同的面料打分，结果发现了 4 个聚类，根据因子载荷，这些类分别为棉、羊毛、丝绸和合成纤维。

7.2.3.2 消费者对回收纺织纤维的认知

到目前为止，消费者对环保纺织品，特别是新型回收纤维的反应还没有引起足够的关注。只有制造商、零售商和消费者共同努力，回收才能成功。绿色服装在市场上可能处于不利地位，因为绿色产品通常遭受几个负面的刻板印象，包括更高的价格、有限的选择和审美上的劣势。大多数消费者认为生态纺织品价格高、缺乏信誉、不时尚、供应有限。

另外，当努力理解消费者的需求和与市场供应有关的感知时，绿色服装系列可以获得成功。巴塔哥尼亚（Patagonia）品牌的一个案例研究展示了这家运动服装和户外服装公司如何利用市场研究信息来定位由回收塑料瓶制成的仿羊毛产品。巴塔哥尼亚发现，只有 20% 的客户表示他们关心购买的产品对环境的影响，于是巴塔哥尼亚将合成羊毛主要定位在耐用性、功能性和性能方面。产品的环境效益主要是用来完成产品的定位。为了解决顾客对服装生产如何影响环境知之甚少的问题，巴塔哥尼亚在其产品目录和网站上增加了这类信息。

2007 年美国对活跃的美国成年人的调查中强调了回收合成纤维可以在户外和运动服装行业发挥重要作用。在回答如何区分环保户外和运动服装的问题时，大多数受访者提到了材料、价格和"可回收"。此外，超过 40% 的人报告说，他们"总是"看纤维含量的标签，另有约 40% 的人说，他们"有时"看纤维含量的标签。此外，超过 20% 的受访者将产品中的回收材料列为评价企业绿色行为"最重要"的特征。

7.3 纺织品的废弃、再使用和再循环

7.3.1 纺织品的废弃

随着全球人口规模扩大和居民生活水平的提高，纺织品的生产与消费在过去的几十年中

大幅上升。以生活源废旧纺织品中占比最大的服装产业为例，全球服装业的经济价值约为 3 万亿美元，占全球生产总值的 2%，相关从业人员高达 3 亿多人。生产成本的降低、网络平台的依托以及物流速度的提升等又进一步促进了服装产业的蓬勃发展。受当前社会"买即弃（buy-and-throwaway）"快时尚文化的影响，大量的服装等纺织品被直接废弃。这是因为服装不同于其他产品，一件服装的面料不仅成分复杂，而且还包括主体面料、里料、辅料（如纽扣、拉链、填充物等），所以对其进行纤维回收的难度比较大。这对环境提出了巨大的挑战，包括资源消耗、化学性水污染、土壤退化和温室气体排放等。全球每年约 3% 的温室气体排放来自纺织品的生产和使用。我国作为当今世界最大的化纤生产国和消费国，年增长量接近千万吨，再生利用率却低于 10%。据 2019 年《中国废旧纺织品再生利用技术进展》白皮书估算，废旧纺织品年产量近 2000 万吨，化学纤维占比约为 70%。因此，加快废旧纺织品的回收再利用，不仅可以降低焚烧填埋带来的环境污染问题，更是提升全产业链价值的重要引擎。随着《纺织工业"十三五"发展规划》的实施，我国开始逐步发展废旧纺织品的回收再利用体系。

解决废旧纺织品环境污染、减少碳排放的方式主要有两种：一是延长纺织品使用寿命，如将其捐赠给国内贫困山区或出口到东非等贫困战乱国；二是循环再生。对废旧纺织品回收再利用的首要环节是回收，能够形成有规模的回收方式主要为以废旧纺织品回收利用为公司运作模式的企业、以环保公益为主要目的政府和公益组织。根据主体和渠道的不同，目前废旧纺织品的回收模式主要分为以下三类。

（1）以政府部门或废旧纺织品回收企业为主的社会回收模式。这是通过建立回收投放点、分拣中心、再生原料工厂、再生产品工厂等网络化布点，将前端回收、中端运输分拣和后端处置再利用三大环节串联起来。回收主体通常会在小区放置衣物回收箱，将回收的纺织品运送至分拣中心，将分拣出来的可再使用的部分交由二手交易中心或公益组织；可再循环的部分转至再生工厂；不可再循环的部分送至无害化处理中心。

（2）以服装品牌方为主的定向回收模式。这是以服装品牌商为主导，通过销售网点回收废旧纺织品，再送至上游企业或专业工厂进行再生产。这种模式的优势在于：回收网点通常设置在已有的销售网点，解决了回收布点的空间和成本问题，且目标人群确定；品牌商对自有货品熟悉，回收品类更有针对性，且有与上下游企业之间的关联优势，可提升对一些特殊面料或难处理面料的再利用率。

（3）以慈善组织为主的公益回收模式。这种回收模式致力于将成色较好的二手衣物再使用。

如果将回收来的废旧纺织品视为产品，则可将其划分为 3 个产品质量等级。第 1 等级为再使用（reuse），将不需要改变物理形态即可重复穿着再使用的产品，通过向慈善机构或二手商店捐赠、出租、交易、交换或借用等方式将产品转移给新的拥有者。第 2 等级为再循环（recycle），将仍然具有功能性、但由于存在破损太严重等物理缺陷的产品送至专业的分拣中心、维修商或再生产企业进行重新加工循环使用。第 3 等级为废弃物（waste），将不能被回收再使用或再循环的产品，进行焚烧或填埋等末端处理。废旧纺织品的处置应秉承"第 1 等级最大化，第2等级次之，最大程度减少第3等级"的原则。针对纺织品的不同种类和形态，基于不同技术手段，应采取对应的"再使用—再循环—废弃"措施。无物理改变的废旧纺织品应提倡再使用的回收方式；对于存在物理缺陷的废旧纺织品，建议采取再使用和再循环并行的方式；非原始形态的废旧纺织品可采取再循环的方式，最大程度地延伸其使用周期。

在以循环为首要的原则下，我国研究人员构建了"一溯两消三推动"的生活源废旧纺织品高值化回收再利用体系（图7-4）。"一溯"是指建立一个追溯体系，为废旧纺织品的流动过程提供数字化依据。"两消"是指充分发挥消费者和消费品牌的主导作用，通过提升消费者的绿色环保意识，增强再生产品的购买力，从而促进消费品牌使用再生料，扩大再生产品市场。"三推动"是指以"逆向追溯推动消费力，消费者推动消费品牌，技术推动高值化"为实现路径，形成可持续的闭环新模式。

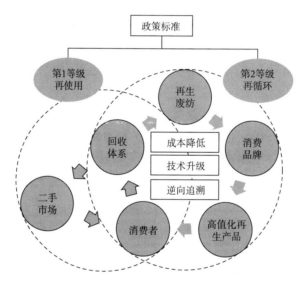

图7-4 废旧纺织品高值化回收再利用体系

7.3.2 纺织品的再使用

在垃圾分类全面实施的今天，废旧纺织品回收再利用便成为减少碳排放量，实现循环经济最直接且有效的方式之一。

2018年6月14日，欧盟发布新修订的《废弃物框架指令（EU）2018/851》[*Waste Framework Directive*（EU）2018/851]，提出废旧纺织品应作为生活垃圾采取单独（分类）回收，各国2025年1月1日前建立废旧纺织品单独（分类）回收体系；2024年12月31日前，成员国应制定废旧纺织品再使用和再生利用率目标。对未售出的服装应首选再使用；废旧纺织品回收后，先分拣出再使用和再利用，剩下的进行垃圾处理。为确保再使用（二手服装）不被污染，鼓励大众将捐赠的衣服放在袋子里，以保持干燥和清洁。

我国旧衣物的回收有线下和线上两种方式。线下旧衣物回收以投放回收箱为主。小区中常见的旧衣回收箱便是箱体回收的主要工具，但普通箱体回收无法追踪纺织品来源，无法实时掌握回收现状；逐渐发展起来的智能回收箱则可以实现高效科学收集。随着互联网的高速发展，环保企业可建立互联网回收平台，通过线上线下结合回收的方式，扩大回收渠道，并全面掌握回收动态。如飞蚂蚁旧衣服回收，可提供快递上门收衣服务。

目前，消费者对消费行为和二手服装的思维方式有了巨大的改变。这种变化有可能使得二手货成为新的快时尚。导致消费者购买二手产品的动机主要有三个方面：经济动机、享乐和娱乐动机，批判动机。这些动机首先是指二手产品的特性，其次是销售它们的渠道。由于三个动机维度广泛地交织在一起，它们都在消费者行为的调查中发挥着重要的作用。经济驱动的动机一方面是对公平价格的预期，这并不一定意味着价格便宜，但价格是合理的；另一方面，节俭的生活方式特征对购买二手商品有积极的影响。这种特殊的消费行为对形成二手消费的其他动机有积极的影响。节俭意味着消费者能做出明智的选择，谨慎地消费，从而形成可持续的行为。享乐和娱乐动机，包括怀旧性的愉悦、独特性的需要、寻宝和社交。所有这些动机对促使消费者购买二手产品都很重要。批判动机维度，必须与快时尚动机相比较，这是关键的方面。由于批评的动机是对扔掉废旧纺织品行为的回应，可以说，这一维度强化了二手产品可能成为新的快时尚的想法。

二手市场为二手消费者提供了不同类型的零售渠道和消费形式。消费者在正规的二手市场上实际上可以找到的是古董店、寄售店、旧货店和网上二手店。除了购买二手产品，消费者还可以与其他消费者交换二手产品。新兴的是零售品牌的品牌二手商店有菲莉帕（Filippa）和帕塔哥尼亚（Patagonia）等。这种零售理念使得零售品牌能够在某种程度上控制其产品的二手市场。这个概念的另一个积极影响是与消费者的互动，零售品牌因此可以增加顾客的忠诚度，开拓新的市场。品牌二手店的基本要求一方面是产品质量好，使用寿命长；另一方面，零售品牌需要有一个了解市场的合作伙伴。

欧盟国家的二手服装市场很大。欧盟回收的废旧纺织品的65%是在欧洲内进行分拣和处理，约为182万吨，其余35%出口欧盟以外的国家，约98万吨。在分拣后182万吨废旧纺织品中，有50%~60%处于可再使用或再次穿着状态，约为100万吨；有10%~15%作为工业抹布、清洁布被低值化利用，约为23万吨；有10%的废旧纺织品被焚烧或填埋，约为18万吨；剩下15%~30%废旧纺织品被循环利用，约为41万吨，废旧纺织品被粉碎成纤维，用于低值化产品，如汽车内饰、绝缘材料、清洁布等。

欧盟旧衣物出口规模很大。2020年1月31日英国正式脱欧，此前，欧盟成员按28国统计，每年欧盟成员旧衣物出口额超过14亿美元。根据联合国商品贸易数据显示，2019年欧盟28国旧衣物出口额为14.68亿美元，其中，英国、德国、波兰、荷兰和比利时旧衣物出口规模居前五位。

时尚产品的二手市场越来越受到消费者和供应商的重视。由于可持续性问题日益重要，以及对快时尚和过度消费的厌恶，人们对二手产品的兴趣不断增加。对资源和浪费的思维方式的改变已经对消费者的消费行为产生了影响，二手零售渠道变得越来越重要。人们对二手产品的兴趣不断增加，这对高端零售品牌来说是一个新的机遇。

根据联合国商品贸易统计，全球二手衣服贸易总额的估价从 2001 年的 12.6 亿美元到 2010 年的 29.7 亿美元，翻了一番多。出售可重复使用的服装所产生的财务回报，可有效地补贴回收物的收集和分类。一般而言，适合再使用的衣物，其经济价值较可循环再造的衣物（即品质较差的衣物，破旧、污迹或破损的衣物）高。

经过分类的服装通常会被重新包装并按不同的分类再出口，直到到达目的地市场。从全球来看，美国、德国、英国、韩国和加拿大占了所有消费后服装出口的一半以上。对收藏家来说，一种潜在的颠覆性发展趋势是，消费者通过互联网销售高价值服装，而不是通过上门收购或服装捐赠。尽管网上销售延长了一件衣服的寿命，但收集和分类衣服的成本，会导致工业收集基础设施面临经济上不稳定的风险。回收废旧衣物的价格可能比收集和分类的成本低得多，但这比支付处理费用要好。

大部分可重复使用的衣服被经济欠发达国家消费，最常见的是非洲。但非洲不是唯一的目的地，由于气候温暖，羊毛针织品和夹克等通常不适合在非洲重复使用。

7.3.3　纺织品的再循环
7.3.3.1　废旧纺织品的类型
据调查，棉和棉混纺服装在男女服装中占主导地位（分别为 68% 和 67%），而羊毛和富含羊毛的服装在男性服装中所占比例相对较高，约为 13%，女性约为 8%；服装中羊毛含量最高的是中国（男性 19%，女性 13%），其次是意大利服装（男性 17%，女性 13%）；所有衣柜里衣服的平均使用年限为 2.4 年，棉质服装的平均使用年限为 1.9 年，而羊毛服装为 2.8 年。

我国 GB/T 38923—2020《废旧纺织品分类与代码》中将废旧分为废纺织品和旧纺织品两个种类，再依据材质划分为不同小类，包括棉类、毛类、涤纶类、锦纶类、腈纶类、其他类和混料类废旧纺织品。

废旧纺织品的来源分为两类：一是由纤维加工厂、纺织厂、服装厂产生的废丝、废布等废旧边角料，即废纺织品，废纺织品污染少、处理工序少、成本低；二是人们日常生活中使用后淘汰的旧衣服、毛巾、床上用品等民用纺织品，即旧纺织品，旧纺织品数量多、来源广、处理难度大。

7.3.3.2　纺织品的再循环方法
织品的再循环可根据要再加工的原材料进行分类，从而使用不同的生产线和特定的过程来获得最终产品。

目前针对废旧纺织品的回收再利用途径主要有 3 类：物理法、化学法和物理化学法。

（1）物理法。物理法即机械法，即将废旧纺织品不分材质，经过破碎直接加工成可以纺出纱线的再生纤维，然后织出具有穿着性或一定使用功能的面料，或用短纤维制成非织造布和毛毡类纺织品。此法在回收的棉纺织品或成分比较多元的废旧纺织品中应用较多，是相对容易但偏于低值化的一种循环再利用方法。

（2）化学法。化学法是用化学试剂将纺织品中的高分子化合物解聚，将其转化成单体或低聚物，然后利用这些单体制造新的高聚物切片再纺丝。以涤纶制品为例，这种方法可以较为彻底地除去废旧涤纶纺织品中的杂质，如染化料、劣化分子链段结构等。化学法在废旧涤纶类纺织品（含 PET 量超过 90%）的循环再利用上已实现工业化生产，设计产能可处理废旧纺织品 2.5 万吨/年。

（3）物理化学法。物理化学法是针对物理法本身局限性的改进升级。物理化学法所用原料主要以涤纶纺丝、面料生产中的废料，服装厂的边角料为主，以及少量纯涤纶类的旧纺织品。通过将回收的聚酯废料熔融后，进行液相或固相增黏，辅以化学法提高分子量，降低杂质含量。在生产成本增加不大的情况下，可有效提升再生制品的品质并实现涤纶短纤维的差别化再生。

7.4　案例研究

7.4.1　羊毛的回收

物理法回收是纺织品再循环中最常使用的方法，因为它可以处理各种成分的纺织废料。原始纤维和再生纤维都可以进一步用于纺纱或非织造工艺。然而，以物品或织物形式固结的纺织品废料，应事先按成分和颜色进行分离（或不分离，取决于获得的最终产品），然后在特定的机器中粉碎。

19 世纪中期，随着羊毛废料的回收，纺织品回收活动在意大利普拉托市兴起。这种活动是将从工业过程、服装制造商或消费后物品的处理产生的废物和剩余物，通过再处理的方法，改变其物理和/或化学特性。

7.4.1.1　从技术上分

（1）过程内回收。在产生废物的过程中（如在家居用品工业中）可将废物作为原料再使用。

（2）过程外回收。它允许废物作为原材料在产生废物的不同过程中再使用（如在汽车工业中使用纺织纤维进行复合材料生产）。

通过对纺织废料的机械加工，可以在二次循环处理中获得回收的纤维。传统上，这些废料通过切割或分离的方式进行预处理，然后被运送到适当的地方回收利用，将固结的材料转化为单独的纤维。与原始纤维相比，机械再生纤维的长度较低。

许多不适合重复使用的旧衣服是可回收再循环的。回收的羊毛纤维是一种重要的、具有成本效益的原材料，为单独使用或混合使用原始纤维提供了一种选择。下面以羊毛废料的回收为例，介绍其物理回收过程。

羊毛纺织废料可以分为两大类：后工业（消费前）废物和后消费废物。羊毛加工管线本质上是由一系列闭环回收步骤组成的，这些步骤在生产过程中连续地将废羊毛纤维从一个处理步骤输送到另一个步骤。

后工业废物包括生产过程中产生的纤维、纱线和织物废物，以及服装生产过程中产生的废物；而后消费废物是由用户由于损坏、磨损或过时而丢弃的衣服组成。出于经济效益的考虑，后工业时代的羊毛加工废料通常被回收到生产流程中。

消费后的羊毛服装长期以来都兼容开环和闭环的物理回收过程，并作为一种商业原料开发了至少 200 年。这种做法可以追溯到英国的本杰明·劳，他的工作促进了大约从 1813 年起废旧羊毛制品工业（wool shoddy industry）的发展，这是纺织业消费后产品回收的例子之一。羊毛纤维与开环和闭环回收系统的相容性部分取决于在机械拉拔过程后尽量减少纤维断裂和最大限度地增加残余纤维长度。纱线捻度和织物结构影响物理回收过程中断裂的纤维量。

在回收废旧羊毛制品（wool shoddy）被引入后不久，再制呢绒蒙戈（Mungo）就被开发出来，作为一种将回收的毛发纳入羊毛加工管线的方法。历史上，只有粗纺和精纺毛织物被用来制造废旧羊毛制品和蒙戈产品。

7.4.1.2 从循环方式上分

（1）羊毛的开环回收。羊毛的开环回收涉及机械地将衣服拉回纤维状态，并使用这种材料作为原料来制造新产品。通常使用这些材料生产非织造布，通过扯松、梳理或气流成网的方法生产纤维网，然后再进行机械加固、热黏合或化学黏合。这些回收的纤维在供应给床垫/家具和汽车产品制造商的绝缘垫的生产中很常见，如图 7-5 所示。

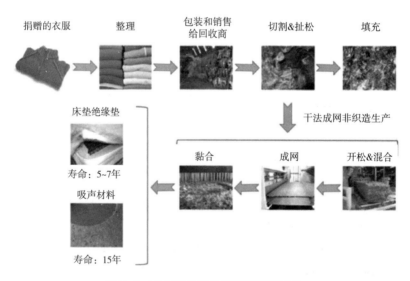

图 7-5　工业产品用羊毛开环机械回收

机织面料，如精纺毛织物（夹克/西装，外套）经过机械拉扯后产生的纤维更短，这意味着它更难用作纺纱的原料。这种可回收材料，与其他可回收纤维类型混合，仍可用于生产非织造织物，以制造床垫绝缘层衬垫等产品，其中羊毛含量有助于满足阻燃要求。含有一定比例回收羊毛的后消费纤维的工业产品有：

①非织造床垫绝缘层衬垫（直接放置在床垫的弹簧上方，以保护铺设在上面的绝缘层）。

②汽车工业用非织造隔音材料（如用于隔音的车身外壳衬垫，用于包括地板、地毯在内

的表面材料的衬垫、靴子/行李箱衬垫)。

③非织造建筑绝热材料。

④吸油垫、钢琴毡、毛毯(包括紧急救济用品)、地毯和服装配件。

开环回收意味着羊毛纤维被成功地转移到第二个生命,而不是垃圾填埋场。这在整体环境可持续性方面意义重大,因为第二次操作寿命可能比第一次操作寿命长得多。例如,覆盖在床垫弹簧单元上的床垫绝缘子垫的使用寿命可达 7 年。此外,与纺纱工艺相比,生产此类产品的非织造工艺对纤维长度较短不敏感,因此有可能多次回收利用。

(2) 羊毛的闭环回收。图 7-6 总结了羊毛闭环回收过程中的基本步骤。含有再生羊毛的纱线通过传统工艺被转化成其他相对高价值的服装产品。除了提高资源利用率,将回收羊毛作为混纺成分是降低纱线生产原料成本的方法。

理想情况下,在毛纱生产过程中,回收的羊毛废料应与用于处理原生纤维的梳理、纺纱和织造生产操作相兼容。从消费后服装中获取的羊毛,特别是针织品,由于其与毛纱生产的相容性而成为一种特别有用的原料。在欧洲,一包杂色羊毛衫通常比一包混有合成纤维的羊毛衫更有价值。对于羊毛针织品,将衣物分类成统一的颜色有助于甚至有时候可以消除后续染色过程的需要。分选出细直径羊毛批次也能获得优质价格。

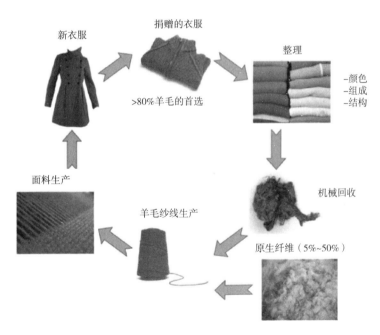

图 7-6　羊毛闭环回收过程中的基本步骤

7.4.2　企业服装的回收

企业服装有自身特点。比如从纤维成分来看,企业服装的纤维成分中有很大一部分是聚酯纤维,但在制服和针织品中羊毛也被广泛使用。在针织品中,毛腈混纺很受欢迎,大部分是灰色、黑色或海军蓝。企业服装中男士和女士的套装夹克和裤子常用羊毛，有时羊毛与聚酯纤维和弹性材料（如莱卡）混纺。类似地，富含羊毛的纱线或聚酯羊毛混纺纱在女士裙子和连衣裙中也很常见。含羊毛的花呢织物经常经过防污化学处理。

企业服装通常带有与品牌相关的视觉标识。企业服装和工作服经常带有刺绣图案、标签、印刷徽记、标志、转印或印花，理想情况下，需要移除或销毁这些图案，以便于回收。在英国等地区，企业服装还会附上税单，这样就可以避免因从雇主那里获得实物福利而被征税。

由于视觉外观、美观、企业服装上的税单或标志的存在，以及未来可能被未知用户重复使用的安全风险，大部分企业服装（90%）在使用结束时被填埋或焚烧。一些企业将允许回收，前提是首先将衣服进行机械粉碎，去除所有识别特征。有可能提高羊毛在企业服装中的回收率，从而最大限度地减少垃圾填埋和焚烧的措施包括：

（1）为产品生命终止和使用阶段设计的制服，例如均质纤维成分、内置去标签技术、在撕碎后纤维长度较长的服装。

（2）与回收商合作，确保更大数量的服装废料，以实现具有成本效益的批量处理，并使回收商的经济可行性最大化。

（3）树立允许对服装产品进行闭环回收的典范，例如将回收纤维纺制混纺纱用以制作新制服。

（4）开发方便的系统，最大限度地高成本效益（提高回收率）地从员工那里回收企业服装。

7.4.3 回收纤维用于再生棉纱和牛仔服装

从废旧纺织品中回收的纤维，以一定比例与原生棉纤维混合制备混纺纱，可制得回收棉纱和牛仔服装。

关于纱线特性，众所周知，伸长率、强力和不匀度是反映其质量的最重要参数。Halimi等对再生棉纱和原棉纱进行了比较研究。该研究表明，当使用100%的废纤维为原料时，再生纱的强力降低了26.3%。当使用25%的废纤维与75%的原纤维混合时，再生纱的强力仅降低11.6%，伸长率下降1.6%。另外，当废料的比例不超过25%时，纱线的均匀性不受影响；当废棉含量在25%以上时，对成纱不匀的影响较大。由此说明，在纱线中加入15%~25%的废棉，对纱线的强伸度、均匀度、质量、可靠性、舒适性、染色性等基本性能都没有显著影响，可以在原生棉中混入一部分回收棉进行纺纱。

杜阿尔特（Duarte）评估了将棉纤维与再生聚酯纤维混纺制得的牛仔裤与传统棉/PET牛仔裤相比的特点，包括纺织生产对环境的影响，以及材料的耐久性。分别按照NBR 11912、ASTM D 2261-11和ISO 12945-1对牛仔裤的耐久性能进行了拉伸强度和伸长率、撕裂强度和抗起球性等物理试验；还对两种裤子样品进行了评估，每一种类型的牛仔裤每30天进行一次密集的磨损和洗涤。环境影响评价结果表明，使用再生纤维生产牛仔裤比生产传统牛仔裤消耗的水、能源和化学品投入更少。另外，力学性能试验和磨损试验表明，回收牛仔裤不如传统制造的牛仔裤耐用。研究者认为，使用再生纤维的牛仔裤适合于高技术和快时尚的场景，而传统牛仔裤适合于慢时尚和超文化的场景。

参考文献

[1] KOSZEWSKA M. Understanding consumer behavior in the sustainable clothing market：Model development and verification[M]//MUTHU S, GARDETTI M. Green Fashion. Singapore：Springer, 2016：43-94.

[2] STRÄHLE J, HAUK K. Impact on sustainability：Production versus consumption[M]//STRÄHLE J. Green Fashion Retail. Singapore：Springer, 2017：49-75.

[3] 杜欢政, 陆莎, 孙荇, 等. 生活源废旧纺织品高值化回收再利用体系的构建研究[J]. 纺织学报, 2021, 42(6)：1-7.

[4] WANG H Z, LIU H L, KIM S J, et al. Sustainable fashion index model and its implication[J]. Journal of Business Research, 2019, 99：430-437.

[5] SHIRVANIMOGHADDAM K, MOTAMED B, RAMAKRISHNA S, et al. Death by waste：Fashion and textile circular economy case[J]. Science of the Total Environment, 2020, 718：137317.

[6] 王静, 杜剑侠. 可持续发展理念下废旧纺织品回收再利用方法比较分析[J]. 纺织科技进展, 2021(7)：11-14, 39.

[7] NØRUP N, PIHL K, DAMGAARD A, et al. Development and testing of a sorting and quality assessment method for textile waste[J]. Waste Management, 2018, 79：8-21.

[8] 郭燕. 青岛旧衣物回收利用企业"从竞争走向合作"战略联盟协同效应分析：山东省废旧纺织品综合利用战略联盟经验分享[J]. 再生资源与循环经济, 2019, 12(1)：23-26.

[9] 郝淑丽. 我国旧衣回收企业废旧衣物回收再利用体系研究[J]. 毛纺科技, 2017, 45(2)：73-76.

[10] 李德利, 刘世扬, 贺燕丽. 我国废旧纺织品资源循环再利用简况[J]. 高科技纤维与应用, 2021, 46(2)：11-14.

第8章 纺织服装的生态标签与生物可降解认证

生态学是研究生物与环境相互作用的科学，在保护生物学、湿地管理、自然资源管理、城市规划（城市生态学）、社区卫生、经济学、基础和应用科学以及人类社会互动（人类生态学）等领域有许多实际应用。有机体和资源构成生态系统，生态系统又维持着生物物理反馈机制，调节地球上生物和非生物成分的平衡。纺织工业中使用各种非可持续材料，因此开发大量的生态标签是为了确保不使用这些物质，并确定纺织工艺和产品的可持续性。生态标签的主要目的是鼓励消费者购买无害环境的产品，进而鼓励生产者以无害环境的方式生产。标签允许消费者在产品之间进行比较，还能通过购买有利于环境和健康的产品，尽量减少使用和处置过程中的不良后果，减少日常活动对环境的影响。全球范围内，生态标签已成为纺织品和服装零售市场的差异化因素，对可持续和可靠的纺织工业发展具有重要意义。生物基产品以其为原料生产环境友好的化工产品和绿色能源是人类实现可持续发展的必由之路，生物基产品及绿色能源问题已成为世界科技领域的前沿。合成高分子材料已在纺织领域中得到广泛应用。但是，使用后的废弃纺织品长期堆放将占用大量土壤资源，造成污染问题，一些发达国家已制定了限制或禁止某些场合使用非降解塑料，要求使用可降解塑料的规定，本章将对相关标签和认证进行具体阐述。

8.1 纺织与生态

自史前时代起，人类便开始制作纺织品。18 世纪末，纺织业迎来了重大发展，纺织机械和纺织化学领域的一系列发明以及新机器的制造开发，标志着工业革命的开始。到了 19 世纪末和 20 世纪初，工业制造业全面发展。当时的纺织业规模相对较小，使用其产品的人数也较少，因此对环境的污染并不严重。而且，所使用的化学物质大多是天然的，如肥皂、淀粉、植物油，这些都很容易被生物降解。废水和空气中的化学物质大多被自然过程降解与中和。然而，随着人口增加和人均纺织品消费量的增加，生产和护理的增加对环境造成了严重危害。

20 世纪，人们合成了许多新的染料和助剂，并逐渐在环境中积累起来。随着环境意识的增强和知识的提高，人们开始意识到许多以前被认为是安全和无害的化学物质实际上是致癌、潜在致癌或有毒的。因此，法律法规开始禁止这些产品的使用或限制它们的使用。

根据这些规定，纺织品的设计师和制造商应特别注意满足当代生态需求。所谓"绿色"产品，应在整个生产周期、使用和护理期间以及使用寿命终止后都对环境友好。产品设计不能只考虑经济的要求，还要考虑生态的要求。在构建一个产品时，设计师应该分析生产过程，并关注产品的最终用途和日常用途。

在纺织品的使用和护理过程中，排放挥发性有机化合物或其他有害物质（比如重金属）

对环境造成的影响极大。事实上，纺织品的养护对环境的影响比生产本身更为深远和严重。

纺织业被认为是最危险的环境问题行业之一。纺织工业生态问题的主要来源是染整过程，包括从最初的精练和漂白，到丝光和染色，以及最后的整理过程。因此，监测和控制废水污染和排放空气污染，以减少上述过程的有害影响至关重要。此外，传统工艺生产的纺织品有时含有染料和残留化学物质，这些物质会蒸发或穿透皮肤，其中一些会致癌或会引起过敏反应。因此，纺织业需要采取更加环保和健康的生产方式，以减少对环境和人体健康的影响。

为了避免这些有害影响，同时也因为知识更新和生态意识提高，越来越多的限制和禁令已经实施或出台，主要涉及特定化品和染料的使用。旨在保护环境和工人健康的措施也变得越来越严格。

8.1.1　生态标签和可持续性的含义

生态标签正在成为全球零售市场上购买纺织品和服装时的一个重要考虑因素。最初，这种概念是为了满足消费者的需求，但如今它已成为向更多环保主义者推销产品的主要工具。越来越多的消费者关注纺织品上的有害残留物以及纺织品生产对生态环境的影响，因此生态标签已经成为影响他们购买决定的重要因素。

尽管生态标签具有许多有益属性，但当这些标签被用作贸易壁垒时，也存在负面的后果。通常，产品标签上的"漂绿"标志可能源自公司对其产品环保性的未经证实的声明。因此，需要关注生态标签的各种公认类型和特征，以及生态标签监管和标准化方面的一些新主题。

可持续发展是为了既满足当代人的需求，又不损害后代满足他们自身需求的能力。而纺织业生态标签的可持续性的本质则是将商品和服务的生命周期评估纳入对其"价值"的设想评估中。因此，这就需要在纺织产品生产的背景下定义"生态"的含义。

8.1.2　纺织品中的生态概念

纺织品中"生态"的一般定义是复杂而多样的，而且"生态"一词通常会被用在一个宽泛的意义中，这就造成了这个术语用法上的混乱。许多涉及"生态"或"天然"的纺织品均指未漂白、未染色或使用天然染料染色的纺织品。然而，调查显示，消费者不希望纺织品和服装中存在不良的或潜在的有害物质。例如，限制在纺织产品中使用有害的染料和铅。

除了产品生态外，消费者也需要更深入地了解纺织品的生命周期，以及纺织品生产与自然环境和社会的关系。如果将"纺织生态学"这一术语分为生产生态学、人类生态学和处理生态学三部分来解释，将更容易理解。

8.1.2.1　生产生态学

在这里，生产是指纤维、织物和服装的生产和制造过程。可持续发展的纺织品应该对环境友好，并且应该通过污染预防或控制技术，达到满足社会和环境质量所需的合理条件。第三方认证机构和政府已经发布了限制性物质清单，将生产生态与人类生态联系起来。这些清单促使更安全的化学物质被投入使用，并为验证纺织产品的清洁生产提供了"标准"。

8.1.2.2　人类生态学

人类生态学或使用生态学关注的是纺织品对使用者及其周围环境的影响。根据我们目前现有的方法，必须对在正常使用过程中可能对人类造成危险影响的物质浓度进行了解、管理和监督控制。消费者关注纺织这个方面的人类生态学。各国政府、零售组织、生产商和限制在生产中使用某些化学品的非政府组织，已经通过制定限制性物质清单，解决了这方面的各种风险。必须对人们所使用的纺织品中所包含的清单上的物质进行分析，并且限制性物质清单（RSL）必须作为"活文件"定期审查和修订。

限制性物质清单的产品分析应由公认的独立实验室进行操作，以检测和量化其存在和浓度以允许范围内。必须采用基于共识的测试方法来验证有害化学品的不存在或测定其浓度在允许范围内。全球纺织品生产的多样性和复杂性要求由获得认可的国际实验室对受限制物质的存在性或浓度进行分析验证。国际生态纺织品标准 100 的认证在每个生产阶段的模块化概念中具有优势（图 8-1），中间的纺织品部件可以获得生态标签认证。RSL 的发展和相应的国际第三方实验室网络的发展，验证了 RSL 的合理性，并且使 RSL 在这个过程中成为保障产品生态性的一个重要工具。

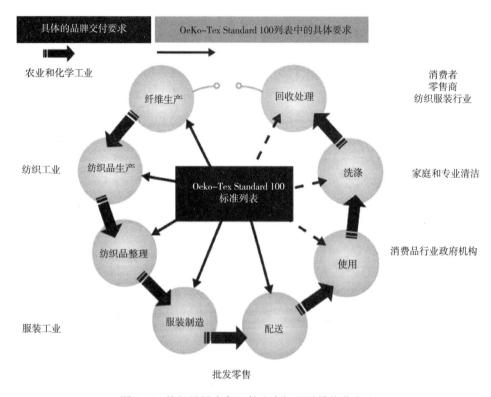

图 8-1　纺织品链内各组件生态标签的模块化方法

8.1.2.3　处理生态学

这一概念是基于纺织品"首次使用"后的处理情况。处理生态学致力于纺织产品的回收、再利用、能源处理，在分解纺织产品时不释放有害物质和进行不影响空气纯度的热消除。纺织生态学，以及由此推演纺织品的"生态标签"，涉及生产、人和处理生态学。纺织业是真正全球化的行业，其产品在世界各地都有制造和销售。因此，如何遵守各个国家的独特要求是一个难题。一些贸易法规已经制定了包含原产国和纤维含量等信息的统一化标签要求。而现在生态标签正在试图告知消费者关于他们所购买的产品的更多"纺织生态学"信息。

随着现代生产技术、分析实验室和信息的快速传输，生态认证和制定标签变得更加透明、准确和低成本。过去，纺织品标签仅仅说明成分、洗涤方式和原产地，但现在人们需要更多关于人类生态、生产生态和生命周期信息的内容。国际主要零售商需要更多的信息来满足消费者的需求，未来的生态标签将提供包括产品的社会和环境等方面的大量信息。

8.1.3　可持续性、新消费者和生态标签

可持续性概念已经迅速融入产品和服务的增值主张中，从而创造出了一个新的消费者市场：一种健康可持续的生活方式（LOHAS）。LOHAS 消费者的增加使零售商家能够扩大"有机"和"天然"产品的范围和价值。LOHAS 现在代表了一个全球性的、快速增长的消费者群体，随着全球中产阶级的扩大和可持续发展重要性的增加，这一群体的数量和重要性也在增加。LOHAS 能成为一个重要的消费者群体，主要是因为人们逐渐认识到，企业有意将其发展战略与社会和环境责任（生命周期）联系起来，从而在其产品和服务中创造长期价值。

金融学家们一直在探索经济成功与社会和环境责任之间的关系。通过将经济、社会和环境绩效（TBL）联系起来，实现了看似积极的协同作用。领先的企业正在将这种协同作用转化为市场营销活动，以此来告知利益相关者要坚持"绿色"创新和遵守规定。

尽管存在一些挑战，但生态标签和产品证书仍被用来将产品生态、生产生态和企业社会责任与商品消费或服务直接联系起来，这也最终导致消费者行为和决策的变化。生态标签可具有以下目标和效果：通过帮助消费者区分对环境有害的产品和对环境更有益的产品来促使消费者做出对环境有益的选择；生态标签可以促进产品进行"基于市场的"积极调控，而不是依赖于低效的监管和滞后的政策；生态标签可以呼吁更多的环保力量来帮助改善市场。随着消费者对企业提高环保意识和社会责任的呼声越来越高，生态标签会进行不断的完善。生态标签既发挥着教育作用，又是生态认证的标志。如果产品上贴有生态标签，可以给生产商带来竞争优势。生态标签可以促使生产商改进产品；生态标签为填补监管程序的空白提供了一个窗口，提高了国际市场的透明度；生态标签可以作为创新和企业家精神的指标，因为"绿色"创新可以产生更高的未来价值。

8.2　纺织生态标签

8.2.1　纺织品标准和生态标签的定义

纺织行业一直处于各种价值创造方面的领先地位，如今已经开始采用"生态标签"工

具，并宣布采用各种可持续实践来生产生态差异化的纺织产品。全球生态标签网络（GEN）表示："生态标签是一种能够在以产品生命周期为基础的类别中识别产品整体环境偏好的标签。"这些标签由公正的第三方授予，符合公认的环境领导标准。在这种情况下，标准的制定和产品标签的使用可能创造市场支配力，并通过减少相近替代品的数量来提高技术或产品的市场价值。

就纺织品的生态标签而言，生态标签作为一种实践的历史还不到20年的标签，其可信度仍然受到政策制定的驱动，无论这一政策制定是由第三方标准机构、政府还是市场来完成的。可信的生态标签框架的作用是通过生态标签在消费者中产生有意的改变，并避免对消费者和市场造成无意或欺骗性的后果。这就使得标准制定过程变得重要，同时也引出了这样一个问题：生态标签在为消费者或生产者定义价值时扮演着怎样的角色？当在一个产品类别内区分不同产品的技术的价值不高时——因为创新是渐进的或因为有许多经济上可比较的发明——正式的标准制定（生态标签）有可能通过告诉消费者产品的差异来提高价值。另一种可能的解释是，当专利和商标不能用来区分和保护一种产品或工艺时，标准可以用来创造差异化。这就是"生态纺织品"标签的新作用：定义生态纺织品的新产品类别。

生态纺织品是一个新的产品类别或技术领域，代表了在现有替代品种技术进步最小的产品。当然，并不是所有生态纺织品都是这样，还有一些广泛的、激进的生态纺织品创新。生态纺织品可能更清洁、更环保，并可能将生命周期分析纳入其价值主张，但并不总是对"非生态"纺织品的彻底改造或技术进步。然而，它们可能更清洁、更环保，或者是在环境更理想的条件下生产的。如果这些差异能够得到验证并进行清晰、公平的传播，这对消费者来说将是一个重要的区别。

专利和商标在纺织产品和技术中起着重要的保护作用，用以保护技术或设计的进步。而"生态标签"则可以向消费者传达纺织品在生态方面的改进，尽管这种改进可能并不十分明显。消费者对于同一类别的纺织产品都有着较高的要求，尤其是在服装方面。比如，无论内衣是否带有生态标签，消费者都对其合身度和质量有着一定的要求。如果一个人曾经穿过不合身的内衣，对这些标准的需求就会变得更加明显。

生态标签将符合兼容性标准的服装纳入人类生态信息，从而产生产品差异化。例如，一件毛衣有环保标签，而另一件在成分、风格和合身程度上都与其相似的毛衣却没有环保标签。因此，唯一真正的区别是一种产品被认证和标记为比另一种更安全或更环保的产品。然后，消费者决定这些信息对他/她是否有价值。这就立刻产生了一个明显的问题：这些生态标签的有效性是什么？它们是如何被验证的？

一般来说，为了区分生态纺织品和传统纺织品，最好采用法律标准，即让第三方证明和验证产品是否贴有标签。由于缺乏第三方验证，未经验证的市场化自我标签（纺织品生态标签的事实方法）会造成欺诈。由于市场上对"绿色"有各种各样的定义，因此很容易宣称自己具有这些属性，尤其是当产品是在世界的另一端生产给它的最终消费者时。

自愿生态标签的引入，传达了生态纺织品和非生态纺织品之间的差异。如果没有这样的标签来提醒消费者，相似产品之间的差异在零售上将不会很明显。以前大量的、便宜的、现成的替代品（传统纺织品）可能会因为环保标签而被取消资格。准确的生态标签使消费者能够在生态产品和在较少关注环境下生产的类似产品之间做出明智的选择。如果生态标签上宣扬的价值区分了产品，并促使消费者做出购买决定，那么消费者将会为标签上的宣传价值买单。

当第三方机构为自愿性生态标签纺织品制定标准时，这就形成了一个法律上的标签概念，为纺织产品带来了新的价值主张。法律程序通过认证进行核实，并通过标签进行传播。纺织品牌和制造公司愿意支付费用来获得使用生态标签的权利，以保持其兼容性并遵循符合共识的标准。

生态标签标准的制定和验证过程是一个建立共识的过程，旨在提高生态纺织品的认知价值。如果没有可验证的第三方标准的监督，也就是没有有价值的第三方认证和标签标准，那么贴有"环保"标签的纺织品将因为任何性能违规而失去市场价值。因此，标准的质量和可信度，即通过独立的、基于共识的标准进行验证和认证的过程是非常重要的。这促使国际标准化组织（ISO）等标准组织参与制定生态标签标准和标签，以确保与现有质量体系标准的一致性和可信度。ISO 生态标签的目标是提供关于产品和服务环境方面的可核实和准确的信息，以此促进消费者增加对这类商品的需求，并激发能持续对环境进行改善的由市场驱动的潜力。ISO 已经定义了三种类型的环境绩效标签：类型Ⅰ，Ⅱ 和Ⅲ。第 Ⅰ 类是自愿的，基于多种标准的第三方项目，授予许可证，授权在产品上使用环境标签，表明基于生命周期的考虑在某一类别中的环境优先性（法律上）。第 Ⅰ 类项目也可以被归类为"多标准从业者项目"。第 Ⅱ 类标签是环境声明的信息性自我声明（事实上），这些是基于通用术语、定义和符号的自我声明。第Ⅲ类标签是自愿的，在预先设定的类别下提供可量化的环境数据，这些数据由合格的第三方制作，并由该第三方或另一个合格的第三方（法律上的）验证。这类计划提供量化的产品信息报告卡，以此说明在社会责任、生态性能、有毒物质残留等多个领域的表现。

ISO 标签标准是建立在一系列原则基础上的，其中包括以下几方面：

（1）标签必须准确，能够被验证，与相关信息相关，并且不能具有欺骗性。

（2）标签必须提供与属性相关的信息，并且信息来源必须对购买者透明。

（3）标签必须基于可重复的科学方法，并且基于商定的实践标准；标签应确保所有利益相关者和相关各方的信息和方法的透明度。

（4）标签应包括产品或服务的整个生命周期；生态标签的管理不应过于繁重；标签不应导致不公平的贸易限制。

（5）标签不应阻碍提高生态性能的创新；标签标准应以协商一致的方式制定。

在许多方面，所有自愿的生态标签都是"行动科学"的实例，信息和想法明显偏向于引发可持续化。生态标签让消费者区分了产品和目标市场，为生产者或销售者提供了可持续的内涵，并在整个供应链当中产品建立了更高或不同的认知。然而，生态标签可以被用作基于市场的贸易壁垒。一些研究表明，虽然全球性的、透明的生态签系统有利于市场，但区域性生态标签会限制市场准入并减少全球竞争。

作为可持续变革行动方法的一部分，法律上的生态标签可以提供大的可信度，并为生态纺织品的概念建立价值。缺乏可信的第三方验证和基于科学的验证会降低生态标签的感知质量。因此，ISO重视以下验证可信度的方法：符合性声明——生产商自我声明具备符合性；通过提供对证明文件的审查来证明符合性；符合生产声明的证据（审核）；通过产品测试证明符合性。当符合这些标准，并且用于检查产品标签的审核和验证过程对所有利益相关者都是透明的时，生态标签就有可能以一种非常有价值的方式告知和区分产品。

8.2.2　生态标签的检查和剖析
8.2.2.1　绿色纤维认证

绿色纤维认证是由中国化学纤维工业协会组织开展的。该认证依据《绿色纤维评价技术要求》（T/CCFA 02007—2019）作为标准，对绿色纤维及其制品进行认证。通过认证的公司可以在企业宣传、产品推广和销售等场景中使用中国化学纤维协会注册的绿色纤维认证标志（图8-2）。

图8-2　绿色纤维标志

绿色纤维是指原料来源于生物质和可循环再生原料，生产过程低碳环保，制成品弃后对环境无污染的化学纤维。第一阶段认证产品包括溶剂法纤维素纤维、海洋生物基纤维、生物基合成纤维等生物基化学纤维；循环再利用聚酯（PET）纤维；原液着色法纺制的有色纤维。国产莱赛尔面料就包含在溶剂法纤维素纤维制品里。

绿色纤维认证要求纤维在原材料采购、纤维生产过程、产品安全和环境保护等方面符合《绿色纤维评价技术要求》（T/CCFA 02007—2019）及相关国家标准、行业标准、中国化学纤维工业协会标准的规定。绿色纤维制品如纱线、国产莱赛尔面料、服装、家纺产品、产业用纺织品等，其中绿色纤维含量必须达到绿色纤维制品认证规则要求。当制品中只使用一种绿色纤维时，循环再利用化学纤维含量要求不少于40%，生物化学纤维和原液着色化学纤维含量要求不少于50%；同时使用两种及以上绿色纤维时，其含量要求不少于50%。

绿色纤维认证的目标是推动产品的绿色设计、绿色材料和绿色制造，引领整个纺织产业链向绿色化方向发展。这不仅有助于环境保护和公共健康，还能实现企业发展和承担社会责任的双重目标。作为纺织产业链的源头，纤维的绿色发展对推动整个纺织行业乃至整个社会的可持续发展和实现双碳目标具有重要意义。

8.2.2.2　GRS认证

全球再生标准（GRS）是一个自愿性的、国际化的完整产品标准，主要内容涉及供应链厂商对产品回收、监管链的管控、再生成分、社会责任和环境规范，以及化学品的限制的执行。该标准由纺织品交易所（Textile Exchange）发起，并由第三方认证机构进行认证（图8-3）。GRS认证的目的是确保相关产品的声明正确，同时也确保产品在良好的工作环境下生产，最大限度地减少对环境的冲击和化学品的影响。GRS认证旨在验证产品（包括成品和半成品）所含的回收/再生成分，并验证相关作业中的社会责任、环境规范和化学使用。

图 8-3 纺织服装全球回收标准标志

申请 GRS 认证必须符合可追溯、环境保护、社会责任、再生标志及一般原则五大要求。除了原料规格之外，这一标准还包括环境加工标准。它包括严格的废水处理要求和化学制品使用，根据全球有机纺织标准（GOTS）以及 Oeko-Tex Stondard 100。社会责任因素也被列入 GRS，旨在保证工人的健康和安全，支持工人劳工权利，遵守国际劳动组织（ILO）制定的标准。

8.2.2.3 OCS 认证

有机物含量标准（OCS）适用于所有非食品产品，其含有 5%-100% 的有机原料。该标准可用于验证最终产品中的有机原料含量，并且可以追溯到原料来源，经过可信的第三方组织认证的整个过程。在对产品有机含量进行独立评估时，标准将遵循透明和一致的原则。此标准可作为商务工具，帮助企业确保其购买或支付的产品符合其要求。认证对象包括使用认可的有机原料生产的非食品产品。认证范围包括 OCS 产品生产管理。产品要求为含有 5% 以上符合认可的有机标准的原料。图 8-4 所示为 OCS 认证标志。

图 8-4 OCS 认证标志

8.2.2.4 GOTS 认证

全球有机纺织品认证标准（GOTS）的主要目的是确保纺织品符合有机标准的要求。这些要求涵盖了原材料的采集、生产过程中的环境和社会责任，以及产品标识，以便消费者能够获得产品信息（图 8-5）。该标准对有机纺织品的加工、制造、包装、标签，进出口及分销都作出了相关的规定。最终产品可能包括纤维产品、纱线、织物、衣服和家用纺织品，但并不限于此，本标准只关注强制性要求。认证对象为使用有机天然纤维生产的纺织品，认证范围包括 GOTs 产品生产管理、环境保护、社会责任三方面。产品要求包括含有 70% 的有机天然纤维，不允许混纺，最多含有 10% 的合成或再生纤维（运动用品可以最多含有 25% 的合成或再生纤维），不得使用转基因纤维。

图 8-5　GOTS 认证标志

8.2.2.5　RDS 认证

人道负责任羽绒标准（RDS）是由 VF 集团旗下的北面（The North Face）与纺织品交易所，以及第三方认证机构荷兰管制联盟认证（Control Union Certifications）共同合作开发的一项认证项目（图 8-6）。该项目于 2014 年 1 月正式启动，并于同年 6 月发出第一张认证书。在认证项目开发过程中，发证方与供应商 Allied Feather & Down 及 Downlite 共同分析并验证羽绒供应链中的每个环节是否符合标准。食品业的鹅、鸭等禽类的羽毛是品质最好、性能最佳的羽绒服装材料之一。人道负责任羽绒标准的目的是评估和追踪任何以羽绒为基础的产品原料来源，创造出从雏鹅到终端产品的产销监管链。

图 8-6　RDS 认证标志

8.2.2.6　Bluesign 认证

蓝标（Bluesign）是一个由学术界、工业界、环境保护及消费者组织代表共同制定的生态环保规范。该规范由蓝色标志科技公司于 2000 年 10 月 17 日在德国汉诺威公布。凭借该公司授权商标的纺织品牌及产品，消费者可以放心，因为这代表着其制程与产品都符合全球最新的生态环保、健康、安全标准（EHS），为消费者提供使用安全的保障（图 8-7）。

图 8-7　Bluesign 认证标志

8.2.2.7 Oeko-TEX 认证

Oeko-Tex Standard 100 是由国际生态纺织品协会（Oeko-Tex Association）于 1992 年制定的，旨在测试纺织和成衣制品对人体健康的影响（图 8-8）。该标准规定了纺织品和服装制品可能存在的已知有害物质的种类，测试项目包括 pH、甲醛、重金属、杀虫剂/除草剂、氯化苯酚、邻苯二甲酸盐、有机锡化物、偶氮染料、致癌/致敏染料、邻苯基苯酚（OPP）、全氟辛烷基磺酸（PFOS）、全氟辛酸（PFOA）、氯苯和氯甲苯、多环芳烃、色牢度、可挥发物、气味等。根据最终用途的不同，产品被分为四类：Ⅰ类适用于婴儿、Ⅱ类直接与皮肤接触、Ⅲ类不直接与皮肤接触和Ⅳ类装饰用。

图 8-8 Oeko-Tex Standard 100 认证标志

8.2.3 生态标签互联网化

REACH（化学品的注册、评估、授权和限制）是针对欧盟内化学和含有化学物质的消费品新注册和交流程序。其中一个重要面是，消费者必须在互联网上获取有关消费品中化物质的详细信息。这一要求对未来的消费品标，特别是生态标签计划，将产生深远影响。已经在消费者购买产品时使用了 Oeko-Tex Standard 100 和其他纺织品的生态标签证书编号，以扩大消费者获取信息的渠道。因此，设生态标签公约将扩展到包在互联网上发布的非标签信息，并不是一个很大的扩展。

8.2.4 生态标签品牌效应

随着某些生态标签标准被乐活（LOHAS）或其他"消费者群体"广泛认可，纺织产品的主要零售品牌和生态标签方案开发组织之间可能形成共生关系。这种关系可能超越认可，并成为特定产品线的重要价值认同组成部分。具有特定定义和质量内涵的"有机"标签是最好的例子。当"有机牛奶"标签适用于牛奶这种商品时，标有此标签的牛奶在市场上可以比没有有机标签的牛奶获得更高的价格。随着生命周期透明度成为公认的标准，产品差异化将越来越多地依赖此类信息。

生态标签，无论是实际上还是法律上的，似乎仍然是将"绿色"纺织品与市场上非"绿色"纺织品进行界定的主要手段。尽管"可持续发展"已经不再是市场上的区分标志，而"绿色"成为现状，这些标签仍然可以向消费者传递信息并对产品进行定义。或许在未来，产品被贴上"黑色"标签，以区分那些对可持续性没有贡献而需要寻求可持续发展的产品。

新兴的生态标签标准声称利用"专有工艺"和"黑匣子"技术来评估生产、人类和处理对生态的影响。然而，这种做法充满风险，因为标准必须是透明的才能实际可行。对于有价值的专有工艺，应当利用专利和商标制度来保护并公开这类创新。另一方面，如果采用"黑匣子"方法可能会导致滥用生态标签标准，制造贸易壁垒、虚假差异化和无法核实的"绿色洗涤"。同时，对于所谓的"新的和改进的"声明往往仅仅是一种营销手段，而非真正可验证的改进。

不透明的测试方法和可疑的认证过程可能会损害生态标签的信誉，从而减少"生态"产品的价值。生态标签的目标应当是促进零售商和消费者的可持续性和负责任的决策。因此，最佳的技术和实践必须被应用于生态认证和标签的制作，以实现持续改进。任何方面都不透明的生态标签都是可疑的，因此应该避免使用。在生态学领域，必须建立清晰的认证标准和追溯体系，才能确保生态标签的可信度和有效性。

生态标签对于纺织业的可持续发展和诚信发展至关重要。如果纺织品生态标签生产缺乏透明度和科学性，可能会导致政府要求和政策标准的狭隘和限制，从而限制纺织和服装业的创新。因此，行业和消费者应当仔细审查认证和标签，寻求符合良好科学原则、实践和完全透明的标志。缺乏这些因素的标签可能仅仅是"绿色洗涤"，而不是真正的生态标签。

纺织品生态及其相关的生态标签，可以解决生产、人类和处理的生态问题。生态标签旨在向消费者提供他们所购买产品的"纺织生态"信息，包括人类生态、生产生态和生命周期信息。这些信息目前已成为国际主要零售商的需求。未来的生态标签将提供产品的社会和环境方面的大量详细信息。

8.3 生物基产品和可生物降解产品认证

8.3.1 生物基产品认证

生物基材料不仅仅是传统石油基塑料的替代品，它包括了生物基 PE、PET、PP 等产品，以及新型的生物基可降解材料聚羟基脂肪酸（PHA）、PLA 等。除了完全由生物基材料制成的产品外，部分生物基材料也是生物基产品的重要组成部分。例如，生物基复合材料将植物纤维等天然材料与石油基塑料混合在一起。目前产品的生物基含量认证主要有两种方法。

8.3.1.1 质量平衡法

质量平衡法是一种通过计算最终产品中的原料来源，推算出生产单位产品所需石油基/生物基原料的质量比例，来计算出单位产品的生物基含量的方法。以常见的 PBAT 降解膜袋为例，假设其原料组分为 40% PBAT、30% PLA 和 30% 淀粉，即可得出产品的生物基含量为

60%，即 30% PLA+30%淀粉。然而，质量平衡法计算出的结果更多的是产品的定性分析，结果并不精确，难以对产品的生物基含量做出准确检测。

8.3.1.2　生物基含量检测

生物基含量检测是通过检测产品中的 ^{14} 碳元素含量来实现的，这样可以得到更加精确的结果。放射性碳测试已经被确立为测定产品生物基含量唯一可行的、准确的技术。

美国农业部的生物基产品标识（图 8-9）标明了产品具体的生物基含量，使用了 ASTM D6866 生物基含量计算方法，计算产品中总有机碳含量。ASTM D6866 在美国被开发为一种标准化的测试方法，使用放射性碳测试来确定固体、液体、气体样品的生物基含量。

图 8-9　美国农业部的生物基产品认证

放射性碳或碳 14（写作 ^{14}C），是一种不稳定且具有微弱放射性的碳同位素。^{14}C 存在于几乎所有活体物质中，它的放射性逐渐减弱，最终几乎完全衰减消失。放射性碳定年测定法是通过检测物质中 ^{14}C 的含量，来确定最后一次活体（或个体）存在的时间。因此，当化石材料与生物基材料混合时，由于化石中不含有 ^{14}C，而生物基材料中的 ^{14}C 含量与大气中的含量相当，通过比例关系可以计算出产品中生物基成分和石油基成分的含量。

8.3.2　可生物降解产品认证

8.3.2.1　可生物降解与可堆肥

若材料是可生物降解的，那么在规定的时间内，在特定的温度和环境条件下（堆肥/土壤/水），它应该能够被微生物吞噬和分解，最终转化为二氧化碳、水和生物质。由可降解材料制成的产品，在特定时间和环境条件下能够崩解，并且在此过程中没有产生生态毒性效应，则称为可堆肥的。产品在降解过程中的崩解能力取决于产品的形状（厚薄）和堆肥环境温度的高低：低温（家庭堆肥）或高温（工业堆肥）。

堆肥，又称堆肥处理，是利用自然界广泛存在的微生物，有控制地促进固体废弃物中可降解有机物转化为稳定的腐殖质的生物化学过程。堆肥是一种生产有机肥的过程，所含营养物质比较丰富，且肥效较长而稳定。同时，堆肥有利于促进土壤固粒结构的形成，能增加土壤保水、保温、透气和保肥的能力。与化肥混合使用还可弥补化肥所含养分单一、长期单一使用化肥使土壤板结、保水和保肥性能减退的缺陷。

8.3.2.2　可生物降解与生物基

生物基材料是指其原材料来源于可再生资源而非化石燃料，而可生物降解性能则指材料在生命周期结束时能够在特定环境下被微生物分解为二氧化碳、水和生物质的能力。如果材料同时具备百分之百的生物基和可生物降解特征，那么就能够在一个闭环的碳循环过程中最大限度地减少碳足迹：生物降解过程产生的二氧化碳、水和生物质有助于植物生长，而植物本身又可以转化为生物材料，循环往复，体现出生物塑料的环境友好性。生物降解在某种意义上可以视为逆向光合作用。

　　同时，还需注意到来自传统化石原料的添加物可能会对成品的生物降解性产生影响。事实上，无论是化石燃料还是生物基来源，可生物降解的材料都能够引发微生物的吞噬作用，但并非所有的生物基材料都可以生物降解，所有可生物降解的材料也并非都是生物基来源。另一方面，需要知晓的是一个产品可以是部分生物基来源也可以是全部生物基来源。即便是生物基含量只有 20%，也比不含有任何生物基的化石来源的材料，对于环境保护更加有利。例如标准中规定 90% 的碳在降解过程中转化为 CO_2 并非意味着构成产品的材料只有 90% 是可以降解的，而是表明剩余 10% 的碳降解时间长，允许超过标准测试中所规定的时间（如：180 天或 12 个月）或者在降解过程中通过微生物将其吸收。因此，存在化石基的材料是可生物降解的（如 PBAT），也存在生物基的材料是不可以生物降解的（如甘蔗基 PE）。如果某一材料既可以是生物基也可以是化石基来源（如：生物基 PE 和化石基 PE）两者的分子结构是完全相同的，唯一的办法对于两者予以区别的就是进行 [14]C 测定。

8.3.2.3　碳循环

　　植物中的叶绿素在阳光的照射下，通过光合作用吸收空气中的二氧化碳生成糖类化合物，从而驱动植物生命的进程，其中一部分植物残留，在地下高温高压条件下经过成千上万年的热分解过程逐渐形成原油。现在人们将埋在地下的石油开采出来加工成化学品、聚合物或者燃料以满足各行各业的需求。气候变化的一大原因是空气中二氧化碳浓度的不断升高，其原因是这些石油加工而成的产品在生命周期结束的时刻向空气中所释放的二氧化碳来自成千上万年前的植物从大气中捕捉到的二氧化碳。从捕捉到再次释放经历了相当漫长的过程，随着经济水平的发展，开采效率的提高，越来越多的远古时期的二氧化碳被排放到当代的空气环境中，从而导致空气中的二氧化碳浓度持续升高，气候问题也愈发严峻。

　　生物化工可以被看作是上述漫长过程的一个捷径，从植物到化学品、聚合物或者燃料，无需等待成千上万年的过程。通过这种方式，植物在生长过程中吸收的碳，"今天"就可以被利用，而在产品生命周期结束时又会释放到大气中，为植物提供所需的碳元素，如此循环往复。相较于人类的寿命，这个循环周期要短得多，当代的碳在这种循环过程中不断地被"捕获-释放"，从而使空气中的碳元素含量维持在一个相对稳定的水平上。认证就是确认并核实产品中化石基碳与生物基碳的比例。相较于来自远古时期化石基的碳，使用生物基的碳越多，空气中二氧化碳浓度的增加量就会更少，直至趋于平衡。

8.3.2.4　工业和家庭堆肥

　　工业和家庭堆肥基于同样的原理，即通过微生物将可堆肥材料最终分解为二氧化碳、水和生物质。两者的区别在于堆肥环境的显著差异。工业堆肥是在能够处理大量有机废弃物的特定设施与环境中进行的，堆肥温度较高（58℃左右），所设定的条件也都是为了满足在相对短的时间内（6 个月）完成堆肥化过程并达到一定的标准要求。可以说这种环境是嗜热微生物菌群最活跃的生存环境。对于家庭堆肥而言，新增有机废弃物的频率不高，堆肥过程主要通过嗜中温微生物来实现，堆肥温度一般是环境温度，完成堆肥的时间也比工业堆肥更长。

对于上述两种形式的堆肥，无论是工业还是家庭堆肥，都需要充分供应氧气。如果缺乏氧气，堆肥过程将会变得非常缓慢，甚至可能出现厌氧消耗，导致产生甲烷气体而不是二氧化碳气体，同时还会产生难闻的气味。为了避免这种情况，需要定期翻动堆肥土壤，并且不要将家庭堆肥与其他有机废弃物混合在一起。无论是哪种类型的可堆肥材料，即使满足家庭堆肥的温度要求，也不能保证这种材料可以在自然环境中如土壤、淡水或海水中降解。因此，任何情况下随意丢弃废弃物到环境中都不可取。

8.3.2.5　中国可降解塑料标识

可降解塑料是指在自然环境中，通过微生物的作用逐渐分解并最终完全降解成二氧化碳、甲烷、水和无机盐等物质。在氧生物降解过程中，有机碳会被分解成二氧化碳，通过连续监测和定期测量二氧化碳的产生量来计算生物降解率。

由于可降解塑料在不同环境中会表现出不同的降解特性，因此我们将其分为不同类型：可土壤降解塑料、可堆肥化降解塑料（包括传统堆肥和家庭堆肥）、海洋环境降解塑料、淡水环境降解塑料、污泥厌氧消化降解塑料和高固态厌氧消化降解塑料。

2020 年 9 月，中国轻工业联合会发布了《可降解塑料制品的分类与标识规范指南》，其中包括图形标识（图 8-10）。这一标识由带箭头循环圈、双"j"（降解拼音首字母）、材质缩写（如 PBAT、PLA、PBS 等）、六种降解环境名称（可选）、产品国家标准及产品名称组合而成的绿色笑脸图案。其含义是通过可降解塑料的使用，最终实现相应条件下完全降解而不污染环境的目的。带箭头循环圈体现了可降解塑料同样可以循环、回收再利用，即使被泄露到环境中也可以完全降解而被环境所消纳。"jj"拟人形，采

>PBAT<

可土壤降解　可堆肥化降解　海洋环境降解
淡水环境降解　污泥消化　高固态消化
GB/T XXXXX-20XX XXXXX（产品名称）

图 8-10　中国可降解塑料制品标识

用左小右大的结构布局，体现了由小及老、人人爱护环境的设计理念。可降解塑料的可降解性能检验方法按照降解环境条件进行划分，具体见表 8-1。

表 8-1　可降解塑料的可降解性能检验方法

降解塑料类型	依据标准号	标准名称
淡水环境降解	GB/T 19276.1—2003	水性培养液中材料最终需氧生物分解能力的测定　采用测定密闭呼吸计中需氧量的方法
	GB/T 19276.2—2003	水性培养液中材料最终需氧生物分解能力的测定　采用测定释放的二氧化碳的方法
	GB/T 32106—2015	塑料　在水性培养液中最终厌氧生物分解能力的测定　通过测量生物气体产物的方法

续表

降解塑料类型		依据标准号	标准名称
可堆肥化降解	可工业化堆肥	GB/T 19277.1—2011	受控堆肥条件下材料最终需氧生物分解能力的测定 采用测定释放的二氧化碳的方法 第1部分：通用方法
		GB/T 19277.2—2003	受控堆肥条件下材料最终需氧生物分解能力的测定 采用测定释放的二氧化碳的方法 第2部分：用重量分析方法测定实验室条件下二氧化碳的释放量
		GB/T 19811—2005	在定义堆肥化中试条件下塑料材料崩解程度的测定
		GB/T 28206—2011	可堆肥塑料技术要求
	可庭院堆肥	AS 5810—2010	生物可降解塑料 适合家庭堆肥的生物降解塑料
可土壤降解		GB/T 22047—2008	土壤中塑料材料最终需氧生物分解能力的测定 采用测定密闭呼吸计中需氧量或测定释放的二氧化碳的方法
海洋环境降解		ISO 18830—2016	塑料 海水沉淀界面非漂浮塑料材料最终需氧生物分解能力的测定 通过测定密闭呼吸计内耗氧量的方法
		ISO 19679—2020	塑料 海水沉淀界面非漂浮塑料材料最终需氧生物分解能力的测定 通过测定释放二氧化碳的方法
		ISO 22404—2019	塑料 暴露于海洋沉淀物中非漂浮材料最终需氧生物分解能力的测定 通过分析释放二氧化碳的方法
污泥厌氧消化降解		GB/T 38737—2020	塑料 受控污泥消化系统中材料最终厌氧生物分解率测定 采用测量释放生物气体的方法
高固态厌氧消化降解		GB/T 33797—2017	塑料 在高固体份堆肥条件下最终厌氧生物分解能力的测定 采用分析测量释放生物气体的方法

8.3.2.6 国外生物降解塑料标准及相关认证

根据使用后的处置环境不同，生物降解塑料主要分为可工业堆肥塑料、可家庭堆肥塑料、土壤可降解塑料、海水可降解塑料。不同种类的生物降解塑料分别有相应的标准规范。

8.3.2.6.1 工业堆肥相关标准

欧洲标准 EN 13432 适用于可工业堆肥处理的生物可降解塑料包装。该标准要求在 12 周内至少有 90% 的崩解率，6 个月内至少有 90% 的生物降解率，并且需要进行生态毒性试验和重金属含量检测。而标准 EN 14995 的内容（试验方法和产品要求）与标准 EN 13432 基本相同，但适用范围不仅限于塑料包装，还包括其他塑料产品。对于可工业堆肥塑料产品的认证标志，包括 Seedling（图 8-11）、OK Compost、DIN-Geprüft Industrial Compostable 及 BPI Compostable（图 8-12）。目前，可工业堆肥塑料的评价标准和认证体系已经比较成熟，但由于工业堆肥处理的条件依赖于市政/商业堆肥设施，一些地区可能不具备工业堆肥处理的条件。

compostable

图 8-11　德国 European Bioplastics 的 Seedling 认证标志

图 8-12　美国 BPI 的 Compostable 认证标志

8.3.2.6.2　家庭堆肥相关标准

家庭堆肥塑料的评价标准体系还未成熟，比如，澳大利亚的 AS 5810 标准规定了适合家庭堆肥的生物可降解塑料。另外，比利时的 Vinçotte 认证机构推出了 OK Compost Home 认证方案，要求在环境温度下，12 个月内至少有 90% 的生物降解率。除了 OK Compost Home 认证外，还有 DIN-Geprüft Home Compostable 认证标志可供家庭堆肥塑料产品选择（图 8-13）。

图 8-13　德国 DIN CERTCO 的 DIN-Geprüft Home Compostable 认证标志

8.3.2.6.3　土壤中的可生物降解性

比利时 TÜV AUSTRIA（前 Vinçotte）开发的"Bio products-degradation in soil"认证计划，基于标准 EN 13432/EN 14995。该试验要求在环境温度下 2 年内至少 90% 的生物降解率。标准 EN 17033 "用于农业和园艺的生物可降解地膜要求和试验方法"规定了对可生物降解地膜的要求，这种地膜在农业和园艺中用于地面覆盖，用后不移除。它要求在 25℃ 下 2 年内至少 90% 的生物降解率。认证标志"OK Biodegradable Soil"（图 8-14）由机构 TÜV AUSTRIA Belgium 授予（当产品符合其认证方案的要求）。根据 CEN/TR 15822，认证机构 DIN CERTCO 授予 DIN-Geprüft Biodegradable in Soil 标志。

图 8-14　比利时 TÜV AUSTRIA 的 OK Biodegradable Soil 认证标志

8.3.2.6.4　海水中的可生物降解性

海水中可降解塑料的相关试验标准包括 ASTM D6691《利用规定的微生物菌群或天然海水培养液测定塑料材料在海洋环境中需氧生物降解能力的标准试验方法》、ASTM D6692《在海水中测定放射性同位素示踪塑料材料的需氧生物分解性的标准试验方法》、OECD 306《海水中的生物降解性》和 ISO 16221《水质海洋环境中生物降解性测定指南》等。这些试验标准只提供试验方法指导，没有对时限和生物降解率提出要求。在海水可降解塑料产品上市之前，必须制定海洋生物降解的标准。然而还需要思考这项技术（塑料的海洋生物降解）的局限性：这项技术在什么样的背景下和应用于什么产品时是有意义的，它如何融入循环经济？比利时机构 TÜV AUSTRIA（前 Vinçotte）根据已被撤回的标准 ASTM D7081 开发了一个认证方案，简单地说，该计划要求可降解产品在 6 个月内至少达到 90% 的降解率。目前，"OK Biodegradable MARINE"认证计划（图 8-15）仅面向在海洋环境中实际使用的少数产品，如钓鱼线等。

图 8-15　比利时 TÜV AUSTRIA 的 OK Biodegradable Marine 认证标志

参考文献

[1] 许幸. 纺织品的绿色关税壁垒与应对方案[J]. 产业用纺织品, 2003, 21(5): 25-29.

[2] 蔡涛, 黄颖, 胡美桂, 等. 我国生态纺织品标准与欧盟纺织品生态标签的比较[J]. 合成纤维, 2012, 41 (11): 40-43.

［3］ 王显方. 生态纺织品的国际标准［J］. 中国纺织，2008（3）：104-106.

［4］ 赵贺春，冉祥凤，甘亚雯. 纺织品生态标签的发展趋势［J］. 中国纤检，2011（24）：44-46.

［5］ 方晔. 欧盟修订纺织品生态标签认证准则［J］. 中国质量技术监督，2017（9）：80.

［6］ 魏晓晓，张梅，李琴梅，等. 生物降解塑料国内外标准概况［J］. 标准科学，2016（11）：58-64.

［7］ 焦建，钟宇科，焦蒨，等. 国内外可堆肥降解塑料评价标准及认证体系现状［J］. 合成材料老化与应用，2013，42（4）：48-52.

［8］ 王寒冰，张健，王立石. 国内可生物降解塑料标准概况［J］. 区域治理，2018（11）：139.

［9］ BLACKBURN R S. Sustainable textiles：life cycle and environmental impact［M］. Cambridge：Woodhead，2009.

［10］ Sustainability in the textile and apparel industries［M］. Cham：Springer，2020.

［11］ CHRISTENSEN C M，OVERDORF M. Meeting the challenge of disruptive change［J］. Harvard Business Review，2000，78（2）：66-77.

［12］ RATNAPARKHI P，DEOLE S. Significance of eco-labeling in textile and clothing product for green environment［M］//Sustainable Engineering，Energy，and the Environment. Boca Raton：Apple Academic Press，2022：307-323.

［13］ ROY CHOUDHURY A K. Development of eco-labels for sustainable textiles［M］//MUTHU S. Roadmap to Sustainable Textiles and Clothing. Singapore：Springer，2015：137-173.

［14］ MOORE S B，WENTZ M. Eco-labeling for textiles and apparel［M］//Sustainable Textiles. Amsterdam：Elsevier，2009：214-230.

［15］ NIMON W，BEGHIN J. Ecolabels and international trade in the textile and apparel market［M］//World Scientific Studies in International Economics. Singapore：World Scientific，2016：321-326.

［16］ ROY CHOUDHURY A K. Development of eco-labels for sustainable textiles［M］//MUTHU S. Roadmap to Sustainable Textiles and Clothing. Singapore：Springer，2015：137-173.

［17］ SHARMA N K，KUSHWAHA G S. Eco-labels：A tool for green marketing or just a blind mirror for consumers［J］. Electronic Green Journal，2019，1（42）：1-22.

［18］ YANG S，SONG Y P，TONG S L. Sustainable retailing in the fashion industry：A systematic literature review［J］. Sustainability，2017，9（7）：1266.

［19］ FUNG Y N，CHAN H L，CHOI T M，et al. Sustainable product development processes in fashion：Supply chains structures and classifications［J］. International Journal of Production Economics，2021，231：107911.

［20］ ALMEIDA L. Ecolabels and organic certification for textile products［M］//MUTHU S. Roadmap to Sustainable Textiles and Clothing. Singapore：Springer，2015：175-196.

第9章　商家采取的可持续措施

如今，整个世界似乎都十分关注一个术语——可持续性。在过去30年左右的时间里，人们对于可持续性发展变得越来越重视，随着消费者可持续性意识的提高，引发了许多行业的变革。当然，纺织服装时尚行业也不例外。放眼当下，"可持续时尚"从时髦概念演变成社会密切关注的焦点。纺织服装行业可持续时尚已被讨论和实践了多年，包括中国品牌在内的许多商家采取了多种措施展现它们可持续的决心，例如，尽可能选用天然纤维和再生塑料为纺织原料，或开发新型的环保工艺减少污染和能耗，或推出系列单品宣传可持续意识引导大众践行可持续理念。本章重点介绍了一些品牌商、零售商和制造商采取的可持续措施。

9.1　品牌商采取的可持续措施

9.1.1　安踏

自从2015年以来，安踏集团每年都会发布《环境、社会及管治报告》，涵盖公司年度设计、开发、制造、销售等所有业务，总结在环境保护、社会责任及管治中的表现，强调与自然同行的可持续发展方针。安踏公司就环境领域问题申明立场：严格遵守营运地环保相关法律法规，尽力避免对环境造成伤害；有责任地推动行业及社会及环境保护的重视；密切留意环境变化带来的冲击并做好相应的准备；通过各种行政及营运手段，规管各类型的供应商，尽可能从供应链中剔除对环境造成负面影响的因素。

面对可能出现的风险点，安踏制定了一系列的应对方式。随着国家环保政策法规的收紧，集团淘汰部分落后的工厂，整合旗下品牌对材料的需求，统一向供应商下单，降低生产成本。另外，安踏支持供应商成立研发实验室，共同开发符合需求的环保物料，拓展更多产品类型，提供更多环保类产品供消费者选择。

为满足人们对绿色环保生态服装的消费需求，安踏集团从2010年就开始使用有机棉，推出超过293万件有机棉服装。凭借良好的供应链管理及可持续发展理念的实践，安踏在2019年加入瑞士良好棉花发展协会（BCI），成为首家加入BCI的中国体育用品公司。目前，安踏集团年度棉花使用量中的可持续棉花占比逐渐上升，预计2024年，这一比例将达到50%。

在创新环保产品方面，安踏集团于2017年推出"雨翼科技"无氟防水面料，除了不含氟之外，该面料使用的防泼水剂中60%的原材料从植物中提取，属于可再生原料，减少了纺织工业对环境带来的污染，目前已累计有400万件安踏服装运用了"雨翼科技"。2019年，安踏推出以回收塑胶为原材料的环保唤能科技系列"训练有塑"，如图9-1所示。此系列产品利用回收的废弃塑胶为原料，通过科技的研发与应用，制成再生涤纶面料，让安踏成为具有再生涤纶企业检验标准的中国体育品牌。安踏表示，在研发团队与供应商伙伴的合作研发下，突破了多项技术障碍，令此再生涤纶面料系列与传统面料服装无异，各项指标完全符合生态纺织品安全要求，而且综合成本比国际品牌降低了 30%~50%。一件唤能科技服装所需的再生涤纶面料平均需要 11 个 550mL 的废弃塑料瓶，安踏于 2019 年回收了 770 万个塑胶瓶，制作了今年所使用的再生涤纶面料，成功为废弃塑胶提供了新的回收方案。

图 9-1　安踏"训练有塑"系列外衣

安踏集团旗下的 KOLON SPORT 启动了 NOACH 环保项目，旨在保护濒临灭绝的动植物，改善生态环境。2019 年推出的 NOACH 系列（图 9-2），采用"天然纤维之王"汉麻面料，具有质地柔软、防紫外线、吸湿排汗和透湿散热等功能及特点。与此同时，KOLON SPORT 开展了百万植树计划，在荒漠化地区以植树改善生态环境，在社会各界组织、学校和个人的共同支持下，KOLON SPORT 至今已在内蒙古和宁夏植树。另外，KOLON SPORT 每卖出一件指定产品，便会捐赠人民币 5 元给百万植树计划，消费者每购买两件服装，还可以获赠公益植树捐赠证书，以及获得亲自参与植树的机会。

图 9-2　采用"天然纤维之王"汉麻面料的 NOACH 系列服装

在未来十年的战略中，安踏也着重强调"与环境共生"，致力于到 2050 年前实现碳中和。安踏表示，推动可持续发展是他们一直以来在创新领域的重点工作，尽其所能为环境保护事业做出贡献也是他们应尽的企业社会责任，他们将继续加大研发投入，进一步探索环保科技的创新。

9.1.2　李宁

李宁作为中国国产运动品牌的领头企业，其生产销售规模无论是在国内还是国外市场都占据一席之地。企业主打运动服饰、运动装备、休闲服饰等各类产品。随着近年来可持续发展战略的提出，李宁在纺织品可持续发展方面做出了许多突出贡献，树立起了行业典范。

早在 2014 年的中国国际纺织面料及辅料博览会上，李宁就展出了无氟防水面料。据了解，该面料是李宁与亨斯迈合作，采用无氟 Phobotex 先进技术生产无氟防水面料，专门设计的配方比传统的氟碳防污整理更具有柔软舒适的感受，采用浸轧工艺而无须改造设备。这一技术不仅增强了产品的防水、防污功能，还提高了水洗后的去污能力、快速干燥和除汗等效果。在保留完整防水功能的同时通过 RSL 检测和氟元素检测，这不仅提升了消费者的穿着舒适感和良好的产品体验，而且为追求环保产品的消费者提供了保障。

另外，在跨界合作方面，李宁与爱分类爱回收（LOVERE）、COSTA 联合推出环保 T 恤，如图 9-3 所示。该产品以 COSTA 提供的回收咖啡渣为原料，采用李宁的最新环保面料科学技术，将生活中常见的咖啡渣通过煅烧加工后生产出可回收的"咖啡碳纤维"环保面料，再制作成衣，从而实现了废弃物回收的再利用。三方共同倡导公众环保、健康的生活方式。作为中国体育产业的领跑者，李宁品牌在致力于为消费者提供多元化"李宁式体验价值"的同时，一直以社会责任为己任，积极尝试环保科技的探索与应用，以实际行动践行可持续发展理念。相比于竹炭和椰炭的煅烧过程，咖啡炭的制造能够大量减少水电消耗和二氧化碳排放，咖啡渣经炭化后成为特殊的多孔结构，不需要添加任何化学助剂，就具有抑菌、消臭和抗紫外功效等功能，能够为消费者带来更舒适的穿着体验。未来这一环保技术将被应用到更多李宁服装产品中。

图 9-3　李宁推出的以"精气神"为创新概念的限量环保 T 恤

2020 年，为最大限度减少产品在生产过程对生态环境的影响，实现无害化生产，李宁公司选择 TESTEX 瑞士纺织检定有限公司为其提供完整的化学品管理评估方案。在双方的合作框架下，李宁公司将化学品管理纳入战略考量，并积极开展实践，在服装和鞋类全供应链识别并逐步淘汰危险化学品。李宁公司的环境与社会责任部高级经理李渊表示，可持续发展管理对于企业来讲是管理模式转变的必然趋势，当一家企业发展到一定规模并具有一定知名度和社会影响力时，从内到外都需要并且必须去考虑和关注可持续发展的内容。李宁公司也遵循着这样的规律。李宁公司在可持续发展方面的管理有十多年的探索，经历了由迫于外部压力不得不做，到原发自主地探索和积极实践。目前，李宁重点关注供应链的合规性管理，包括劳工、职业健康和安全、环境、化学品以及能源能耗和气候变化的管理等几个维度。

作为国内领先体育品牌的李宁公司，不仅迎合消费者对运动功能的需求，打造最具功能性和运动感的创新产品，同时致力于通过新型环保材料的开发和使用，最大可能地减少产品在生产过程中对生态环境所产生的负荷，将绿色科技与环境保护融入人们健康快乐的运动生活中去，李宁以强烈的企业责任感承担起为社会打造可持续发展绿色供应链的任务。

9.1.3 波司登

在羽绒服领域深耕将近 50 年，波司登从未停止在羽绒服领域的探索、专研与创新。作为全球领先的品牌羽绒服企业，波司登积极发挥龙头带动作用，在行业内推广分享先进技能经验，并面向合作供应商、加工厂、消费者倡导环境守法，践行节能减碳，促进绿色发展，引导供应链伙伴共同参与减排创效，不断提高行业核心与关键共性技术创新能力，打造可持续发展的产业生态。

近年来，波司登把自身业务能力与国家"双碳"战略紧密结合，针对环保原料、绿色设计、智能制造、节能降耗、减少污染、绿色物流与仓储、废物管理及包装材料的控制等环节，推进碳排放量化和碳目标考核，打造绿色工厂、绿色供应链，逐步实现绿色管理全覆盖。波司登设立了每年提升 10%~20% 环保产品占比的长期目标，加强轻暖羽绒服的创新研发，增加新型环保面料的应用，为消费者提供更健康、更绿色的产品。

而在品牌发展过程中，波司登高度重视供应链管理，重视原材料的安全性、可持续性及可追溯性。截至 2020/2021 财年，所采购的原材料中 49% 已获得 Bluesign 的认证，95% 的合作供应商已通过 RDS 认证，产品使用的羽绒中 95% 通过 RDS 认证。

产品质量上，波司登产品主要技术指标均高于国家标准要求，产品质量实施三级检验，确保达到高标准的用户满意度，持续推广使用新型环保面料，积极降低对环境的影响。2021年，波司登升级推出的登峰 2.0 系列（图 9-4），首次将航天科技应用在羽绒服上，四重保暖温控技术，使得登峰 2.0 系列在保暖性能上提升了 15%，突破市场基础值。

企业可持续发展需要长期的探索，才能发现适合自身的思路。在 ESG（环境、社会和公司治理）风潮涌起的当下，波司登表现稳健。波司登 ESG 评级给行业做出了良好的示范作用，未来将会有更多纺织服装企业加入 ESG 发展，共同推动"双碳"目标的实现。

波司登在第六份 2021/2022 财年 ESG 报告中首次公布了价值链碳排放数据，并制定了减碳"三板斧"：提高自身运营和供应链中的能源效率；扩大可再生电力在自身运营中的使用规模；遵循可持续时尚理念，探索环境友好型面料，以少创多。以此为驱动，波司登联合生产供应商不断改进生产技术，以促进生产向绿色低碳转变。在此基础上，波司登也在加大清

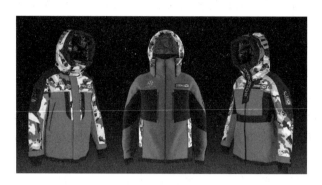

图 9-4　波司登推出的登峰 2.0 系列

洁能源投资，并建立了能源数据实时监测平台，以数字化赋能能源效率提升。并且，波司登也一直在提升自主研发能力，并借助"产学研"资源优势，持续深化在绿色设计与物料方面的创新能力，让越来越多的波司登产品中出现绿色环保材料。

9.1.4　欧步斯（Allbirds）

欧步斯自 2014 年发展起来，主打可持续发展概念的生活方式。鞋服品牌专注低碳、环保与舒适性，打造差异化产品。公司不断研发创新，持续推出新的可持续再生材料，拓宽产品品类，于 2021 年 11 月在纳斯达克交易所上市。

如图 9-5 所示，欧步斯系列产品设计以"可持续"概念与舒适性为主，兼顾性能提升。公司始终秉承可持续发展、低碳环保的理念，利用天然材料进行创新：2016 年推出美利奴羊毛休闲鞋，被 TIME 杂志评为"世界上最舒适的鞋"；2018 年推出天然桉树休闲鞋，并发布由甘蔗制成的 Sweet Foam 鞋底材料；2019 年推出由桉树羊毛混纺材料 Trino 制成的袜子，以此进入服装市场；2020 年发布 Tree Dasher 系列，进入性能跑鞋市场，又于 10 月发布加入了雪蟹壳的 Trino XO 材料，拓展服装品类至衬衫与毛衣；2021 年 2 月推出植物皮革，5 月与阿迪达斯达成合作，共同推出低碳足迹、可持续发展的高性能跑鞋。

（a）踩云感桉树鞋Tree Runner　　（b）跑鞋Tree Dasher　　（c）轻巧芭蕾鞋Tree Breezer　　（d）裸感雪蟹壳T恤Trino XO™

图 9-5　欧步斯系列产品

9.2 零售商采取的可持续措施

9.2.1 百联集团

自国务院办公厅出台《关于推动实体零售创新转型的意见》（国办发〔2016〕78 号）以来，零售企业掀起积极创新转型的热潮，探索形成了全渠道营销、新业态融合、供应链优化三种主要模式。

百联集团布局全渠道，聚力可持续体系建设，为中国原创时尚设计提供可持续的生长机制，也为消费者持续创造美好生活的时尚文化体验。

百联集团积极践行公益，奉献社会。公司深入贯彻创新发展理念，携手利益相关方，共同推进经济、社会、环境的可持续发展。落实精准扶贫国家战略，以结对帮扶、消费扶贫、教育扶贫的方式，助力脱贫工作；以推进节能减排、低碳环保行动，将绿色发展理念贯穿于公司生产经营全过程。

9.2.2 塔吉特（Target）

塔吉特在可持续性发展方面做出的重要努力是制定与公司相关的可持续性产品标准，该标准是与行业专家、供应商和非政府组织合作制定的，旨在建立一种通用的定义、语言和流程，以使产品更具有持续性。

塔吉特认真对待其可持续性措施，并专注于四项承诺：可持续生活、可持续产品、智能发展和高效运营。目的是让客户和员工都能够更可持续地生活。一些具体的措施如：在商店的入口附近设置回收亭，客人可以在那里回收瓶子、罐子和小型电子设备；对使用可回收购物袋的顾客给予折扣；新的包装设计使用更少的组件，以尽量减少产生废弃垃圾；设计和建造带有管道装置的商店，可以节省高达 30% 的水资源。

塔吉特已经推出了一些考虑到可持续性的产品和计划。例如，其环球线（Universal Thread）服装使用可持续的棉花和再生聚酯纤维；其清洁产品系列 Everspring 使用 100% 可回收瓶子和喷雾器、可堆肥多表面湿巾和 100% 再生纸。公司承诺，到 2025 年，其所有品牌都将使用可回收、可堆肥或可重复使用的塑料包装；到 2030 年，其目标是成为创建和策划包容性、可持续的品牌和体验的市场领导者；到 2040 年，将消除浪费并鼓励重复使用。塔吉特宣布的这一目标建立在其早期努力的基础上。例如，塔吉特于 2018 年签署了新塑料经济全球承诺，承诺通过使其可重复使用、可回收或可堆肥来消除塑料废物。该公司还开始减少排放，并从可再生能源中采购更多电力。

9.3　制造商采取的可持续措施

9.3.1　盛虹控股集团有限公司

位于苏州的盛虹控股集团有限公司（简称盛虹集团），作为国内领先的纤维研发、生产企业，正在不断攻克再生纤维技术壁垒，加速再生纤维产业化进程，为描绘"绿水青山"的生态发展画卷增添了一抹新亮色。绿色可持续发展是盛虹衡量自身发展的重要目标，也是盛虹推动高质量发展的重要手段。盛虹以"绿色发展、生态立企"为理念，以能源的高效利用和科技创新，助推企业绿色、可持续的高质量发展，为行业树立了标杆。作为中国化纤产业引领者，盛虹集团很早就开始布局绿色转型，提倡可持续发展，并不断完善产业链产品。目前，盛虹化纤在苏州、宿迁设立产业基地，生产再生聚酯纤维、低温染色聚酯纤维、原液着色纤维和生物降解聚酯纤维四大绿色环保产品。

凭借对绿色发展的不懈追求和努力，从上游石油炼化"一滴油"到下游聚酯化纤"一根丝"的全产业链布局上，盛虹"变废为宝、循环再生"的绿色理念已得到了全面体现。从 2012 年开始，盛虹组建研发团队，投入超过 5 亿元全面升级改造生产设备，加速再生纤维产业化进程，开发回收塑料再生纤维纺丝技术（图 9-6），使我国废旧聚酯再生的研发提升到一个高端水平。盛虹通过使用大量废弃塑料瓶，减少对大自然的伤害，提高人们对回收循环利用的意识，用再生 PET 替代普通 PET，减少石油的使用需求，减少二氧化碳排放，缓解全球温室效应。目前，盛虹再生纤维总产量已达到 35 万吨/年，意味着一年可消化掉 175 亿个回收 PET 瓶，相当于减少约 600 万吨二氧化碳排放。

图 9-6　回收塑料再生
纤维纺丝技术

自 2010 年起，盛虹率先在行业内提出"数字化印染"的概念，陆续搭建 ERP（企业管理计划）、MES（生产管理系统）、BI（商业智能）等系统，实现对纺织印染全产业链的大数据分析与整合。盛虹还通过积极引进绿色高性能印染化学品，坚持原料无害化，为新产品开发和产品质量标准化工作提供了技术保障，单位产品主要原材料消耗量连续 3 年下降，绿色物料使用率达到 100%。

通过自主创新，盛虹集团成功突破了多项绿色生态发展关键技术。首先，原液着色纤维将纺织整个"染色"环节控制在原料纤维阶段，可减少将近 50% 的二氧化碳排放量，该技术已打破壳牌、杜邦等跨国公司的技术垄断。其次，盛虹集团建立多套中水回收系统，可对印染废水进行低能耗高效率回收，显著提高水资源的利用效率，减少印染废水产生量、排放量。再次，为了将绿色低碳做到极致，盛虹还在行业领先的装置上持续进行优化，实现了源头削减、过程管控、循环利用，达到了节能、减污、增效的目标。最后，旗下斯尔邦石化的废酸资源化综合利用技术改造项目，采用 14 项国际先进技术，实现"三废"再生产循环利用，各项措施实施后节约标煤 2.2 万吨/年。

为助力我国实现"碳达峰、碳中和"的目标，盛虹在布局绿色发展的道路上从未停歇。盛虹集团董事长缪汉根表示，实现绿色转型，是落实国家战略要求，掌握未来国际竞争主动权的关键，盛虹将继续贯彻可持续发展新理念，打造绿色生产和智能智造并举的绿色制造全产业链，不仅将打造"三大世界级产业基地"，更要将各大基地建设成为"绿色产业森林"，打造成碳达峰、碳中和先行示范区，探索形成可复制、可推广的碳中和"盛虹模式"，实现更高质量绿色发展，为全省乃至全国碳达峰、碳中和的实现做出贡献。

9.3.2　华孚时尚股份有限公司

作为全球最大的新型纱线制造商和供应商之一，华孚时尚股份有限公司（简称华孚时尚）通过纺纱、染色工艺创新，不断推出各类环保产品，持续为可持续发展献力。公司与上下游产业链企业一道，推动企业可持续发展。华孚时尚从诞生之日起就专注经营色纺纱产品，色纺纱先染后纺的工艺相较于传统工艺节水减排 50% 以上，是一个与生俱来的环保产品。公开资料显示，华孚时尚 29 年来累计实现色纺纱销售 200 余万吨，节水减排一亿吨，相当于近100 万个家庭一年的用水量。华孚时尚全面开展再生涤取代原生涤计划，系列开发废落棉、碎布、回收服装等再生棉产品，扩大原液纤维使用量，开发阳离子改性棉技术，重视绿色制造，创建面向色纺行业的数字化绿色设计平台，建设国家色纺行业首批绿色制造示范工厂等。

如图 9-7 所示，2019 年华孚时尚再生涤纶成功注册"REGENTE™（瑞杰特）"子品牌商标，并给客户提供追溯性检测和产品吊牌发放。2021 年又开发了具有吸湿速干功能的再生涤纶产品，联合品牌推广了再生黏胶纤维、再生天丝、再生腈纶等全品类再生产品，取得较好的经济效益和社会效益。华孚再生涤纶与普通涤纶相比，每吨纱线节省至少 80% 的能源消耗，并可减少工业废气的排放，且此产品具有可追溯性，确保产品含再生涤纶比例。

图 9-7　华孚环保产品新品牌 REGENTE™（瑞杰特）

不仅如此，华孚时尚还联合行业先进企业，积极推进可持续发展战略，包括参与实施ZDHC（有害化学物质零排放计划组织）有害物质零排放项目；设立合资公司，攻克污水零排放技术；与客户合作参与 Higg 指数（可持续服装联盟开发的自我评估工具）认证，与品牌公司合作 BMI（品牌力指数）等项目。从环保和可持续发展的角度讲，华孚时尚的目的是尽可能地将更多的废弃物变成有用的产品。未来，华孚时尚不仅仅关心丢弃在街头的废塑料瓶，同时要把工厂生产过程中的各种废弃物也充分利用起来，这样更能减少塑料颗粒对社会、对人类的污染。

近年来，华孚时尚在促进制造业绿色升级、培育制造业竞争新优势方面加大投入，绿色制造家族成员不断发展壮大。2017 年，华孚时尚下属企业首次被中华人民共和国工业和信息化部（简称工信部）授予"绿色工厂"荣誉称号，其绿色制造系统集成项目 2019 年竣工验收，工信部验收组评价项目达到国际先进水平。2019 年，华孚时尚申报的 70% 棉/30% 黏混纺色纺纱等 5 款产品成功入围工信部第四批绿色设计产品名单，也是色纺行业入围产品最多的企业。

2021 年，华孚时尚在有机棉、再生棉等环保棉基础上，利用自己的新疆棉田，从育种开始，到生长过程管理，积极宣传并培养农民如何合理使用农药化肥，降低对作物和土壤的破坏，有效利用水源，增强劳动者劳动保护意识，维护正当合法权益。华孚时尚建立了全自动、智能化纺纱生产流程，华孚时尚高可持续纯棉色纺纱，生产流程短、生产效率高、产量高、产品品质优良、低碳、环保、可持续。此外，在 2021 年 6 月 8 日，华孚时尚还牵头倡议，与海澜之家、森马、太平鸟、美特斯邦威、七匹狼、特步、361°、爱慕、红豆、都市丽人、西雅衣家及杭州君盟、杭州宸帆等十余家品牌上市公司、网红电商共同发起成立"高可持续（HQS）棉花产业合作组织"，以追求棉花全产业链的高质量、可持续、碳追溯为使命，致力于建立一套基于数智科技的、市场化运营的、环环相扣的棉花产业标准化体系。2022 年 1 月 10 日，华孚时尚新增对外投资，新增投资企业为高可持续（上海）棉花有限公司，投资比例 100%，更加凸显了华孚时尚的可持续发展决心。

9.3.3　德司达（DyStar）

德司达的可持续发展战略有两个方面：减少公司自身的环境影响和帮助客户减少环境影响。该公司已将能源、温室气体排放、水和废物作为主要环境影响。德司达实施了一项全公司可持续发展计划，即"关爱未来"计划，作为该计划的一部分，成立了可持续性委员会，以确定减排机会，并利用当地、区域和国际专业知识提高可持续性绩效。德司达自 2010 年以来根据全球报告倡议指南每年都发布年度可持续性报告。

德司达生产的染料和化学品经过独特设计，符合 REACH 法规，满足限制物质清单。德司达致力于制造具有生态清洁性的产品，缩短生产时间，减少水和能源的使用，并且进一步改善颜色的一致性。德司达的生产线中开发使用了很多可持续产品，例如，Levafix 是一种用于棉织物的高固色率活性染料；Remazol Ultra 活性染料用于棉织物深色调色；Dianix green 系列分散染料可用于聚酯纺织品，满足品牌和零售商的严格要求；Sera Zyme C-PE 是采用生物精练工艺代替传统精练工艺，从而缩短工艺时间（7.3%），减少用水（15.9%），减少电耗（11.3%）和蒸汽消耗（19.6%）；Sera Gal G-RFX 和 Remazol Ultra RGB 可将煮练和染色过程结合起来，加工时间减少 38%，水资源消耗减少 24%，电能消耗减少 28%，蒸汽使用量减少 38%。

德司达的可持续纺织品解决方案（STS）是组建专家团队，通过咨询、审计和指导纺织制造单位优化生产、水和能源以及化学品的使用，同时降低成本并提供类似或更好的产品质量。STS 专家团队还支持品牌和零售商努力开发、实施和沟通限制物质清单，以确保消费者的安全，减小对环境的影响。

德司达的生态解决方案团队支持纺织厂、染料厂和洗衣房提出可持续生产的需求，解决与生态和化学立法有关的问题，并提出合适的产品以满足环境友好生态规范的建议。

9.3.4　兰精（Lenzing）

根据全球报告倡议组织（GRI）标准，兰精集团发布了一份可持续发展报告，题为"聚焦可持续——对我们的业务负责"。对于黏胶人造丝生产涉及高度腐蚀性和有毒化学品的问题，通过开发制造 Tencel、Eurocel 和 Modal 等环保纤维作为黏胶纤维的替代品，致力于可持续发展。通过使用 Tencel 短纤维制备可生物降解、表面坚固光滑的湿巾是一个理想的选择，可防止对皮肤刺激，并具备可冲散的特性。Tencel 获得了欧盟生态标签、北欧天鹅和可降解认证等一系列证书，足以证明 Tencel 对生态环境的友好。

兰精公司开发的 Eurocel 纤维是一种新型纤维素纤维，在奥地利采用环保工艺制造，通过改进生产工艺使该纤维具有更优的产品性能，例如提高了纤维的抗撕裂性和降低伸长率。Eurocel 纤维通过了 Oeko-Tex Standard 100、欧洲生态标签、美国可生物降解（BPI）等一系列认证，以证明其可持续性。纸浆和纤维生产均采用可持续性原则，并对副产品回收过程进行了优化，兰精公司的 Modal 纤维由本地 100% 山毛榉木材制成，而生产 Tencel 纤维的原材料主要来源于桉树，这种木材在种植过程中对水和杀虫剂的依赖不明显，甚至可以种植在不用于农作物的荒瘠土地上，但 Tencel 纤维的产量却比传统棉花高 10 倍。

兰精集团作为可持续纤维生产的领先者，一直以环保和可持续的生产作为公司发展战略，在产品研发及生产过程中使用创新技术降低二氧化碳的排放，为全球气候的积极变化做出了贡献。采用 Eco Care 技术的黏胶纤维产品，可将二氧化碳排放量和化石资源使用量，以及用水量降低近 50%，为环保做出贡献。而使用 Eco Cycle 技术的莱赛尔纤维，则通过收取废棉，重新与木浆混合生产形成崭新的原料，赋予废棉第二次生命，从减少排放、减少制造垃圾、构建循环经济的角度，为环境解压。

9.3.5　诺维信（Novozymes）

诺维信是工业酶领域的领先制造商，其生产的工业酶可以替代一些有毒的化学品。该公司的可持续发展委员会确定了不同级别的可持续发展目标，包括确保供应链中供应商提供的商品符合公司标准；公司自身运营范围内减少能源和水资源的消耗；使用生态友好型产品；

在社会层面做出积极影响。

　　酶制剂在纺织和服装业的应用可生动地说明这一点。全球每年大约要生产 900 万吨以 T 恤为主的针织品，生产过程中会消耗大量水资源和能源，尤其是在纺织品制造大国的中国。诺维信进行的生命周期评估结果显示，如果纺织业摒弃传统化学工艺，采用酶法工艺，每生产 1t 针织品，可节省 70000L 水，减排约 1t 二氧化碳。如果在全球范围内推广应用，每年预计可节约 6300 亿吨水，减排 900 万吨二氧化碳，这相当于 2400 万中国农村居民的饮水量和 200 万辆汽车的排放量。如果制造商用酶替代化学物质，可减少纺织加工多个环节的水资源、能源和化学物质消耗量。譬如，果胶酶可有针对性地降解果胶及清除原棉中的蜡质，可在更低温度下进行精练，减少漂洗次数。20 世纪 80 年代，诺维信以酶法工艺取代了当时流行的石洗牛仔的传统石洗工艺，不仅节约了大量水资源，还延长了织物寿命。由酶分解而成的蛋白质微粒和碳水化合物可供有益微生物食用，最终降解成无害化合物，大幅减轻纺织业污水对环境的影响。

　　诺维信在生物技术领域连续 11 年位居道琼斯可持续发展指数榜首，该公司提供具有成本竞争力的生物农业品，可提高农作物产量，同时减少对环境的影响。例如，Novozymes Taegro 是一种基于细菌的生物杀菌剂，它可用于抑制水果和叶菜类蔬菜上某些土传和叶面病害。同时，诺维信也致力于减少二氧化碳的排放，在全球范围内采取了一系列行动。例如，在中国开始从废水处理中生产沼气，利用风车产生了相当于整个丹麦用电量的能源，并实施了许多节水措施。

　　诺维信可持续发展目标的一个有趣实践是将年度员工奖金与实现可持续发展目标联系起来，如果达不到可持续目标，员工的工资就会减少。推动世界走向可持续发展是公司的具体使命，包括成为世界舞台上可持续发展的代言人，同时公司积极推动可持续发展带来的新业务，以及建立可持续发展能力。

　　品牌商、零售商和制造商采取的可持续措施一直在升级，未来会进一步改善。相关利益者通常会采取整体措施，确保整个供应链的可持续性，从而形成一个强大完善的系统。但是，这种整体举措会对发展中国家的制造商施加更多的限制和压力，这些制造商往往因为经济和政治因素而受到影响，阻碍了可持续措施的实施，这是将来需要克服的难题。

参考文献

[1] 李响，邓晓珍. "双碳"背景下国产运动品牌的可持续设计研究[J]. 丝网印刷，2023(8)：25-30.

[2] 陈墨. 步入羽绒零碳时代，波司登展现绿色创新力[J]. 纺织服装周刊，2023(12)：25.

[3] 孙婷婷，陈英. 时尚品牌可持续发展现状探析[J]. 服装设计师，2023(4)：92-96.

[4] 贺静宇，陈李红，何琳. 服装品牌可持续性量表开发与检验[J]. 现代纺织技术，2022，30(6)：194-203.

[5] 刘晓宇. 全心做实业　一起向未来[N]. 人民日报，2022-07-14(16).

[6] 刘茜. 安踏集团发布 2021 年度 ESG 报告：承诺 2050 年实现碳中和[J]. 西部皮革，2022，44(11)：6.

[7] 谈晓微. 后疫情时代"国潮"品牌可持续性发展探析[J]. 经济研究导刊，2022(12)：61-63.

[8] 陈墨. 行业领先! 波司登 ESG 评级上调至"BBB"[J]. 纺织服装周刊, 2022(9): 22.

[9] 郑清. 华孚时尚布局清洁能源,践行可持续发展战略[J]. 纺织服装周刊, 2022(6): 26.

[10] 哀佳, 石丹. 网红运动品牌 Allbirds, "可持续"故事能讲多久? [J]. 商学院, 2022(1): 64-66.

[11] 郭春花, 徐长杰, 董笑妍, 等. 当可持续时尚成为一种时尚[J]. 纺织服装周刊, 2021(6): 17.

[12] 郑俊洁. 绿色环保理念下的服装品牌可持续发展研究[J]. 轻纺工业与技术, 2021, 50(1): 69-71.

[13] 郭春花, 徐长杰, 万晗, 等. 十大可持续发展榜样[J]. 纺织服装周刊, 2020(48): 22-25.

[14] 陈丽丽. "一带一路"倡议下中国服装品牌可持续发展策略研究[J]. 毛纺科技, 2020, 48(12): 93-97.

[15] 韩俊霞. 兰精:不忘初心,坚守可持续发展之路[J]. 纺织导报, 2020(10): 27.

[16] 赵颖. 可持续纤维应用创新[J]. 纺织科学研究, 2020, 31(9): 53.

[17] 牛方. 用创新给予纺织品"绿色 DNA":纺织材料创新论坛聚焦纤维的可持续发展[J]. 中国纺织, 2020(S3): 98-99.

[18] 臧梦璐. Allbirds 走红的秘密[J]. 光彩, 2019(9): 50-53.

[19] 索珊. 我国服装企业可持续发展战略措施及实施效果分析:以李宁公司为例[J]. 再生资源与循环经济, 2019, 12(4): 6-9.

[20] 黄静. 李宁公司可持续发展能力分析[J]. 全国流通经济, 2018(9): 32-33.

[21] 李红梅, 徐艳梅, 黎阳. 诺维信公司的可持续发展实践[J]. 中国质量, 2005(6): 38-41.

[22] 王红. 集约优势　整合发展:百联集团全国拓展特点及可持续发展的思考[J]. 上海商业, 2005(S1): 52-55.

[23] EREN H A, ANIS P, DAVULCU A. Enzymatic one-bath desizing-Bleaching-Dyeing process for cotton fabrics [J]. Textile Research Journal, 2009, 79(12): 1091-1098.

[24] DE SOUSA I S C, CASTANHEIRA E M S, ROCHA GOMES J I N, et al. Study of the release of a microencapsulated acid dye in polyamide dyeing using mixed cationic liposomes[J]. Journal of Liposome Research, 2011, 21(2): 151-157.

第10章 可持续纺织服装技术研究案例

未来可能有许多技术可以提供环境效益，新的多学科方法不断出现。本章概述了近年来与纺织和服装行业相关的技术研究进展，并讨论了当前和未来的应用。在纺织服装领域对具有环境效益的工作的认识越来越重要，了解这些技术可以促进设计、科学和技术之间的创新合作，以获得更可持续的未来。

10.1 可持续纺织加工中的等离子体处理技术

自从 1879 年英国科学家威廉·克鲁克斯（William Crookes）在真空放电过程首次发现等离子体以来，有关对等离子体的研究方兴未艾。通常，等离子体被定义为除气、固、液三态以外物质的第四种基本形态。微观上，等离子体中包括电子、离子、基态原子或分子、激化分子或原子以及自由基等多种粒子；宏观上，等离子体中电子和离子的密度几乎相等，故其正负电荷量相等呈准电中性，且由于带电粒子的缘故，等离子体是导电的。

等离子体的产生是由外界通过向气体提供足够的能量，使原子或分子的电子结构重组而产生的激发态粒子的集合体。所提供的能量包括机械能、热能、化学能、辐射能、核能、电能等，产生等离子体常见的方法分为气体放电法、射线辐射法、光电离法、热电离法、冲击波法、燃烧法等。其中，气体放电根据等离子体发生器结构的不同，可分为电晕放电、电弧放电、介质阻挡放电和低温等离子体射流等。

近年来，低温等离子体处理技术被广泛应用于纺织材料的表面处理及功能性修饰、纺织行业生产排污环节的有机废水废气治理，并因其具有能耗低、反应温和、对纺织材料本身力学特性无影响或低影响、过程清洁等显著优点，在可持续纺织加工生产领域逐渐受到广泛关注。

10.1.1 低温等离子体在纺织材料表面处理及功能整理方面的应用

低温等离子体对纤维或织物的表面改性从机理上分为以下两种方式（图 10-1）。

第一，由等离子体诱导使基材表面分子发生断链反应，可引发表面刻蚀，表面清理或表面活化，所使用工作气体为非聚合性气体（non-polymerizing gas），如氩气、氧气、空气或氮气。在高能电子的轰击及强氧化性活性物种的化学刻蚀下，由基材表面分子的断链反应形成基材分子碎片（自由基）会重新参与到由工作气体电离产生的等离子体与基材之间的反应中去，如此往复循环对基材表面进行改性。然而，这种改性的处理效果存在时效性，即随存放时间的增加，处理效果会逐渐变差。

第二，由等离子体诱导在基材表面发生聚合及接枝反应，所使用的工作气体常为聚合性气体（polymerizing gas）及前驱体，如碳氟化合物、碳氢化合物或含硅单体，也可通过使用非聚合性气体（如氩气）来诱导预先涂饰或在线沉积在基材表面的聚合单体完成聚合接枝。由于在基材表面的聚合单体聚合交联成为稳定的交联网络，使等离子体处理效果较为稳定。

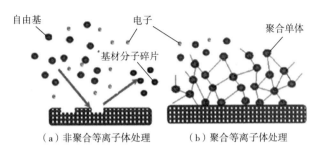

图 10-1　低温等离子体对基材表面改性机理示意图

等离子体技术研究的黄金时代是在 20 世纪 70~80 年代，美国和澳大利亚是等离子体改性技术的研究中心。特别是 1985 年以后，一些国家纷纷开展以工业化生产为目标的研究工作，但没有取得突破性成功。在近三四十年间，随着对环保问题和清洁生产的日益关注，等离子体技术再度成为研究的焦点。近十多年来，低温等离子体技术在纺织领域的研究和应用在众多方面取得突破性进展，国内外已成功研制多种低温等离子体设备，部分设备已应用于实际生产。在上述两种低温等离子体改性方式下对各类纤维及织物的差别化处理已具备一定生产经验，等离子体技术也已成为目前极具工业化前景的清洁生产技术。从 20 世纪 60 年代起，等离子体就被用于不同纺织材料的表面处理，以改善材料的表面性能，如自清洁性、黏结性、可染性、亲水性/疏水性、抗摩擦、抗缩水、抗反射、退浆等。近年来，随着纺织材料后整理要求的提高，合成纤维使用的增多以及环境保护纺织工程的需要，等离子体表面改性纺织材料有代替传统的湿法化学工艺处理的趋势。国内外等离子体加工技术在化纤纺织品上的应用研究进展具体如下。

10.1.1.1　对纺织材料的非聚合改性

（1）增加化纤及其织物表面粗糙度。化纤经低温等离子体非聚合改性后，由于刻蚀作用会在纤维表面产生很多凸起或凹坑，使纤维表面变得更为粗糙，纤维摩擦系数变大，从而增大纤维间的抱合力，改善纤维的可纺性，提高可纺支数。林娜采用氩气低温等离子体对涤纶织物进行处理，发现经过该等离子体处理后的涤纶织物表面粗糙度提高，拉伸断裂强力降低，透湿性、透气性、悬垂性提升，光泽度稍有降低，所得结果为后续加工工序奠定良好基础。王坤磊在大气压下分别采用空气、氦气和氮气介质阻挡放电对丙纶非织造布进行表面改性，发现经过不同等离子体处理后丙纶无纺布表面出现明显的粘连、刻蚀、断裂等现象，其表面粗糙度显著增加。董淼军等为提高芳砜纶表面摩擦因数，改善其可纺性，利用等离子体技术对其进行处理研究，对比了不同处理时间及真空度对纤维性能影响的差异，发现常压下随处理时间的延长，纤维断裂伸长性无显著变化，纤维静摩擦因数提高 22.5%~61.6%，动摩擦因数在各试验条件下无明显变化。

（2）提高化学纤维及其织物的上染性及润湿性。纤维表面经等离子体非聚合改性后可引入极性基团，从而对纤维染色性能产生一定影响。王春霞等使用常压氦气等离子体射流处理尼龙6纤维，并选择分散和荧光染料对处理前后的纤维进行染色。试验结果表明，常压等离子体射流处理可增加纤维表面的粗糙度，增加纤维染色深度，提高尼龙6纤维的染色性能，且对纤维强度无影响。唐晓亮等在利用等离子体对涤纶织物改性时发现，与未处理织物相比，处理后涤纶织物的初染率大幅提升，其上染率或表观得色量也高于未处理织物，同时染色平衡时间缩短。金杰等利用空气、氮气、氩气等不同工作气体对聚丙烯纤维进行等离子体非聚合处理，同样发现经等离子体处理后样品的吸湿性能和染色性能均有明显改善，主要由纤维表面的接枝基团与染料分子相互作用所致。路易吉·卡里纳（Luigi Carrino）等分别采用空气、氮气、氧气、氨气等气体作为工作气体，通过低温等离子体处理将极性基团引入基材表面，从而使丙纶吸湿性能大幅度提高，润湿时间明显降低，材料表面自由能相应提升。

（3）提高化学纤维及其织物的力学性能。库托（Couto）等对丙纶织物进行氧等离子体处理，使其表面发生降解，同时引入含氧基团，使丙纶抗冲击能力显著提高，且不影响其弯曲、拉伸性能。笪有仙等分别采用空气、氮气、氧气、氩气等作为工作气体，对芳纶1414进行低温等离子体处理，发现经过处理后其抗拉强度得到显著提升。

（4）在复合材料制备上的应用。利用化纤优异的力学性能开发特殊用途的复合材料也是目前工程界研发的焦点，但存在聚合物与化纤基质界面黏结力弱、强度低等问题。研究发现，经等离子体处理后，纤维表面接枝的大量活性基团及大幅提升的表面粗糙度均有利于黏合剂在纤维材料表面的铺展，从而使材料与黏合剂之间更完全地接触，有助于黏合力的提高。此外，极性官能团与黏合剂的键合可进一步增强黏合力。因此，经等离子体处理后纤维表面的黏着性可得到明显提高。由纺织品和高性能纤维（如芳纶、高性能聚乙烯纤维、碳纤维、玻璃纤维等）构成的复合材料，其层间剪切强度和剥离强度往往可提高数倍。

10.1.1.2 对纺织材料的聚合改性

（1）改善纺织材料的亲/疏水性。通过使用聚合性气体及前驱体对化纤进行等离子体处理可将特定基团引入纤维表面，可达到改善纤维表面性能的目的。其中，引入羧基、氨基、羟基等极性基团，可增加基材表面自由能，提高其亲水性；引入含氟基团，则恰恰相反。这为化学纤维及织物（如涤纶、丙纶等）亲水性整理或拒水拒油整理提供了新思路。

张庆等针对涤纶分子吸湿性低、易起静电、难以染深等缺点，首先将涤纶浸渍于丙烯酰胺溶液后烘干，再通过氧等离子体处理引发接枝的方法在涤纶表面引入大量酰胺基团，大大提高涤纶的上染率、染色深度及亲水性能；同时可节约染料，且在常压不加载体的条件下可使用分散染料进行染色，且染色牢度不会降低。此外，用 CF_4/CH_4 等离子体处理涤纶，还可赋予其良好的拒水性。

杰夫里（Jeffrey）等通过聚四氟乙烯和氩气等离子体对丙纶织物进行处理，发现丙纶表面粗糙度增加，同时在丙纶表面形成氟碳化合物，使得丙纶获得超拒水性能。加尔巴西（Garbassi）等利用等离子体接枝聚合技术将氟代甲烷接枝到腈纶表面，改善了纤维的疏水性能。奥克提姆（Oktem）等利用等离子体接枝聚合技术将丙烯酸接枝到纤维表面，改善了腈纶的亲水性能。

（2）改善化学纤维及其织物的导电性。李惠芝以针织物、机织物、非织造布为研究对象，经聚吡咯气相沉积方法制备导电织物，并分别探讨织物主要结构参数（如纱线线密度、织物密度、织物组织、织物面密度）对织物导电性的影响规律，为智能纺织品的梯度电阻织物开发与制备提供重要的理论指导和实践基础。王锐等[23] 提出一种利用等离子体聚合制备超疏水导电织物的方法，通过等离子体处理将含氟掺杂剂与聚苯胺单体聚合接枝在基底织物表面，通过调节含氟掺杂剂与苯胺单体的摩尔比及其他反应条件，得到不同电导率的导电织物。

（3）改善化学纤维及其织物的其他性能。李永强以涤纶织物为基质，利用低压射频辉光放电等离子体和常压辉光放电等离子体活化纤维表面，通过不同等离子体诱导接枝过程，在织物表面接枝聚合 N-异丙基丙烯酰胺，成功制备温度响应型涤纶织物。刘倩采用预浸泡单体再利用氩气等离子体引发二甲基二烯丙基氯化铵接枝到丙纶非织造布及涤纶织物表面，赋予其抗菌功能。张燕搏等分别用 CO_2、O_2、NH_3 和 SO_2 四种低温等离子体对聚氨酯膜进行改性，成功引入—OH、—COOH、—NH$_2$、—SO$_3$H 等极性基团，这些基团明显改善聚氨酯表面的组织相容性。

10.1.2　低温等离子体在纺织行业清洁生产中的应用

目前，世界各国普遍重视绿色技术创新的研究。日本的绿色技术优势以"治"见长。近年来，日本引入"以防代防"的观点，"循环利用"成了日本发展新兴绿色技术的主题。20世纪 80 年代以来美国一直以"尾端控制"为主，但成本较高，且效果不甚显著。2000 年，有学者指出，开展源头控制才是解决环境问题的根本出路。美国绿色技术创新从此贯彻了以"防"为主，对生产全过程进行控制的新观念。欧盟绿色技术也经历了从"治"到"防"的转变。欧盟在对水污染进行控制、治理的过程中开发了先进的污水处理和水质管理技术，其中以法国、英国和德国的技术比较过硬。中国环保事业发展 40 余年，也取得了显著的成绩。

大力发展绿色技术，让人类文明可持续发展。可持续发展的核心是：在发展经济的同时，保护好环境。绿色技术正承担着这种功能，其发展和应用在提高生产效率和优化产品效果的同时，能够提高资源和能源的利用率，减轻污染负荷，改善环境质量，因此发展绿色技术是促进可持续发展的有效途径。纺织产业作为我国的支柱型产业之一，纺织生产各环节的发展都与当地的生态环境息息相关，大力发展绿色纺织是实现纺织行业可持续发展的关键。

低温等离子体污染控制技术是一种新兴的绿色技术，不仅可以对气相中的化学、生物废物进行破坏，而且可以对液相、固相中的化学放射性废物进行破坏分解；不仅对高浓度有机污染物有较好分解效果，而且可对大流量、低浓度污染物进行分解，并且处理过程和结果无二次污染。作为一种高效、清洁的对污染物进行破坏分解的绿色技术，等离子体污染控制技术正受到各国学者越来越多的关注，已然成为环境污染治理领域中最有发展前途的一项高科技技术。

10.1.2.1 低温等离子体降解纺织工业 VOCs 废气技术

随着我国经济社会的持续高速发展，工业化和城镇化加速，环境问题日趋严重，对居民的健康、日常生活以及社会的经济发展造成了严重影响。针对我国严峻的污染形势，国家陆续出台了一系列政策，如《重点区域大气污染防治"十二五"规划》《大气污染防治行动计划》等都凸显国家对污染防治工作的重视，也促进了大气污染治理标准体系的完善。我国"十三五"规划也明确提出，支持绿色清洁生产，推动建立绿色低碳循环发展产业体系。

依据气溶胶的形成机理，在室外太阳光和热的作用下，挥发性有机化合物（VOCs）能够通过化学反应产生硝酸盐、硫酸盐、二次有机气溶胶等，经过一系列变化最后形成 PM2.5 颗粒。工业上大量的 VOCs 排放正是导致 PM2.5 的主要因素之一。而纺织工业中以印染工业产生 VOCs 量最大，成分以苯系物和醛类居多。以印染中污染的主要来源之一的定形机为例，目前中国纺织工业联合会登记的定形机有 1 万多台，包括没有登记在内的约有 2 万台，一台热定形机排放 VOCs $325\sim650mg/m^3$，日排放 VOCs $75\sim150kg$。按目前 90% 没有安装废气治理设施来看，还剩余 18000 台需要进行治理，若 VOCs 去除率达到 80%，一年可削减 VOCs 排放量 9.45 万～18.90 万吨（按现有剩余热定形机烟气每台每天排放 $75\sim150kg$ VOCs 计算）。

有机废气处理难度大的主要原因是种类繁多、来源广泛、一次性投资和操作费用高，基本上无回收利用价值。成分复杂的有机废气则更加难以净化、分离和回收。VOCs 作为有机化合物主要分支，其处理已经成为我国当前的首要任务。目前国内 VOCs 处理方法有回收技术、销毁技术和两者的联合技术等。回收技术主要包括吸附技术、吸收技术、冷凝技术及膜分离技术，一般是通过物理方法，改变温度、压力或采用选择性吸附剂和选择性渗透膜等方法来富集分离 VOCs。但是，传统的 VOCs 治理技术如吸收法、燃烧和活性炭吸附法等已很难达到新标准对 VOCs 排放的限制值。

低温等离子体技术是一种新型的综合性电子化学气态污染物治理技术，受电场激发，等离子体内富含大量活性粒子，如离子、电子、激发态的原子、分子及自由基等，低温等离子体中的高能粒子能量大于大分子有机物的分子结合能，因此可以使 VOCs 分子断裂并被氧化成 H_2O 和 CO_2。中低浓度、大流量 VOCs 废气处理能耗低、运行成本低，是目前国内外大气污染治理中最富有前景、最行之有效的技术方法之一，使用和推广前景广阔，为工业甲醛类有机废气及恶臭气体的治理开辟了一条新思路。

低温等离子体技术（NTP）利用高电压下气体电离放电产生的高能电子（$2\sim20eV$）、自由基以及活性粒子与有害气体分子 VOCs 发生非弹性碰撞使 VOCs 分子发生降解、激发、解离、氧化等一系列反应来降解污染气体。大体可分为两种反应方式，即 VOCs 分子直接与高能电子作用，发生激发、解离、电离生成 H_2O 和 CO_2 及其他物质，或高能电子与气体中的 N_2、O_2、H_2O 等分子反应产生强氧化性的 $\cdot O$、$\cdot OH$、$\cdot O_3$ 等自由基和活性粒子，使 VOCs 分子键断裂导致 VOCs 分子最终分解和氧化生成 CO_2 和 H_2O 等。两种途径如下所示：

（1）高能电子与污染气体直接反应。

$$e + VOCs 分子 \longrightarrow 各种碎片分子$$

（2）高能电子与污染气体间接反应。

$$e + O_2 \longrightarrow 2\,O\,\cdot$$
$$e + H_2O \longrightarrow O\,\cdot + OH$$
$$e + N_2 \longrightarrow 2N\,\cdot$$
$$\cdot O + O_2 \longrightarrow \cdot O_3$$
$$(O\,\cdot\,、\,\cdot OH\,、\,N\,\cdot\,、\,\cdot O_3)\,+VOCs \longrightarrow 分子及各种碎片分子$$

此外，低温等离子体结合催化剂共同净化 VOCs 气体能够弥补单一等离子体净化技术的不足，利用催化剂的高活性与低温等离子体技术的高选择性相结合，提供催化所需温度，降低放电活化能。二者相互影响作用有两方面。

（1）在高压电源下，气体电离放电过程中催化剂的加入能够改变放电空间特性，提供了更大放电空间，场强增强。

（2）而放电等离子体则改变了催化剂活性物质的结构和化学性质，增加表面积、粒径分散度，提高了催化剂的稳定性和活性。

二者相互协助补充，从而有利于将 VOCs 完全降解氧化为 CO_2 和 H_2O，有效提高 VOCs 的去除效率、能量效率，增加 CO_2 的选择性，降低有害副产物的生成。基于以上种种优势，受到众多学者广泛关注，成为污染物治理体系乃至相关领域的研究热点。

催化剂所处位置即一段式（内置式）和二段式（外放式）（图 10-2）两种联合方式。一段式是指等离子体区内置催化剂，称为等离子体协同催化（PDC）或等离子体催化（IPC）；二段式是指等离子体区后置催化剂，被称为等离子体辅助催化（PAC）或等离子体后催化（PPC）。同时，反应器中催化剂的载入方式又主要包括负载型、填充型和涂层型三种。相对于二段式等离子体反应系统，一段式的反应体系中等离子体与催化剂之间直接接触，同步协同作用更完全，辅助效果更佳。

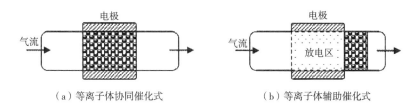

（a）等离子体协同催化式　　　　　　　（b）等离子体辅助催化式

图 10-2　等离子体与催化剂联合方式

10.1.2.2　低温等离子体降解纺织工业有机废水技术

印染废水是纺织行业排放的含有染料的主要污染物，具有排放量大、色度深、浓度高、可生化性低、pH 变化大的特点。印染废水处理的突出问题是色度和难降解有机物的去除。目前的印染废水处理研究主要从破坏染料发色基团和降低溶液 COD 两个方面着手，达到脱色和降解有机物的目的。处理印染废水技术主要有生物处理法、物理法、化学法及高级氧化法。

生物法对难生物降解染料及助剂难以去除，越来越不能满足印染废水复杂多变的处理需求，且印染废水的可生化性能差，直接利用生化法处理效果不佳。吸附法操作简单，适用广泛，但只是把污染物从水相转移到固相中，面临着后续处理、吸附材料昂贵和再生困难的问题。膜分离方法在获得较高的处理效率的同时，还可以使废水或有用物质获得再生从而重复使用。但是膜、膜设备及膜污染的集中处理费用较高，限制了该技术大规模应用。化学混凝法对印染废水中的色度、悬浮物都有较好的去除率，但只可去除一部分，也是将污染物从液相转移到固相，并没有实现彻底降解，所以一般用于印染废水的预处理。

对于废水中难降解性有机物的处理，当前世界主流技术是以氧化自由基为主的高级氧化技术（AOPs），包括湿式氧化、超临界水氧化、芬顿氧化、光催化氧化、臭氧氧化、等离子体技术等，虽然它们的反应机理不相同，但都主要通过产生羟基自由基来氧化有机物，并将之矿化成二氧化碳和水。其中，低温等离子体中包含强氧化性的羟自由基、激发态原子以及高能活性粒子，能够有效降解有机物，在氧化过程中，也会发生冲击波、紫外光辐射等物理化学反应，有助于加快有机物的进一步降解。近年来，由于其高效的降解能力且无二次污染，该技术受到了人们的广泛关注。

（1）等离子体废水处理反应器分类。低温等离子体对废水进行处理的反应装置是对电能进行化学转化的重要场所，也是该技术的核心部分。目前，低温等离子体在废水处理过程中，主要是针对电极的整体结构差异性，包括针板式反应器、棒式反应器、线筒式反应器、环筒式反应器、泡沫式反应器以及介质阻挡放电式反应器等。

①针板式反应器。针板式反应器是目前应用广泛、相关研究较多的一种反应器，由针电极与板电极组成。针电极进行电极放电，其主要材料为不锈钢，也有铝、铂等材质的放电材料。板电极主要用作接地电极，主要材质是不锈钢，由于放电电极针的具体数目存在很大的不同，可分为单针板与多针板两种反应器类型。针对放电介质存在很大不同的特征，又可以将其分为气相放电以及液相放电两种。

气相放电反应器的针电极位于板电极之上，两者之间相隔一定距离，被处理溶液会在电极中流动，完成放电，同时，等离子体中的有效成分和液面的一些复杂污染物发生反应。多根针在相同平面中可共同组成多针放电电极。液相放电反应器的针电极与板电极通常存在于溶液中，部分情况下，为了进一步探讨在溶液中通入不同气体对整体处理效果所产生的影响，会采用空心针电极对气体进行引入。

②棒式反应器。棒式反应器的两个电极都是以棒状的形式存在，电极之间的距离非常短，当施加高压电流之后，会逐渐形成电弧进行放电，从而逐渐产生等离子体，产生辐射以及紫外光的同时，伴有很强的冲击波。这样的反应器可用于杀菌、降解以及除锈，但是会存在电极腐蚀严重的情况，且影响放电，导致放电稳定性不高，等离子体中会产生活性物质，其所产生的能量效率非常低。

③线筒式反应器。线筒式反应器主要用于接地电极以及气相放电，放置于反应器器壁上方，放电电极主要位于轴心的部位。西方国家最早采用该方法以及结构的反应器处理废水，并深入研究了高压脉冲杀菌方法。结果显示，该结构的反应器和其他反应器相比，有显著的效果。

④环筒式反应器。环筒式反应器的放电电极以金属为主，接地电极是金属柱面，并在反应器中放置不锈钢圆环，能够有效改善等离子体针、板反应器针尖耗损的情况。数据显示，

增加环电极数目，可产生许多等离子体，但是如果数量在 3 个及以上便会出现火花放电。

⑤泡沫式反应器。泡沫式反应器是一种新型放电反应器，在内部放置两个多孔陶瓷扩散器，液、气相都是可以从底部进入的，通过多孔陶瓷扩散之后，会产生大量泡沫，并逐渐进入放电区域。该方法也能够有效弥补传统方法的不足，提高整体放电效果，有效加强热与传质之间的交换，从而有效提升氧化剂产量。

⑥介质阻挡放电式反应器。介质阻挡放电式反应器是比较常见的放电反应器统称，主要是在反应器的电极上方覆盖相应的绝缘介质，在两电极之间增加高压交变电之后，因为存在介质，处理对象在高压下会出现均匀的丝状流光放电。在放电过程中，电子能量远远高于平均能量值，使水分子、有机物分子等逐渐产生电离，激发活性粒子。该类反应器能够产生很强的放电，同时能够有效避免溶液与电极之间直接接触，大幅度延长电极的使用寿命。

（2）低温等离子体技术处理废水的研究进展。通过低温等离子体处理难降解废水的相关研究仍处于发展阶段，主要为单一化的模拟废水，如染料、苯酚等。等离子体在去除废水中有机物的过程中，和多种因素有密切的联系，包括电极极性、放电频率、pH、添加剂等。

①液相放电处理废水。液相放电主要指的是没入水中的高压电极与地电极在能量注入水中后会产生过氧化氢、臭氧等物质，早在 20 世纪 80 年代，国外便采用了针板式反应器，进一步研究了放电时的化学反应情况。结果显示，在染料溶液中完成放电时，加入混合气，降解率高达 80%，随后又有学者通过棒式反应器进行放电反应，对水中的氯酚进行处理，去除率为 36%。在之后的研究中加入了活性炭，并实时观察对水中酚产生的影响。数据显示，对于单独放电以及活性炭酚的整体去除率显著提高，学者认为其主要是因为活性炭的吸附作用，放电在活性炭表面诱发化学反应。随后环筒式反应器在脉冲放电过程中，等离子流柱会有更大的通道，比单环放电电极反应器的整体效率更高，染料脱色率在 95% 以上，最终得出，苯是最难去除的物质，其实际去除率与溶液的浓度以及氧气的实际流量有关。

②气相放电处理废水。在施加电压的情况下，两电极之间的气体介质会受到冲击，所产生的非平衡等离子体扩散到液体中，和污染物发生反应。单针板反应器在施加非脉冲直流高压时，可通过低压放电，对水中的氯苯酚进行处理，并且能够监测实际反应情况，有效提高放电电流、搅拌速率，降低 pH，提高实际转化率。在低压环境下，放电过程需要更低的电压。和常压气相放电相比，对于相同污染物的转化与处理所需要的实际能量会更少。

10.2　回收纺织品的非织造加工技术

非织造材料主要是由定向或随机排列的纤维通过摩擦、抱合或黏合或这些方法的组合而制成的片状物、纤网或絮垫。所用纤维可以是天然纤维或化学纤维；可以是短纤维、长丝或纤维状物。非织造生产工艺多样，其生产设备能适应纱线、织物、薄膜、塑料等纤维状或可切割成纤维状的各类原材料，因此利用回收纺织品加工的非织造材料在生产和各生活领域中应用十分广泛。由回收纺织品制得的非织造材料可用于汽车工业，如隔音网、绝热网、车座和车体侧面的衬里、车内地毯、顶棚等；家具行业，如坐垫面、坐垫底层棉、装饰材料、填絮及地毯底层毡等；建筑业，用作隔音绝热网、过滤产品、涂层基布、足迹隔音层、土木工程中的填充料等；种植业，用作园艺栽培基质等。

10.2.1 回收纺织品的预处理

回收纺织品的非织造工艺过程主要包括原料的准备、纤维成网、纤网固结和后整理这四大过程。原料的准备过程主要包含回收纺织品的开松处理、施加油剂和混合过程。

回收纺织品的开松处理是将各种成分、各种形状的回收纺织品进行松解的过程，主要是将较大的织物、纤维块、纤维团松解为碎布条或松散的棉絮。由于回收纺织品的种类繁多，成分复杂，颜色、状态差异大，所以其开松处理过程较为复杂。首先应对回收纺织品进行消毒处理；采用金属探测器探测并去除废料中所含的拉链、金属装饰物等金属附件；然后按照受污染程度、形态、颜色、成分（可采用中红外光谱、近红外光谱、拉曼光谱进行判别）对回收纺织品进行分拣；根据回收纺织品的种类，确定合适的分解工艺参数及具体的回收利用途径。经过分拣得到的回收纺织品，有的呈纤维状或纱线状，可直接喂入开松设备进行开松；有的呈织物结构，可采用升降刀切割机（多用于旧衣与布片）或旋转切割机（多用于布条和回丝）等将废旧纺织品切割成小块，再采用角钉、钩齿、针布等开松设备经渐进式物理作用对其进行开松除杂。

开松是加工回收纺织品的关键环节，关系到纤维成网质量的优劣，其主要加工工艺有干法开松和湿法开松。干法开松是通过机械切割、撕裂、开松，使得纱线无捻化的加工过程。干法开松过程十分剧烈，极易拉断回收纺织品中的纤维，所获得的纤维较短，质量较差，对捻度较小、组织结构较松散的回收纺织品开松效果较好。干法开松过程中，极易产生高含尘空气和粉尘，对工作环境会造成一定影响。因其投资小，工艺流程短，能耗小，应用十分广泛。湿法开松是在一个设有多个锡林（或角钉辊）开松机组的大水池内完成的。因其对回收纺织品有润湿洗涤作用，对纤维的损伤程度降低，得到的纤维长度保持较好，质量较干法开松好，且不易产生高含尘空气和粉尘，对捻度较大、组织结构较紧的纺织废料有良好的开松能力。但其工艺流程长、能耗高、投资大，因而较少采用。

在回收纺织品的开松处理过程中，难免对纤维产生较大的损伤，施加油剂的目的在于减少纤维的摩擦，防止纤维产生静电，以达到加柔、平滑而又有良好抱合性的要求。

混合过程是将不同成分、不同长度的纤维混合均匀，以获得满足非织造成网工艺要求的原料。例如，当回收纤维过短时，可在其中加入未使用过的长纤维以提高纤维的成网质量。W. R. 戈内斯（W. R. GOYNES）采用70%再生涤纶和30%棉生产非织造布热毯，并经过羧酸整理以降低松散纤维的表面缠结，从而改善使用和洗涤过程中的结构稳定性；英国罗奇代尔（Rochdale）毡业（AFI）公司利用羊毛、黄麻、羊绒、腈纶、棉、聚丙烯和聚酯等再生纤维制备针刺和化学黏结非织造布，生产绝热隔音并具有化学吸收性的衬垫材料和阻燃产品。

10.2.2 回收纺织品的非织造成网技术

纤网是非织造加工过程中最重要的半成品，对最终产品的形状、结构、性能及用途影响很大。纤网质量如单位面积质量偏差，不匀率，纤维的配比、配色以及纤维的排列方向等，直接影响非织造材料的外观和性能。纤网缺陷在后加工过程中无法加以弥补，有时反而扩大和暴露，成网技术是非织造材料生产技术中的关键。由于回收纺织品的品种多样，所获得的纤维原料成分、粗细、长短和颜色完全不同，成网加工十分困难。我们可以根据纤维原料的特点，选择梳理成网、气流成网或湿法成网等非织造成网技术进行加工处理。

10.2.2.1　梳理成网技术

梳理，原意是"用梳子整理"。传统纺纱过程的前道梳理，就是用有针或齿的元件使纤维排列整齐并剔除其中的短纤维和杂质的工序。纤维经过开清、混合之后，进入盖板—锡林式梳理机。在各元件表面弹性针布的相互作用之下，纤维在盖板和锡林之间被分梳成单根纤维状态，并经由道夫输出形成纤网，再将纤网束集成棉条络筒，最后送至纺纱工序。

非织造的梳理成网与纺纱的前道梳理工序非常接近，只是不需要将纤网束集成棉条状。要说最大的区别，就是为了提高梳理效能和速度，非织造的梳理机械选用了分割效率更高的金属针布代替纺纱工序中的弹性针布，选用梳理效能更大的罗拉—锡林式梳理机代替了纺纱工序中的盖板—锡林式梳理机。

金属针布是外观形状近似锯条的经冲齿淬火处理而制成的钢条，具有对纤维良好握持和穿刺分梳的能力，能阻止纤维下沉，减少充塞，针尖不易变形，满足回收纺织品原料对于高速度、强分梳的工艺要求。而弹性针布是由弯成 U 形的细钢丝按一定要求以一定植针角植入在柔性底布上而形成的，对纤维的握持力和穿刺分梳能力较小，虽然对纤维的损伤较小，但纤维容易充塞，需要定期清理，不适用于非织造的高速度、高效率梳理。因此，常用的非织造梳理机上大多使用金属针布包缠在各元件的表面。这就对非织造工艺纤维原料的单纤强度、柔性提出了更高要求。所以，非织造梳理成网之前，纤维原料除了需要进行纺纱工序的开松、混合和除杂之外，一定要对纤维施加一定量的专用油剂，以减少纤维的损伤。

梳理成网的目的是基本消除纤维间的横向联系，使纤维集合体分离成单根纤维状态（进一步开松），逐渐沿纵向建立起纤维首尾相搭的联系，并使纤维相互平行顺直，同时伴随着纤维的混合和除杂。梳理设备的金属针布间的梳理作用主要有分梳作用、剥取作用和提升作用。经梳理针布强分梳后的纤维，经道夫、剥棉刀或剥棉罗拉导出，可形成均匀的纤维网。

若回收纺织品中有较多不易松解的纤维团块、纱线和碎布条，很难形成单根纤维状态，导致梳理难度大、成网不均匀，可通过增加梳理元、更换金属针布规格等方法来提高梳理力。

10.2.2.2　气流成网技术

气流成网技术是将纤维材料经开松、除杂、混合后，喂入主梳理机构进一步分解、梳理成单纤维状态，在锡林高速回转产生的离心力和气流的共同作用下，纤维从针布锯齿上脱落，由气流输送并凝聚在成网帘（或尘笼）上形成呈三维杂乱排列结构的纤网的非织造成网技术。气流成网的主要形式有自由飘落式、压入式、抽吸式、封闭循环式、压吸结合式等。采用这种技术所获得的纤网中，纤维呈三维杂乱排列，MD（纤网纵向强力）/CD（纤网横向强力）= 1.1~1.5，经固结之后形成的非织造材料具有各向同性的特征。气流成网通常要求纤维长度不大于 80mm，纤维过长会破坏纤网外观和均匀度。该技术可有效地处理经过松解而获得的回收纺织品超短纤维。

乔治（George）等将被切割成 75mm × 5mm 细条状的回收塑料袋与聚酯瓶片纤维（6.7dtex，76.2mm）混合，通过 0.91m 幅宽的 Rando Webber 气流成网设备顺利获得长度约 2m 的均匀纤网。由此可见，气流成网技术对原料的要求较低，可广泛应用于回收纺织品的再利用中。

10.2.2.3 湿法成网技术

湿法成网技术是将 5~20mm 的天然短纤维或化学短纤维与水、化学助剂混合形成的稳定、均匀的浆料，在专门的成型器中完成脱水而制成均匀纤维网的工艺技术。湿法成网非织造材料与纸张的生产工艺过程有着千丝万缕的联系，甚至外观状态都很相似，但是它们却是截然不同的两种材料。首先，纤维原料的种类和长度不同。造纸使用 1~3mm 长的纤维素纤维；湿法成网可以加工 5~20mm 长的任何纤维。其次，纤维间增强方式不同。纸张内部纤维之间以氢键结合；湿法成网非织造材料内部，如原料为纤维素纤维，以氢键结合，如原料是其他纤维，则以化学黏合剂来固结。最后，纤维成网的机理也不尽相同。造纸的成型靠流浆箱，脱水靠造纸毛毯进行；由于湿法成网技术所需要的水量很大，纤网的成型与脱水过程需要在流浆箱中同时进行。最终产品性能不同。湿法非织造材料的强度、柔软度、悬垂性等方面比纸好。

湿法成网非织造工艺的优点是：生产速度高；适合采用干法开松处理的长度小于 20mm 的各类回收短纤维成网；不同品质纤维相混几乎无限制；纤网中纤维杂乱排列，产品各向同性；产品蓬松性、纤网均匀性较好；生产成本较低。该工艺的缺点是：产品的品种变换可能性小；用水量大、能耗大；对松解效果差的回收纱线或织物，成网均匀度差。湿法成网非织造材料主要用于电绝缘材料、电池隔膜、工业擦拭布等领域。

10.2.2.4 铺网技术

梳理机生产出的纤网很薄，其克重通常不超过 20g/m²。对于结构、形态和性能多样的非织造材料而言，这种纤网显然是不能满足需求的。因此通常需要将克重较低的纤网经过某种方式进行铺叠，以达到增加纤网单位面积质量、增加纤网宽度、调节纤网纵横向强力比、改善纤网均匀性、获得各类纤维分层排列的纤网结构等目的，这就是非织造的机械铺网技术。常见的机械铺网方式有平行铺网、交叉铺网和垂直铺网。

（1）平行铺网。平行铺网是将各梳理机输出的薄纤网平行叠合而形成一定厚度、结构的纤网的成网技术，方式主要有串联式和并联式，两者的主要区别在于梳理机摆放的位置不同。平行铺网所获得的纤网，纤维沿纵向高度定向，外观平整，均匀度高。但是对于生产高克重的纤网而言，需要配置的梳理机数量多，占地面积大，而且最终纤网的幅宽受到梳理机的有效工作幅宽限制。因此，由平行铺网制成的纤网，克重较低、幅宽较小，主要用于医疗卫生材料、服装衬、电器绝缘材料等。

（2）交叉铺网。要克服平行铺网存在的种种不足之处，可以采用交叉铺网。交叉铺网的方式有立式铺网、四帘式铺网和双帘夹持式铺网。交叉铺网的特点为：铺叠后纤网宽度不受梳理机工作宽度限制；可获得很大单位面积质量的纤网；可以调节纤网中纤维的排列方向，甚至使最终非织造材料的横向强力大于纵向强力；可获得良好的纤网均匀性。

由于非织造加工工艺与产品性能的要求不同，可选择在交叉铺网之后增加纤网牵伸机。纤网牵伸机主要由牵伸罗拉组成，牵伸罗拉表面包覆特殊针布。通常 3 根牵伸罗拉构成一个牵伸区，由一个电机驱动。牵伸区内 3 根牵伸罗拉的传动件的齿数比，决定牵伸区的固定牵伸倍数。当牵伸区之间无牵伸时，牵伸区数量决定了纤网牵伸机总的最小固定牵伸倍数。通过多级小倍数牵伸，使交叉铺叠纤网中原来呈横向排列的部分纤维向纵向移动，从而减小纤网纵横向的强力差异，同时调节纤网的单位面积质量，匹配前后机台的速度。

（3）垂直铺网。垂直铺网技术可以使纤网内大部分纤维趋于垂直纤网平面的定向排列，加固后具有良好的压缩回弹性，适用于床垫、建筑物或汽车的隔音隔热网等产品中。

10.2.3 回收纺织品的非织造固网技术

无论何种非织造成网方法，只能得到一种结构松散的纤网，纤维间基本没有什么联系，导致纤网的强度较低或基本没有任何强度。因此，必须用某种方法把纤网固结。选一些化学黏合剂把纤网中的纤维"黏"在一起，用以制备具有一定强度的非织造材料，这就是非织造加固技术的雏形，也是应用历史最长、使用范围最广的一种纤网加固方法——化学黏合技术。之后，随着低熔点热塑性高聚物及其纤维的迅速发展，我们将起到固结作用的化学黏合剂换成对温度敏感的低熔点纤维或低熔点聚合物粉体，于是热黏合法加固技术应运而生。那么，能不能不加任何形式的黏合剂呢？机械加固技术正是基于这个考虑而发展起来的，以纤维间的柔性缠结和摩擦、抱合等作用力使纤网获得一定的力学强度，它包括针刺法、水刺法和缝编法三种加固技术。这些纤网的固网技术都可以应用于废弃纺织品的回收利用中，本部分简单介绍应用较为广泛的化学黏合技术、热黏合技术、针刺技术和缝编技术。

10.2.3.1 化学黏合技术

在非织造材料的生产工艺中，化学黏合法是其中应用历史最长、使用范围最广的一种纤网加固方法。虽然近年来聚合物纺丝成网、水刺法、热黏合加固法等非织造生产工艺的迅速发展和黏合剂生产技术的缺陷（主要是环境保护、人体健康方面的影响），限制了化学黏合法的发展速度，但由于这种方法具有工艺灵活多变、产品多样化、生产成本较低等优点，在整个非织造材料生产中仍占有很大比例，受到了生产厂商和行业技术人员的重视。随着无毒副作用的"绿色"化学黏合剂的出现，化学黏合法技术一定会得到进一步的发展。

（1）黏合机理。化学黏合法生产的非织造材料中，被黏合的固体主要是纤维，纤维之间的黏合牢度取决于黏合剂和被黏纤维分子之间及黏合剂自身分子之间的结合强度。目前，关于黏合理论主要有扩散理论、吸附理论、化学键合理论和机械理论等。

①扩散理论。扩散理论是从界面上分子或链段的相互扩散作用来研究黏合现象的理论。在进行高分子材料黏接时，由于分子或链段的热运动，黏合剂分子或链段与被黏物表层的分子或链段能够相互扩散，相互深入对方的表面层内部，致使黏附界面消失，形成一个交织网络过渡区，从而形成牢固的黏接。

②吸附理论。吸附理论认为，黏结力的形成首先是高分子溶液中黏合剂分子的布朗运动，

使黏合剂的大分子链迁移到被黏物质的表面，即表面润湿过程，然后发生纤维对黏合剂大分子的吸附作用。这种吸附作用可以是分子间作用力，也可以是氢键、离子键和共价键。

③化学键合理论。化学键合理论认为，如果黏合剂和被黏物质之间存在化学键，即使没有很好的扩散，也能产生很强的黏合力。这个理论适用于界面间可能产生的化学反应的状态。

④机械理论。机械理论是指呈流动态的黏合剂渗入被黏合材料的孔隙内部或其表面之间，当黏合剂固化后，这些嵌入被黏物表面凹陷部位的胶黏剂就形成了"锚钩"，通过这种胶黏剂向两个被黏物表面的"锚钩"作用实现对被黏物的黏接。所以，通过对被黏物表面进行打磨或磨砂处理，也可以提高黏接强度。

（2）黏合剂。非织造常用黏合剂绝大多数为分散型乳液或乳胶，主要品种有聚丙烯酸酯乳液黏合剂、聚醋酸乙烯酯乳液黏合剂、丁苯乳胶黏合剂和丁腈乳胶黏合剂。聚丙烯酸酯乳液黏合剂包括聚丙烯酸及其酯以及在分子结构上包含丙烯酸酯类的大量化合物，此类黏合剂的耐候性、耐老化性好（既耐紫外线老化，又耐热老化，并且具有优良的抗氧化性）、黏结强度高、耐水性好、弹性比醋酸乙烯酯高、具有很大的断裂伸长，且随着酯基的增大，耐油性和耐溶剂性逐渐变差，柔性增大，耐水性和黏结强度增大。聚醋酸乙烯酯乳液黏合剂是以醋酸乙烯为单体，通过本体、溶液、乳液、悬浮液等聚合反应获得，此类黏合剂的性能优良、黏度小、无易燃溶剂、使用简便安全、黏结力强且稳定性好。丁苯乳胶黏合剂是由丁二烯与苯乙烯聚合制得的无规结构的共聚物，以其柔软、弹性、价廉的特点，用于空气过滤材料、研磨材料和人造革基布等产品。丁腈乳胶黏合剂是丁二烯和丙烯腈的共聚物，因其含有强极性的腈基，黏结性高，抗（张）拉强度高，耐油性、耐溶剂性、耐磨性、导电性、耐老化性好。丁腈胶乳黏合的非织造材料柔软，有弹性，强度高。

（3）黏合工艺。非织造材料的化学黏合法工艺就是将化学黏合剂的乳液或溶液采用不同的工艺方法施加到纤网中，经热处理后达到纤网加固目的。常用的方法有浸渍法、喷洒法、印花法、泡沫法及溶剂法等。

①浸渍法。浸渍法是将纤网经由传输辊输入有黏合剂液体的浸渍槽中，浸渍后经过一对轧液辊或吸液装置去除多余的黏合剂，再通过烘燥装置使黏合剂固化形成非织造材料的一种方法。浸渍法适用于薄型黏合法非织造材料的生产。其产品主要应用于工作服装衬料、家用装饰和用即弃卫生材料。单网帘与圆网辊筒配合将纤网输送至浸渍槽中，纤网充分吸收黏合剂后，经表面包缠弹性橡胶的压辊去除多余黏合剂，最后经热处理加固获得浸渍法非织造材料。该产品中黏合剂的含量最高，手感偏硬。

②喷洒法。喷洒法是利用压缩空气通过喷头，不断向纤网喷洒黏合剂液体胶液，为使黏合剂渗入纤网内部，在喷头的下方采用了吸风装置，加强黏合剂对纤网的渗透。喷洒黏合法可用于制造保暖絮片、垫絮、过滤材料等，也可用于预黏合细旦纤维的非织造材料（如卫生用品非织造材料的表面层），以及作为机械加固非织造材料的辅助加固手段。黏合剂喷头的配置形式主要有多头往复式、多头固定式、多头旋转式和椭圆轨迹式。该产品中黏合剂的含量比浸渍法非织造材料低，较蓬松，能保持原有纤网的多孔性。

③印花法。印花黏合法是采用花纹辊筒或圆网印花滚筒施加黏合剂。在纤网上有规则地

施加少量黏合剂就能得到一定的成品强度，通常黏合剂的覆盖范围占纤网总面积的 10% ~ 80%。该法适宜于制造 20 ~ 60g/m² 、柔软而美观的非织造材料，主要用作"用即弃"产品，具有成本低廉的优点。

④泡沫法。泡沫黏合法是采用发泡剂和发泡装置使黏合剂浓溶液成为泡沫状态，并将发泡的黏合剂涂于纤网上，经加压与热处理导致泡沫的破裂，泡沫中黏合剂微粒在纤维交叉点成为很小的黏膜状粒子沉积，使纤网黏合后形成多孔性结构，改善产品的蓬松性和柔软性，且烘燥时能耗省。泡沫在施加到纤网之前，必须处于稳定状态，一旦施加到纤网上，即要求在纤维表面上迅速破裂、润湿并渗透到纤网中去。泡沫黏合剂的施加方法主要有直接施加法和间接施加法。泡沫黏合过程中黏合剂的浓度较高，在烘燥时黏合剂的泳移现象减少，已成为制造低、中面密度黏合法非织造材料的主要方法之一。

⑤溶剂法。溶剂黏合法是采用溶剂或溶剂蒸汽处理纤网，利用可溶性纤维的膨润、溶解或部分溶解的特性，进行纤维之间的黏合。溶剂黏合法对设备的密闭性要求较高，否则易造成空气污染，因此溶剂黏合法应用较少。

10. 2. 3. 2　热黏合技术

部分高聚物具有热塑性，即加热到一定温度后聚合物会软化熔融，变成具有一定流动性的黏流体，冷却后又重新固化，变成固体。热黏合加固技术是利用高聚物的热塑性，将纤网中的部分纤维或低熔点粉末加热后，使其软化熔融、流动、扩散，在纤维的交叉点上形成黏合区域，冷却固化后，纤网得到加固而成为具有一定物理力学性能的非织造材料。与化学黏合加固技术相比，热黏合加固工艺中无须使用各类有机溶剂，所以生产速度快、成本低，更加符合卫生、环保的要求，现已逐渐取代了部分化学黏合非织造材料。热黏合加固工艺主要包括热轧黏合、热熔黏合和超声波黏合，其产品广泛应用于医疗卫生、服装衬布、绝缘材料、箱包衬里、服用保暖材料、家具填充材料、过滤材料、隔音材料、减震材料等领域。

（1）热轧黏合技术。热轧黏合工艺是利用一对或两对轧辊（钢辊或包有其他材料的钢辊）对纤网进行加热加压，导致纤网中部分纤维熔融而产生黏结，冷却后纤网得到加固而成为热轧法非织造材料。在热轧黏合过程中纤网内部发生了一系列复杂的变化，包括纤网与热轧辊间的热传递，纤网形变，低熔点聚合物熔融、流动、扩散、冷却固化成型等工艺过程。

（2）热熔黏合技术。热熔黏合工艺是指利用加热空气对混有热熔介质（即低熔点纤维或低熔点粉末）的纤网进行加热，使热熔介质受热熔融、流动并凝聚在主体纤维的交叉点上，冷却后纤网得到黏合加固而成为非织造材料。和热轧黏合相似，热熔黏合工艺存在热传递过程、流动过程、扩散过程、加压和冷却过程。根据加热空气对纤网的穿透形式，热熔黏合工艺可以分为热风穿透式黏合和热风喷射式黏合。

①热风穿透式黏合。热风穿透式黏合可分为平网热风穿透式黏合、双网夹持热风穿透式黏合和滚筒圆网热风穿透式黏合等三种方式。平网热风穿透式黏合工艺采用单层网帘将纤网输送至烘箱，热空气从纤网的上侧喷入并穿透纤网，对纤网进行加热，纤网受热时没有受到加压作用，热处理后可经过相当长的自然冷却过程，因此产品蓬松、弹性好。双网夹持热风穿透式黏合工艺是由两层网帘夹持纤网输送至烘箱，热空气可以分区域从纤网的上侧和下侧

喷入并穿透纤网中，对纤网进行加热，适用于生产大克重、厚型产品。滚筒圆网热风穿透式黏合是近年来迅速发展的一种工艺，纤网送入圆网热风穿透烘房后，热空气从圆网的四周向滚筒内径方向喷入，对纤网进行加热，进入滚筒内部的热空气被滚筒一侧的风机抽出，再进入加热元件进行循环利用。

②热风喷射式黏合。热风喷射式黏合可分为单帘热风喷射式黏合和双帘热风喷射式黏合。单帘热风喷射式黏合是将从梳理机输出的薄网经撒粉装置加入热熔粉末，由交叉铺网装置铺成较厚的纤网，采用单层网帘输送至烘房中进行热风喷射，热空气对纤网的上表面进行喷射，进行热量的交换。双帘热风喷射式黏合中，热空气对纤网的上下两个表面同时进行喷射，热利用率较大，同时也可以减轻热空气对纤网表面的冲击，保持纤网结构的完整性。

（3）超声波黏合技术。超声波黏合技术是采用换能器将电能转换为 2×10^4 Hz 的高频机械振动，经过变幅杆将该机械振动传递到传振器，使得振幅进一步放大，达到 $100 \mu m$ 左右。在传振器的下方，安装有钢辊筒，其表面按照黏合点的设计花纹图案植入许多钢销钉。将纤网或叠层材料喂入传振器和钢辊筒之间形成的缝隙中，在植入销钉的局部区域将受到一定的压力，部分纤维受到超声波的激励作用，在内部微结构之间摩擦而产生热量，最终导致纤维熔融。在压力的作用下，超声波黏合将发生和热轧黏合一样的熔融、流动、扩散及冷却等工艺过程。

因为不需要从纤网的外表面传递热量来达到熔融黏合，所以超声波黏合设备上无须安装任何加热元件。超声波能量可直接传送到纤网内部，能量损失较少。超声波黏合设备的可靠性高、机械磨损较小、操作简便、维修方便。与热轧黏合相比，设备上无加热部件，因此，每个部位比常规热黏合节省 300% ~ 1000% 的能量，生产条件大大改善。与绗缝机相比，产量要高得多，一般高 5 ~ 10 倍，如 3.3m 工作宽度的松下超声黏合设备的生产速度可达到 9m/min，黏合缝的强度比较高，并且不用缝线，洗涤后无缝线收缩之缺陷。

10.2.3.3 针刺技术

利用三角形截面（或其他截面）棱边带倒钩的刺针对纤网进行反复穿刺。倒钩穿过纤网时，强行带动纤网表面和里层的部分纤维或纤维束做垂直运动插入纤网内部。由于纤维之间的摩擦作用，原来蓬松的纤网被压缩。刺针退出纤网时，刺入的纤维束脱离倒钩留在纤网中，像许多纤维束"销钉"钉入了纤网，使已经压缩的纤网不能再恢复原来的蓬松状态。经过许多次的针刺，相当多的纤维束被刺入纤网，使纤网中纤维互相缠结，从而形成具有一定强力和厚度的针刺法非织造材料。在针刺法的加固过程中，并没有在纤网内加入任何形式的黏合剂，其固结作用主要是依赖于纤网内大量纤维之间的柔性缠结。也就是说，需要大量的刺针对纤网进行穿刺，才能达到非织造材料所需要满足的力学性能。

针刺非织造材料通常为中厚型，单位面积质量范围为 80 ~ 2000g/m²。针刺非织造材料可采用各种纤维，机械缠结后不影响纤维原有特征，纤维之间柔性缠结，具有较好的强度、尺寸稳定性和弹性。针刺非织造材料是由三维排列并相互缠结的纤维构成，其内部孔隙呈弯曲状，具有良好的通透性，主要应用于地毯、装饰用毡、合成革基布、过滤材料、土工布、造纸毛毯、隔音隔热材料以及车用装饰材料等。需要注意的是，对回收纺织品的纤网进行针刺加固时，由于撕碎纤维中短纤维、微尘和纤维团所占比例较大，容易堵塞针板孔隙，因而常采用低密度的刺针排列。

10.2.3.4　缝编技术

缝编非织造材料是用经编线圈结构对纤网、纱线层、塑料薄膜等或它们的组合体进行加固而制作成为非织造材料，其广泛应用于室内装饰，汽车顶篷以及其他工业生产当中。

以马利瓦特设备为例，缝编循环开始时，尖头槽针自最后位置前移，从固定的脱圈沉降片之间伸出并刺过纤网；旧线圈被固定的挡布针顶住，不随槽针一起向前；在槽针逐步从纤网穿出时，由于针芯运动比槽针缓慢而且动程短，因而槽针针口逐渐开放，使旧线圈最终退至槽针的针杆上；槽针伸到最前位置时，导纱针已经作了针背横移，并随后向上摆动作针前垫纱横移，接着导纱针再向下摆动；当槽针后退时，针钩带着新纱线向后运动，针芯便逐渐封闭针口，为成圈创造条件；同时由于脱圈沉降片挡住了旧线圈，纤网中的纤维便被经编线圈夹持而固定。

10.2.4　回收纺织品的非织造材料后整理技术

回收纺织品非织造材料的后整理技术是将非织造材料与各种涂层剂、功能整理剂或其他片状材料，通过化学和物理机械的方法使其牢固结合，或改变材料的性能、外形和物理形态的加工过程。在这一过程中，非织造材料与其他高分子聚合物和功能性物质集合成一体，成为一种新型非织造复合材料；或以另外一种物理形态出现，使其得以弥补原来单一的非织造材料性能上的缺陷和不足，又可以改变材料的外观和风格，同时又使材料增加了新的功能，如防水、拒油、抗菌防霉、抗静电、防紫外线、阻燃、亲水、柔软、防辐射等。可根据产品的实际应用性能要求选择相应的后整理技术。

托莫开克（Tomoakik）等采用涤纶废弃纤网和 PLA 薄膜交替层压，通过压缩模塑技术制备绝缘复合材料。阿布谢克·J.（Abhishek J）等采用废弃地毯制备地毯—聚合树脂复合材料薄板，并采用表面处理方法以增强该复合材料的力学性能。

10.3　纺织废水处理技术

10.3.1　概述

纺织工业是我国传统的支柱产业，在我国国民经济中发挥着重要的作用，尤其是在民生、就业和进出口贸易等方面具有不可替代的地位。但纺织工业各生产环节中排放出大量废水，在我国《水污染防治行动计划》中，纺织废水被列为专项整治十大重点行业之一。

纺织工业是指将天然纤维和化学纤维加工成各种丝、纱、线、带、织物及其染整制品的工业，按照生产先后顺序分为纺织和染整两个阶段。其中，纺织是指纺织原料到织物成型的生产过程，染整是指对织物进行化学处理、提高织物品质的生产过程。在这两个生产过程都会产生工业废水。现将与纺织废水相关基本概念与术语，以及基本处理技术介绍如下。

10.3.1.1 纺织废水基本概念与术语

（1）生化需氧量（biochemical oxygen demand，BOD，mg/L）。它是度量有机物对河流水体污染的一个重要指标。有机污染物随废水排入天然水域后，废水中的有机污染物被微生物分解过程中消耗水中的溶解氧量，以这些有机物为营养物的微生物得以生长繁殖，微生物在代谢有机物过程中要消耗水体中的氧，因此，人们就以氧的消耗量作为衡量有机物污染的尺度。生化需氧量把不同的有机物用一个指标加以概括表达，是衡量有机物的一个总体概念。BOD 是以每升废水消耗溶解氧的毫克数。实验室中，在 20℃ 条件下，将水样在培养箱中放置 5 天，测定溶解氧的消耗量，称为 5 日生化需氧量，以 BOD_5 表示。

（2）溶解氧（dissolved oxygen DO）。它是天然水体与大气平衡或经化学、生物化学反应后溶存于水体中的氧气称为溶解氧。洁净的地面水，由于表面暴露在空气中，溶解氧一般接近于饱和。例如，在 20℃ 和 1 个大气压条件下，水中饱和溶解氧为 8.84mg/L；在 30℃ 和 1 个大气压条件下，水中饱和溶解氧 7.53mg/L。当水体有藻类繁殖时，由于植物的光合作用，溶解氧可呈过饱和。若水体遭受有机物及还原性物质污染，将使溶解氧降低，即当大气向水体转移氧气的速率小于污染物消耗氧气的速率时，溶解氧可趋于零。溶解氧对水中生物，特别是鱼类的生存有密切关系，许多鱼类在水中溶解氧为 3~4mg/L 时就不易生存。因此，溶解氧是研究水体污染和自净能力的一项重要指标。溶解氧测定方法主要有两类：一是碘量法及其改良法，二是膜电极法。碘量法是以溶解氧的氧化性为基础的滴定法，可直接应用于洁净水体溶解氧的测定。当有各种干扰物存在时，可分别采用各种改良法，但碘量法不太适合于现场测定，且不能进行连续自动检测。膜电极法是依据分子氧气透过电极薄膜的扩散速率，可应用于溶解氧的连续自动化检测。

（3）化学需氧量（chemical oxygen demand，COD，mg/L）。也称为化学耗氧量，它是指废水中能被氧化剂氧化的物质。在规定条件下反应时所消耗氧化剂的量，用每升水样消耗氧的毫克数来表示。由于印染废水中还原性物质主要是有机物，因此，它近似反映了废水中有机物含量，当然也包括了亚硝酸盐、亚铁盐、硫化物等无机还原物。

根据所用氧化剂的不同，化学需氧量的测定方法分为重铬酸钾法和高锰酸钾法。为区别起见，将重铬酸钾法标记为 COD_{Cr}，又常简称为 COD。高锰酸钾法又分为酸性高锰酸钾法和碱性高锰酸钾法，酸性高锰酸钾法记作 COD_{Mn}，也简记为 OC；碱性高锰酸钾法简记为 COD_{OH}。我国在废水监测中主要采用 COD_{Cr}，而 COD_{Mn} 主要用于估计废水样生化需氧量（BOD_5）的稀释倍数。在以高锰酸钾法测定 COD 时，氯离子含量高于 300mg/L 时，应使用 COD_{OH} 法。对于氯离子含量不太高的废水，可采用 COD_{Mn} 法。对于氯离子含量高的废水，也可采用稀释法降低氯离子浓度，再用 COD_{Mn} 法测定。

（4）色度（chroma）。它是指纺织印染废水常因含有染料及助剂而使废水着色。色度测定时，通常须预先去除水样中的悬浮物，这也称为真色，否则又称为表色。印染废水色度可用铂钴比色法与稀释倍数法来表示。

（5）浊度（turbidity）。由于水样中的悬浮及胶体状态的微粒发生光散射和吸收，致使自然光不能直线透过水样，使得原来无色透明的水产生浑浊现象，其浑浊程度称为浊度。

（6）悬浮物（suspended solids，SS）。它是指在纺织废水中，一些染料与助剂以悬浮物状态存在。悬浮物使水质混浊，降低水体透光性，影响水生生物的呼吸和代谢作用，甚至使鱼类窒息死亡。悬浮物是指不能通过滤器（通常孔径为 $0.45\mu m$ 的微滤膜）的固体物质，截留在滤膜上并于 $103\sim105℃$ 烘干至恒重的物质。常用总悬浮物（total suspended solids，TSS）含量表示。

（7）总氮含量（total nitrogen content，TN）。它包括废水中所有含氮化合物，即亚硝酸盐氮、硝酸盐氮、无机盐氮，以及大部分有机含氮化合物中的氮的总和。印染废水中的含氮化合物排入水体，在微生物的生物降解作用下可以生成氨—氮、硝酸盐、亚硝酸盐或氮气。总氮测定方法可以分别测定有机含氮化合物和各种无机含氮化合物，然后加和而得。也可以用过硫酸钾氧化，使有机含氮化合物和无机含氮化合物转变为硝酸盐后，再通过紫外照射或化学还原方法使硝酸盐转变为亚硝酸盐，再用偶氮比色法、离子色谱法测定。

（8）总磷含量（total phosphorus content，TP）。印染废水中常含有磷酸盐，而过多的磷酸盐排入水体，是造成水体富营养化的原因之一，当然，磷也是微生物生长繁殖不可缺少的营养元素。用直接比色测得印染废水的磷酸盐称为"活性磷"，它主要衡量水样中的正磷酸盐含量。若水样先经消化和氧化，再测得的磷酸盐称为"总磷含量"，就是水体中磷元素的总含量，它实际包括正磷酸盐和缩合磷酸盐（焦磷酸盐、偏磷酸盐和多磷酸盐）及有机膦酸盐。

10.3.1.2　纺织废水处理技术基本概念与术语

（1）活性污泥。活性污泥（activated sludge）是微生物群体及它们所依附的有机物质和无机物质的总称。活性污泥法是向废水中连续通入空气，经一定时间后，由于好氧性微生物繁殖而形成的污泥状絮凝物，其上栖息着以菌胶团为主的微生物群，具有很强的吸附与氧化有机物的能力。活性污泥可分为好氧活性污泥和厌氧颗粒活性污泥。活性污泥中复杂的微生物与废水中的有机营养物形成了复杂的食物链。在整个处理过程中应控制好污泥沉降比、污泥指数和污泥浓度等指标，才能使废水处理达到最佳效果。

（2）兼性厌氧菌（facultative anaerobic bacteria）。又称兼嫌气性微生物，在有氧或无氧环境中均能生长繁殖的微生物。可在有氧气或缺氧条件下，可通过不同的氧化方式获得能量，兼有有氧呼吸和无氧发酵两种功能。

（3）专性厌氧菌（obligate anaerobic bacteria）。是指在无氧的环境中才能生长繁殖的细菌。此类细菌缺乏完善的呼吸酶系统，只能进行无氧发酵，不但不能利用分子氧，而且分子氧对其还有毒性作用。

（4）水力停留时间（hydraulic retention time，HRT）。即池容与进水流量的比值。

（5）污泥停留时间（sludge retention time，SRT）。是系统中混合液悬浮固体量（MLSS）除以系统中单位时间内的污泥排放量，单位一般是天（d）。

（6）沉降比（settling velocity，SV）。取 1000mL 曝气池液于量筒中，让活性污泥静置沉降 30min，此时沉降的活性污泥所占整个溶液的体积百分数就称为沉降比。

（7）污泥浓度（mixed liquor suspended solids，MLSS，mg/L）。指单位体积曝气池液水样

所含污泥的干重，它是干污泥质量与水样的体积比。

（8）挥发分浓度（mixed liquor volatile suspended solids，MLVSS，mg/L）。干污泥进一步经灼烧处理后（马弗炉中600℃下灼烧）的失重与水样的体积比。

（9）污泥体积指数（sludge volume index，SVI，mL/g）。是指曝气池出口处混合水样经30min静置沉降后，1g干污泥所占混合液体积，也是沉降比与污泥浓度比。正常情况下，SVI值应在50~150mL/g。

（10）厌氧（anaerobic）。是指废水既无氧分子（即无溶解氧）也没有化合态氧。

（11）缺氧（anoxic）。是指无氧分子（即无溶解氧）但有化合态氧，如硝酸根。

（12）好氧（aerobic）。是指两种状态的氧都可能有，但至少要有氧气分子。

（13）厌氧池。厌氧池是指没有溶解氧，也没有硝酸盐的反应池。厌氧池就是不做曝气，污染物浓度高，因为分解消耗溶解氧使得水体内几乎无溶解氧，适宜厌氧微生物活动，从而处理水中污染物的构筑物。

（14）缺氧池。缺氧池是指没有溶解氧，但有硝酸盐的反应池。缺氧池是曝气不足或无曝气但污染物含量较低，适宜好氧和兼氧微生物生活的构筑物。

（15）好氧池。好氧池就是通过曝气等措施维持水中溶解氧含量在4mg/L左右，适宜好氧微生物生长繁殖，从而处理水中污染物的构筑物。

（16）厌氧消化过程。首先是由发酵细菌排出的细胞外酶的作用，将使大多数复杂的聚合物基质如碳水化合物、蛋白质和脂肪发生水解，产生更简单的可溶性产物，或使结构复杂稳定的有机物开环、并分解成为易降解有机物，如氨基酸，糖，脂肪酸和甘油。这些简单的产物再进入发酵细菌内部，在细胞内酶的作用下进一步分解成为有机酸、醇、酮等。经过发酵细菌代谢的产物，可供给产氢与产乙酸菌，代谢产生乙酸，其产物供给产甲烷菌进行代谢。这使水中的有机物得到分解。当进水中含有硝氮化合物时，也可能出现反硝化作用。然而，在一定浓度的硝氮、氨氮共存以及应用特定的操作和培养手段的条件下，也有可能发生厌氧—氨氧化反应。由于厌氧细菌代谢效率较低、世代周期长，所以，厌氧反应器往往效率很低而需要较高的进水底物浓度，以保证反应器内有足够微生物。随着高速厌氧反应器的发展，厌氧反应器作为一种低耗能与低污泥量的工艺慢慢被用来处理低浓度污水，代表的反应器包括AF，UASB，ABR等。

（17）厌氧滤池（anaerobic filter，AF）。厌氧滤池通过在反应器内部填充载体，能使部分厌氧微生物附着生长在填料上，形成厌氧生物膜，而部分微生物以悬浮污泥截留在填料空隙中，不易随出水流失，从而可以在较短的水力停留时间下取得较长的污泥龄，平均细胞停留时间可长达100天以上。通过反应器之中微生物膜的吸附、代谢和滤料截留作用，使污水中的有机污染物得以分解与去除。根据进水流态方式不同分为升流式和降流式，厌氧滤池采用升流式时底部微生物浓度高，附着于滤料表面的生物膜量约占厌氧生物滤池中总生物量的1/4~1/2。总生物量比降流式厌氧生物滤池更高。降流式中的微生物以生物膜为主，并且形成较慢，容积负荷也较低。AF的构造简单、能耗小，运行管理方便，适用范围很广，可用于处理各种不同类型与不同浓度的纺织废水。与其他高速厌氧反应器相比，AF在低浓度下表现出更高的基质去除率。可以承受冲击负荷，也是较早的使用在低浓度污水处理的厌氧反应器，但对进水的 SS 要求较高，SS 过高容易引起反应器的堵塞。

（18）厌氧污泥床反应器（up-flow anaerobic sludge blanket，UASB）。其主要包括进水布水区、反应区和三相分离区，它是集有机物去除以及泥、水、气三相分离于一体的集成化废水处理工艺，其特点是在一定物理化学条件下，反应器中可以培养形成沉降性能良好的颗粒污泥以及形成污泥浓度极高的污泥床，使其具有容积负荷率高、污泥截留效果好且反应器结构紧凑等优点。

（19）内循环厌氧反应器（internal circulation anaerobic reactor，ICAR）。其是基于 UASB 反应器颗粒化和三相分离器的概念而改进的新型反应器，可看成是由两个 UASB 反应器的单元相互重叠而成。基于沼气的分离而分成两个阶段，上部是低负荷区，下部是极端的高负荷区。该种反应器最突出优点是容积负荷率高、投资少、能耗低、水力停留时间短，出水 pH 与水质稳定。

（20）厌氧折流板反应器（anaerobic baffled reactor，ABR）。其是由多个垂直折流板将反应器分割成多个隔室，隔室之间串联运行（图 10-3）。当废水从反应器的进口流向出口时，串联设置的垂直挡板使废水上下折流流动，由于废水的上下折流流动和反应过程中产生气体的上升作用，反应器内的细菌发生缓慢上升和沉降运动，从而提高了有机污染物降解速率。ABR 反应器的突出特点是多隔室结构，该结构使厌氧产酸和产甲烷作用发生在反应器的不同隔室中，从而使每个隔室中培养驯化出不同类型的微生物，既提高了反应器的处理负荷和处理效率，又增强了反应器的稳定性和对不同影响因素的适应性。鉴于大多数厌氧微生物尤其是产甲烷菌的生长速度缓慢，因此，ABR 反应器设计的主要目标是保证细菌细胞在反应器中具有足够长的停留时间，减少或避免细菌从反应器中流失。

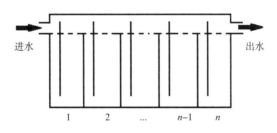

图 10-3　厌氧折流板反应器示意图

（21）厌氧流化床生物反应工艺（anaerobic fluidized bed bio-reaction process，AFB）。该工艺沿用了化工过程中的固体颗粒流态化技术，构筑物一般为柱状反应器，依靠在惰性填料微粒（粒径小于 1mm）表面形成的生物膜来保留厌氧污泥，因而给厌氧微生物生长提供的比表面积可高达 $2000 \sim 3000 m^2/m^3$，生物量可以达到 40g VSS/L，微生物在载体（流化床反应器一般以塑料、活性炭、沸石、玻璃等作为填料）表面附着生长形成生物颗粒。载体流化时，污水与微生物之间具有巨大的接触面积，同时生物膜的厚度和结构也因流化时不停地运动和相互摩擦而处于最佳状态，能够有效地避免因有机物向生物膜内扩散困难而引起的微生物活性下降。厌氧流化床反应器能够保持较短的 HRT 且对于纺织废水的处理有较高的效率。这是因为生物膜附着生长于惰性载体表面并随着载体在系统中的流化而与反应基质发生了充分的接触，同时这种流态化加速了污泥与废水接触界面的更新，提供了传质推动力，强化了二者之间的传质过程。

（22）厌氧氨氮生化处理（anaerobic ammonia nitrogen biochemical treatment）。该处理过程包括硝化和反硝化两个步骤，硝化过程主要由氨化菌、亚硝化菌和硝化菌在好氧条件下完成，水中的氨氮经亚硝化菌与硝化菌的作用生成硝态氮；反硝化过程中，反硝化菌以有机物作为电子供体，在缺氧条件下将硝态氮还原为氮气。

（23）膜生物反应器（membrane bio-reactor，MBR）。该反应器是一种由膜分离单元与生物处理单元相结合的新型水处理设备。它将膜组件置于曝气池中，经过好氧曝气和生物处理后的水，由泵通过滤膜过滤后抽出，即利用膜分离设备将生化反应池中的活性污泥和大分子有机物质截留住。因此，活性污泥浓度大大提高，水力停留时间（HRT）和污泥停留时间（SRT）可以分别控制，而难降解的物质在反应器中不断反应、降解。经膜处理后的水质标准高（超过国家一级 A 标准），经过消毒，最后形成水质和生物安全性高的优质再生水，可直接作为新生水源。

（24）序列间歇式活性污泥法（sequencing batch reactor activated sludge process，SBR）。该方法是一种按间歇曝气方式来运行的活性污泥污水处理技术，又称序批式活性污泥法。SBR法与普通活性污泥法工艺流程相比，一般情况下可不设调节池和初次沉淀池，同时它还不需要设二次沉淀池、回流污泥及其设备，所有的工序通过时间上的安排，在一个池子内完成了进水、反应、沉淀和排水等一系列工艺过程。这为其实现脱氮除磷提供了有利的条件。它不仅很容易实现好氧、缺氧与厌氧状态交替的环境条件，而且很容易在好氧条件下增大曝气量、反应时间与污泥龄，来强化硝化反应与脱磷菌过量摄取磷过程的顺利完成；也可以在缺氧条件下提高污泥浓度等方式，提供有机碳源作为电子供体使反硝化过程更快地完成；还可以在进水阶段通过搅拌维持厌氧状态，促进脱磷菌充分地释放磷。SBR 法很容易满足脱氮除磷的工艺要求，在时间上控制的灵活性又能大大提高脱氮除磷的效果。

（25）缺氧好氧（anaerobic-oxic，A/O）工艺。该工艺是将前段缺氧段（A）和后段好氧段（O）串联在一起，A 阶段溶解氧（DO）不大于 0.2mg/L，O 阶段 DO 则介于 2~4mg/L。在缺氧段异养菌将污水中的淀粉、纤维、碳水化合物等悬浮污染物和可溶性有机物水解为有机酸，使大分子有机物分解为小分子有机物，不溶性的有机物转化成可溶性有机物。当这些经缺氧水解的产物进入好氧池进行好氧处理时，可提高污水的可生化性及氧化效率。在缺氧段，异养菌将蛋白质、脂肪等污染物进行氨化（有机链上的 N 或氨基酸中的氨基）游离出氨（NH_3、NH_4^+）。在充足供氧条件下，自养菌的硝化作用将 NH_3—N（NH_4^+）氧化为 NO_3^-，通过回流控制返回至 A 池。在缺氧条件下，异氧菌的反硝化作用将 NO_3^- 还原为分子态氮（N_2）完成 C、N、O 在生态中的循环，实现污水无害化处理。

（26）氧化沟（oxidation ditch reactor）。又名环形氧化渠，它是以一条连续环式结构的闭合曝气渠道作为反应池，污水污泥混合液在反应池中进行连续循环的生化反应，从而去除可生物降解的有机物。氧化池中配有通气转子或提供通气和循环的电刷，让闭合式反应池中的混合液通过沟渠，从而使污水和活性污泥的混合液在闭合式渠道中沿着工艺中设定的固定方向循环流动。氧化沟具有推流式和完全混合式的特点，可有效去除氮元素和磷元素，且其功率密度分配不均有助于氧传递、液体混合和污泥絮凝。

（27）移动床生物膜反应器（moving bed biofilm reactor，MBBR）。该反应器吸取了传统的活性污泥法和生物膜法两者的优点而成为一种新型、高效的复合处理设备，其核心部分就是以比重接近水的悬浮填料直接投加到曝气池中作为微生物的活性载体，依靠曝气池的曝气和水流的提升作用而处于流化状态。当微生物附着在载体上，漂浮的载体在反应器中随着混合液的回旋翻转作用而自由移动，从而达到污水处理的目的。与固定床生物膜法相比，它具有水头损失小、无须反冲洗、无短流等优点。与活性污泥法相比，它无须污泥回流、耐冲击负荷，因此适合水质成分复杂、难降解工业废水的处理。

（28）膜分离技术。膜分离技术是指分子混合物在通过半透膜时，在分子水平上实现选择性分离的技术。半透膜又称分离膜或过滤膜。膜壁布满小孔，依据其孔径的不同（或称为截留分子量），可将膜分为微滤膜、超滤膜、纳滤膜和反渗透膜。根据材料的不同，可分为无机膜和有机膜。无机膜主要是陶瓷膜和金属膜，通常只有微滤膜和超滤膜，其过滤精度相对较低，选择性较小，但无机膜具有优异的耐温性、耐酸碱性等。有机膜是由高分子材料制成的，如醋酸纤维素、芳香族聚酰胺、聚醚砜、聚砜、聚丙烯与含氟聚合物等。

①微滤（microfiltration，MF）。又称微孔过滤，它属于精密过滤，其基本原理是筛孔分离过程。鉴于微孔滤膜的分离特征，微孔滤膜的应用范围主要是从气相和液相中截留微粒、细菌以及其他污染物，以达到净化、分离、浓缩的目的。对于微滤而言，膜的截留特性是以膜的孔径来表征，通常孔径范围在 $0.1 \sim 1\mu m$，故微滤膜能对大直径的菌体、悬浮固体等进行分离。可作为一般料液的澄清过滤、空气除菌等。

②超滤（ultrafiltration，UF）。超滤是介于微滤和纳滤之间的一种膜过程，膜孔径在 $50 \sim 1nm$。超滤是一种能够将溶液进行净化、分离、浓缩的膜分离技术。超滤过程通常可以理解成与膜孔径大小相关的筛分过程。以膜两侧的压力差为驱动力，以超滤膜为过滤介质，在一定的压力下，当水流过膜表面时，只允许水及比膜孔径小的小分子物质通过，达到溶液的净化、分离、浓缩的目的。

对于超滤而言，膜的截留特性是以对标准有机物的截留分子量来表征，通常截留分子量范围在 $1000 \sim 300000$，故超滤膜能对高分子有机物（如蛋白质、细菌）、胶体、悬浮固体等进行分离，广泛应用于料液的澄清、高分子有机物的分离纯化等。

③纳滤（nanofiltration，NF）。纳滤介于超滤与反渗透之间的一种膜分离技术，其截留分子量在 $80 \sim 1000$。孔径为几纳米，因此称纳滤。基于纳滤分离技术的优越特性，其在制药、生物化工、食品工业等诸多领域显示出广阔的应用前景。

对于纳滤而言，膜的截留特性是以对标准 $NaCl$、$MgSO_4$、$CaCl_2$ 溶液的截留率来表征，通常截留范围在 $60\% \sim 90\%$，故纳滤膜能对小分子有机物等与水、无机盐进行分离，实现脱盐与浓缩的同时进行。

膜分离的基本工艺原理较为简单。在过滤过程中料液通过泵的加压，料液以一定流速沿着滤膜的表面流过，大于膜截留分子量的物质分子不透过膜而流回料罐，小于膜截留分子量的物质透过膜，形成透析液。故膜系统都有两个出口，一是回流液（浓缩液）出口，二是透析液出口。在单位时间内单位膜面积透析液流出的液体量称为膜通量，即过滤速度。

10.3.2 纺织工业废水及其污染物

纺织工业中，纺织是指纺织原料到织物成型的生产过程，染整是指对织物进行物理化学处理、提高织物品内在品质的生产过程。在这两个生产过程都会产生工业废水。

10.3.2.1 纺织废水

纺织废水主要来自在纺前加工和部分织造过程。毛、麻、蚕丝等纺织原料在纺前加工过程中，即在洗毛、麻脱胶、缫丝等加工过程产生大量废水，而在织造过程中废水主要以喷水织造生产工艺为主，废水特征见表10-1。

表 10-1　织造生产过程中产生的废水及其水质特征

废水种类	主要污染物	水质特征
洗毛废水	乳化羊毛脂、杂草、泥土、羊粪等杂物	$\rho(COD_{Cr})$ 为 9000~40000mg/L，ρ（羊毛脂）为 5000~15000mg/L，$\rho(TP)$ 为 1~8mg/L
麻脱胶废水	果胶、木质素、半纤维素、脂肪、其他水溶性有机化合物	$\rho(COD_{Cr})$ 为 750~2500mg/L，pH 为 9~10，$\rho(TP)$ 为 0.2~0.8mg/L
缫丝废水	丝胶、丝素、油脂和蛹体蛋白	$\rho(COD_{Cr})$ 为 8000~15000mg/L，$\rho(TN)$ 为 550~800mg/L，$\rho(TP)$ 为 120~900mg/L
喷水织造废水	细小纤维、（聚丙烯酸酯）浆料、油剂	$\rho(COD_{Cr})$ 为 200~600mg/L，一般 $\rho(SS)$ 大于 100mg/L

（1）洗毛废水。洗毛是指利用机械、物理与化学方法去除原毛上的羊毛脂、附着砂土、混入干草等，以获得洁净毛的生产过程。其中，清洗原毛需使用大量表面活性剂以脱除羊毛脂和杂质，所以，其废水含有表面活性剂、乳化脂、杂草、羊粪等杂物，洗毛废水是较浓的工业废水之一。一般洗 1kg 原毛产生 100L 左右废水。洗毛废水常呈棕色，浑浊，表面覆盖一层含脂浮渣。浮渣中含有各种有机物，细小的悬浮固体以及可溶性有机物等。因此，洗毛废水常具有腐败蛋白质的特殊臭味。

洗毛废水的污染程度很高，在碱性洗毛液中，由于使用肥皂、纯碱、草碱、合成洗涤剂等，其废水 pH 可达 8.5~9.0，$\rho(SS)$ 一般为 1300~2800mg/L，最高可达 4000mg/L，$\rho(BOD_5)$ 最高可达 30000mg/L。洗毛废水的 BOD_5 占毛纺废水中 BOD_5 的 30% 以上。它是毛纺废水中 BOD 和 COD 的主要来源。洗毛废水因其碱性强、浓度高，一般应单独处理。这样有利于降低总出水的污染物浓度，以利于羊毛脂的回收与利用。

（2）麻脱胶废水。通常，麻脱胶是指利用化学、生物等方法脱除原麻中的胶质，使麻纤维分离、松散，以制取符合纺纱要求的麻纤维的生产过程。麻脱胶工艺可分为化学法脱胶、生物法脱胶和生物—化学联合法脱胶。其中，胶质洗脱、碱煮、漂白、拷麻和酸洗等过程均有废水产生。原麻经微生物或酶液脱胶后，生物脱胶产生的废水含有木质素和多糖，其 $\rho(COD_{Cr})$ 一般为 20000mg/L 左右。化学脱胶产生麻脱胶混合废水，其 $\rho(COD_{Cr})$ 一般为 700~2500mg/L。

苎麻脱胶时，主要使用化学品有氢氧化钠、硫酸、表面活性剂、植物油、液氯等，常用的辅助药剂还有硅酸钠、三聚磷酸钠等。苎麻纺织厂的废水主要来源于苎麻的化学脱胶。与棉纤维的煮练、羊毛的洗毛一样，脱胶废水也是高浓度的工业废水。苎麻在脱胶车间需经过浸酸、煮练、水洗、给油等工序处理。一般情况下，处理 1t 原麻用水量为 600~700t。其中脱胶产生的废水 45~50t。这部分废水由于碱度高、有机物浓度高、色泽深、排放时温度高，不能直接进入好氧生化法废水处理构筑物中，通常需要单独处理（例如厌氧预处理）。苎麻生产废水水质如下：废水温度 60℃，废水的 pH 为 12，废水中 $\rho(COD_{Cr})$ 为 6800mg/L，$\rho(BOD_5)$ 为 3000mg/L，悬浮物含量 $\rho(SS)$ 为 320mg/L，$\rho(S^{2-})$ 为 2.9mg/L，$\rho(F^-)$ 为 0.54mg/L，$\rho(酚)$ 为 0.264mg/L。

（3）缫丝废水。缫丝废水主要是在将蚕茧加工制成生丝（缫丝）和绢丝（绢纺）的过程中产生，缫丝废水中的污染物主要有丝胶、丝素和蛹体蛋白等，其 $\rho(COD_{Cr})$、$\rho(TN)$、$\rho(TP)$ 一般分别为 8000~15000mg/L、550~800mg/L、120~900mg/L。缫丝绢纺废水污染物包括丝胶、油脂和蛹体蛋白等，其中，滞头废水 $\rho(COD_{Cr})$ 高达为 5000~70000mg/L，混合废水 $\rho(COD_{Cr})$ 和 $\rho(TN)$ 分别为 800~4000mg/L、100~500mg/L。

制丝生产过程中，产生废水的主要工序有煮茧、缫丝和下脚处理。其中以下脚生产的长吐、滞头的污水 BOD 和 COD 含量高，还含有蚕茧蛹油分。煮茧废水的 BOD_5 和 COD 稍低于长吐、滞头，一般不含油分。缫丝废水污染物的含量，又低于煮茧废水污染物的含量。此外，复摇工序有少量浸丝废水，其污染物含量又低于缫丝废水。

绢纺精练生产中，产生工业废水的工序有煮茧、槽洗、酸酵、水洗、脱水等。其中煮练废水的污染物浓度最高，其次为酸酵、槽洗和水洗。绢纺煮练废水是一种高浓度的有机废水，各项污染物指标都很高。如 pH 在 9.5 以上，$\rho(COD_{Cr})$ 和 $\rho(BOD_5)$ 可达 10000mg/L 以上，$\rho(SS)$ 在 2800mg/L 左右，是丝绸行业中排放的污染物浓度最高的废水之一。

（4）喷水织造废水。喷水织造是将化纤长丝织造为化纤坯布的重要生产工艺之一，其利用水作为引纬介质，生产过程会产生大量织造废水。废水中通常含有细小纤维、浆料、油剂等污染物，其 $\rho(COD_{Cr})$ 一般为 200~600mg/L，$\rho(SS)$ 一般大于 100mg/L。此外，以涤纶为原料进行织造生产所产生的废水一般含有锑污染物，总锑质量浓度为 0.5~2.0mg/L。

10.3.2.2　染整废水

染整是指对纺织材料（纤维、纱、线及织物）进行前处理、染色、印花、整理的生产过程。图 10-4 为典型染整工艺流程及其废水产生节点。现对棉、化纤、丝、毛织物和针织物的染整过程进行分析。

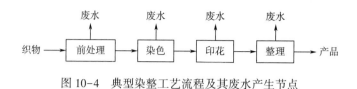

图 10-4　典型染整工艺流程及其废水产生节点

（1）棉麻机织物染整废水。棉麻机织物染整过程的前处理、染色、印花以及整理的废水产生环节如图 10-5 所示。由图 10-5 可知，棉麻机织物的前处理工序包括退浆、煮练、漂白和丝光工序。为保证均匀、持久的染整效果，织物在染色前需充分洗脱纱线表面裹覆的聚合物浆料，此道生产工序称作为退浆。退浆废水中常含有浆料、助剂等污染物，$\rho(\mathrm{COD_{Cr}})$ 一般在 20000mg/L 以上，占印染加工 $\mathrm{COD_{Cr}}$ 排放量的 50% 以上。煮练废水为强碱性，pH 通常大于 12，$\rho(\mathrm{COD_{Cr}})$ 一般为 7000~12000mg/L。漂白处理的氧化剂一般选用过氧化氢，漂白废水 $\rho(\mathrm{COD_{Cr}})$ 一般为 200~400mg/L。丝光废水含碱量高，pH 大于 12，$\rho(\mathrm{COD_{Cr}})$ 一般为 500~2000mg/L，目前大部分通过碱回收工艺减少了该环节的废水排放。

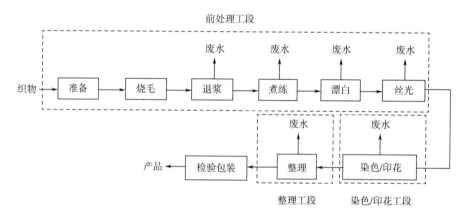

图 10-5　棉麻机织物典型染整工艺流程及其废水排放

①退浆废水。在纺织品织造前，纤维需要进行浆纱处理。目前常用的浆料有天然淀粉、海藻酸钠、羧甲基纤维素（CMC）、聚乙烯醇（PVA）和聚丙烯酸酯。通常织物的上浆率为纤维重量的 4%~8%，上浆液一般不排放，但附着在纤维上的浆料在退浆工序中需尽可能完全地被退掉。因此，浆料在退浆过程中进入废水。

退浆废水中含有各种浆料、浆料分解物、纤维屑和酶类等污染物。废水的污染程度随所用的浆料种类而异。一般情况下，退浆废水的 BOD、COD 和悬浮物较高，是印染废水中 BOD、COD 的主要来源之一。例如，用淀粉上浆的织物退浆液中，COD、BOD 值均高。用聚丙烯酸酯、聚乙烯醇（PVA）做浆料时，废水的 COD 值很高，而 BOD 值并不高。这说明聚丙烯酸酯、PVA 抗微生物分解，在废水处理过程中难以生化，增加了废水处理难度。这是造成大多数使用 PVA、聚丙烯酸酯作浆料的工厂用生化法处理废水后排放水质 COD 超标的重要原因之一。

②煮练废水。煮练的目的是去除纤维所含有的大部分天然杂质，如棉蜡、果胶、含氮物、棉籽壳和残留的浆料，从而改善纤维的水润湿性能。因此，该工艺所采用的主要化学药品为碱剂，即烧碱、纯碱和表面活性剂等。煮练废水是印染废水中的污染物浓度高的废水之一。通常它的 pH 在 12 左右，BOD 与 COD 也高，它的特点是水量大、污染较重，主要污染物为纤维中的杂质和洗净剂等。

③漂白废水。漂白的目的是在纤维和织物进行煮练后，进一步去除纤维表面和内部的有色杂质。通常，采用的漂白剂是次氯酸钠（NaClO）、过氧化氢（H_2O_2）或亚氯酸钠（NaClO$_2$）等氧化剂。如果漂白浴中不使用有机助剂，则漂白废水中的 BOD 和 COD 值都很低。

④丝光废水。棉麻等纤维素纤维和纺织品经过丝光或碱缩，不仅使纤维膨胀，增强了光泽，而且能改善纤维和织物的染色性能和吸附性能。丝光碱液的浓度为 240~280g/L。使用后的废碱液的浓度 50~60g/L。

丝光废碱液一般都要回收，没有排放。但也有一些小型企业没有碱回收设备。这类企业丝光排放水 pH 高达 12 以上，给废水处理带来困难。为保证废水治理正常进行，对此类高碱度的丝光废水，应采取碱回收或单独先经脱碱后排入总混合水的处理。

⑤染色废水。染色废水是纺织印染行业中高浓度废水之一，是印染废水的最引人关注的部分。染色废水的主要成分是未上染的染料、染色助剂和表面活性剂等。大多数染色废水的碱性都很强，如硫化染料和还原染料的染浴 pH 均在 13 以上，酸性染料和阳离子染料染浴的 pH 略低，呈中性或弱酸性，但其皂洗废水 pH 仍呈碱性。染色废水中 BOD、COD 主要来源于染色助剂，特别是其中的有机酸，表面活性剂和还原性物质。

棉麻机织物染色工段由于活性染料上染率低，导致废水色度大、可生化性差，$\rho(COD_{Cr})$ 一般为 500~2500mg/L，色度为 300~500 倍。活性染料印花工艺通常使用大量尿素，废水 $\rho(TN)$ 高达 100~300mg/L。

⑥后整理废水。整理工段在设备清洗中产生少量废水，其污染物主要包括化学浆料和有机硅整理剂等，均属于难降解性有机物，$\rho(COD_{Cr})$ 一般为 200~500mg/L。

（2）化纤机织物染整废水。

①前处理废水。化纤机织物的前处理工序包括涤纶碱减量和精练等工序。涤纶碱减量废水污染物包括对苯二甲酸乙二酯低聚物、乙二醇、对苯二甲酸钠、总锑和碱等，废水 pH 大于 12，$\rho(COD_{Cr})$ 一般为 10000~30000mg/L。涤纶中总锑含量 150~350mg/kg。印染生产过程中，纤维中的催化剂被不断溶解进入废水中，因此，涤纶及其混纺染整废水中的总锑含量为 80~500μg/L。精练废水污染物包括浆料、油剂和碱等，pH 大于 11，$\rho(COD_{Cr})$ 一般为 1000~8000mg/L。

②染色、印花废水。染色工段废水 pH 在 8~10，$\rho(COD_{Cr})$ 一般为 500~800mg/L，色度为 100~400 倍。印花工段废水 $\rho(COD_{Cr})$ 一般为 1000~3000mg/L，$\rho(TN)$ 为 10~50mg/L。整理工段含有各类功能性整理助剂，废水水量较小，水质差异大，$\rho(COD_{Cr})$ 为 2000~5000mg/L。化纤机织物典型染整工艺流程及其废水排放如图 10-6 所示。

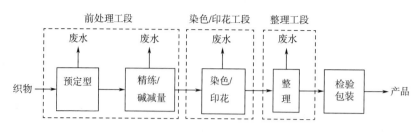

图 10-6 化纤机织物典型染整工艺流程及其废水排放

（3）丝机织物染整废水。丝机织物典型染整工艺流程及其废水排放如图 10-7 所示。由图 10-7 可知，前处理废水包括精练废水和漂白废水等，其含有丝胶、油蜡和助剂等污染物，pH 为 5~8，$\rho(COD_{Cr})$ 为 1500~2500mg/L，$\rho(TN)$ 为 50~120mg/L。染色废水含有染料、助剂等污染物，其 pH 为 8~10，$\rho(COD_{Cr})$ 为 500~1500mg/L，色度为 300~500 倍。

天然丝制品以其滑爽和绚丽多彩等特点受到人们的喜爱。丝绸工业按其原材料和制成品的不同分为缫丝厂（以蚕茧为原料生产出蚕丝长丝纱）、绢纺厂（以缫丝厂的下脚茧和索理绪下来的蚕衣长吐、滞头为原料生产绢丝、紬丝等绢纺纱）、丝绸厂（以蚕丝纱线为原料加工织成各种丝织物）、丝绸印染厂（以白坯绸为原料加工成染色和印花织物）。其中，丝绸厂有部分提花织物需要先对丝线进行练染。丝线练染废水同坯绸练染废水。

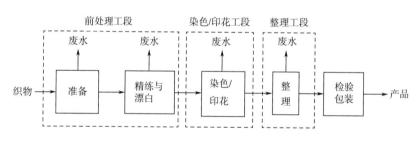

图 10-7 丝机织物典型染整工艺流程及其废水排放

白绸精练过程中使用的药剂与棉坯的煮练药剂大多相同。由于蛋白质纤维不耐碱和容易氧化，在练绸时要加入保险粉和冰醋酸。这些药剂的使用，加上煮练过程中蚕丝的胶原、蜡质、蛹油的溶入，使练绸废水的污染物浓度很高。练白绸的废水水质状况如下：废水 pH 在 8~10，$\rho(COD_{Cr})$ 为 600~1600mg/L，$\rho(BOD_5)$ 为 80~400mg/L，$\rho(SS)$ 为 300~1000mg/L。缫丝厂和丝绸厂的综合排放废水的主要特征如下：废水 pH 在 9~10，$\rho(COD_{Cr})$ 为 1000~1500mg/L，$\rho(BOD_5)$ 为 120~350mg/L，$\rho(SS)$ 为 300~500mg/L。

丝绸染色或印花之前的练绸工艺同白绸精练。在印染加工过程中，根据不同丝织物和交织物按颜色的淡、中、深色采用不同的染料和助剂，常用的染料有酸性染料、活性染料和直接染料。由于这些药剂的使用，在丝绸印染废水中含有不等的硫化物、氰、酚和六价铬等。丝绸印染厂综合排放的废水状况如下：$\rho(COD_{Cr})$ 为 150~500mg/L，$\rho(BOD_5)$ 为 80~160mg/L，$\rho(SS)$ 为 50~200mg/L，色度为 200~600 倍，$\rho(S^{2-})$ 为 1~5mg/L，$\rho(Cr^{6+})$ 为

0~1mg/L，ρ（酚）为 0~1mg/L，ρ（氰）为 0~1mg/L。

（4）毛机织物染整废水。

①缩绒工序废水。毛织物的缩绒是将呢料浸渍在缩绒液中升温，使组织紧密。缩绒液一般不排放。但缩绒后冲洗，以去除毛织物上缩绒时使用的药剂和梳毛油等。这一过程所排出的废水 COD、BOD 也很高，仅次于洗毛废水。梳毛时所上的油分在缩绒后也进入水体。

②染色废水。毛纺织品多采用酸性染料染色。酸性染料分子结构较简单、分子量小，对蛋白质纤维有较强的亲和力，因此酸性染料对毛织物有较高的上染率。与棉纺织品染色废水相比，毛纺织品染色废水的 pH 低、色度低，BOD、COD 也不高。排放的废水经混合后，pH 在 5~10，ρ（COD_{Cr}）为 500~1000mg/L，ρ（TN）为 40~150mg/L，色度为 100~400 倍。毛织物极少需要漂白，只有加工特殊的浅色或白色织物才需要对羊毛漂白。主要用二氧化硫漂白、双氧水漂白和荧光增白剂漂白。

③后整理废水。整理工段主要含有表面活性剂、渗透剂等助剂，废水的 pH 在 6~9，ρ（COD_{Cr}）为 400~1000mg/L，ρ（TN）为 70~100mg/L，ρ（SS）为 100~200mg/L。毛机织物典型匹染和条染工艺及其废水排放如图 10-8 和图 10-9 所示。

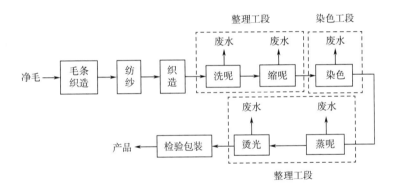

图 10-8　毛机织物典型匹染工艺流程及其废水排放

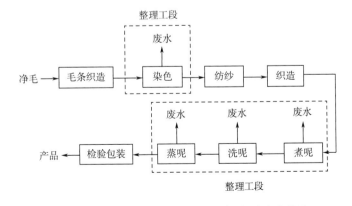

图 10-9　毛机织物典型条染工艺流程及其废水排放

（5）针织物与纱线染整废水。

①针织物染整废水。针织物前处理工序一般不含退浆、碱减量等工序，其余各工序产生的废水水质与丝机织物相似。一般混合废水含油剂、天然杂质、染料和助剂等污染物，其 pH 为 8~10，$\rho(COD_{Cr})$ 为 500~800mg/L，色度为 100~500 倍。

②纱线染整废水。散纤维、纱线类的染整工艺包括精练、漂白、染色、漂洗和烘干等工序。一般的混合废水含油剂、天然杂质、染料和助剂等污染物，其 pH 为 8~10，$\rho(COD_{Cr})$ 为 1000~2000mg/L，色度为 200~500 倍。

10.3.3 纺织工业废水处理技术分类及处理工艺

纺织工业废水目前常用的处理技术为常规物化技术和生物技术。常规物化技术包括调节、中和、混凝、沉淀和气浮等；生物处理技术指通过生物降解的方式来实现有机物降解和脱氮，包括厌氧生物技术、好氧生物技术和生物脱氮技术。近年来，由于排放标准的提高及排放总量的限制，深度处理技术逐渐在纺织行业推广使用，如吸附、膜分离和高级氧化等技术。下面介绍几个重要的处理工艺及其分析论述。

10.3.3.1 混凝技术

混凝技术是一般工业废水处理的常用方法，可将废水中的纤维、油脂、分散染料、悬浮颗粒等污染物去除。在纺织工业中常用的混凝剂有石灰、铁盐、铝盐及其无机聚合物混凝剂，常用助凝剂为聚丙烯酰胺。

化学混凝法是处理工业废水的一种重要方法。它是使用能够形成絮状物的水溶性化学药剂——混凝剂，投入废水中发生反应，使沉降性的及非沉降性的悬浮物质和胶体物质互相结合，形成一种可以迅速沉降的絮状物从废水中沉降出来，以降低废水的色度、去除多种化合物、胶状有机物，重金属有毒物质如汞、铬、铅等，以及导致水体富营养化的含磷化合物等。在纺织印染废水中，含有很多种染料、淀粉、洗涤剂和其他化学助剂，以及大量细分散颗粒和胶体物质（如洗毛污水中羊毛脂等）。其中，染料多呈胶体状态。采用化学混凝的方法处理纺织印染废水效果显著。化学混凝法也可用来处理活性污泥，改善污泥的沉淀及脱水性能。化学混凝法可作为低浓度染色废水一种独立的处理方法。近年来，在染色废水的三级处理中，化学混凝法也是常采用的方法之一。

表 10-2 给出了近年来与混凝技术相关的研究。电混凝技术是在废水池中放入金属电极（通常为铝、铁），由外加电源对极板间水体进行通电。由于受到电流作用，阳极板上将不断溶出金属离子，阴极也产生等量的氢氧根离子（OH^-）。此时，释放出的金属离子不仅具有很强的活性，能够通过电中和、压缩双电层作用破坏杂质结构，还能与 OH^- 形成金属氢氧化物絮体，再通过网捕卷扫、吸附架桥等作用，达到去除水体污染物的目的。这种方法能够实现多种污染物的去除，具有广泛的应用前景。

在聚合铝混凝剂的基础上，研究人员开发了铁系无机高分子混凝剂。铁系无机高分子混凝剂有聚合氯化铁（PFC）和聚合硫酸铁（PFS），聚合硫酸铁是目前市场上的主要产品。聚合硫酸铁是一种多元多核配合物，是铁盐在一定的条件下，水解沉淀聚合过程的中间产品。

表 10-2　一些混凝技术及处理效果

混凝工艺	技术参数	废水水质	污染物去除率
电混凝	单质铝电极，电流密度为 $25mA/cm^2$，pH 为 5，室温	纺织废水色度为 17.7～29.0 倍，ρ（COD_{Cr}）为 280～295mg/L，ρ（TOC）为 220～260mg/L	COD_{Cr} 去除率为 18.6%，脱色率为 94.9%
聚硫酸铁混凝	聚硫酸铁投加量为 56mg/L，pH 小于6，室温	印染综合废水 ρ［Sb（V）］为 0.2×10^{-6}mg/L	Sb（V）去除率为 97.4%
硫酸镁混凝	硫酸镁投加量为 3000mg/L，pH 为 11，室温	涤/棉织物退浆与染色混合废水的色度为 2～200 倍，ρ（PVA）为 2000～4724mg/L，ρ（COD_{Cr}）为 6019～12076mg/L	PVA 和 COD_{Cr} 去除率分别为 75.6%、76.1%、脱色率为 79.1%

聚合硫酸铁混凝聚合机理较为复杂，这是因为 Fe^{3+} 有强烈的水解、聚合、沉淀趋势，通过一系列的水解聚合过程形成混凝效果，其独有的混凝性能在水溶液中形成 $[Fe_2(OH)_3]^{3+}$、$[Fe_2(OH)_2]^{4+}$、$[Fe_3(OH)_6]^{3+}$ 和其他形式的羟基络合离子，生成多核络合离子聚合物，分子量为 10^5。这些化合物的进一步水解产物，经吸附、交联、架桥作用，使胶体粒子聚集，中和颗粒和胶体污染物的电荷，压缩双电层，减少胶体电位，使胶体失稳。最终进一步水解为 Fe（OH）$_3$ 沉淀，形成沉淀絮体的比表面积有 200～1000m^2/g，具有较强的网捕效应，是一种优良的高分子混凝剂。

聚合硫酸铁混凝剂具有水解速度快，pH 适应范围广泛（4~11，最适12），矾花形成快、密集，具有很强的去除浊度、COD 和重金属离子的能力等特点，而且具有脱色、除臭、脱水等功能，絮体沉降在低温时效果好，所以被广泛应用于水净化，废水处理如印染、皮革、化工等领域。表 10-2 显示，聚硫酸铁混凝剂中铁絮体的活性形态有利于 Sb（V）的迁移与吸附，促进锑的去除，去除率达 97.4%。

尽管人们常采用铁盐和铝盐混凝剂进一步脱除物化处理与生化处理过的印染废水中色度和有机物，然而，目前的研究主要采用无腐蚀性、安全、无毒、无害的镁盐来替代以上两种混凝剂。镁盐对印染废水混凝处理发现，混凝过程倾向于优先去除水中疏水性有机物，其次是亲水物质。该混凝处理能有效去除大分子量的有机物，对小分子量的有机物也有一定的去除效果。对于该印染废水生化出水，以硫酸镁作为混凝剂对有机物和色度的去除主要是通过降低大分子量的疏水性物质（主要是非酸疏水物质）的含量实现的。表 10-2 还给出了硫酸镁混凝处理涤/棉织物退浆与染料混合废水的效果，PVA 和 COD_{Cr} 去除率分别为 75.6%、76.1%，而脱色率为 79.1%。

10.3.3.2　生物处理技术

生物处理法是纺织印染废水处理体系的重要组成部分，包括水解酸化技术、厌氧技术和好氧技术。由于纺织印染废水成分复杂且难降解污染物含量高，单独使用厌氧或好氧技术均难以满足处理需求，大多数生物处理技术的主体为"厌氧—好氧"组合工艺。

（1）水解酸化法。水解酸化的作用机理主要是将废水中的非溶解态有机物截留逐步转变为易生物降解有机物，提高废水的可生化性，以利于后续的好氧生物处理。根据产甲烷菌与水解产酸菌生长速度的不同，将水解酸化工艺的厌氧处理控制在第一和第二阶段，即产氢、产乙酸阶段，通过水解细菌、酸化菌的作用将不溶性有机物水解为溶解性有机物，将难生物降解的大分子物质转化为易生物降解的小分子物质，为后续处理奠定良好基础。

水解酸化技术有利于提高纺织印染废水的可生化性，可对纤维素、浆料、染料、蛋白质类等进行降解。若废水可生化性较差，水解酸化的水力停留时间（HRT）宜大于 24h。表 10-3 给出了包括水解酸化技术与厌氧技术相结合纺织废水处理技术及其处理效果。如有人应用水解酸化—缺氧/好氧（A/O）组合工艺处理含偶氮染料的印染废水 $[\rho(COD_{Cr})$ 为 400~600mg/L]，发现其色度、COD_{Cr} 和 NH_3-N 的去除率分别可达 71.0%、92.2% 和 83.5%。水解酸化工艺可为后续厌氧/好氧处理提供稳定的进水条件。

（2）厌氧生物法。厌氧生物处理法是利用兼性厌氧菌和专性厌氧菌将废水中大分子有机物降解为低分子化合物，进而转化为甲烷、二氧化碳的污水处理方法。它分为酸性消化和碱性消化两个阶段，在酸性消化阶段，由产酸菌分泌的外酶作用，使大分子有机物变成简单的有机酸和醇类、醛类、氨、二氧化碳等；在碱性消化阶段，酸性消化的代谢产物在甲烷细菌作用下进一步分解成甲烷、二氧化碳等构成的生物气体。这种处理方法主要用于对高浓度的纺织废水和粪便污水等进行处理。

使用厌氧生物处理技术能够使纺织废水中易生物降解的有机物有效降解，如退浆废水中的淀粉，碱减量废水中的对苯二甲酸、乙二醇等，但不足之处在于：处理含偶氮染料的废水时，易产生芳香胺化合物等具有潜在毒性的中间产物。常用的厌氧反应器主要包括升流式厌氧污泥床反应器（UASB）、内循环厌氧反应器（IC）、厌氧折流板反应器（ABR）等。

厌氧氨氧化技术也被尝试使用于高氮印花废水。表 10-3 显示，UASB-MBR-CANON 技术将印花废水中的高浓度尿素 $[\rho(TN)$ 约 1000mg/L] 有效转化为 NH_3-N，同时将 $\rho(COD_{Cr})$ 为 1000mg/L 的溶液降至 260mg/L。其中，CANON 是在限氧条件下，利用好氧氨氧化菌和厌氧氨氧化菌的协同作用将废水中的氨氮去除。该工艺由于在一个反应器内完成，且两种菌都是自养型细菌，不需要投加外加碳源，减少了投加药剂的费用。

（3）好氧生物法。经厌氧生物处理后，纺织印染废水中的大量小分子有机物、氨氮和部分染料中间体可通过好氧生物处理技术实现较彻底地降解，如序列间歇式活性污泥法（SBR）、A/O 组合、氧化沟（或氧化渠）等工艺均能够通过好氧、缺氧状态的交替运行实现生物脱氮除磷，适用于氨氮、尿素浓度较高的印花废水处理，对蛋白质浓度较高的蚕丝脱胶废水处理也有较好的效果。近年来，生物处理一般采用组合工艺，研究人员和工程技术人员在科学研究和工程实践中探索出的一些工艺参数见表 10-3。

表 10-3　生物处理组合技术分类及处理效果

生物工艺	技术参数	废水水质	污染物去除率
水解酸化—A/O组合	水解酸化 HRT 为 6h；A/O 缺氧段 HRT 为 2h，好氧段 HRT 为 3h	印染综合废水 $\rho(COD_{Cr})$ 为 400mg/L，$\rho(NH_3-N)$ 为 114.6mg/L，ρ（活性红 2）为 30mg/L	COD_{Cr} 去除率为 92.2%，脱色率为 71%，NH_3-N 去除率为 83.5%

续表

生物工艺	技术参数	废水水质	污染物去除率
UASB/MBR-CANON	UASB 反应器 HRT 为 72h, OLR 为 0.34kg（COD_{Cr}）/（$m^3 \cdot d$）；MBR-CANON 反应器 HRT 为 24h, OLR 为 0.5kg/（$m^3 \cdot d$）	模拟高氮活性印花废水 ρ（COD_{Cr}）为 1000mg/L, ρ（TN）为 1000mg/L, 色度为 100~500 倍	COD_{Cr} 去除率为 74%, TN 去除率为 72%, 脱色率为 82%
序批式活性污泥法（SBR）	SBR 反应器 HRT 为 24h, OLR 为 1.1kg COD_{Cr}/（$m^3 \cdot d$）, MLSS 为 2600mg/L, SVI 为 21g/mL	染色废水 ρ（COD_{Cr}）为 569mg/L, 色度为 46.7 倍, pH 为 8.8	COD_{Cr} 去除率为 87%, 脱色率为 42%
水解酸化/移动床生物膜反应器（MBBR）	水解酸化 HRT 为 24h；MBBR 反应器 HRT 为 8.8h, 聚氨酯类填料	印染综合废水 ρ（COD_{Cr}）为 1500mg/L, ρ（NH_3-N）为 11mg/L, pH 为 8~14	COD_{Cr} 去除率为 85%, NH_3-N 去除率为 60%
厌氧流化床生物反应器	HRT 为 24h, OLR 为 3kg（COD_{Cr}）/（$m^3 \cdot d$）	棉纺染色废水（实际废水）ρ（COD_{Cr}）为 1029mg/L, 色度为 20 倍	COD_{Cr} 去除率为 82%, 脱色率为 59%
UASB—缺氧—好氧	UASB 水力负荷（HLR）为 0.25m^3/（$m^2 \cdot d$）, HRT 为 12h；活性污泥反应器 HLR 为 0.16m^3/（$m^2 \cdot d$）, HRT 为 12h；接触氧化反应池 HLR 为 0.2m^3/（$m^2 \cdot d$）, HRT 为 12h	混纺染色废水 ρ（COD_{Cr}）为 713mg/L, ρ（NH_3-N）为 31.6mg/L	COD_{Cr} 去除率为 93%, TN 去除率为 70%

注　OLR 为有机容积负荷, kg（COD_{Cr}）/（$m^3 \cdot d$）。

10.3.3.3　吸附技术

吸附法能够去除废水中残留的色度、溶解性有机污染物、无机污染物（如锑、磷酸根等）。吸附剂种类繁多, 其中, 活性炭因孔隙率高、吸附容量大等优势而在纺织工业废水处理中得到广泛应用。活性炭有粉末炭和粒状炭两种。粉末炭（PAC）直接投入水中吸附水中有机污染物；粒状炭（GAC）用于填充活性炭滤池, 当纺织废水经过过滤时, 水中有机污染物被吸附在活性炭表面。粉末炭颗粒小, 与纺织废水接触充分, 其吸附速度快, 吸附效果好, 但回收和再利用均比较困难, 粒状炭有利于再生。此外, 纺织印染废水中常用的吸附剂还有膨润土、粉煤灰、硅藻土等低值吸附材料。吸附法在废水深度处理中虽然效果较好, 同样, 存在吸附饱和后再生困难。表 10-4 给出了几种吸附技术及其处理纺织废水的效果。

表 10-4　吸附技术的分类及其治理效果

吸附技术	技术参数	废水水质	污染物去除率
活性炭吸附	投加量为 3000mg/L, pH 为 7	棉纺生化处理出水 ρ（COD_{Cr}）为 251.7mg/L, ρ（染料）为 486.8mg/L	COD_{Cr} 去除率为 73.9%, 脱色率为 93.1%

吸附技术	技术参数	废水水质	污染物去除率
废浮石吸附	废浮石投加量为 5 ~ 350g/L，pH 为 7	牛仔布洗水废水 ρ（COD_{Cr}）为 1300mg/L，ρ（染料）为 30mg/L	COD_{Cr} 去除率为 68%，脱色率为 100%
类水滑石吸附	类水滑石投加量为 1000mg/L，pH 为 7	模拟染料废水 ρ（磷）为 2mg/L，ρ（罗丹明 B）为 10mg/L	脱色率为 95.6%，磷吸附容量为 16.7mg/g

10.3.3.4 膜分离技术

膜分离技术是以选择性透过膜为分离介质，在其两侧施加推动力，使料液侧组分选择性地透过膜，从而实现分离或提纯的目的。这种推动力可以是压力差、温度差、浓度差或电位差。在废水处理领域中，广泛使用的推动力为压力差和电位差。其中，压力驱动膜分离工艺主要有微滤、超滤、纳滤、反渗透等，电位差驱动膜分离工艺主要有电渗析。反渗透在印染废水回用处理取得明显进步，在应用反渗透技术处理印染废水时，COD 去除率能够达到 97%，脱盐率能够达到 97%，对于浊度的去除率已经接近 100%，印染废水回收率能够达到 80%。纳滤膜出来酸性印染废水时，色度去除率几乎达到 100%，COD 去除率可达到 92%，浊度去除率可达到 97%。超滤膜处理印染废水时，色度去除率可达到 90%，COD 去除率在 60% ~ 90%，废水回收率能够达到 95%。但是，单独使用膜分离技术要求施加推动力大与膜通量低，以及膜污染严重等缺点，所以，膜分离技术在纺织废水处理通常与其他技术复合应用。刘威等将印染废水先经混凝预处理，再用纳滤膜处理上清液，最终，将印染废水 COD 从 2400mg/L 降至 30mg/L，采用混凝—纳滤组合工艺处理整理废水，出水水质可满足 GB/T 19923—2005《城市污水再生利用　工业用水水质》的工业用水回用标准。

在常规处理的基础上，以水回用为目标的组合包括水解酸化—A/O—超滤—反渗透—回用、臭氧氧化—曝气生物滤池—超滤—反渗透—回用、多介质过滤—超滤—反渗透—回用等技术，膜生物反应器—纳滤联用技术及微滤—纳滤联用技术。例如，广东溢达纺织有限公司选用臭氧氧化—曝气生物滤池—超滤—反渗透—回用流程作为纺织废水的深度处理工艺，预处理出水 COD、浊度、SS、氨氮、色度的去除率分别为 72.7%、45.3%、82.6%、78.8%、89.3%，有效保证后续膜处理的进水水质。再经过超滤—反渗透膜系统的处理，膜系统产水 pH 为 7.4 ~ 7.9，电导率为 0.05 ~ 0.2mS/cm，总硬度为 2 ~ 10mg/L，总碱度为 25 ~ 60mg/L。硫酸盐投加量为 22.4 ~ 90.5mg/L，产水达到 FZ/T 01107—2011《纺织染整工业回用水水质》标准要求。此外，膜分离技术是实现染、盐分离的有效途径之一。虽然膜分离因其独特优异的技术特点在纺织废水处理工艺中得到广泛的应用，但以进一步提高处理效率及降低处理成本为目标，组合工艺仍需不断地优化改进，使工艺技术更加成熟稳定。膜分离技术分类及处理效果见表 10-5。

表 10-5　膜分离技术分类及治理效果

膜技术	技术参数	废水水质	污染物去除率
纳滤（NF）	陶氏 NF270 纳滤膜，压力为 4.1MPa，温度为 45℃	牛仔靛蓝染色废水，$\rho(COD_{Cr})$ 为 520 ~ 3250mg/L，ρ（染料）为 650 ~ 10000mg/L，ρ（TSS）为 90 ~ 350mg/L，电导率为 2.5 ~ 35mS/cm	COD_{Cr} 去除率为 97%，脱色率为 99%，脱盐率为 60%
膜蒸馏—超滤	膜蒸馏：0.22μm PTFE 微滤膜，热侧温度为 45℃，冷侧温度为 20℃，流速为 0.25m/s。超滤：10 万分子量 PVDF 超滤膜，压力为 0.4MPa，温度为 70℃	模拟 PVA 退浆废水 $\rho(COD_{Cr})$ 为 10000mg/L	COD_{Cr} 去除率为 95%，PVA 浓缩 7.2 倍
微氧水解—MBR+NF	微氧生物池和 MBR 的 HRT 之比为 1∶2.3；MBR 膜组件为中空纤维超滤膜；TMN10 纳滤膜，压力为 0.3MPa	成衣洗水废水 $\rho(COD_{Cr})$ 为 845mg/L，电导率为 912mS/cm，浊度为 224NTU	出水 $\rho(COD_{Cr})$ 为 10mg/L，浊度为 0NTU，可直接回用
电混凝+NF	单质铝电极，电流密度为 20mA/cm²，pH 为 7，室温；210 ~ 250μm PES 纳滤膜，压力 4MPa，pH 为 7	纺织综合废水 $\rho(COD_{Cr})$ 为 2690mg/L，ρ（染料）为 2100mg/L，电导率为 14.9mS/cm	COD_{Cr} 去除率为 64%，脱色率为 94%，无机盐截留率在 4% 以下

10.3.3.5　高级氧化法技术

高级氧化技术（AOPs）是通过各种光、声、电等物理化学过程产生大量活性极强的自由基（如·OH），其氧化还原电位高达 2.80V。这种自由基能够氧化大多数有机物，它与有机污染物之间的加成、脱氢、电子转移与断键等反应，将废水中有机污染物分解成 CO_2、H_2O 和少量无机盐。最常见的 AOPs 技术包括芬顿（Fenton）法、臭氧氧化、光催化氧化、电催化氧化法等。在 Fenton 反应中，在酸性条件下，过氧化氢（H_2O_2）和亚铁离子（Fe^{2+}）反应会发生剧烈而复杂的自由基链反应，生成大量具有强氧化能力的氢氧自由基，从而氧化降解废水中有机物。当溶液 pH 在 2 ~ 4 时，Fe^{2+} 催化活性最高。在传统 Fenton 法基础上，利用紫外光（UV）、臭氧（O_3）、光电效应等替代 Fe^{2+} 而对 H_2O_2 的催化分解产生氢氧自由基，这又称为类 Fenton 法。

纺织废水中有机物活性极强的化学键（如碳碳双键、苯环等），在臭氧、过氧化氢的氧化作用以及紫外光的照射下，很容易发生强烈的光化学反应，反应过程中生成具有强氧化的氢氧自由基，光激发反应速率快，消耗时间短且条件温和。目前常见的组合有：UV/O_3、UV/H_2O_2 和 $UV/O_3/H_2O_2$。目前，Fenton 氧化和臭氧氧化技术在纺织工业中的应用最为广泛，其既可以用于预处理以提高废水的可生化性，也可以用于深度处理以去除残留的有机污染物。

臭氧是一种强氧化剂，能与许多有机物或官能团发生反应，如芳香化合物、杂环化合物、碳环化合物、C═C、C≡N、—OH、—NH₂ 和—N═N—等。大量实验表明：在印染废水处理工艺前增加臭氧的预氧化环节，可以有效地增强后续工艺的处理效果。近年来，人们往往采用各种催化方法强化臭氧氧化能力及提高臭氧的分解速率，使臭氧氧化过程以间接氧化为主，增强臭氧的氧化效果。

斯泰赫林（Staehelin）等提出了臭氧经由链反应产生·OH，从而发挥氧化作用。

链引发反应：

$$O_3 + OH^- \longrightarrow HO_2 \cdot + \cdot O_2^-$$

链传递反应：

$$HO_2 \cdot \Longrightarrow \cdot O_2^- + H^+$$
$$\cdot O_2^- + O_3 \longrightarrow \cdot O_3^- + O_2$$
$$\cdot O_3^- + H^+ \Longrightarrow HO_3 \cdot$$
$$HO_3 \cdot \longrightarrow \cdot OH + O_2$$
$$\cdot OH + O_3 \longrightarrow HO_4 \cdot$$
$$HO_4 \cdot \longrightarrow HO_2 \cdot + O_2$$

链终止反应：

$$2HO_4 \cdot \longrightarrow H_2O_2 + 2O_3$$
$$HO_4 \cdot + HO_3 \cdot \longrightarrow H_2O_2 + O_3 + O_2$$
$$HO_4 \cdot + HO_2 \cdot \longrightarrow H_2O + O_3 + O_2$$

余彬等利用 O_3 预氧化与曝气生物滤池联合处理印染废水并发现，O_3 预氧化能够有效提高废水的可生化性，经该工艺处理后出水水质可达到《城镇污水厂污染物排放标准》一级 B 排放标准 $[\rho(COD_{Cr})$ 小于 $60mg/L$，色度小于 30 倍，$\rho(NH_3-N)$ 小于 $8mg/L]$，出水 $\rho(COD_{Cr})$ 稳定在 $50mg/L$ 以下。为了强化臭氧氧化技术的处理效率，也有研究提出了臭氧与其他技术的联合处理工艺，如 O_3—UV、O_3—H_2O_2、O_3—活性炭等，且 O_3 在催化作用下产生羟基自由基能够获得更好的处理效果。

为了避免 Fenton 技术对废水 pH 要求高、铁泥产生量大、废水中游离铁离子残留量高等缺点，近年来，异相类 Fenton 催化剂的开发受到广泛关注，如黄铁矿、载铁沸石、载铁活性炭等。部分高级氧化技术分类及其处理效果见表 10-6。

表 10-6　高级氧化技术分类及其处理效果

高级氧化技术	技术参数	废水水质	污染物去除率
Fe_3O_4—超声—H_2O_2	Fe_3O_4 投加量为 $800mg/L$，H_2O_2 投加量为 $0.01mol/L$，超声功率 $300W/L$，pH 为 8.1	纺织实际废水（含喹啉、γ-谷固醇和磷酸三丁酯等污染物）$\rho(COD_{Cr})$ 为 $2360mg/L$，$\rho(BOD_5)$ 为 $400mg/L$，$\rho(TOC)$ 为 $1970mg/L$	COD_{Cr} 去除率为 79.3%，TOC 去除率为 66.5%
臭氧—曝气生物滤池	臭氧投加量为 $25mg/L$，反应时间为 $42min$，曝气生物滤池气冲强度为 $15L/(m^2 \cdot s)$	印染制革园区二级生化出水 $\rho(COD_{Cr})$ 为 $400 \sim 600m/L$，$\rho(NH_3-N)$ 为 $30 \sim 40mg/L$，色度为 $500 \sim 600$ 倍	COD_{Cr} 去除率为 63%，脱色率为 96%

续表

高级氧化技术	技术参数	废水水质	污染物去除率
O_3—UV—Fenton	紫外照射功率为 580W，H_2O_2 投加量为 0.6mol/L，pH 为 4.5，H_2O_2 和 O_3 的摩尔比为 0.85，H_2O_2 和 Fe^{2+} 的摩尔比为 25	模拟染色废水 ρ（COD_{Cr}）为 12000 ~ 15000mg/L，色度为 20000 ~ 24000 倍，pH 为 7.8 ~ 8.8	COD_{Cr} 去除率为 60%，脱色率为 100%
电混凝—臭氧催化	铁电极，电流密度为 0.5mA/cm^2，臭氧投加量为 500mg/L	棉织物染色废水 ρ（COD_{Cr}）为 3440mg/L，ρ（活性黑 5）为 842mg/L，ρ（TOC）为 1790mg/L	COD_{Cr} 去除率为 64%，脱色率为 100%

参考文献

[1] DENES F S, MANOLACHE S. Macromolecular plasma-chemistry: An emerging field of polymer science[J]. Progress in Polymer Science, 2004, 29(8): 815-885.

[2] TENDERO C, TIXIER C, TRISTANT P, et al. Atmospheric pressure plasmas: A review[J]. Spectrochimica Acta Part B: Atomic Spectroscopy, 2006, 61(1): 2-30.

[3] 许根慧, 姜恩永, 盛京. 等离子体技术与应用[M]. 北京: 化学工业出版社, 2006.

[4] CONRADS H, SCHMIDT M. Plasma generation and plasma sources[J]. Plasma Sources Science and Technology, 2000, 9(4): 441-454.

[5] 葛袁静, 张广秋, 陈强. 等离子体科学技术及其在工业中的应用[M]. 北京: 中国轻工业出版社, 2011: 29-35.

[6] 刘丹, 张永烨, 蔡再生. 脉冲式常压空气等离子体对涤纶织物改性研究[J]. 印染, 2006, 32(17): 4-6.

[7] KALIA S, THAKUR K, CELLI A, et al. Surface modification of plant fibers using environment friendly methods for their application in polymer composites, textile industry and antimicrobial activities: A review[J]. Journal of Environmental Chemical Engineering, 2013, 1(3): 97-112.

[8] 林娜. 氢气低温等离子体处理为涤纶织物性能的影响[J]. 国际纺织导报, 2013, 41(3): 35-36, 38, 62.

[9] 王坤磊. 大气压介质阻挡放电对丙纶无纺布的表面改性[D]. 大连: 大连理工大学, 2010.

[10] 董淼军, 林兰天, 郑慧琴. 低温等离子体处理对芳砜纶性能的影响[J]. 上海纺织科技, 2010, 38(1): 16-17.

[11] 王春霞, 邱夷平. 常压等离子体在尼龙染色中的应用[J]. 印染, 2006, 32(16): 6-8.

[12] 唐晓亮, 任忠夫, 邱高, 等. 常压等离子体处理改善涤纶染色性能的研究[J]. 印染, 2004, 30(19): 1-3.

[13] 金杰, 刘学恕, 姚耀广, 等. 聚丙烯纤维的等离子体改性研究[J]. 合成纤维, 1993, 22(1): 8-11.

[14] LUIGI CARRINO, GIOVANNI MORONI, WILMA POLINI. Cold plasma treatment of polypropylene surface: A study on wettability and adhesion[J]. Journal of Materials Processing Technology, 2002, 121(2/3): 373-382.

[15] COUTO E, TAN I H, DEMARQUETTE N, et al. Oxygen plasma treatment of sisal fibers and polypropylene: Effects on mechanical properties of composites[J]. Polymer Engineering & Science, 2002, 42(4): 790-797.

［16］笪有仙，孙慕瑾，席宗敏. 表面冷等离子体改性对纤维抗拉强度的影响［J］. 复合材料学报，1992，9（4）：83-86.

［17］张庆，王善元，杨国荣，等. 低温等离子体处理涤纶织物的染色性能［J］. 印染，2002，28（11）：1-2，52.

［18］SARMADI M，KWON Y. Improved water repellency and surface dyeing of polyester fabrics by plasma treatment［J］. Textile Chemist and Colorist，1993，25（12）：33-40.

［19］YOUNGBLOOD J P，MCCARTHY T J. Ultrahydrophobic polymer surfaces prepared by simultaneous ablation of polypropylene and sputtering of poly（tetrafluoroethylene）using radio frequency plasma［J］. Macromolecules，1999，32（20）：6800-6806.

［20］PANE S，TEDESCO R，GREGER R. Acrylic fabrics treated with plasma for outdoor applications［J］. Journal of Industrial Textiles，2001，31（2）：135-145.

［21］OKTEM T，SEVENTEKIN N，AYHAN H，et al. Modification of PAN fabrics by in situ-plasma polymerisation methods［J］. Melliand Textilberichte，2001，82（3）：190-195.

［22］李惠芝，庄勤亮，徐原. 织物结构参数对聚吡咯导电织物导电性的影响［J］. 东华大学学报（自然科学版），2015，41（1）：37-42.

［23］王锐，李昕，金俊平，等. 一种超疏水耐水洗性导电织物及制备方法：CN102619093A［P］. 2012-08-01.

［24］李永强. 温敏纺织品的等离子体诱导接枝制备及机制研究［D］. 杭州：浙江理工大学，2013.

［25］刘倩. 等离子体引发 DMDAAC 接枝丙纶、涤纶织物［D］. 北京：北京服装学院，2008.

［26］张燕搏，姜明，胡平，等. 聚氨酯不同低温等离子体改性及生物相容性评价［J］. 中华实用诊断与治疗杂志，2011，25（10）：944-946.

［27］ROLAND U，HOLZER F，KOPINKE F D. Combination of non-thermal plasma and heterogeneous catalysis for oxidation of volatile organic compounds［J］. Applied Catalysis B：Environmental，2005，58（3/4）：217-226.

［28］HAMMER T，BRÖER S. Plasma enhanced selective catalytic reduction of NOx in diesel exhaust：Test bench measurements［C］//SAE Technical Paper Series. 400 Commonwealth Drive，Warrendale，PA，United States：SAE International，1999：25-28.

［29］陆泉芳，俞洁. 辉光放电等离子体处理有机废水研究进展［J］. 水处理技术，2007，33（1）：9-15.

［30］柯勤飞，靳向煜. 非织造学［M］. 3 版. 上海：东华大学出版社，2016.

［31］李传荣. 纺织品废料的再加工［J］. 再生资源研究，1996（1）：22-25.

［32］姚培建. 纺织废料的回收与利用［J］. 纺织装饰科技，2008（2）：29-30.

［33］冷纯廷，辛琰. 再生纤维非织造布新型棚布的研究与应用［J］. 北京纺织，2001（3）：11-13.

［34］高延敏，王绍明，陈立庄，等. 利用废旧纤维材料制造汽车内装饰材料［J］. 产业用纺织品，2005，23（8）：10-14.

［35］张丽，刘梁森，邱冠雄. 废弃纺织材料回收利用的研究进展［J］. 纺织学报，2013，34（4）：153-160.

［36］韩丽，高雁，李静，等. 废弃纺织纤维的再加工与再加工纤维的质量安全控制［J］. 中国纤检，2010（1）：74-77.

［37］孙立华. 用纺织废料生产非织造布［J］. 纺织导报，1996（1）：44-45，48，49.

［38］GOYNES W R. Fabrication and finishing of nonwoven blankets from recycled fibers［J］. Textile Chemist and Colorist and American Dyestuff Reporter，2000，32（1）：40-X.

［39］ROCHDALE COMPANY. Innovating with recycled fiber［J］. Nonwovens Industry，2002，33（8）：66.

［40］郭秉臣. 非织造材料与工程学［M］. 北京：中国纺织出版社，2010.

［41］ GEORGE B R, HAINES B A, MURPHY E. The use of recovered plastic bags in nonwoven fabrics［M］//Sustainable Textiles. Amsterdam：Elsevier, 2009：329−338.

［42］ KANEDA T, KIMURA T. Compression molding of all−thermoplastic composites by using fiber wastes［J］. Key Engineering Materials, 2007, 334/335：81−84.

［43］ ABHISHEK J, SESHUMANI V, RAMAN P S. Evaluation of surface treatment methods to enhance the mechanical properties of composites fabricated from waste carpet［C］//SAMPE 2010 Conference and Exhibition "New Materials and Processes for a New Economy". Canada：Soc for the Advancement of Material and Process Engineering, 2010.

［44］ 王子东, 邵黎歌. 水环境监测与分析技术［M］. 北京：化学工业出版社, 2016.

［45］ 宋业林. 化学水处理技术问答［M］. 北京：中国石化出版社, 1995.

［46］ 金熙, 项成林, 齐冬子. 工业水处理技术问答［M］. 4 版. 北京：化学工业出版社, 2010.

［47］ 刘玲花, 李昂. 一种适合农村的污水处理技术-厌氧折流板反应器［J］. 中国农村水利水电, 2021(4)：85−91.

［48］ 刘文婧. 厌氧流化床生物反应器处理生活污水研究［D］. 大连：大连交通大学, 2016.

［49］ 钟真宜, 孙水裕, 王雄. 厌氧氨氮氧化研究进展［J］. 环境科学动态, 2003, 28(4)：15−17.

［50］ 黄巡武, 黄志龙. 纺织废水治理技术与管理［M］. 成都：四川科学技术出版社, 1990.

［51］ 张文启, 薛罡, 饶品华. 水处理技术概论［M］. 南京：南京大学出版社, 2017.

［52］ 马慧婕, 沈忱思, 章耀鹏, 等. 纺织工业产排污特征与水污染治理技术进展［J］. 环境科学研究, 2020, 33(11)：2529−2539.

［53］ 赵丹. 膜分离技术应用于印染废水回用处理的价值探讨［J］. 资源节约与环保, 2020(5)：92.

［54］ 刘威. 混凝—纳滤组合工艺处理印染整理废水的研究［D］. 北京：中国科学院大学(中国科学院过程工程研究所), 2018.

［55］ 赵丽红, 聂飞. 水处理高级氧化技术研究进展［J］. 科学技术与工程, 2019, 19(10)：1−9.

［56］ 尹玉磊. Fenton 法和臭氧氧化法去除电子废水中的双酚 A［D］. 哈尔滨：哈尔滨工业大学, 2013.

［57］ 余彬, 刘锐, 程家迪, 等. 臭氧—曝气生物滤池深度处理印染制革园区废水［J］. 环境工程学报, 2013, 7(12)：4799−4804.